中华当代学术著作辑要

《左传》虚词研究

（修订本）

何乐士 著

图书在版编目（CIP）数据

《左传》虚词研究 / 何乐士著 . -- 修订本 .
北京：商务印书馆，2024. --（中华当代学术著作辑要）.
ISBN 978-7-100-24108-3

Ⅰ. K225.04

中国国家版本馆CIP数据核字第2024DM2059号

权利保留，侵权必究。

中华当代学术著作辑要

《左传》虚词研究

（修订本）

何乐士 著

商务印书馆出版
（北京王府井大街36号 邮政编码100710）
商务印书馆发行
北京市十月印刷有限公司印刷
ISBN 978-7-100-24108-3

2024年11月第1版　　开本 710×1000　1/16
2024年11月北京第1次印刷　印张 34¼
定价：158.00元

中华当代学术著作辑要
出版说明

学术升降,代有沉浮。中华学术,继近现代大量吸纳西学、涤荡本土体系以来,至上世纪八十年代,因重开国门,迎来了学术发展的又一个高峰期。在中西文化的相互激荡之下,中华大地集中迸发出学术创新、思想创新、文化创新的强大力量,产生了一大批卓有影响的学术成果。这些出自新一代学人的著作,充分体现了当代学术精神,不仅与中国近现代学术成就先后辉映,也成为激荡未来社会发展的文化力量。

为展现改革开放以来中国学术所取得的标志性成就,我馆组织出版"中华当代学术著作辑要",旨在系统整理当代学人的学术成果,展现当代中国学术的演进与突破,更立足于向世界展示中华学人立足本土、独立思考的思想结晶与学术智慧,使其不仅并立于世界学术之林,更成为滋养中国乃至人类文明的宝贵资源。

"中华当代学术著作辑要"主要收录改革开放以来中国大陆学者、兼及港澳台地区和海外华人学者的原创名著,涵盖语言、文学、历史、哲学、政治、经济、法律、社会学和文艺理论等众多学科。丛书选目遵循优中选精的原则,所收须为立意高远、见解独到,在相关学科领域具有重要影响的专著或论文集;须经历时间的积淀,具有定评,且侧重于首次出版十年以上的著作;须在当时具有广泛的学术影响,并至今仍富于生命力。

自1897年始创起,本馆以"昌明教育、开启民智"为己任,近年又确立了"服务教育,引领学术,担当文化,激动潮流"的出版宗旨,继上世纪八十年代以来系统出版"汉译世界学术名著丛书"后,近期又有"中华现代学术名著丛书"等大型学术经典丛书陆续推出,"中华当代学术著作辑要"为又一重要接续,冀彼此间相互辉映,促成域外经典、中华现代与当代经典的聚首,全景式展示世界学术发展的整体脉络。尤其寄望于这套丛书的出版,不仅仅服务于当下学术,更成为引领未来学术的基础,并让经典激发思想,激荡社会,推动文明滚滚向前。

商务印书馆编辑部
2016 年 1 月

修订本说明

本书较之《〈左传〉虚词研究》(1989)有以下变动：

一、《〈左传〉虚词研究》出版十几年来，读者提出不少宝贵的意见，我自己也发现一些应作修改的地方，此次尽可能作了删改修正。

二、将这些年来写的讨论几个重要虚词的文章收入本书。这样《左传》每类虚词中重要的、有代表性的虚词，本书几乎都有文章论及。总的目的是希望通过自己的努力使本书逐步地更加名副其实一些。这几篇文章是：《〈左传〉的语气词"也"》、《〈左传〉的连词"而"》、《〈左传〉的"皆"》，还有一篇是《"弗"的历史演变》。"弗"在否定副词中数量虽不算很多，却是最费人思考的一个。这篇文章虽不是专谈《左传》，却是以《左传》的"弗"作为先秦时期的重要依据；而先秦时期"弗"的变化情况在"弗"的历史演变中又占据最重要的地位。因此决定把这篇文章收入本书，并把有关"弗"的重要资料附在后面以供参考。

三、原书几篇与句式关系密切的文章（《左传》的被动句式与虚词，《左传》的比较句式与虚词，《左传》的特殊句式与虚词）此次由本书抽出，放入《〈左传〉单复句语法研究》一书（将由河南大学出版社出版）。

原书后附的术语索引也因用处不大而撤去。

本书的文章大都写于二十世纪六七十年代，当时主要靠手抄卡片积累资料、分析统计，与今天的电脑资料统计数字相比，难免有出入，但总的来看，还可供参考。特予说明，尚希谅解。

衷心感谢大家十几年来对拙著《〈左传〉虚词研究》的关爱,我期待着您对修订本的指教。

何乐士
2003年8月25日

目　　录

初版杨伯峻先生序 ··· 1
凡例 ··· 3
先秦〔动·之·名〕双宾式中的"之"是否等于"其"？ ··········· 4
论"谓之"句和"之谓"句 ··· 26
《左传》的"之" ·· 46
《左传》的〔主·"之"·谓〕式 ······································ 66
《左传》的介词"于"和"於" ·· 79
《左传》的"贰於(于)X"句式 ······································ 118
《左传》的介词"以" ·· 125
《左传》中介词"以"宾语的省略 ···································· 164
《左传》中介词"以"的前置宾语 ···································· 175
《左传》的连词"以" ·· 179
《左传》的"者" ·· 198
关于"者"字结构作后置定语和受事主语的问题 ················ 215
《左传》的"所" ·· 220
《左传》的"莫" ·· 239
《左传》的"何" ·· 247
《左传》的"诸" ·· 284
《左传》的"焉" ·· 297
《左传》的介词"为" ·· 344

《左传》的"夫" 356
《左传》的语气副词"其" 367
《左传》的语气词"也" 382
《左传》的连词"而" 413
《左传》的"皆" 444
"弗"的历史演变 485

后记(之一) 537
后记(之二) 539

初版杨伯峻先生序

我始终认为写一部汉语语法史虽然是必要的,却不是一人一时所能写好的。它不仅须要作汉语语法的断代研究,还要在某些地区方言中作特异的语法研究;在上古、中古文献中,也有必要作专书、专题的研究以及综合某些方面的比较研究。就是这些研究,无论专书的厚薄、专题的宽窄、比较范围的大小,而要求得到资料充实、分析细密、真能反映客观语法现象,又能抓住其特点,作出令人信服的结论,也是不容易。近年来有不少同志在这方面作了努力,这是可喜的现象。何乐士同志的《〈左传〉虚词研究》便是她在这方面经过多年钻研取得的部分成果。它给汉语语法史的研究奠下一块基石。有无数块这类基石,便铺砌成建筑汉语语法史的坚实地基。不这样,汉语语法史高楼大厦便是建筑在泥沙之上。

何乐士同志这部书收文章23篇。她对《左传》中出现次数较多、用法又较复杂的二十多个虚词逐一作了专题研究。这些文章有以下几个特点:一、对虚词的用法作了全面的、实事求是的描写,总结它的语法特点和客观规律,力求避免主观片面。对用法特别复杂的虚词如"之"、"以"、"於"、"于"等,又各分几个专题深入探讨。二、努力把虚词研究和句式结合起来,避免就虚词论虚词。重视虚词在单句、复句、语段中的运用,注意虚词在固定格式中的作用和特点,同时还介绍、分析与其他词语构成的词组。我们从书末所附词组和固定格式索引便可知其概貌。三、重视比较的方法。如《〈左传〉的介词"于"和"於"》、

《论"谓之"句和"之谓"句》等文都是在比较中去认识不同虚词或不同句式的特点。四、重视统计的方法。这种方法不仅增强论证的科学性、为比较研究提供必要的数字依据，同时对观察语法现象的性质、特点及其发展变化都会有所帮助。五、努力把语法研究与解决实际问题结合起来。如《论"谓之"句和"之谓"句》运用这两种句式的心得去鉴别古书的讹误；又如《〈左传〉的"焉"》，结合"焉"的分析指出对《左传》注释、译文中的某些问题等。六、有的文章把点和面、描写和论证结合起来。如《先秦〔动·之·名〕双宾式中的"之"是否等于"其"？》、《〈左传〉的〔主·"之"·谓〕式》、《〈左传〉的"贰於(于)X"式》等文都在描写《左传》语法现象的同时，广泛引证先秦其他古籍，对有争议的问题作深入探讨。

总之，作者从古代书面语言的实际出发进行研究，取材丰富，观察敏锐，因而能对一些问题提出新的看法。我也乐于为她作序。

杨伯峻
1986 年 12 月 16 日

凡 例

一、本书《左传》用例均引自杨伯峻先生编著的《春秋左传注》,中华书局1981年本,共四册。凡《左传》例句,后面出处均写如:(隐9)1.66;(隐9)表示《左传·隐公九年》,"1.66"表示第一册,66页。在文中不再一一注明。

二、文中所引各书例句,都在例后标出页数;原书在两册以上者,在页数前加册数,表示法同《左传》。其他引文一般都在附注中写明册数、页数。

三、文中对每个词的总次数及大项用法都有统计,用"共××次(例)"表示。细项分类统计与否根据情况而定,必要者在右上角标出数字。

四、一般只讨论各词的虚词用法,实词用法在注中交代。少数词的实词用法比较特别,或意义较灵活、虚泛者,在正文中单列一项,扼要介绍。

五、文中顺序号为:1,1.1,1.1.1,(一),㊀。个别文章层次多,就在(一)前加:一。

六、文章一律用简体字,但有两点例外:第一,文章所讨论的字,如《〈左传〉的介词"于"和"於"》,文中"于"、"於"必须区别;第二,简体字可能引起误解时则用繁体字。

先秦〔动·之·名〕双宾式中的"之"是否等于"其"？*

本文所讨论的题目，是古汉语语法研究中一个有争议的问题。认为部分（或大部分）动词后的"之"等于"其"的意见，可以马建忠和杨树达为代表。马建忠说："'之'在'为'字后有偏次（即领格——笔者）之解。"① 他在例句中举出的动词还有"夺、斩、问、失"等。杨树达说："古人文字，'之'字可用为'其'，'其'字亦可用为'之'，颇无划然之界限。"② 动词带"之"的双宾式，他几乎都认为是"之"字用于领位。

这种意见一直延续下来。所不同的只是动词范围有大小。比较一致地涉及到的动词有"为、夺、视、斩、闭、足、取"等。③

持不同意见的人也有，如吕叔湘先生说过："'之'字的用途只限于作止词及补词，不能作主语或领属性加语。""'其'字只能用在领格。这是先秦的用法。"王力先生也有类似意见。④

本文以《左传》⑤为主，参照其他一些先秦古籍，来检验一下前人的论述，并谈谈自己的看法。

1. "之"、"其"分工明确

先以《左传》为例，看看〔动·之·名〕、〔动·其·名〕两种格式

---

* 本文曾发表在《中国语文》1980年第4期。1989年收入《〈左传〉虚词研究》时有修改和补充。这次（2003）再版，略有修改。

中的"之"、"其"各有什么特点,是否可以互换。

1.1 〔动·其·名〕共出现1244次,约占"其"出现总数2469次的一半。此式中的"其"有两个明显的特点:

1.1.1 绝大多数的"其"(约占97%)都表领格。如:

(1)陈人杀其大子御寇。(庄22)1.220

(2)夏征舒弑其君,其罪大矣。(宣11)2.714

还有极少数(约3%)起指示作用,表示"这"、"那"等。如:

(3)吾无其功,敢有其实乎!(成3)2.816

1.1.2 表领格的"其"约有半数以上(约占60%)反指动作的施事者自身。其＝施事者+之。如:

(1)卫侯来献其乘马。(昭29)4.1499

其＝卫侯+之。

(2)子有令闻而美其室,非所望也。(襄15)3.1201

其＝子+之。

(3)臣竭其股肱之力,加之以忠、贞。(僖9)1.328

其＝臣+之。

例(1)的"其"反指第三人称主语,这种最多。例(2)和(3)分别反指第二、第一人称主语。

其他40%左右的"其"在表领格的同时,指代动作的受事一方。[⑥]如:

(4)令无入僖负羁之宫而免其族,报施也。(僖28)1.454

其＝僖负羁+之。

(5)楚子之为令尹也,杀大司马薳掩而取其室。(昭13)4.1344

其＝大司马薳掩+之。

1.2 〔动·之·名〕共201例。按动词与两个宾语的关系可以把这类例句分为两项:

1.2.1 〔动（与、为、赐、告……）·之（宾₂）·名（宾₁）〕

名（宾₁）为直接宾语，原是施事者给宾₂之物或为宾₂所作之事；"之（宾₂）"为间接宾语，是受事一方。宾₁和宾₂分属于施受两方，但都与动词有关。这类共189例，约占〔动·之·名〕总数的94%。涉及到的动词（共35个）及其出现次数如下：

与₄₅、为₃₂、赐₂₂、告₁₁、示₈、饮₆、降₆、教₆、馈₄、分₄、树₄、予₄、授₄、衣₃、命₃、假₂、著₂、许₂、佩₂、饩₂、遗₁、输₁、闭₁、属₁、胙₁、加₁、诒₁、陈₁、引₁、委₁、谥₁、举₁、负₁、生₁、立₁。例如：

（1）宋左师请赏曰："请免死之邑。"公与之邑六十，以示子罕。（襄27）3.1135

（2）王命尹氏及王子虎、内史叔兴父策命晋侯为侯伯。赐之大辂之服、戎辂之服，彤弓一，彤矢百，玈弓矢千，秬鬯一卣，虎贲三百人。（僖28）1.463

（3）史朝见成子，告之梦。（昭7）4.1297

（4）夫人使馈之锦与马。（襄26）3.1119

1.2.2 〔动（夺、斩）·之（宾₂）·名（宾₁）〕

宾₁和宾₂原都为受事一方，经过施事者的动作才发生变化，因而动作与两个宾语都有关。这类共12例，仅占〔动·之·名〕总数的6%，涉及到的动词只有"夺"和"斩"。如：

（1）牵牛以蹊人之田，而夺之牛。（宣11）2.715

（2）昔我先君桓公与商人皆出自周，庸次比耦以艾杀此地，斩之蓬蒿藜藋而共处之。（昭16）4.1379

从以上两项例句可以看出〔动·之·名〕中"之"的特点：

第一，其中的动词所表示的动作都与两个宾语发生关系。因此可以引进介词"为"、"以"或动词"使"，把两个宾语分开，转换为〔为·之·动（宾）〕、〔动之·以·宾〕、〔以宾·动·之〕、〔使之·动宾〕

等格式。如：

> 为之椟→为之作椟
>
> 赐之大辂之服→赐之以大辂之服
>
> 馈之锦与马→以锦与马馈之
>
> 负之斧钺→使之负斧钺

而〔动·其·名〕中"其"和"名"不能分开。以"献其马"为例：

> 为其献马×（×表《左传》中无此格式）
>
> 献其以马×
>
> 以马献其×
>
> 使其献马×

这就表明"之"用作宾格而"其"是在领格。

第二，其中的"之"都只代受事一方，不像"其"半数以上反指施事者自身。

从这两点可以看到，〔动·之·名〕和〔动·其·名〕是两种不同的语法格式，表达不同的语法意义。

1.3 如果我们同意动词后的"之"等于"其"的说法，将会出现什么情况呢？

那就会改变原结构的性质，使它由双宾变为单宾。同时，本来是指代对方的"之"，改为"其"后，就可能被认为指施事者自身。如：

> 子文饮之酒→子文饮其酒。
>
> 公衣之偏衣→公衣其偏衣。

前例由子文给国老饮酒变为子文饮自己的酒；后例由晋献公使大子穿上偏衣变为晋献公穿上他自己的偏衣。不仅"之"所指代的人称变了，动词的用法和意义也随之变化。

1.4 "之"、"其"分工严格，这一特点在用它们替代先行词时，表现得尤为清楚。如：

其 = 名 + 之（助词）：

（1）吾见师之出，而不见其入也。（僖32）1.490

（2）畏君之威，听其政，尊其贵，事其长，养其亲。（昭1）4.1212

（3）楚子在公宫之北，吴人在其南。（定4）4.1547

之 = 名（或代）：

在先秦，"名（或代）·名"这一格式，可能是领属关系，也可能是双宾。考察"之、其"在同一格式中的替换，就能看出，如果是双宾，前面的"名（或代）"就由"之"来替代；如果是领属，就由"其"来替代：

⎡ 楚子师于武城以为秦援。（襄9）3.967
⎣ 楚子次于乾溪以为之援。（昭12）4.1338

⎡ 如受吾币而借吾道，……（《穀梁传·僖公2年》）2.2392
⎣ 公弗听，遂受其币而借之道。（同上）

⎡ 荀息曰："……必假我道。"（《韩非子·十过》）1.167
⎣ 君曰："……若受吾币不假之道，将奈何？"（同上）

"受吾币"、"借吾道"，用"之"、"其"来替换就是："受其币"、"借之道"；"假我道"就是"假之道"。可以看出，动词后"之"、"其"的用法是确有区别的。

2. 对〔夺（斩、失、枕）·之·名〕的讨论

主张"之"等于"其"的，举例时几乎都少不了"为"、"夺"、"斩"、"失"、"枕"等动词，因而有必要就它们与"之"所构成的格式作进一步的分析。这一节我们先讨论占〔动·之·名〕6%的第二项例句（动词为"夺"、"斩"），同时也附带讨论动词"失"、"枕"。至于"为"，放在

下一节谈。

2.1 〔夺·之·名〕共 11 例。其一已见 1.2.2 之例(1)，列其不重复者于下：

（1）楚子使道朔将巴客以聘于邓，邓南鄙鄾人攻而夺之币。（桓9）1.125

（2）虢公败戎于桑田。晋卜偃曰："虢必亡矣。亡下阳不惧，而又有功，是天夺之鉴，而益其疾也。"（僖2）1.283

（3）秦穆之不为盟主也宜哉！死而弃民。先王违世，犹诒之法，而况夺之善人乎？（文6）2.547

（4）不及十年，原叔必有大咎，天夺之魄矣。（宣15）2.765

（5）郑大旱，使屠击、祝款、竖柎有事于桑山。斩其木，不雨。子产曰："有事于山，艺山林也；而斩其木，其罪大矣。"夺之官邑。（昭16）4.1382

（6）卫公孟絷狎齐豹，夺之司寇与鄄。（昭20）4.1410

（7）郏庄公与夷射姑饮酒，私出。阍乞肉焉。夺之杖以敲之。（定2）4.1529

（8）卫大叔疾出奔宋。初，疾……或淫于外州，外州人夺之轩以献。（哀11）4.1666

由于"名"原属"之"所代表的受事一方所有，如"夺之杖"，"杖"原属"之"这一方，改"之"为"其"，它们还是一方，只是由双宾变成了单宾；因此很容易使人把"之"误解为"其"。不少人举出〔夺·之·名〕的例句来证明"之"应等于"其"，原因可能在此。其实情况并不那么简单。《左传》的〔夺·其·名〕有两例：

（9）文子怒，欲攻之，仲尼止之。遂夺其妻。（哀11）4.1665

（10）宋皇瑗之子麇，有友曰田丙，而夺其兄鄌般邑以与之。（哀17）4.1712

〔夺·之·名〕的11例,每例的"之"都指受事一方。〔夺·其·名〕只有两例,而其中一例的"其"就是反指施事者自身:例(10)的"其兄"就是指的施事者(宋皇瑗之子麇)之兄。如果再参照一下先秦其他古籍中的用例,看得就更清楚。如:

(11)紾兄之臂而夺之食,则得食,不紾,则不得食,则将紾之乎?(《孟子·告子下》)2.274

(12)厚刀布之敛以夺之财,重田野之税以夺之食。(《荀子·富国》)118

(13)谗群公子而夺之利。(《国语·晋语二》)1.303

(14)天夺之明,欲无弊,得乎?(《国语·郑语》)2.516

(15)夫隘楚太子弗出,不仁;又欲夺之东地五百里,不义。(《战国策·楚策二》)2.534

(16)启与支党攻益,而夺之天下。(《战国策·燕策一》)3.1059

(17)探其怀,夺之威。(《韩非子·扬权》)1.124

(18)赵成侯以为不慈,夺之玺而免之令。(《韩非子·外储说左下》)2.709

(19)吴之无道也愈甚,请与王子往夺之国。(《吕氏春秋·忠廉》)108

(20)我姬姓也,戎人安敢居国,使夺之宅,残其州。(《吕氏春秋·慎小》)326

在这些〔夺·之·名〕中,"之"无例外地都指受事一方。

(21)彼夺其民时,使不得耕耨以养其父母。(《孟子·梁惠王上》)1.10

(22)故子罕为出彘以夺其君国。(《韩非子·外储说右下》)2.762

（23）彼将夺其所谓不肖，而予其所谓肖；夺其所憎，而与其所爱。(《战国策·赵策三》) 2.707

（24）将夺其国，何有于妻？(《国语·晋语四》) 2.358

（25）百亩之田，勿夺其时，八口之家可以无饥矣。(《孟子·梁惠王上》) 1.17

（26）秦人来袭之，至，几夺其军。(《韩非子·外储说左上》) 2.667

（27）故子罕劫宋君而夺其政。(《韩非子·外储说右下》) 2.763

（28）散其党，收其余，闭其门，夺其辅。(《韩非子·主道》) 1.68

前三例的四个〔夺·其·名〕的"其"，都反指施事者自身。

可见"夺"后如果是"之"，它所指代的总是受事一方；如果换了"其"，就不是那么一致了。

其次，在〔夺·之·名〕中，"夺"的动作施及两个宾语，而在〔夺·其·名〕中，"夺"的对象只有一个。用双宾式，似乎是要突出动词"夺"与受事者"之"的关系，强调的是从对方夺过来的。而用〔夺·其·名〕这种单宾式，强调的则是夺去了对方的某物。

从语法格式上分析，〔夺·之·名〕中的"之"和"名"可分，〔夺·其·名〕中的"其"和"名"不可分。如：

夺之杖→向之（他）｜夺杖 √

夺其杖→向其（他的）｜夺杖 ×

在实际语言中也正是这样。如：

（29）先生违世，犹诒之法，而况夺之善人乎？《诗》曰："人之云亡，邦国殄瘁。"无善人之谓。若之何夺之？(文6) 2.547

"夺之善人"的"之"即"诒之法"的"之"，指"邦国"可，指"嗣位者"

亦可。如果把"夺之善人"解为"夺其善人",那么原文的"若之何夺之"就只能作"若之何夺其善人",绝不能作"若之何夺其"。

"夺之"后面可以续接介宾词组。如:

(30) 夺之以土功……夺之以水事……夺之以兵事……。(《吕氏春秋·上农》)333

但却未见一例"夺其以××"。

〔夺·之·名〕中的"之"和后面"动之"中的"之"一致,都用作动词的宾语,且所指的对象相同。如前面例(7)的:

闻乞肉焉。夺之杖以敲之。

此例可证〔夺·之·名〕中的"之"为宾格;而〔夺·其·名〕中的"其"则未见到与"动之"中的"之"等同的。

马建忠在谈到部分动词后的"之"应等于"其"的双宾式时,最后举了〔夺·之·名〕的一例:"项王乃疑范增与汉有私,稍夺之权。"接下去写道:"犹云'夺其权'也。然此'之'字可作转词(即间接宾语——笔者)解。"[⑦]可见他已感到把〔夺·之·名〕的"之"解作"其"是很勉强的。

还要注意这样一个事实,即〔夺·之·名〕与〔夺·其·名〕在先秦典籍中的比例约为四比一[⑧],在《左传》中比例约为五比一,可见"夺"这个动词是以带双宾语为其主要语法格式的,我们对此应有足够的注意。如果来一个大而化之,把它们都解作〔夺·其·名〕,不仅所表达的意义较之〔夺·之·名〕将大为逊色,不仅在一些句子中将引起歧义,而且是以少数语言现象替代了多数,以"夺"的单宾格式取代了"夺"的双宾格式,这是违背了"夺"作为双宾语动词的实际情况的。

2.2 〔斩·之·名〕《左传》中仅有一个孤例,见 1.2.2 例(2)的"斩之蓬蒿藜藋",但却经常被引用为"之"应等于"其"的有力证据。

〔斩·其·名〕共四例,两例"斩其木"见 2.1 之例(5),其余两例为:

(1)(重耳)逾垣而走,披斩其祛,遂出奔翟。(僖5)1.305

(2)孟庄子斩其椐以为公琴。(襄18)3.1039

前三例的"其"都用在领格,最后一例的"斩其椐","其"意思是"那里的",用作指示代词。"斩"只对"木"、"祛"、"椐"发生关系;而"斩之蓬蒿藜藋"中的"斩"却涉及两个对象,因此可理解为:"从(或'自、在')之(指代一个地方)|斩蓬蒿藜藋。"试比较:

斩其木→从(或"自、在")其(山的)|斩伐林木×

似可认为〔斩其△〕与〔斩之△〕中的"斩"在意义上各有所侧重:前者突出"砍断、砍伐"之意;后者则强调"灭绝"、"斩除"之意,它要强调的是从某个地方斩除某物。"斩之蓬蒿藜藋"可以理解为"从(或'在、自')这个地方斩除蓬蒿藜藋",也可理解作"用斩除蓬蒿藜藋的办法把这个地方收拾干净。"《隐公6年》的"为国家者,见恶如农夫之务去草焉,芟夷蕴崇之,绝其本根,勿使能殖……"可以看作是对"斩之蓬蒿藜藋"的解释。

同时从语境来看,"斩之蓬蒿藜藋"上文是"艾杀此地","艾杀"带了宾语"此地","斩"承接上文以"此地"作宾语(用"之"来指代),是合情合理的。而且"斩之蓬蒿藜藋"恰如对"艾杀此地"的具体解释,使人更能想见垦辟国土之艰辛。再看全句是"斩之蓬蒿藜藋而共处之,"两个"之"都是指代同一对象,即上文"艾杀此地"中的"此地"。

2.3 〔失·之·名〕

(1)国家之败,失之道也,则祸乱兴。(昭5)4.1268

这也是个孤例,但自《马氏文通》以来却屡次被人引作动词后的"之"应解为"其"的证据。

《左传》有〔失·其·名〕15例⑨,其中的"其"都无一例外地反指施事者自身:

(2)周之子孙日失其序。(隐11)1.75

(3) 君失其官，帅师不威，将焉用之？（闵2）1.269

(4) 小人耻失其君而悼丧其亲，不惮征缮以立圉也。（僖15）1.366

(5) 因人之力而敝之，不仁；失其所与，不知。（僖30）1.482

(6) 道之礼则，使毋失其土宜。（文6）2.549

(7) 卿不书，失其所也。（文17）2.624

(8) 蔡、许之君一失其位，不得列于诸侯，况其下乎！（成2）2.808

(9) 若杀不辜，将失其民，欲安，得乎？（成17）2.902

(10) 明神殛之，俾失其民。（襄11）3.990

(11) 君失其信，而国无刑，不亦难乎？（襄27）3.1128

(12) 淫则昏乱，民失其性。（昭25）4.1457

(13) 晋其亡乎！失其度矣。（昭29）4.1504

(14) 书曰"公薨于乾侯"，言失其所也。（昭32）4.1519

由此可以推想，若"失之道"的"之"等于"其"，原文就该直接写作"失其道"，不必拐弯抹角，让"之"来等于"其"。既然原文用"失之道"，想必有它本身的道理。查《左传》在谈到"道"时，常有各种具体含义，如：忠信卑让之道、爱亲之道、君臣之道，等等。如果承上文而言，则可用指示词"之"、"是"、"兹"来表示。如：

(15) 故《诗》曰："陈锡载周"，能施也。率是道也，其何不济？（宣15）2.765

(16) 人所以立，信、知、勇也。信不叛君，知不害民，勇不作乱。失兹三者，其谁与我？（成17）2.901

上例的指示词"是"，指上文所叙"道"的内容；下例的"兹"指上文的"信"、"知"、"勇"等内容。

再看"失之道"句的上文：

"是以圣王务行礼,不求耻人。朝聘有珪,享覜有璋,小有述职,大有巡功,设机而不倚,爵盈而不饮;宴有好货,飧有陪鼎,入有郊劳,出有赠贿,礼之至也。国家之败,失之道也,则祸乱兴。"

细细体味就会发现,"失之道"的"之道"正是指上文所说的"朝聘有珪"、"享觌有璋"、"入有郊劳"、"出有赠贿"等朝聘宴好之道。因此在"失之道"下杜预注明:"朝聘宴好之道"。杨伯峻先生在《春秋左传注》中明确指出这个"之"是指示词,"失之道"就是"失此道"[⑩],看来是正确的。

2.4〔枕·之·名〕《左传》有3例:

(1)公知其无罪也,枕之股而哭之。(僖28)1.470

(2)石恶将会宋之盟,受命而出,衣其尸,枕之股而哭之。(襄27)3.1127

(3)伯有死于羊肆,子产襚之,枕之股而哭之。(襄30)3.1177

这个"枕之股"也常有人解作"枕其股"。

《左传》的〔动·之·名〕结构内部有两种语法关系:一为动词与双宾,如"与之邑"、"夺之杖";一为动宾与补语,如"杀之南里"、"归之施氏"。二者的形式一样,区别的办法之一是,双宾式中,动词所表示的行为及于两个宾语,因而可引进"为"、"以"诸介词,使双宾式转换为"介(宾)动(宾)"或"动(宾)介(宾)"结构,见前(1.2)。而动补式中的"名"往往代表行为发生的处所,所以可引进介词"于(於)"转换为"动之于宾"的格式,如"杀之于南里"、"归之于施氏"等。

"枕之股"应属何种句式?试作以下转换:

　　枕之以股 ×　　以股枕之 ×　　以之枕于股 √
　　为之枕股 ×　　枕之于股 √

因此它应是动补式。

再从整个句式看,三个例句都是"枕之股而哭之"。按《左传》代词"之"指代事物的一般规律,在同一施事主语,含有两个动宾结构的连动式中,第二个宾语为"之"时,它所指代的大都是前头那个宾语。如:

(4)遂往,陈鱼而观之。(隐5)1.44

(5)将享季氏于蒲圃而杀之。(定8)4.1568

如果其中两个宾语都是"之",它们所指代的往往就是同一对象。因而在"枕之股而哭之"这个连动式中,两个"之"所指相同。如若改为"枕其股而哭之","之"所代的(哭的对象)就成了"其股"。虽然不能绝对肯定说"之"就只能代"其股",但这样分析在语法上是允许的,因此至少是产生了歧义。

我们再连上文观察一下。例(2):"……衣其尸,枕之股而哭之"。上句用"其",下句用"之";若"之"等于"其",这里都用"其"岂不更为清楚明了?

同时我们还可举出旁证:杜预在例(1)之下有注:"公以叔武尸枕其股。"不知是否因为他的时代更靠近先秦,因而也就更了解当时的风俗习惯?又《三国志·魏书·陈泰传》裴注引孙盛《魏氏春秋》:"帝之崩也,太傅司马孚、尚书右仆射陈泰枕帝尸於股,号哭尽哀。"⑪《晋书·宗室·安平献王孚》:"及高贵乡公遭害,百官莫敢奔赴,孚枕尸於股,哭之恸,曰:'杀陛下者臣之罪。'"⑫可见哀悼去世的人枕尸於股而哭之是当时实有的事。

3. 对"为·之·名"的讨论

3.1 〔为·之·名〕属〔动·之·名〕的第一大类,《左传》共出现32例。为了讨论问题的方便,我们按照"为"与宾₁、宾₂的关系把它们又分为两项:

3.1.1 宾₁(名)是施事者给宾₂之物或为宾₂所办之事,共22例。列其不重复者于下:

(1)姜氏何厌之有?不如早为之所,无使滋蔓。(隐1)1.12

(2)士蒍曰:"大子不得立矣。分之都城,而位以卿,先为之极,又焉得立?"(闵1)1.258

(3)秋,楚成得臣帅师伐陈,讨其贰于宋也。遂取焦、夷,城顿而还。子文以为之功,使为令尹。(僖23)1.402

(4)古之王者知命之不长,是以并建圣哲,树之风声,分之采物,著之话言,为之律度,陈之艺极,引之表仪,予之法制,告之训典,教之防利,委之常秩。(文6)2.548

(5)使尽之,而为之箪食与肉,置诸橐以与之。(宣2)2.661

(6)及成公即位,乃宦卿之适而为之田,以为公族。(宣2)2.665

(7)王曰:"晋未可与争。"重为之礼而归之。(成3)2.814

(8)有君而为之贰,使师保之,勿使过度。(襄14)3.1016

(9)齐侯围成,孟孺子速徼之。齐侯曰:"是好勇,去之以为之名。"(襄16)3.1028

(10)余丞使人犒师,请行以观王怒之疾徐,而为之备。(昭5)4.1271

(11)楚子狩于州来,次于颍尾,使荡侯、潘子、司马督、嚣尹午、陵尹喜帅师围徐以惧吴。楚子次于乾溪以为之援。(昭12)4.1338

(12)季、郈之鸡斗,季氏介其鸡,郈氏为之金距。(昭25)4.1461

(13)卫侯来献其乘马,曰启服,絷而死。公将为之椟。(昭29)4.1499

这项例句(占〔为·之·名〕总数 2/3 左右)是决不能改"之"为"其"的,否则就会弄错动词"为"的对象。这里只需要举出几个最典型的例句就足以说明问题了。如例(12)在"季氏介其鸡"中,动词"介"后用的是"其",反指季氏自身,"其鸡"指"季氏的鸡"。而在"郈氏为之金距"中,"为"后用的是"之",指的是"鸡",意思是郈氏在他鸡的脚爪上又加以薄铁所作的假距。若将"之"改为"其",就很可能使人误解作"郈氏作他自己的金距"。

有的例句即使不出现这种笑话,也会背离原意。如例(5),"为之箪食与肉",原意是"给他做了(或'准备了')装在箪里的食与肉",若"之"="其",就变成"做他的箪食与肉",使人莫名其妙。

这种情况在其他先秦古籍中同样存在。如:

(14)一雀适羿,羿必得之,威也;以天为之笼,则雀无所逃。(《庄子·庚桑楚》)1.153

"之"本指"雀",改为"其",则可能指"羿的"。

(15)晋人欲攻郑,令叔向聘焉,视其有人无人。子产为之诗曰:"子惠思我,褰裳涉洧,子不我思,岂无他士。"(《吕氏春秋·求人》)293

"之"指叔向,若改为"其",则可能为"子产的"。

(16)亲始死,……恻怛之心,痛疾之意,伤肾,乾肝,焦肺,水浆不入口三日。不举火,故邻里为之糜粥以饮食之。(《礼记·问丧》)1656

"之"指丧亲之人,改为"其",则可能指"邻里的"。

马建忠在论证"为"后的"之"有"偏次"之解时,举了一些〔为·之·名〕的例句,但在其中两个例句下又特意加了一句"'之'字应作'转词'"。⑬ 这两例是:"吾不徒行以为之椁。"(《论语·先进》)"覆杯水于坳堂之上,则芥为之舟。"(《庄子·逍遥游》)可见他已看到

先秦〔动·之·名〕双宾式中的"之"是否等于"其"？ 19

"之"等于"其"的说法不能概括〔为·之·名〕的全部例句，这是难能可贵的。可惜的是他只举了两个"之"应为宾语的例句，给人的印象似乎"为"后的"之"可解为"其"的还是大多数。其实据我们初步统计，无论在《左传》里或在其他先秦古籍中，情况都正好相反。我们初步统计了《论语》、《孟子》、《老子》、《庄子》、《荀子》、《韩非子》、《吕氏春秋》、《礼记》等著作，其中〔为·之·名〕的第一项例句（即"之"决不能解为"其"者）与第二项例句的比例同《左传》大体一致，即 2∶1。

3.1.2 宾₁（名）是施事者为宾₂（之）所担任的职务，共 10 例，占〔为·之·名〕总数的 1/3 弱。列其不重复者于后：

（1）铎遏寇为上军尉，籍偃为之司马。（成 18）2.910

（2）魏绛多功，以赵武为贤，而为之佐。（襄 9）3.967

（3）今楚多淫刑，其大夫逃死于四方，而为之谋主，以害楚国。（襄 26）3.1121

（4）若见费人，寒者衣之，饥者食之，为之令主，而共其乏困。（昭 13）4.1343

（5）楚子之在蔡也，郹阳封人之女奔之。生大子建，及即位，使伍奢为之师。（昭 19）4.1401

（6）子家子曰："君其许之！政自之出久矣，隐民多取食焉，为之徒者众矣。"（昭 25）4.1463

（7）逃奔有虞，为之庖正。（哀 1）4.1605

（8）及吴师至，拘者道之以伐武城，克之。王犯尝为之宰。（哀 8）4.1648

在这类例句中，"为"的施事者实际上就担任宾₁（名）所表示的职务，施事者与宾₁（名）是等同的；在这种情况下，若改"之"为"其"，从意义上好像还说得过去。如"籍偃为之司马"→"籍偃为其司马"，等等。正因为如此，最初提出"为"后的"之"应等于"其"的王引之，

举的就是这样一个例句:[14]

（9）天下之民皆悦而愿为之氓。(《孟子·公孙丑上》) 1.77

是不是说这少部分例句（占〔为·之·名〕1/3弱，占〔动·之·名〕总数201例的0.5%）中的"之"解作"其"好像还不至于造成理解上的谬误，它们中的"之"就可以视为"其"呢？对这少数"之"是否可以允许有两种解释，一种是"之"可以解作"其"，一种则否？这个问题是可以讨论的。而我个人认为，还是用"之"不等于"其"的一种解释比较妥当些。

首先，在《左传》里，〔为·之·名〕与〔为·其·名〕的比例约为7∶1，如果"之"应等于"其"，何必还要这么多的〔为·之·名〕？请看〔为·其·名〕的全部例句:

（10）於是，诸侯之大夫戍齐，齐人馈之饩，使鲁为其班，后郑。（桓6）1.113

（11）（晋）师迁焉，曹人凶惧，为其所得者棺而出之。（僖28）1.453

（12）臣君者，岂为其口实？社稷是养。（襄25）3.1098

（13）初，周人与范氏田，公孙尨税焉。赵氏得而献之，吏请杀之。赵孟曰:"为其主也，何罪？"（哀2）4.1617

四例中后三例的"其"都是反指施事者自身的；而〔为·之·名〕的32例，"之"却一律指代受事一方。

其次，这四例无一与"为·之·宰"句式相同：它们的施事者与"为"后的成分都不能等同。而且后二例的"为"都是介词（《经典释文》注音:于伪反）。可见〔为·其·名〕与〔为·之·名〕差别很大。

由此看来，把〔为·之·名〕看作双宾式，可适用于它的全部例句。而把其中的"之"解为"其"，则对于它的大多数例句都行不通。就是对于少数勉强行得通的例句来说，也还存在以上一些问题。

3.2 从3.1.1的例(4)还可以看出,〔为·之·律度〕与其他十个〔动·之·名〕并列,它们都属于〔动·之·名〕的第一大类。既然其他十个动词后的"之"都不解为"其",为什么单单"为"后的"之"就应当作"其"呢?同时从《左传》看,"为"有"作"、"治"、"从事(于)"、"给与"等多种含义。足见〔为·之·名〕不仅是和其他〔动·之·名〕双宾式同类的格式,而且运用得更广泛,出现次数也很多,因而在〔动·之·名〕双宾式中也更有代表性,没有理由把它从双宾式中作为例外开除出去。

3.3 在这里有必要讨论一下《马氏文通》对《公羊传》里这个例句的看法:

"《公羊传·成公15年》:'为人后者为之子也。'——下云'为人后者为其子',则'之'解'其'字之确证,故'之'居偏次。"[15]

马建忠首先把两句中"为人后"的"人后"都肯定为领属关系,排除了双宾关系的可能性,进而断言"为之子"中的"之"应解作"其"。本文前面已说过,动词后的"名(或代)·名"结构,可能是领属,也可能是双宾,要作具体分析(见1.4)。比如"作僖公主"中的"僖公主",是双宾还是领属?《公羊传》本身就有回答:

(1)作僖公主者何?为僖公作主也。(文公2年)2.2266

很明显,是双宾。

《公羊传》在运用代词"之"、"其"时也是很严格的。如:

(2)妇人皆在侧,万曰:"甚矣,鲁侯之淑、鲁侯之美也!……。"闵公矜此妇人,妒其言。(庄公12年)2.2233

(3)虞公不从其言,终假之道以取郭。(僖公3年)2.2248

(4)君如矜此丧人,锡之不毛之地,……。(宣公12年)2.2285

因此对马建忠所引例句中的两个"人后"和"之"、"其",也要作认真的分析。这里先看上下文:(为了准确理解原文的问答句,我们将问话答话都加上引号。)

三月乙巳,仲婴齐卒。"仲婴齐者何?""公孙婴齐也。""公孙婴齐,则曷为谓之仲婴齐?""为兄后也。""为兄后,则曷为谓之仲婴齐?""为人后者为之子也。""为人后者为其子,则其称仲何?""孙以王父字为氏也。"

"为兄后"是"给兄作后嗣"的意思。它是对"曷为谓之仲婴齐?"的答话。徐彦疏释:"代兄为大夫",看来"兄后"应为双宾。因为仲婴齐和归父本是弟兄关系,现在给兄作后嗣,用双宾式"为兄后"作回答,更能表示出这种人为的后嗣关系。下面接着提问:"为兄后,则曷为谓之仲婴齐?"回答道:"为人后者为之子也。""为人后"、"为之子",它们与上文"为兄后"的意思一脉相承。应理解为:"给人作后嗣就是给人作儿子。"从语法格式上看,用"之"代"人",明白地表示"为人后"、"为之子"都是双宾式。而下句"为人后者为其子,则其称仲何?"则是问话的人先承认上述事实,接着更进一步提问,似应理解为:"(既然)做别人的后嗣就是做别人的儿子,那为什么叫他仲(婴齐)呢?"从语法格式也可看出,"为其子"用"其"而不用"之",表明第二句的"为人后"中的"人后"是领属关系。因此,马建忠所引用的这两句话,前一半都是"为人后",而后一半一为"为之子",一为"为其子",似乎并不是"'之'解'其'的确证",而恰恰是证明"之"不等于"其",并进而显示了两个"人后"的语法关系不同。

3.4 其实不少前辈学者已经注意到〔动·之·名〕(包括〔为·之·名〕)这一语法格式的特点,把"之"、"名"看作两个对象。如:

(1)胙之土。(隐8)1.61

杜预注:报之以土。⑯

(2)著之制令。(昭1)4.1206

杜预注:为诸侯作制度法令。⑰

(3) 引之表仪。(文6) 2.548

杨伯峻先生注：以法度引导之。[18]

特别对于〔为·之·名〕的解释更值得注意：

(4) 不如早为之所。(隐1) 1.12

俞樾："早为之所"犹云"早为之处"。[19]

(5) 及成公即位，乃宦卿之适而为之田。(宣2) 2.665

俞樾："为"，犹"与"也。"为之田"犹"与之田"也。[20]

俞樾在他的解说中严格地保留了双宾式。在他的《古书疑义举例》、《群经平议》、《诸子平议》诸书中，都未见到"之"等于"其"的说法。

(6) 事为之制，曲为之防，故称礼经三百，威仪三千。(《汉书·礼乐志》) 4.1029

颜师古解上二句云："每事立制，委曲防闲也。"王念孙反驳他说："……事为之制，礼义三百也。曲为之防，威仪三千也。事为之制，曲为之防，相对为文，则曲非委曲之谓。"[21]王念孙在这里着重指出"事为之制"与"曲为之防"相对为文，可见他注意到〔为·之·名〕这种格式，但他只字未提"之"应等于"其"。

3.5 还有一个有趣的现象。如果我们向上追溯就会发现，似乎越接近先秦时期，人们就越不把双宾式中的"之"解为"其"。如晋代学者杜预在给《左传》〔动·之·名〕加注的地方，就没有一处解"之"为"其"的。同时他对〔为·之·名〕和〔动·之·名〕的解释是一致的，并没有把〔为·之·名〕视为一种特殊的格式。如果把时间再往前推移，有关的资料就更能证实这种看法。特别有意思的是《战国策》、《史记》里一段画蛇添足的故事透露出的对〔为·之·名〕的解释：

"楚有祠者，赐其舍人卮酒。舍人相谓曰：'数人饮之不足，一人饮之有余。请画地为蛇，先成者饮酒。'一人蛇先成，引酒且饮之，乃左手持卮，右手画蛇，曰：'吾能为之足。'未成，一人之蛇成，夺其卮曰：'蛇

固无足,子安能为蛇足?'遂饮其酒。为蛇足者,终亡其酒。"(《战国策·齐策二》)1.356

在这里,《战国策》的作者把"为之足"解作"为蛇足",也就是给蛇添足的意思。"蛇足"在这里不是领属而是双宾。而司马迁在《史记·楚世家》里说得就更清楚了。在他的笔下,齐使陈轸在向楚将昭阳说了画蛇添足的故事后发表议论说:"今君相楚而攻魏,破军杀将,功莫大焉,冠之上不可以加矣。今又移兵而攻齐,攻齐胜之,官爵不加于此;攻之不胜,身死爵夺,有毁于楚:此为蛇为足之说也。"[22]司马迁明白无误地把"为之足"解释为"为蛇为足",可以证明"之"与"足"、"蛇"与"足"不是领属关系,因此"为之足"的"之"显然不应解作"其"。

把以上各点综合起来可以看出,在先秦,是不把〔为·之·名〕视为〔为·其·名〕的。把"之"理解为"其",是否可能是后人以后代的语言现象去解释古语的结果?请教于大家。

[附　注]

① 《马氏文通校注》上册,44—45页,中华书局1961年本。
② 《古书疑义举例》续补二,226页,中华书局1963年本;又,《词诠》,182页,中华书局1965年本;又,《高等国文法》,88—89页,商务印书馆1977年本,都谈到这个问题。
③ 请参看周法高《中国古代语法:称代编》,94—95页。
④ 《中国文法要略》,157页,商务印书馆1957年本。另外,王力主编《古代汉语》上册第一分册,227—229页,中华书局1963年本,也谈到这个问题。
⑤ 先秦古籍中,《左传》的篇幅最大,其中"之"出现七千余次,"其"出现两千余次,各种语法现象具有一定代表性。因此本文以《左传》为典型来深入解剖,同时参照其他一些先秦古籍。
⑥ 此外还有极少数例句的"其"既不相当于"施事者+之",也不相当于"受事者+之",而相当于"叙述句主语+之",如"非此其身,在其子孙"(庄22)1.223,因数量很少不影响我们对问题的讨论。
⑦ 《马氏文通校注》上册,45页。

⑧ 关于〔夺·之·名〕与〔夺·其·名〕在其他先秦古籍中的情况,参照黄盛璋先生《古汉语的人身代词研究》一文(载《中国语文》1963年第6期)提供的资料。

⑨ 除所引15例外,另有1例转引自《夏书》:"今失其行,乱其纪纲,乃灭而亡。"(哀6)4.1636,未统计在内。

⑩ 《春秋左传注》4册,1268页。

⑪ 见《三国志》第3册,642页,中华书局1975年本。

⑫ 见《晋书》第4册,1084页,中华书局1975年本。

⑬ 《马氏文通校注》上册,44—45页。

⑭ 《经传释词》卷九,199页,中华书局1956年本。

⑮ 《马氏文通校注》上册,44页。

⑯ 《春秋左传集解》一册,48页,上海人民出版社1977年本。

⑰ 同上,四册,1182页。

⑱ 《春秋左传注》2册,548页。

⑲ 《群经平议》卷二十五。

⑳ 同上,卷二十六。

㉑ 《读书杂志》四之四。

㉒ 《史记》5册,1722页,中华书局1975年本。

附:文中引用的先秦古籍版本

《孟子译注》,杨伯峻,中华书局1962年本。
《荀子简注》,章诗同,上海人民出版社1974年本。
《墨子间诂》,孙诒让,"诸子集成"本。
《庄子集释》,郭庆藩辑,中华书局1978年本。
《礼记》、《公羊传》、《穀梁传》,《十三经注疏》本。
《韩非子集释》,陈奇猷校注,上海人民出版社1974年本。
《吕氏春秋》,"诸子集成"本。
《国语》,上海古籍出版社1982年本。
《战国策》,上海古籍出版社1978年本。

论"谓之"句和"之谓"句*

"谓之"句和"之谓"句的特点和异同一直为人们所注意。宋代学者朱熹说过:"谓之,名之也;之谓,直为也。"[①] 清代学者戴震也曾指出:"古人言辞,'之谓'、'谓之'有异:凡曰'之谓',以上所称解下。……凡曰'谓之'者,以下所称之名辨上之实。"[②] 黄广生先生在《试论"谓之"、"之谓"在先秦古籍中的用法》一文中说,"谓之"句是"以下面的抽象概念概括上面的具体内容",而"之谓"句是"以上面的具体内容解释下面的抽象概念"。[③]

马建忠则认为二者没有什么不同,"'生之谓性'犹云'生谓之性'也"。[④]

从结构上看,有人认为"谓之"句是双宾式,而"之谓"句是宾语前置的固定句式,"之"是复指前置宾语的代词。[⑤] 有人则认为"(生)之谓(性)"中的"之"是结构助词,其作用是取消句子的独立性。[⑥]

本文想探讨以下几个问题:

"之谓"句和"谓之"句之下都还可以分出一些具体的句式,本文不打算涉及所有的句式,只想讨论其中的"A谓之B"(如"生谓之性")和"B之谓A"(如"知微之谓明")两种。这两种句式的作用和意义有什么不同?它们各是什么结构?其中的"之"起什么作用?是

---

* 本文曾发表在《古汉语研究论文集》(一),中国社会科学院语言研究所古汉语室编,北京出版社1982年。1989年收入《〈左传〉虚词研究》。这次再版,有较大删改。

什么成分？在讨论中为了称说的方便，简称为"谓之"句和"之谓"句。

为了进一步认识这些问题，首先必须了解古汉语的语言实际，为此我们对以下十部古籍中的"谓之"、"之谓"句作了一个调查统计：《诗经》《左传》《论语》《孟子》《老子》《庄子》《荀子》《韩非子》《吕氏春秋》《礼记》。从这十部书中搜集到"谓之"句381例，"之谓"句567例。在此基础上写出初稿，然后又查阅了另外十八部著作[⑦]中的有关语言现象，检验本文提出的观点，并选用了部分例句。现将自己粗浅的看法提出，期待前辈和同志们批评指正。

1."谓之"句

我们用"A(，)谓之B"这一公式来表示"谓之"句。常见句型如：<u>教人以善谓之忠</u>。
　　　Ａ　　　Ｂ

1.1　"A(，)谓之B"的几种格式。

1.1.1　A是受事主语（即"之"所代的对象），它和B出现在同一句子或小句之内。如：

（1）教人以善谓之忠。（《孟子·滕文公上》）1.125

（2）自环者谓之私，背私谓之公。（《韩非子·五蠹》）1058

1.1.2　"之"所代的对象A在"谓之"句前面的分句中。须要注意的是，"谓"前面的成分是"谓"的施事主语，而不是受事主语A。如：

（3）吾有大树，人谓之樗。（《庄子·逍遥游》）1.5

1.1.3　"之"所代的对象A含有两个以上的小句，一般都在"谓"前断开。如：

（4）世之治也，君子尚能而让其下，小人农力以事其上，是以上下有礼，而谗慝黜远，由不争也；谓之懿德。及其乱也，君子称其功以加小人，小人伐其技以冯君子，是以上下无礼，乱虐并生，

由争善也；谓之昏德。(襄13) 3.1000

1.2 "A 谓之 B"的作用和特点。

1.2.1 A 是被说明的对象，B 是说明的内容(表示被说明对象的属性、情况等等)。"A(.)谓之 B"的主要作用是 B 对 A 进行命名或归类。如：

(1) 不教而杀谓之虐，不戒视成谓之暴，慢令致期谓之贼。(《论语·尧曰》) 217

(2) 少而无父者谓之孤，老而无子者谓之独，老而无妻者谓之矜，老而无夫者谓之寡。(《礼记·王制》) 1347

从这个主要特点出发，派生出以下特点和作用：

1.2.2 此式多用来表示被社会公认的特征和名称，成为古汉语中用以给客观事物命名的一种惯用格式。⑧正如朱熹所说，"谓之，名之也。"这是由于对 A 的命名或归类大都是人们在长期社会实践中约定俗成的产物，因而这类句子往往还带有定义性，表示"A 称为(或"叫作"等)B"一类意思。如上例(1)—(2)。又如：

(3) 彼其所殉仁义也，则俗谓之君子；其所殉货财也，则俗谓之小人。(《庄子·骈拇》) 1.55

(4) 两栾谓之铣，铣间谓之于，于上谓之鼓，鼓上谓之钲，钲上谓之舞，舞上谓之甬。(《周礼·桃氏》) 916

注意例(3)"谓"前的"俗"是施事主语。受事主语 A 在上文。

1.2.3 从此式有施事主语出现的 37 例情况来看，这些主语及其出现次数如下表：

主语	世	俗	人	君子	天下之民	古者	晋人	鲁人	晋侯	吾
次数	7	6	5	5	6	2	3	1	1	1

其中"世"、"俗"、"天下之民"、"人"、"古者"都表示多数或泛指；

"君子"、"晋人"、"鲁人",是表个人或表众人,要据上下文来考察;考察的结果,都指众人。表示个人的仅"晋侯"、"吾"二例。这很能反映"谓之"句的特点:对 A 的命名或归类大都代表社会上共同的看法。我们由此可以设想,那些没有出现施事主语的"谓之"句,也多隐含着这类表泛指的主语。如《荀子·正名》从"生之所以然者谓之性"起,连续用了十四个无施事主语的"谓之"句,都是表示当时社会上对一些"散名"的叫法。又如《韩非子·诡使》,在谈到世人立名号的问题时,一连用二十五个"谓之"句,除前面六句用"世"作主语外,其余的都省略了"世"这个施事者。还有不少"谓之"句前面用"吾闻之"打头,表示下面所说的是社会上通行的说法。最典型的是《晏子春秋》,书中的"谓之"句前几乎都有"婴闻之"作开场白。这些都生动地反映出"谓之"式多用于表示众人共同的认识和称谓。

1.2.4 此式常有连词或副词伴随出现在"谓"前,尤以表顺承关系的"则"、"故"等连词为多,反映出 A 与 B 之间的逻辑关系。连词如:

(5)目不能决黑白之色则谓之盲,耳不能别清浊之声则谓之聋,心不能审得失之地则谓之狂。(《韩非子·解老》)349

(6)凡礼之大体,体天地,法四时,则阴阳,顺人情,故谓之礼。(《礼记·丧服四制》)1694

副词如:

(7)古者周公旦非关叔,辞三公东处于商盖,人皆谓之狂。(《墨子·耕柱》)261

1.2.5 此式语气词很少。381 例"谓之"句中,句末带语气词的不到 10%(共 29 例:也,14 次;矣,10 次;乎,5 次)。这可能是因为它多用来表示逻辑上的判断,而且大都是社会公认的内容,具有定义或命名的性质,因而很少带有表达个人感情色彩的成分。

2. "之谓"句

我们用"B之谓(,)A"的公式来表示"之谓"句。常见句型如：知微之谓明。它与"A(,)谓之B"明显的不同是A和B位置的不同。在"之谓"句里，和"A(,)谓之B"的位置正好相反：前面的成分是表示被说明对象属性、情况的B，后面的成分是代表被说明的对象A。两式之中A和B的位置不同，作用自然不同："A(,)谓之B"，B是对A的命名或归类，"B之谓(,)A"，B是对A的解释或举例。具体介绍如下：

2.1 "之谓"式的两种格式。

2.1.1 基本格式：〔B之谓A〕。表示"B才（或'就'等）算A"一类意思。如：

（1）知微之谓明，无赦之谓严。(《韩非子·难四》) 875

（2）可欲之谓善，有诸己之谓信。(《孟子·尽心下》) 334

2.1.2 B比较长（包含一个或一个以上的分句），或为了突出B，就把它放在前面，用代词"此"、"是"等对它重指：〔B,是之谓A〕。表示"B,这才（或'就'等）算A"一类意思。如：

（3）富贵不能淫，贫贱不能移，威武不能屈。此之谓大丈夫。(《孟子·滕文公下》) 141

（4）罚其忠，赏其贼，夫是之谓至暗。(《荀子·臣道》) 166

2.2 "B之谓(,)A"句的作用和特点。

2.2.1 此式的主要作用和特点是B表示对A的解释或举例。如：

（1）失礼违命，宜其为禽也，戎，昭果毅以听之之谓礼。杀敌为果，致果为毅。易之，戮也。(宣2) 2.651

此例中的B（昭果毅以听之）表示对A（礼）的解释。

（2）孔子之谓集大成。(《孟子·万章下》)1.233

此例的B(孔子)可视为对A(集大成)的解释和举例。这句可理解为：像孔子那样才算得上集大成。

2.2.2 由于〔B之谓A〕表示对A的解释或举例，在实际语言中，A常常先在上文出现，接着说话人用"B之谓A"式表达自己对A的看法。若用公式来表示就是:〔……A，……B之谓A(或"B,是之谓A"),……。〕如：

（3）其王信明圣，其臣乃正。……使能之谓明，听信之谓圣。信明圣者，皆受天赏。(《管子·四时》)238

（4）盛德大业，至矣哉！富有之谓大业，日新之谓盛德。(《周易·系辞上》)78

（5）威有三：有道德之威者，有暴察之威者，有狂妄之威者。……故赏不用而民劝，罚不用而威行，夫是之谓道德之威。……非劫之以形势，非振之以诛杀，则无以有天下，夫是之谓暴察之威。……倾覆灭亡，可立而待也，夫是之谓狂妄之威。此三威者，不可不孰察也。(《荀子·强国》)194

2.2.3 由于对A的解释或举例一般都离不开说话人在具体语言环境中的主观取舍，因此"之谓"句常用来表示说话人主观上的看法。晋人张湛在《列子·说符》的注中对"之谓"的"谓"有很精彩的解释："谓者，所以发言之旨趣。"这"旨趣"二字生动地点出了说话人的主观意图。特别是在双方对A有不同认识的争辩中，说话人常用"B之谓A"句来强调各自对A的看法。如：

（6）子玉使宛春告於晋师曰："请复卫侯而封曹，臣亦释宋之围。"子犯曰："子玉无礼哉！君取一，臣取二。不可失矣！"先轸曰："子与之！定人之谓礼。楚一言而定三国，我一言而亡之，我则无礼，何以战乎？"（僖28）1.457

这段文字记载了先轸同子犯之间发生的争论。先轸用"B之谓A"句突出自己对礼的认识,有力地驳斥了子犯所谓楚方无礼的观点,进而指出,无礼的不是楚而是晋。

(7)叶公曰:"吾闻胜也诈而乱,无乃害乎?"子西曰:"吾闻胜也信而勇,不为不利。舍诸边境,使卫藩焉。"叶公曰:"周仁之谓信。率义之谓勇。吾闻胜也好复言,而求死士,殆有私乎?复言,非信也;期死,非勇也。子必悔之。"(哀16)4.1700

在这里叶公认为公子胜"诈而乱",子西认为公子胜"信而勇",叶公在反驳子西时先用"B之谓A"句强调他自己认为什么才算信和勇,接着指出公子胜并不是有信有勇的人。

(8)告子曰:"性犹湍水也,决诸东方则东流,决诸西方则西流。人性之无分於善不善也,犹水之无分於东西也。"孟子曰:"水信无分於东西,无分於上下乎?人性之善也,犹水之就下也。人无有不善,水无有不下。……"告子曰:"生之谓性。"(《孟子·告子上》)2.254

这是告子在与孟子争论人性的问题。孟子主张性本善,告子认为人的本性无所谓善恶。因此在孟子反驳之后,告子仍然坚持他对"性"的看法:"生之谓性",意即天生的资质才算人的本性。话虽简短,告子那种坚持己见的神情却溢于言表。

(9)鲁哀公问於孔子曰:"子从父命,孝乎?臣从君命,贞乎?"……孔子曰:"……昔万乘之国有争臣四人,则封疆不削;千乘之国有争臣三人,则社稷不危;百乘之家有争臣二人,则宗庙不毁。父有争子,不行无礼;士有争友,不为不义。故子从父,奚子孝?臣从君,奚臣贞?审其所以从之之谓孝、之谓贞也。"(《荀子·子道》)347

鲁哀公问孔子,"子从父命"是孝吗?"臣从君命"是"贞"吗?孔子认为一味顺从并不是什么孝和贞,不该顺从的就应据理力争。最后他用"B之谓A"句"审其所以从之之谓孝、之谓贞"来总结了自己的观点,意即要分清自己之所以顺从的理由,才是真正的"孝"和"贞"。

2.2.4 "之谓"句施事主语一共出现过6次:吾,大夫,君子,圣人,为仁者,为国者,各一次。这些主语都表示个人,恰与"谓之"句的主语绝大多数都代表众人的情况形成鲜明对照。

3. "谓之"句与"之谓"句的比较

3.1 两种句式所回答的问题不同。

让我们先看两个例句:

（1）"请问楚人谓此鸟何？"王曰:"谓之鹊。"(《战国策·韩二》) 2.992

（2）"何谓刑德？"曰:"杀戮之谓刑,庆赏之谓德。"(《韩非子·二柄》) 1.111

这两种句式在问句的语境往往是这样:"谓之"句的上文常常是问,A叫做什么（谓A何）？回答,(A)叫作B,即"(A)谓之B"。B在上文不会先出现。"之谓"句的上文常常是问,A是什么意思（何谓A）？回答是用B对A进行解释,即"B之谓A"。A在上文已经出现。因此我们说,二式最大的不同在于,"A谓之B"句是对A的命名或归类,"B之谓A"句是对A的解释或举例。当然,具体例句多种多样,意思也可能有一定范围的变化,但这个区别是纲领性的。抓住它,就能管住绝大多数例句;抓住它,就能观察并认识其他一些区别。

3.2 从两式的用法和意义进行对照比较。"谓之"句多用于表示约定俗成的、众人一致的看法,个人的倾向性一般不明显;而"之谓"句常用以强调个人的观点,有着强烈的主观色彩和明显的倾向性。我们在前面介绍"之谓"句的特点时已举出一些例句,若把两种句式放在

一起加以对比,就更加清楚。如:

(1)君子之自行也,动必缘义,行必诚义,俗虽谓之穷,通也;行不诚义,动不缘义,俗虽谓之通,穷也。然则君子之穷通有异乎俗者也。(《吕氏春秋·高义》)238

(2)孔子穷於陈蔡之间,七日不尝食,藜羹不糁。宰予惫矣,孔子弦歌於室。……子路与子贡入。子贡曰:"如此者可谓穷矣!"孔子曰:"是何言也!君子,达於道之谓达,穷於道之谓穷。今丘也拘仁义之道以遭乱世之患,其所也。何穷之谓!"(《吕氏春秋·慎人》)151

这两例都谈到"通(或'达')"和"穷"。在世俗人都叫作"穷"、"通"的地方用的"谓之"句(例1),在强调"君子"对"穷"、"达"的个人理解时,用的"之谓"句(例2)。孔子就是以"君子"自喻,用"之谓"句表达自己对"穷"、"通(达)"的不同看法,显示出"君子之穷通有异乎俗者"。可见两种句式的不同用法所传达的不同信息,是非常明显的。

(3)郑伯使大子华听命於会。言於齐侯曰:"泄氏、孔氏、子人氏三族实违君命。若君去之以为成,我以郑为内臣,君亦无所不利焉。"齐侯将许之。管仲曰:"君以礼与信属诸侯,而以奸终之,无乃不可乎?子父不奸之谓礼,守命共时之谓信。违此二者,奸莫大焉。"(僖7)1.317

齐侯想要同意郑子华的阴谋,管仲坚决反对,用"之谓"句表示他认为"礼"与"信"最重要的内容是什么,接着说:"违此二者,奸莫大焉。"足见说话人鲜明的主观倾向性。再对照下面的例句:

(4)夫立名号所以为尊也,今有贱名轻实者,世谓之高。设爵位所以为贱贵基也,而简上不求见者,世谓之贤。(《韩非子·诡使》)2.935

从此例的上下文可明显看出,韩非不同意当时流行的一些看法,他用"谓之"句来表示这些流行的看法,并在"谓之"句首加上施事主语"世"强调这是世俗的舆论和称谓。

若双方对同一主题(即A)有不同认识,为强调各自的观点,往往用"之谓"句。如:

(5)为仁与为国不同。为仁者爱亲之谓仁,为国者利国之谓仁。(《国语·晋语一》)1.275

此例中的"为仁者"与"为国者"对"仁"有不同看法。在两个"之谓"句中,A(仁)不变,而B(爱亲、利国)变,表示"为仁者"强调"爱亲"才算仁,而"为国者"却强调"利国"才算仁。

有时同一个人对同一主题(A),可以有几种解释(B)。如:

(6)范雎日益亲,复说用数年矣,因请间说曰:"……夫擅国之谓王,能利害之谓王,制杀生之威之谓王。"(史记·范雎列传)7.2411

范雎提出自己对"王"的几种解释,都是用的"之谓"句。三个"之谓"句的A都是"王",而"B"都不同。由此也可看出"之谓"句表达个人主观认识的作用。

3.3 两种句式中"A"、"B"内部结构的分析比较。

3.3.1 "A谓之B"的A约95%都是动词结构或主谓结构,仅有5%的A是名词或形容词。如:

(1)麟、凤、龟、龙,谓之四灵。(《礼记·礼运》)2.1425

(2)虚、壹而静谓之大清明。(《荀子·解蔽》)264

而"B之谓A"中的B约有80%是动词结构。如:

(3)定人之谓礼。(僖28)1.457

(4)无为为之之谓天,无为言之之谓德。(《庄子·天地》)1.70

有少数B为抽象名词。如:

（5）礼义之谓治，非礼义之谓乱也。（《荀子·不苟》）27

（6）德音之谓乐。（《礼记·乐记》）2.1540

还有少数B为形容词（或形容词词组）。如：

（7）诚信之谓尽，尽之谓敬。（《礼记·祭统》）2.1603

特别值得注意的是有少数B为专名、代词、数词等，常用于表示对A的举例。如：

（8）孔子之谓集大成。（《孟子·万章下》）1.233

（9）广成子之谓天矣。（《庄子·在宥》）1.65

（10）我之谓风波之民。（《庄子·天地》）1.75

（11）一之谓甚，其可再乎！（僖5）1.307

（12）君子之谓吉，小人之谓凶。（《荀子·非相》）46

以上作为名词、形容词、专名、代词、数词的B共占20%左右，与"A谓之B"中的A比较起来有很大不同；特别是后三者，是A所没有的。

3.3.2 "A谓之B"的B约90%以上为名词或专名，有大量抽象名词，也有一定数量的具体名称，如"伯父"、"伯舅"、"师徒"、"有司"、"六府"、"三事"等，充分反映"谓之"句对A命名或归类的特征。B为动词（或动词结构）的约占8%，也带有命名或归类性质。如：

（13）用下敬上谓之贵贵，用上敬下谓之尊贤。（《孟子·万章下》）1.237

（14）能思索谓之能虑。（《荀子·大略》）328

而"B之谓A"中的A为名词（或名词词组）的约占65%。值得注意的是，其中没有一个专名，大都是意识形态方面的抽象名词，如"礼"、"德"、"信"、"性"等，以及一些和意识形态有关的名称如"明主"、"神"、"风波之民"等。A为形容词的约占15%，如"美"、"大"、"白"、"凶"、"吉"等。上述情况充分反映了"B之谓A"句中A作为被解释对象的特点；与"A谓之B"句中的B作为被命名的对象，90%以上为专名或表物名词大有不同,进一步证明这两种句式的区别。"B 之谓 A"句的 A 为动词或主谓结构的约占 22%,如"祭祀不绝"、"服文采"、"任人"、"任力"、"集大成"、"鬼伤人"、"人伤鬼"、"民伤上"、"上伤民"等;A 的这项比例比"A 谓之 B"中的 B 大出一倍多,因其中很多是别人的言论。如《韩非子·解老》中用了二十七例"B 之谓 A"句,其中二十六例中的 A 都是引用老子原话,而 B 则是韩非对 A 所作的解释和发挥。"B 之谓 A"的这种情况是"谓之"句所没有的。

3.4 "A 谓之 B"与"B 之谓 A"语法性质的比较。

这是两种不同的主谓句。

3.4.1 "A 谓之 B"是一种带双宾语的主谓句,A 是受事主语,动词"谓"有"之"(代受事主语 A)和 B 两个宾语。在用法上,两个(或两个以上)"A 谓之 B"句常并列出现(约占其总数的一半),其中 A 的一两个关键字眼有了变动,B 就随之变化,——反映出事物的内容若有了变动,事物的名称就会不同:名以实异,B 随 A 变。以此来显示不同事物之间的鲜明对照。如:

(1)善人富谓之赏,淫人富谓之殃。(襄 28)3.1149

(2)从流下而忘反谓之流,从流上而忘反谓之连。(《孟子·梁惠王下》)1.33

(3)以德分人谓之圣,以财分人谓之贤。(《庄子·徐无鬼》)1.160

3.4.2 "B 之谓 A"是一种常与较大的语言单位(复句或语段)紧密联系在一起的主谓句。B 是主语,"谓 A"是动宾结构作谓语。"之"是位于主语和谓语之间的一个虚词。A 常常先见于上文,然后由一个(或不止一个)说话人用"之谓"句对 A 作出解释或举例。B 多变而 A 不变。显示出说话人对 A 提出的各种主观性的看法。

这种主谓句有它自身的特殊性:一方面,它可以独立成句,如 3.3

节的例(3)、(6)、(8)等；另一方面，也是主要方面，它大多运用于语段之中(约占80%)，B与A在语段之中以各种方式与上下文配合呼应，使整个语段显得环环相扣，紧凑生动。(请参看2.2节所引例句。)

3.5 关于两式中的"之"。

"A谓之B"中的"之"是代词，不再多说。这里着重讨论"B之谓A"中的"之"。

吕叔湘先生在《汉语语法分析问题》中指出："句和句之间的联系，段和段之间的联系，往往也应用语法手段(主要是虚词)。"这一说法对古汉语也适用。我们认为"B之谓A"中的"之"就是句与句联系的一个重要语法手段。"之"在这里的作用似不在于取消句子的独立性从而使句子不再成为句子，而是给句子增加一种粘连性，表示这个句子与一个比它大的单位发生联系。这个大的单位可能是一个语段、一个复句或句子；"B之谓A"可以是语段中的一个句子或复句中的一个分句。总之，这个带"之"的主谓句总是比较紧密地联系着一个比它大的语言单位。

与此同时，"之"在句中还表达一定的意义和语气。这种意义和语气与它的粘连作用是一致的，如"始"、"才"、"方""斯"、"就"等，既有语气上的强调作用，又有承接上下文的含义，使"B之谓A"很自然地与其他句子或小句联系起来。

王引之在《经传释词》中将主语与谓语中的这个"之"解为"则也"、"若也"[⑨]，说明他已看到这类用法的"之"起到与其他句子联系的作用。

"之"在这里不是代词，也不是取消句子独立性的结构助词，那么它究竟是什么词？连词？副词？助词？语法记号？……可以讨论。关键是要抓住问题的实质，搞清楚"之"在这里的作用和意义。我个人不成熟的意见，认为它是连词。

我们说"B之谓A"是主谓句，"之"在其中起连接作用并表达一定的意义,也受到前辈学者的启迪。在我们所调查的全部古籍中,学者们对"B之谓A"句的解释,没有不把它当作一个句子来理解的,而且注中往往都有"方"、"乃"、"才"、"故"、"即"、"始"、"则"等虚词表示此句与上下文的联系。如:

(1)无为言之之谓德。(《庄子·天地》)1.70

郭庆藩注:不为此言,而此言自言,乃真德。

(2)德成之谓立。(《庄子·天地》)1.75

成玄英疏:德行既成,方可立功而济物也。

(3)乐全之谓得志。(《庄子·缮性》)1.99

成玄英疏:……至乐全矣,然后志性得焉。

(4)使能之谓明,听信之谓圣。(《管子·四时》)238

戴望校注:使任贤能,则为明也。既听其言,又信其事,所以为圣。

(5)言大人之行不必以先帝常义立之谓贤。(《管子·宙合》)62

郭沫若案:此当以"不必以先"为句,"必"是动词,谓大人之行不限以常规也。"帝常"当是"适当"之残文。其适也当,其义也立,即可。⑩

(6)审其所以从之之谓孝、之谓贞也。(《荀子·子道》)348

章诗同注:要看在怎样的情况下从命,才算孝和贞。

(7)周仁之谓信,率义之谓勇。(哀16)4.1700

杨伯峻先生注:密合仁道始谓信,循义而行始谓勇。

(8)可欲之谓善,有诸己之谓信。(《孟子·尽心下》)334

杨伯峻先生注:那人值得喜欢便叫做好,那些好处实际存在于他本身便叫做实在。

由上可见,前辈学者对"B之谓A"句的性质以及其中"之"的用法和意义早有体会。当然,他们很可能不是在针对某个虚词(如"之")作解释,只是凭着语感、根据上下文义来理解这个句子的含义。但总归是透露出一个重要的信息:他们是把"之谓"句当作一个句子,一个与上下文联系紧密的句子来理解的。这对我们认识"之谓"句的特点很有启发。

3.6 结论

（一）从语法结构上看，"A谓之B"是双宾句。"B之谓A"是与较大的语言单位联系在一起的主谓句。前者的"之"是代词作宾语；后者的"之"是连词。

（二）从两式的作用来看，"A谓之B"是对A的命名或归类；"B之谓A"是对A的解释或举例。

关于两种句式的这些区别，前辈学者已有不少论述，为我们今天的研究提供了一定的条件。

（三）从两式的特点和意义上看，"谓之"句常用以表示社会上共同的、约定俗成的认识或称谓；"之谓"句常用以强调说话者个人的见解，有较强的主观色彩和倾向性。这是两种句式一个很重要的区别，这一区别是前人研究中没有明确谈及的。

（四）就"B之谓A"句出现的时代特征来看，我们认为它是在春秋战国百家争鸣的时代背景下，为了适应各家宣传并论证自己观点的需要而发展起来的一种新的语法格式。它在现已出土并得到识别的甲骨文、金文中没有出现过，也不见于《诗经》。但在春秋末期战国时代先秦诸子的著作中出现较多，特别是在议论文体较多的《韩非子》《荀子》《庄子》等著作中出现的频率更高，《左传》《礼记》里进行说理的场合也常援用。而在《尔雅》《方言》《广雅》等字书中则只能看到"谓之"句，几乎一个"之谓"句都没有。[11]

4. 对古书中几个疑难句的订正

以上对"谓之"句进行了分析和对照，对它们的规律性作了初步探讨,现据此对古书中跟两式有关的几个疑难句试作订正。

(1)不敢为天下先则事无不事,功无不功,而议必盖世。欲无处大官,其可得乎?处大官之谓为成事长,是以故曰:"不敢为天下先,故能为成事长。"(《韩非子·解老》)377

关于"谓为"连文的问题,王先谦说:"'为'字衍,'谓'、'为'一也,'谓'下不当更有'为'字。"陈奇猷说:"'谓'、'为'二字本书多互用,疑此原作'为',读者旁注'谓'字,校者失删,遂致两存也。"他们一个说不当有"为",一个说不该有"谓",到底谁对?如果只用"为"、"谓"互用为理由,留下哪个都一样。但若从语法规律来考察,就只能作一种选择。韩非在《解老》篇里,利用老子原话发挥自己的观点,用了大量的"B之谓A"式。A为老子原话。B为韩非对A的解释和发挥。这里的上下文正是如此。看来用"之谓"式在这里是合乎规律的,因此这句应为"处大官之谓成事长"。

(2)明君者,非偏见万物也,明于人主之所执也。……故事省而国治也。明于人主之所执,故权专而奸止。奸止,则说者不来而情谕矣。情者不饰而事实见矣。此谓之至治。……(《吕氏春秋·知度》)208

此例属于〔B,此之谓A〕一类句式。B长,放在前面,用代词"此"重指。从内容看,B正是对于A(至治)的释义。再者,按"之谓"式的特点,A往往先见于上文,这里正是如此:上文提出"明君……事省而国治",然后归到"至治"。同时,我们所见到的"谓之"句中,除《论语》有两个"斯谓之B"(杨伯峻先生在《论语译注》中把这两个"斯"视为连词)外,只有《列子·杨朱》还有一个"此谓之A",亦疑有误(见下条)。更重要的是,《吕氏春秋》有23个"此之谓A",却没有第二个"此谓之A"。因此我们怀疑此处的"此谓之至治"应为"此之谓至治"。

(3)杨朱曰:"生民之不得休息,为四事故。"一为寿,二为名,三为位，四为货。有此四者，畏鬼畏人，畏威畏刑。此谓之遁人也。可杀可活，制命在外。不逆命，何羡寿？不矜贵，何羡名？不要势，何羡位？不贪富，何羡货？此之谓顺民也。(《列子·杨朱》)85

杨伯峻先生《列子集释》引王重民说："《意林》引作'此之谓遁人也'。当从之。下文云：'此之谓顺民也'，句法相同。"⑫此例应属〔B，此之谓A〕句式，前面的B是对A(遁人)的释义。且"此谓之A"从语法上也说不通："谓"前面是代词"此"，有什么必要在"谓"后又来一个"之"指代"此"？在所查十部书中只见到两例"此谓之A"，均疑有误。因此我们认为这一句应依王、杨说更正。

（4）故善言可恶以自信，而主失亲。乱臣自为辞功禄，明为下请厚赏，居为非母，动为善栋，以非买名，以是伤上，而众人不知，之谓微攻。(《管子·七臣七主》)289

《管子集校》引陈奂说："'之'上脱'此'字。'此之谓微攻'与'此之谓微孤'同一句例。"⑬

按"之谓微攻"的"之"处在主语的位置上，先秦无此用法。此例应属〔B，此之谓A〕句式，上文的B是对A(微攻)的释义。再往上，有"B，此之谓微孤"一段，从意义到形式都与下文配合呼应。因此此句应依陈说更正为"此之谓微攻"。

（5）赵造曰："……是以莅国者不袭奇辟之服，……非所以教民而成礼者也。……臣愿王之图之。"王曰："……且服奇而志淫，是邹、鲁无奇行也；俗辟而民易，是吴、越无俊民也。是以圣人，利身之谓服，便事之谓教，进退之谓节，衣服之制，所以齐常民，非所以论贤者也。……子其勿反也。"(《战国策·赵二》)2.663

这段引文为姚宏本，其中的"衣服之制"，鲍彪注本为"衣服之谓制"。而"进退之谓节"，《史记·赵世家》为"进退之节"。三处文字各有不同,应如何取舍? 我们的看法是:"B之谓A"的A往往先见于上文。上文(赵造谏语中)有"服"、"教",而没有"节"、"制"。再者,"B之谓A"常出现在有争议的对话中。这里正是赵武灵王不同意大臣赵造对"服"与"教"问题的谏言而极力为自己辩护,因此用"是以圣人,利身之谓服,便事之谓教"对A("服"、"教")进行辩解,同时对自己的观点加以概括和强调。如果下面接着说"进退之谓节,衣服之谓制",不仅与上文衔接不上,与下文也无法相联。因为下文是"所以+动宾"这样的句式,前面一般都应有名词性结构作"以"的逻辑上的宾语。在这段话里,如果"所以齐常民"的上文是:"进退之节,衣服之制",自然是文从字顺的,既不与"B之谓A"式的运用规则矛盾,也符合"所以……"式的语法特点。因此我们怀疑姚本"进退之谓节"的"谓"和鲍本"衣服之谓制"的"谓"都是衍文。

也许有人提出,把"进退之谓节"与上面两个"之谓"句相连,把"衣服之制"与下面"所以……"相连,原来的姚宏本行文就不用改动了。我们已说过,"进退之谓节"与上文对不上号。同时从结构上看,"利身之谓服"与"便事之谓教"的"利身"、"便事"都是动宾,且含有明显的倾向性;而"进退"、"衣服"却是并列结构,不仅与前二者在结构上不谐调,而且意义上也无法相连。再者,古汉语在行文上常用对偶句,这里自"是以圣人……"到"……者也",共六个小段,两两成对,意义上通顺,念起来上口。若按上面姚宏本引文去读,则感觉失去平衡,难念难听,更不用说意义上的不通畅了。因此我们认为这几句似应为:"是以圣人,利身之谓服,便事之谓教。进退之节,衣服之制,所以齐常民,非所以论贤者也。"

(6)"曷谓一?"曰:"执神而固。""曷谓神?"曰:"尽善挟治之谓神。万物莫足以倾之之谓固。神固之谓圣人。"(《荀子·儒效》)84

王引之认为"万物"上当有"曷谓固？曰："四字。

按照"B之谓A"式的语法规律，A往往先见于上文。在问答句中更是如此。而在这段话里，前面已出现了"曷谓神？曰：……之谓神"的一问一答，但下句却仅有"……之谓固"而没有"曷谓固？"与之呼应。同时，原文问话只问"曷谓神？"回答却是"……之谓神，……之谓固"，所答与所问也对接不齐。

再者，"B之谓A"常以其B与A跟上下文紧相呼应。若补上这四字，则"曷谓神"、"曷谓固"的"神"、"固"既与上文的"执神而固"相配合，又与下文的"……之谓神，……之谓固"相呼应；而"……之谓神，……之谓固"又与下文"神固之谓圣人"相衔接。如果不补这四字，于上下文都有所欠缺。因此我们认为王引之的订正是符合"B之谓A"句的特点的，应予采纳。

[附　注]

① 《朱子语类·杂类》一三八卷，4页。

又，宋代另一学者陈骙在《文则》中说："文有数句用一类字，所以壮文势、广文义也。然皆有法。……'之谓'法，……'谓之'法……。"可见他当时也已看出"之谓"、"谓之"二者有所不同。

② 《孟子字义疏证·孟子私淑录》卷上，130页，中华书局1961年本。

③ 《吉林大学社会科学学报》1963年1期，15—31页。

④ 《马氏文通校注》上册，131页，中华书局1961年本。

⑤ 《汉语史稿》中册，362—364页。《古代汉语》上册第一分册，229—230页。

⑥ 同③。

⑦ 这十八部著作是：《易经》、《尚书》、《公羊传》、《穀梁传》、《管子》、《墨子》、《孙子兵法》、《孙膑兵法》、《商君书》、《吴子》、《列子》、《晏子春秋》、《国语》、《战国策》、《孝经》、《尔雅》、《方言》、《周礼》。

二十八部书的版本：属于《经》部者，除《论语》、《孟子》、《左传》外，均用《十三经注疏》本。《老子》、《吕氏春秋》、《管子》、《墨子》、《商君书》、《吴子》、《列子》、《晏子春秋》，均用世界书局"诸子集成"本。《孙膑兵法》，文物出版社 1975 年本。《国语》、《战国策》，上海古籍出版社 1978 年本。《孙子兵法》，中国人民解放军军事科学院战理部注释，中华书局 1977 年本。《方言》，商务印书馆"万有文库"本。章诗同《荀子简注》，上海人民出版社 1974 年本。杨伯峻《论语译注》，中华书局 1962 年本。杨伯峻《孟子译注》，中华书局 1962 年本。杨伯峻《春秋左传注》，中华书局 1981 年本。郭沫若、闻一多、许维遹《管子集校》，科学出版社 1956 年本。郭庆藩《庄子集释》，中华书局 1978 年本。陈奇猷《韩非子集释》，上海人民出版社 1974 年本。

⑧ 这并不排除有很少数"谓之"句也表示个人对事物的判断或称谓，本文是就"谓之"句的主流而谈的。

⑨ 《经传释词》，109—110 页，中华书局 1956 年本。

⑩ 《管子集校》，289 页。

⑪ 《方言校笺》（科学出版社 1956 年本）65 页有一句"中夏之谓颔"，黄广生先生认为应为"中夏谓之颔"，他的意见是正确的。

⑫ 《列子集释》卷七，235—236 页，中华书局 1979 年本。

⑬ 《管子集校》，301 页。

《左传》的"之"*

《左传》的"之"共出现7157次。分为以下几类：1.代词"之"，4037次；2.助词"之"，2564次；3.连词"之"，543次；4.语气词"之"，3次；5.动词"之"，10次。因连词"之"另有专文讨论（见本书《〈左传〉的〔主·"之"·谓〕式》一文），本文主要介绍其他几项用法。

1. 代词"之"

代词"之"共出现4037次，约占"之"总数的56.3%。按其出现的格式分为以下两大类：

1.1 〔动·之〕共3344例，约占代词"之"的82%。"之"前多为一个动词（不算动词前的修饰成分），有时是两个动词并列，仅一例是四个动词并列。本式中的"之"绝大多数都用作动词的宾语，代前面已出现的人、事或物。如：

（1）弥与纥，吾皆爱之。（襄23）3.1078

（2）凡师，能左右之曰以。（僖26）1.442

（3）为国家者，见恶，如农夫之务去草焉，芟夷蕴崇之，绝其本根，勿使能殖，则善者信矣。（隐6）1.50

值得提出的有以下几点：

---

* 本文曾发表在《古汉语研究》第一辑，中国社会科学院语言研究所古汉语室和中华书局合编，中华书局1996年。

1.1.1 绝大多数"之"都代第三人称,但有时代第一、二人称。

"之"代第一人称,共9例。似大多用于说话一方对自己表示谦称的场合。如:

(1)孟明稽首曰:"君之惠,不以累臣衅鼓,使归就戮于秦,寡君之以为戮,死且不朽。若从君惠而免之,三年将拜君赐。"(僖33)1.500

(2)尔既许不穀而反之,何故?(宣15)2.760

(3)不如小决使道,不如吾闻而药之也。(襄31)3.1192

(4)吉若获戾,子将行之,何有於诸游?(昭1)4.1213

(5)昔鲋也得罪於晋君,自归於鲁君,微武子之赐,不至於今。虽获归骨於晋,犹子则肉之,敢不尽情?(昭13)4.1362

(6)馈之始至,恐其不足,是以叹。中置,自咎曰:"岂将军食之而有不足?"是以再叹。(昭28)4.1497

"之"代第二人称,共5例。如:

(7)君之未入,寡人惧之;入而未定列,犹吾忧也。苟列定矣,敢不承命!(僖15)1.356

(8)七日不克,必尔乎取之!(襄10)3.976

1.1.2 "之"所代的对象绝大多数都在上文;但有时却在下文,有以下几种情况:

(一)说话人引用俗语、谣谚、古语、成语时,常用"吾(臣)闻之"或"N(代说话人的名)闻之"这类套语引出。如:

(1)吾闻之:一日纵敌,数世之患也。(僖33)1.497

(2)臣闻之:兵作於内为乱,於外为寇。(文7)2.563

(3)丘闻之:火伏而后蛰者毕。(哀12)4.1673

(二)说话人引用古书文句时,常用"《××》有之"引出。如:

(4)子木曰:"夫独无族姻乎?"对曰:"虽有,而用楚材实

多。……《商颂》有之曰:'不僭不滥,不敢怠皇。命于下国,封建厥福。'此汤所以获天福也。"(襄26)3.1120

(5)《志》有之:"言以足志,文以足言。"(襄25)3.1106

(三)有时在叙事中,"之"所代对象在下文。这类例子很少见。如:

(6)晋赵庄姬为赵婴之亡故,谮之于晋侯曰:"原、屏将为乱。"(成8)2.838

"之"指代下文的"原"、"屏"(即赵原同和赵屏括)。

1.1.3 〔非动词+之(宾语)〕是使非动词变为及物动词的途径之一。

王力先生在《中国文法学初探》中说:"名词、形容词、内动词在代名词之前皆变为外动词。"① 从《左传》的情况看,"之"前不仅有名、形,还有数量词、方位词等。"之"前为名词。如:

(1)吴子执锺吾子,遂伐徐,防山以水之。(昭30)4.1508

(2)孔丘以公退,曰:"士兵之!"(定10)4.1578

"之"前为形容词。如:

(3)吾与之同罪,非义之也,将何见焉?(文7)2.561

"之"前为方位词。如:

(4)齐侯执阳虎,将东之。(定9)4.1573

"之"前为数量词或数词。如:

(5)晋范鞅贪而弃礼,以大国惧敝邑,故敝邑十一牢之。(哀7)4.1640

(6)霸主将德是以,而二三之,其何以长有诸侯乎?(成8)2.837

同时我们也看到,名、形及方位词等并不仅在代词前才变为及物动词。试比较以下各例。先看名词变为及物动词:

┌ 物土之宜,而布其利。(成2)2.798
└ 谁能物之。(昭29)4.1503

┌ 所谓生死而肉骨也。（襄22）3.1070
　　　└ 犹子则肉之。（昭13）4.1362

再看形容词和方位词的例子：

　　　┌ 不义宋公而出。（文14）2.606
　　　└ 非义之也。（文7）2.561

　　　┌ 遂东大子光。（襄19）3.1048
　　　└ 将东之。（定9）4.1573

可见不是名、形、方位词等在"之"前变成了动词，而是它们在动宾结构中动词的位置上才变成了动词。位于"动+'之'（宾）"结构中"动"的位置上，是非动词变为及物动词的途径之一，但并非唯一途径；因"动、宾"结构不仅限于"动+'之'（宾）"。

1.1.4 代词"之"的虚化。

有时"之"的意义很虚。如：

（1）死而不孝，不如逃之。（闵2）1.271
（2）华元曰："去之！夫其口众我寡。"（宣2）2.654
（3）恕思以明德，则令名载而行之，是以远至迩安。（襄24）3.1089
（4）臣有疾，异於人；若见之，君将殼之，是以不敢。（哀25）4.1724

这些"之"似乎主要是加强动词，起着补语的作用。如"逃之"可理解为"逃开"；"去之"——"走开"；"行之"——"传开去"；"殼之"——"呕吐起来"等。我们姑且把这种现象视为代词"之"的虚化。也就是说，当"之"位于非及物动词后面时，有时意义虚化，主要起补语的作用。

1.1.5 有时，动词与宾语可用同一字表示时，常用此字作动词，而宾语用"之"，其意义也虚化。如：

（1）战于长勺，公将鼓之。（庄10）1.183

"公将鼓之"——"公将鼓鼓"。前"鼓"为动词，后"鼓"为名词。又如：

（2）逢大夫与其二子乘，谓其二子无顾。顾曰："赵傁在后。"怒之，使下，指木曰："尸女於是。"授赵旃绥，以免。明日，以表尸之，皆重获在木下。（宣12）2.742

"以表尸之"：依其所为标志而收其二子之尸骨。"尸"：收尸。"之"：二子之尸。又如：

（3）蔡昭公将如吴。诸大夫恐其又迁也，承公孙翩逐而射之，入於家人而卒。以两矢门之，众莫敢进。（哀4）4.1626

"以两矢门之"，"之"指门。杜注："翩以矢自守其门。"又如：

（4）八月辛未，治兵，建而不旆。壬申，复旆之。（昭13）4.1356

"之"代旆，即旌旗上的飘带。杜注："军将战则旆，故曳旆以恐之。"

1.1.6 否定句中的"之"。《左传》否定句中，代词作宾语虽多在动词之前，但在动词之后的也占一定比例。如：

（1）民苟利矣，迁也，吉莫如之！（文13）2.598

（2）故民入川泽、山林不逢不若。螭魅罔两，莫能逢之。（宣3）2.671

《左传》的〔莫·之·动〕共14例；〔莫·动·之〕2例，占12%，说明否定句中代词前置的规律已在发生变化。这种现象也见于其他先秦古籍。[②] 如：

（3）籊籊竹竿，以钓于淇。岂不尔思，远莫致之。（《诗·卫风·竹竿》）88

（4）鄙夫可与事君也与哉？其未得之也，患得之；既得之，患失之。苟患失之，无所不至矣。（《论语·阳货》）193

（5）祭肉不出三日，出三日，不食之矣。（《论语·乡党》）110

（6）若知之，若不知之；若闻之，若不闻之。（《庄子·则阳》）4.882

（7）彼其人者，生乎今之世而志乎古之道；以天下之王公莫好之也，然而是子独好之；以天下之民莫为之也，然而是子独为之。（《荀子·君道》）128

可见在相当数量的否定句中，代词已不前置。尤其是"弗"所在的否定句，《左传》中代词宾语共3例，都在动词之后。〔弗·动·之〕2例，〔弗·动·此〕1例：

（8）无德而贪，其在《周易》丰之离，弗过之矣。（宣6）2.690

（9）子晳，上大夫；女，嬖大夫，而弗下之，不尊贵也。（昭1）4.1213

（10）景王问于苌弘曰："今兹诸侯何实吉？何实凶？"对曰："蔡凶。此蔡侯般弑其君之岁也，岁在豕韦，弗过此矣。"（昭11）4.1322

也就是说，"弗"所在的否定句，在《左传》中没有代词前置的现象。由此看来，代词在否定句中位置的后移，似与不同的否定词有一定关系。其他先秦古籍中"弗"所在的否定句，代词也大都在动词之后。如：

（11）一人虽听之，一心以为有鸿鹄将至，思援弓缴而射之，虽与之俱学，弗若之矣。（《孟子·告子上》）2.265

（12）故其好之也一，其弗好之也一。（《庄子·大宗师》）1.234

（13）背叛之人，贤主弗内之于朝，君子不与交友。（《吕氏春秋·尊师》）39

（14）素隐行怪，后世有述焉，吾弗为之矣。（《礼记·中庸》）1626

（15）知之者，同于义而异于俗；弗知之者，异于义而同于俗。（《韩非子·奸劫弑臣》）1.248

1.2 〔动(介)·之·X〕共 693 例,约占代词"之"的 18%。分为以下几类:

1.2.1 〔动·之(宾₁)·名(宾₂)〕"之"和它后面的成分都是动词的宾语,即双宾语。出现在〔动·之·名〕双宾式中的动词共 37 个,它们是:与,为,赐,告,夺,示,饮,降,予,树,馈,分,授,著,许,假,命,衣,遗,佩,饩,谥,诒,委,加,胙,输,立,闭,引,陈,属,负,举,生,斩,献。共 201 例。举例如下:

(1)仲与公御莱书观于公,公与之环。(昭 4)4.1258

(2)襄王劳文公而赐之温。(成 11)2.854

(3)季、郈之鸡斗,季氏介其鸡,郈氏为之金距。(昭 25)4.1461

(4)(穆子)疾急,命召仲,牛许而不召。杜洩见,告之饥渴,授之戈。(昭 4)4.1258

(5)司徒期聘于越,公攻而夺之币。(哀 26)4.1728

(关于《左传》的〔动·之·名〕双宾式以及部分动词后的"之"是否相当于"其"的问题,请参看本书《先秦〔动·之·名〕双宾式中的"之"是否等于"其"?》,这里不讨论。上列 37 个动词在双宾式中出现的次数亦请见该文。)

1.2.2 〔动·之·名〕本式中的"名"是表地点的专名或普通名词。在《左传》中,表示动作行为发生的处所,大多由介词"于"、"於"引进。这种格式很少,仅 18 例。如:

(1)诱子华而杀之南里。(宣 3)2.674

(2)文夫人敛而葬之郿城之下。(僖 33)1.503

(3)公祭之地,地坟。(僖 4)1.297

(4)杀而埋之马矢之中。(文 18)2.632

(5)伯有死于羊肆,子产襚之,枕之股而哭之。(襄 30)3.1177

"1.2.1"、"1.2.2"式的主要区别是:

"1.2.1"式可于"之"后加介词"以",如"与之环"可说作"与之以环","赐之温"可说作"赐之以温";或在前面加介词"为"带上宾语"之",如"为之金距"可说作"为之为金距"。而"1.2.2"式是不能这样变换的。

"1.2.2"式可于"之"后加介词"于"或"於",如"杀之南里"可说作"杀之于南里","枕之股"可说作"枕之於股"③,而1.2.1式则不能。

1.2.3 〔动·之·数词〕本式中的数词表示动作行为的次数。共2例:

（1）坐引者,以师哭之,亲推之三。（定9）4.1575

"亲推之三",意谓亲自推车三次。

（2）宵谍曰:"齐人遁。"冉有请从之三。（哀11）4.1660

意谓冉有三次请求追击。

1.2.4 〔动·之·动（宾）〕本式即一般所谓的连动式。共22例。如:

（1）蹇叔哭之曰:"孟子!吾见师之出而不见其入也!"（僖32）1.490

（2）成子衣製杖戈,立于阪上,马不出者,助之鞭之。（哀27）4.1734

1.2.5 〔动·之·动（宾）〕本式中的"之"为前面动词的宾语,又为后面动词的主语,即一般所谓的兼语式。共21例。如:

（1）教吴乘车,……教之叛楚。（成7）2.835

（2）二子见诸侯之师而劝之济。（襄14）3.1008

（3）吴子使舒鸠氏诱楚人曰:"以师临我,我伐桐,为我使之无忌。"（定2）4.1529

"无"在此为副词,与"不"的作用相当。

1.2.6 〔介词·之·动（宾）〕"介词·之"作动词的状语,共123例。如:

（1）仆展从伯有，与之皆死。（襄30）3.1178

（2）爱共叔段，欲立之。……及庄公即位，为之请制。（隐1）1.10

（3）君其许之，政自之出久矣！（昭25）4.1463

（4）宋人、卫人入郑，蔡人从之伐戴。（隐10）1.69

没有见到出现在动词后的"介词·之"。

1.2.7 〔动·之·（数）名〕"之"修饰"（数）名"，起指示作用。共2例，即：

（1）司城子罕以堵女父、尉翩、司齐与之，……郑人醢之三人也。（襄15）3.1023

（2）国家之败，失之道也，则祸乱兴。（昭5）4.1268

"郑人醢之三人也"——郑国人把这三个人煮熟了醢起来。"失之道也"——失去了这些原则。

1.2.8 〔动（"谓"）·之·名〕这是对事物进行命名的一种固定格式。④ "之"指代被称谓的事物，"名"是对该事物所称谓的名称。由于事物的名称绝大多数都是人们在长期社会交往中约定俗成的产物，因此〔谓·之·名〕句大都用来表示客观上对事物共同的认识和称谓。共47例。如：

（1）窃人之财，犹谓之盗，况贪天之功以为己力乎？（僖24）1.418

（2）昔高阳氏有才子八人，……天下之民谓之八恺。（文18）2.637

（3）葬王于郏，谓之郏敖。（昭1）4.1223

1.2.9 〔动（"若"）·之·何〕⑤ 本式后面若无谓语结构紧跟时，往往用作句子的谓语，表示"（对之）怎么办？"一类意思。共64例。如：

（1）寇深矣，若之何？（僖15）1.354

（2）吾子，楚国之望也。今与王言如响，国其若之何？（昭12）4.1340

在以上这种用法里,"之"所代的对象可以直接出现在"之"的位置上而将"之"替换。如:

（3）昭子自阚归,见平子。平子稽颡,曰:"子若我何?"（昭25）4.1466

本式后面若紧跟谓语结构时,它就起着状语的作用,表示"为什么"或"怎么样",这时式中的"之"意义较虚,不能用其他代词或其他成分来替换。如:

（4）既,又欲立王子职而黜大子商臣。商臣闻之而未察,告其师潘崇曰:"若之何而察之?"（文1）2.514

（5）子为司寇,将盗是务去,若之何不能?（襄21）3.1057

（6）子为国老,待子而行,若之何子之不言也?（哀11）4.1668

1.2.10 〔动·之·曰〕本式又有两种情况:一种是其中的"曰"表示"说"的意思,后面跟的是直接引语。共109例。如:

（1）公使谓之曰:"尔何知?"（僖32）1.491

（2）公若泣而哀之曰:"杀是,是杀余也。"（昭25）4.1461

另一种"曰"是"叫作"的意思,它后面紧跟人或事物的名称,"之"和后面的"名"是同一性的。这种句式中的动词大多为"命"、"名"、"谥",共8例。如:

（3）秦於是乎输粟于晋,自雍及绛相继。命之曰"泛舟之役"。（僖13）1.345

（4）生穆公,名之曰"兰"。（宣3）2.874

（5）改葬幽公,谥之曰"灵"。（宣10）2.709

2. 助词"之"

助词"之"共2564例,约占"之"总数的36%。可分三类:

2.1 〔X·之·名〕共2344例,约占助词"之"的91%。"之"在此式中位于修饰成分与被修饰成分之间,构成名词性的偏正结构。这种结构有以下特点:

2.1.1 "之"前的成分丰富多彩、变化多端;可以是名词、形容词及其短语,也可以是动词、动词短语或句子。"之"后一般是普通名词,很少变化。现将"之"前各成分举例列表于下:

"之"前成分的结构	名·之·名	形·之·名	动(或"主谓")·之·名
单 词	僖之元年	忠之道	
偏 正	公室之枝叶	不令之臣	不胜之国
并 列	山林川泽之实	辟邪之人	出入饮食哀乐之事
动 宾			食粟之马
动 补			会于沙随之岁
主 谓			鲁叔仲惠伯会郤成子于承匡之岁
共 计	2211	30	103

此式中,〔名·之·名〕共2211例,约占〔X·之·名〕总数的95%;〔动·之·名〕共103例,约占4%;〔形·之·名〕共30例,约占1%。值得注意的是〔动(或"主谓")·之·名〕中的"动"都是动词短语或主谓结构,与代词"之"所在的〔动·之·名〕中的"动"有着明显区别:后者的"动"绝大多数都是单个动词。

"之"前的成分无论是名、形或动的任何结构,一旦借助"之"与后面的名词结合以后,整个结构就变成名词性的偏正结构。它们在句中用作主语、宾语、名词性谓语或表时间的状语。如:

(1)废兴、存亡、昏明之术,皆兵之由也。(襄27)3.1136

（2）犹求圣哲之上、明察之官、忠信之长、慈惠之师，民於是乎可任使也，而不生祸乱。（昭6）4.1274

（3）是子也，熊虎之状而豺狼之声。（宣4）2.679

（4）晋韩宣子为政聘于诸侯之岁，婤姶生子。（昭7）4.1298

例（1）用作主语，例（2）用作"求"的宾语，例（3）用作名词性谓语，例（4）用作时间状语。

2.1.2 "之"与前后成分构成的三个音节以上的结构共2344个，其中偶数音节1545个，约占66%，单数音节799个，约占34%。从中看出汉语确有音节偶化的趋势，证明《马氏文通》所指出的汉语这一特点是正确的。[⑥] 具体统计见下表：

音节数		出现次数	所占百分比(%)
偶数	四	1423	61
	六	98	4.2
	八	18	0.77
	十	2	0.08
	十二	3	0.12
	十四	1	0.04
小 计		1545	66
单数	三	515	22
	五	246	10.4
	七	35	1.4
	九	2	0.08
	十一	1	0.04
小 计		799	34
合 计		2344	

2.2 "之"出现在专名中，共33例，约占助词"之"的1.3%。"之"大多位于专名当中。如：

（1）介之推不言禄。（僖24）1.417

（2）石之纷如死于阶下。（庄8）1.175

（3）烛庸之越驷乘。（襄23）3.1076

有的位于专名的最后一个音节。如：

（4）公孙舍之及其大夫、门子，皆从郑伯。（襄9）3.968

2.3 〔X(宾语)·之·动(介)〕共187例，约占助词"之"的7.7%。此式中的X是后面动词或介词的宾语，借助于助词"之"而前置。倒置后的句式常与其他谓语结构并列出现。诚如《马氏文通》所指出的："夫'之'字以间倒文，此种句法《左氏》、《论语》最所习见。"⑦这种句式是《左传》句法的特色之一。下面分三类来谈。

2.3.1 〔X(宾)·之·动(介)〕共76例。它的主要语法功能是：

(一)常与另一不倒装的谓语结构并列，共同说明主语。如：

（1）宋向戌曰："我一人之为，非为楚也。"（襄28）3.1152

"一人之为"与不倒装的"非为楚"并列，共同说明主语"我"。

此式前面可受"其"、"将"、"不"、"唯"等副词修饰。如：

（2）大夫其非众之谓，其谓君抚小民以信，训诸司以德，而威莫敖以刑也。（桓13）1.137

（3）是夫也，将不唯卫国之败，其必始於未亡人。（成14）2.870

有时与后面表反诘的谓语配合，加强反诘的语气。如：

（4）吾子孙其覆亡之不暇，而况能禋祀许乎？（隐11）1.75

（5）寡君其罪之恐，敢与知鲁国之难？（昭31）4.1511

（6）郑将覆亡之不暇，岂敢不惧？（僖7）1.318

(二)两个倒装的谓语并列，前者受副词"非"的修饰，表示否定，后者表示肯定。如：

（1）侨闻为国非不能事大字小之难，无礼以定其位之患。（昭16）4.1379

（2）侨闻君子长国家者，非无贿之患，而无令名之难。（襄24）3.1089

有时两倒装式之间有"而"连接,如上例。又如:

(3)楚熊负羁囚知罃,知庄子以其族反之,厨武子御,下军之士多从之。每射,抽矢,菆,纳诸厨子之房。厨子怒曰:"非子之求,而蒲之爱,董泽之蒲,可胜既乎?"(宣12)2.742

《马氏文通》说:"凡止词先乎动字者,倒文也。如动字或有弗辞,或为疑辞者,率间'之'字;辞气确切者,间参'是'字。"⑧"无弗辞、无疑辞,而亦间'之'字者,盖有'唯'字先之也。"⑨从以上举例可知马建忠所说并不尽然。"蒲之爱"、"无令名之难"、"无礼以定其位之患"等,都没有"弗辞",也没有"疑辞",更没有"'唯'字先之",但却不是用"是"而是用"之"来进行倒装的。

(三)两个或两个以上的同类格式并列出现,或者都表反诘,或者都表否定,加强说话的气势。如:

(1)自践土以来,宋何役之不会,而何盟之不同?(昭25)4.1459

(2)宴语之不怀,宠光之不宣,令德之不知,同福之不受,将何以在?(昭12)4.1332

(四)与〔主语·之·谓语〕式并列组成复句。如:

(1)我之不共,鲁故之以。(昭13)4.1357

(2)彝器之来,嘉功之由,非由丧也。(昭15)4.1374

(3)国之多难,贵宠之由。(哀6)4.1634

在以上诸例中,前面的〔主·之·谓〕句表结果,后面的倒装句表原因。

(五)单独用作谓语。有以下几种情况:

借助于副词"唯"而单独成句。如:

(1)人有言曰:"唯乱门之无过。"(昭22)4.1433

此式前同时出现代词主语"吾"。如:

(2)此子也才,吾受子之赐;不才,吾唯子之怨。(文7)2.559

（3）富而不骄者鲜，吾唯子之见。（文13）4.1592

有时借助于上下文语言环境而独立成句，往往出现在发生紧急情况或重大事件时有关人物的话语中。如：

（4）寿子载其旌以先，盗杀之。急子至，曰："我之求也。此何罪？请杀我乎！"（桓16）1.146

（5）卫人侵戚东鄙，孙氏愬於晋，晋戍茅氏。殖绰伐茅氏，杀晋戍三百人。孙蒯追之，弗敢击。文子曰："厉之不如！"遂从卫师，败之圉。（襄26）3.1114

（6）周毛得杀毛伯过，而代之。苌弘曰："毛得必亡，是昆吾稔之日也。侈故之以。而毛得以济侈于王都，不亡，何待？"（昭18）4.1394

从以上分析可以看到〔X（受事宾语）·之·动〕式的主要语法特点是：

第一，它在句中总是用作动词性谓语，并可以受"将"、"不"、"唯"、"其"等副词修饰，它保留了动宾结构的动词性。

第二，它由动宾结构变化而来，但已不完全等同于动宾结构。动宾结构常单独用作谓语或单独成句，而此式在多数情况下常和其他语句或同类结构并列使用，以上列举的五种语法功能中，有四种都是如此。

第三，借助于一定的语言环境，它可以单独成句。

第四，此式多出现在对话中，是口语里富有强烈感情色彩的一种句式。

2.3.2〔何X（宾）·之·动〕共56例。这是宾语前置句的一种固定格式，常用作反问句。"何X"是动词的前置宾语。此式多出现在复合句后一分句的位置上，有时单独成句。具体分析有以下几种情况：

（一）〔何X·之·有〕本式中的动词总为"有"。如：

（1）敌利则进，何盟之有？（成15）2.873

（2）疆场之邑，一彼一此，何常之有？（昭1）4.1206

（3）寡君有甲车四千乘在，虽以无道行之，必可畏也。况其率道，其何敌之有？（昭13）4.1357

以上是出现在复合句后一分句位置上的例句。还有出现在单句中的，前面都有主语。如：

（4）姜氏何厌之有？（隐1）1.12

（5）今执事有命曰："女何与政令之有？"（襄28）3.1143

（6）我自夏以后稷，魏、骀、芮、岐、毕，吾西土也。……蒲姑、商奄，吾东土也；巴、濮、楚、邓，吾南土也；肃慎、燕、亳，吾北土也。吾何迩封之有？（昭9）4.1308

（二）〔何X·之·(助动)·为〕本式也常出现在复句的后一分句，表示反问。如：

（1）国不竞亦陵，何国之为？（昭13）4.1359

"何国之为"意即"为何国"，亦即"还成个什么国家"。又如：

（2）我诸戎饮食衣服不与华同，贽币不通，言语不达，何恶之能为？（襄14）3.1007

（三）〔何X·之·助动（能、敢）·动〕本式中的动词不固定，但动词前总有助动词"能"或"敢"等。如：

（1）虢多凉德，其何土之能得？（庄32）1.253

"何土之能得"意即"能得何土"。

（2）是寡君既受贶矣，何蜀之敢望？（昭7）4.1286

（3）君之羁臣，苟得容以逃死，何位之敢择？（昭7）4.1293

2.3.3 〔X(宾)·之·谓·(也)〕共35例。这也是宾语前置的一种固定格式。它往往紧跟在引语之后，借助于引语表示对人、事物的评论。如：

（1）戊申，以黻冕命士会将中军，且为大傅。於是晋国之盗逃

奔于秦。羊舌职曰:"吾闻之,'禹称善人,不善人远'。此之谓也夫。"(宣16)2.768

"此"指代上文所说的事情:士会将中军,……晋国之盗逃奔于秦。"此之谓也夫",大意是:("禹称善人,不善人远",)说的就是这样的事情吧!

本式有时用于对词语的解释。如:

(2)诸侯所以归晋君,礼也。礼也者,小事大、大字小之谓。(昭30)4.1506

此句大意是:礼这件事,说的就是小国侍奉大国,大国爱抚小国。

3. 连词"之"和〔主·之·谓〕结构

连词"之"共出现543次,约占"之"总数的7.6%。分为三类:

3.1 〔名·之·名〕"之"连接名词或名词短语,表示"和"意。仅1例:

初,宋武公之世,鄀瞒伐宋。司徒皇父帅师御之。耏班御皇父充石,公子穀甥为右,司寇牛父驷乘,以败狄于长丘,获长狄缘斯。皇父之二子死焉,宋公於是以门赏耏班,使食其征,谓之耏门。(文11)2.583

3.2 〔主语·之·谓语(也)〕共531例。详见本书《〈左传〉的〔主·"之"·谓〕式》一文。

3.3 连词"之"在状语和谓语动词之间,在主语和介宾之间,在谓语中心成分和补语之间。共11例。如:

"之"在状语和谓语动词之间:

(1)吾浅之为丈夫也。(襄19)3.1046

"之"在主语和介宾之间:

(2)鲁之於晋也,职贡不乏,玩好时至。(襄29)3.1160

"之"在谓语中心成分和补语之间：

（3）亲暱之极也。（哀 20）4.1716

4. 语气词

语气词"之"仅 3 例：

吾闻文、成之世,童谣有之曰："鸜之鹆之,公出辱之。"（昭 25）4.1460

王引之《经传释词》认为它们"并与'兮'同义",[⑩]我们同意这一看法。

5. 动词

动词"之"共 10 例。

5.1　表示"往"、"去到"一类意思。共 7 例：

（1）晋侯使贾华伐屈。夷吾不能守,盟而行。将奔狄,郤芮曰："后出同走,罪也,不如之梁。梁近秦而幸焉。"乃之梁。（僖 6）1.313

（2）蔡公子燮欲以蔡之晋,蔡人杀之。（襄 20）3.1053

（3）范鞅……遂超乘,右抚剑,左援带,命驱之出。仆请,鞅曰："之公。"（襄 23）3.1075

（4）且齐君无信,不如早之晋。（昭 25）4.1465

（5）公将往,梦襄公祖。梓慎曰："君不果行。襄公之适楚也,梦周公祖而行。今襄公实祖,君其不行。"子服惠伯曰："行！先君未尝适楚,故周公祖以道之。襄公适楚矣,而祖以道君。不行,何之？"（昭 7）4.128

（6）孔氏之竖浑良夫长而美,孔文子卒,通于内。大子在戚,

孔姬使之焉。大子与之言曰:"苟使我入狱国,服冕、乘轩,三死无与。"(哀15)4.1694

5.2 "之"表示时间上到(或至)某一限度。共2例。如:

(1)婴梦天使谓己:"祭余,余福女。"……祭之,之明日而亡。(成5)2.822

(2)声伯……还自郑。壬申,至于狸脤而占之,曰:"余恐死,故不敢占也。今众繁而从余三年矣,无伤也。"言之,之莫(暮)而卒。(成17)2.899

5.3 "之"有"变为"、"变到"之意。仅1例:

周史有以《周易》见陈侯者,陈侯使筮之,遇《观》之《否》,曰:"是谓'观国之光,利用宾于王',此其代有陈国乎!"(庄22)1.222

杜预注:"《坤》下《乾》上,《观》六四爻变而为《否》"。[11]杨伯峻先生注:"由《观》卦变而为《否》卦,当时术语谓之'《观》之《否》'。"

[附 注]

① 《龙虫并雕斋文集》,229页,中华书局1980年本。
② 请参看周光午《先秦否定句代词宾语位置问题》一文,载《语法论集》第三集,128—192页,《中国语文》杂志社编,中华书局1959年本。
③ 有人认为"杀之南里"的"之"="诸"=之+于,我们未取这种说法。
④ 〔谓·之·名〕也是一种双宾式。因为它已成为用来对事物命名的一种固定格式,同时两个宾语是同一性的,与一般双宾式的用法有所不同,因此我们把它单列一项。
⑤ 〔若·之·何〕也是一种双宾式,但它的两个宾语都是代词,其中"何"还是疑问代词,结构比较特殊。同时它的用法比较灵活,意义也有所引申;因此我们把它也单列一项。
⑥ 《马氏文通校注》下册,314页,中华书局1961年本。
⑦ 同上,316页。
⑧ 同上,320页。

⑨　同上，320页。
⑩　王引之在《经传释词》中说："昭二十五年《左传》曰：'鸜之鵒之，公出辱之'，三'之'字并与'兮'同义。"201页，中华书局1956年本。
⑩　《春秋左传集解》一册，182页，注（二五），上海人民出版社1977年本。

（1963年初稿）
（1978年定稿）
（1986年修改）
（2003年5月再修改）

附记：《左传》"之"的总数，香港中文大学中国文化研究所《左传逐字索引》（1996）为7357次，比本文的统计多200次；李波等先生《十三经新索引》（1997）为7347次，比本文多190次。我当年是一张一张抄卡片，然后分类，最后统计总数。可能是分类统计时有误差，影响了最后的总计与以上两书的统计数相比，有2.5%的误差。由六十年代到现在，已是几十年过去，卡片已不齐备，无法逐张核查。我决定文章还是按原来的数字，在附记中加以说明，并表示歉意。我想电脑操作总是比手工准确的，特别是上千上万的数字，经过层层分类之后，很难精确无误。所幸文章主要目的是介绍"之"的各种类别和功能。还可供参考。

（2004年3月）

《左传》的〔主·"之"·谓〕式

《左传》的〔主·"之"·谓〕式共531例,又可细分为〔主语·"之"·谓语(也)〕、〔B(主语)·"之"·"谓"·A(宾语)〕两类。下面先介绍它们的用法,再讨论结构的性质。

1.〔主语·"之"·谓语(也)〕

1.1〔主语·"之"·谓语(也)〕的语法作用。

1.1.1 与其他分句共同组成复句。具体情况有以下几种:

(一)用作表假设或条件的从句。如:

(1)戎之生心,民慢其政。(庄28)1.240

(2)皮之不存,毛将安傅?(僖14)1.348

(3)行李之往来,共其乏困。(僖30)1.480

(4)雹之为灾,谁能禦之?(昭4)4.1250

(5)民之不处,其谁堪之?(昭4)4.1254

(6)言之无文,行而不远。(襄25)3.1106

此式在复句中常与另一表假设的从句互相对应。如:

(7)寡君之以为戮,死且不朽;若从君惠而免之,三年将拜君赐。(僖33)1.500

(8)大夫之许,寡人之愿也;若其不许,亦将见也。(成2)2.791

(9)我之有罪,吾死后矣;若杀不辜,将失其民,欲安,得乎?(成17)2.902

（10）我之不德，民将弃我，岂唯郑？若能休和，远人将至，何恃於郑？（襄9）3.969

（11）殖之有罪，何辱命焉？若免於罪，犹有先人之敝庐在，下妾不得与郊吊。（襄23）3.1084

（12）敝邑之往，则畏执事其谓寡君而固有外心；其不往，则宋之盟云。（昭3）4.1241

（13）晋之丧事，敝邑之间，先君有所助执绋矣；若其不间，虽士、大夫有所不获数矣。（昭30）4.1506

很明显，在这些例句中，〔主语·"之"·谓语〕式都与后面表假设的从句相对应，并与其作用相当。

有时〔主·"之"·谓〕前有表示假设的连词"若"，而后面表假设的从句却没有"若"，可能承上文而省略了。如：

（14）若事之捷，孙叔为无谋矣。不捷，参之肉将在晋军，可得食乎？（宣12）2.729

有时〔主·"之"·谓〕句和后面表假设的从句前都有连词"若"：

（15）若楚之遂亡，君之土也；若以君灵抚之，世以事君。（定4）4.1548

（二）用作表让步或转折的从句。

这类〔主·"之"·谓〕前常出现"虽"、"且"、"抑"等连词，表示从句与主句之间的让步、转折等关系。如：

（1）虽鞭之长，不及马腹。（宣15）2.759

（2）虽君之有鲁丧，亦敝邑之忧也。（襄31）3.1188

（3）且人之欲善，谁不如我？（僖9）1.329

（4）大夫逆于清原。周子曰："孤始愿不及此，虽及此，岂非天乎！抑人之求君，使出命也。立而不从，将安用君？"（成18）2.907

（三）用作表时间的从句。

从句〔主·"之"·谓〕常带语气词"也"，增强提起下文、依附下文的语气。这可能因为表时间的从句具有更大的从属性。如：

（1）齐侯之出也，过谭，谭不礼焉。（庄10）1.184

（2）丕郑之如秦也，言於秦伯曰：……（僖10）1.335

（3）齐懿公之为公子也，与邴歜之父争田。（文18）2.629

以上诸例中，从句的主语与后面分句的主语一致，分句主语承上省略。

有时后面的分句自有主语，则〔主·之·谓（也）〕在表时间的同时往往还兼表原因或条件。如：

（4）宋殇公之即位也，公子冯出奔郑。（隐4）1.36

（5）季悼子之卒也，叔孙昭子以再命为卿。（昭12）4.1335

（6）郑之入滑也，滑人听命；师还，又即卫。（僖24）1.419

（7）世之治也，君子尚能而让其下。（襄13）3.1000

有时〔主·"之"·谓〕前还有"初"、"日"、"昔"等表过去时间的成分，使此式所表时间更为明确。如：

（8）初，平王之东迁也，辛有适伊川。（僖22）1.393

（9）日臣之使于楚也，子重问晋国之勇。（成16）2.889

（10）昔周辛甲之为大史也，命百官，官箴王阙。（襄4）3.938

1.1.2 在一定的语段中单独成句。

（1）是行也，晋辟楚，畏其众也。君子曰："众之不可以已也。"大夫为众，犹以众克，况明君而善用其众乎？（成2）2.808

（2）仲尼曰："知之难也。有臧武仲之知，而不容于鲁国，抑有由也，作不顺而施不恕也。"（襄24）3.1085

（3）既免，复踞转而鼓琴，曰："公孙！同乘，兄弟也，胡再不谋？"对曰："囊者志入而已，今则怯也。"皆笑，曰："公孙之亟

也！"（襄24）3.1092

（4）见舞《韶濩》者，曰："圣人之弘也，而犹有惭德。圣人之难也！"（襄29）3.1165

（5）叔向闻之，曰："郑之罕，宋之乐，其后亡者也，二者其皆得国乎！民之归也。"（襄29）3.1157

（6）曰我先君共王引领北望，日月以冀，传序相授，於今四王矣，嘉惠未至。唯襄公之辱临我丧。（昭7）4.1286

（7）昔贾大夫恶，娶妻而美，三年不言不笑。御以如皋，射雉，获之，其妻始笑而言。贾大夫曰："才之不可以已。我不能射，女遂不言不笑夫！"（昭28）4.1496

（8）子西曰："胜如卵，余翼而长之。楚国，第我死，令尹、司马，非胜而谁？"胜闻之，曰："令尹之狂也！得死，乃非我！"（哀16）4.1701

从以上举例可以看出，这些句子大都出现在对话中，且大都用于对人或事发表评论的同时表示感叹的场合，有比较强烈的感情色彩。

1.1.3 作单句谓语。句末多有语气词"也"。如：

（1）邻之厚，君之薄也。（僖30）1.480

（2）民之多幸，国之不幸也。（宣16）2.769

（3）刑之不滥，君之明也，臣之愿也。（僖23）1.403

这类例句大都在一定条件下出现——主语也是〔主·"之"·谓〕。

1.1.4 作句中主语。如：

（1）天之弃商久矣。（僖22）1.396

（2）天之爱民甚矣。（襄14）3.1018

（3）国之存亡，天也。（成16）2.883

（4）善哉，子之言是。（昭16）4.1381

这类例句有的是描写句，有的是判断句或其他。描写句的谓语往往由形容词加语气词构成。如例(1)、(2)、(4)是描写句,主语〔主·"之"·谓〕接受谓语"久矣"、"甚矣"、"善哉"的描写。有时为了表示强调,这类描写句的谓语置于主语之前。如例(4)的谓语"善哉"位于主语"子之言是"前面。判断句的谓语有时由普通名词加语气词"也"构成。如例(3)是判断句,谓语是"天也"。

1.1.5 作动词宾语。动词多为感知动词或情态动词。如:

(1)陈辕宣仲怨郑申侯之反己于召陵,故劝之城其赐邑。(僖5)1.306

(2)君子是以知齐灵公之为灵也。(襄2)3.920

(3)敝邑失政,天降之灾,又惧谗慝之间谋之。(昭18)4.1399

(4)余一人无日忘之,闵闵焉如农夫之望岁。(昭32)4.1517

1.1.6 作介词宾语。这些介宾短语多用以表示时间、原因或话语内容等。如:

(1)逮吴之未定,君其取分焉。(定4)4.1548

(2)使摄叔奉麋献焉,曰:"以岁之非时,献禽之未至,敢膳诸从者。"(宣12)2.735

(3)楚自克庸以来,其君无日不讨国人而训之于民生之不易、祸至之无日、戒惧之不可以息;在军,无日不讨军实而申儆之于胜之不可保、纣之百克而卒无后,训之以若敖、蚡冒筚路蓝缕以启山林。(宣12)2.731

此例的介词"于"与"以"相当。可与最后一句的"训之以……"相对照。

2.〔B(主语)·"之"·"谓"·A(宾语)〕

这是〔主语·"之"·谓语〕的一种固定格式,谓语动词总是"谓",

"谓"后总带有宾语。本句式的主要语法功能如下:

2.1　单独成句。如:

(1)将禘于襄公,万者二人,其众万于季氏。臧孙曰:"此之谓不能庸先君之庙。"(昭25)4.1462

(2)君子曰:"失礼违命,宜其为禽也。戎,昭果毅以听之之谓礼。杀敌为果,致果为毅。易之,戮也。"(宣2)2.651

(3)让,德之主也。让之谓懿德。(昭10)4.1317

(4)穆叔如晋,范宣子逆之,问焉,曰:"古人有言曰:'死而不朽',何谓也?"……穆叔曰:"豹闻之:'大上有立德,其次有立功,其次有立言。'虽久,不废。此之谓不朽。"(襄24)3.1088

2.2　同类句式并列组成复句。如:

(1)君以礼与信属诸侯,而以奸终之,无乃不可乎?子父不奸之谓礼,守命共时之谓信。违此二者,奸莫大焉。(僖7)1.318

(2)周仁之谓信,率义之谓勇。(哀16)4.1700

2.3　作复句中的从句。如:

(1)一之谓甚,其可再乎?(僖5)1.307

(2)登之谓甚,吾又重之。(昭21)4.1426

此式"之"前面的部分(B)是主语,"谓"是动词,"谓"后面的部分(A)是宾语。A常代表社会共同的称谓(或他人的言论),B代表说话人对它(A)发表的个人看法(或所作的解释),有强烈的主观倾向性。所表示的意思大致是,"B才算A"或"B才(就)意味着A"。"之"常配合上下文表示"才"、"就"、"方"、"始"等意思。此式与"谓之"句形成鲜明对照,"谓之"句大都客观地反映社会上对某一事物约定俗成的叫法。如:

(3)善人富谓之赏,淫人富谓之殃。(襄28)3.1149

(4)少而无父者谓之孤,老而无子者谓之独,老而无妻者谓之

矜,老而无夫者谓之寡。(《礼记·王制》)1347

关于这两式的详细区别,请看本书《论"谓之"句和"之谓"句》。

3.〔主语·"之"·谓语〕结构的性质

3.1 先将各类用法出现的次数统计如下:

结构式	单独成句	并列成句	从句	谓语	主语	宾语	合计
〔主·"之"·谓(也)〕	10	26	188	13	65	211	513
〔B·"之"·"谓"·A〕	6	10	2				18
共计	16	36	190	13	65	211	531
百分比	3%	7%	36%	2%	12%	40%	

3.2〔主·"之"·谓〕结构的性质。

3.2.1 从以上分析和统计可以看出,〔主·"之"·谓〕式在语段中独立成句,共16例,占3%;与其他动词谓语或同类句式并列组成复句共36例,占7%;作复句中的从句190例,占35%。这几项加在一起共242例,占45%。其数量之多是不容忽视的[①],很明显地表现出〔主·"之"·谓〕结构的主谓性质。看来那种认为〔主·"之"·谓〕结构是名词短语的说法还缺乏足够的概括性和代表性。在这里,清楚表现了事物的数量与其性质之间的辩证关系。事物的存在都表现为质的规定性和量的规定性的统一,量变引起质变。如果不作定量分析,就很难把握事物的性质及其数量的界限,也就难以客观地认识事物的性质。

除以上统计数字外,从〔主·"之"·谓〕与其他动词结构、主谓结构用法的对照,也能观察其性质。比如:

〔主·"之"·谓〕可与〔宾·之·动〕及其他动词谓语并列使用,除前面已举诸例外。又如:

（1）发命之不衷,出令之不信,刑之颇类,狱之放纷;会朝之不敬,使命之不听;取陵于大国,罢民而无功,罪及而弗知,侨之耻也。(昭16) 4.1377

此例中,前面四个〔主·"之"·谓〕,次接两个〔宾·之·动〕,后面三个动词谓语,它们并列组成复句,其作用与性质彼此相当。它们都是动词谓语句,可能为了变换句式、使话语显得生动,而采用了几种不同的结构。

〔主·"之"·谓〕与〔主·谓〕对照、呼应。如前面(1.1.1)例中表假设的〔主·"之"·谓〕与后面的〔主·谓〕分句相呼应。又如：

（2）人之爱人,求利之也;今吾子爱人,则以政。(襄31) 3.1192

〔主·"之"·谓〕相当于〔主·谓〕。如：

（3）国老皆贺子文。子文饮之酒。苋贾尚幼,后至,不贺。子文问之,对曰："不知所贺。子之传政於子玉,曰：'以靖国也。'靖诸内而败诸外,所获几何？"（僖27）1.444

（4）及君即位,诸侯之望,曰："其率桓之功！"（僖26）1.440

（5）中行桓子之谋也,曰："示之以整,使谋而来。"（宣14）2.754

例（3）中,"曰"的施事主语只能是"子"而不是"子之传政於子玉";同样,例（4）、（5）"曰"的主语是"诸侯"、"中行桓子"而不是"诸侯之望"、"中行桓子之谋"。如果说"子之传政於子玉"、"诸侯之望"、"中行桓子之谋"是名词性的结构,就很难解释它们后面为什么紧跟着"曰"。这些例句清楚地表明〔主·"之"·谓〕是〔主·谓〕结构的性质。

3.2.2 从统计表中可以看出。〔主·"之"·谓〕式用作主语、宾语的共285例,约占53%。我们对这一事实也必须给以充分的重视。但问题在于：能作主语、宾语是否就等于名词性短语？是否只有名词或名词性短语才能充当主语或宾语呢？我们认为此式能作主语、宾语,并不等于它就是名词性短语,因为在古汉语里,句子形式也可以充当主语或

宾语。请比较以下例句:

〔主·"之"·谓〕与〔主·谓〕都可以作主语。如:

郑之有原圃,犹秦之有具囿也。(僖33)1.496
我在伯父,犹衣服之有冠冕、木水之有本原、民人之有谋主也。(昭9)4.1309

王室之不宁,晋之耻也。(昭24)4.1452
楚重得志於晋,晋之耻也。(昭1)4.1201

〔主·"之"·谓〕与〔主·谓〕都可作动词的宾语。如:

吾不如大国之数奔也。(宣12)2.741
不若人有其宝。(襄15)3.1024

君子是以知秦穆之为君也,举人之周也,与人之壹也。(文3)2.530
言君臣、上下、父子、兄弟、内外、大小皆有威仪也。(襄31)3.1194

有时在同一句内,作同一动词的宾语,一为〔主·"之"·谓〕,一为〔主·谓〕。如:

伯有闻郑人之盟己也,怒;闻子皮之甲不与攻己也,喜。(襄30)3.1176

《左传》的〔主·"之"·谓(也)〕例句在《史记》中有不少变为〔主·谓〕。如:

寡君之使婢子侍执巾栉,以固子也。(僖22)1.394
秦使婢子侍,以固子之心。(《史记·晋世家》)5.1655

楚子问鼎之大小、轻重焉。(宣3)2.669
楚王问鼎小大轻重。(《史记·楚世家》)5.1700

夫差!而忘越王之杀而父乎?(定14)4.1596
阖庐使立太子夫差,谓曰:"尔而忘句践杀汝父乎?"(《史记·吴太伯世家》)5.1468

《左传》的〔主·"之"·谓〕式　75

　　┌ 君子是以知秦之不复东征也。(文6) 2.549
　　└ 是以知秦不能复东征也。(《史记·秦本纪》) 1.195

　　┌ 丕郑之如秦也,言于秦伯曰:……(僖10) 1.335
　　└ 邳郑使秦,闻里克诛,乃说秦缪公曰:……(《史记·晋世家》) 5.1652

　　┌ 惠公之在梁也,梁伯妻之。(僖17) 1.372
　　└ 初,惠公亡在梁,梁伯以其女妻之。(《史记·晋世家》) 5.1655

　　以上例中的〔主·"之"·谓(也)〕变为〔主·谓〕后,在句中充当的成分与〔主·"之"·谓〕基本一样,可见两者在性质上没有根本区别,并不是因主谓之间加了"之",改变了结构的性质,才能作主、宾。更何况还有近半数的〔主·"之"·谓(也)〕虽然加了"之",并不作主、宾呢。在印欧语里,词类和句法成分之间有一种简单的一一对应关系,如动词跟谓语对应,名词跟主宾语对应,形容词跟定语对应等。像在英语里,只有名词或名词性短语才能作主语、宾语;动词若要作主语,就得先变成分词形式(participle)或用不定式(infinitive)。而汉语有自己的特点,动词、动词结构、主谓结构本来就可以作主语,并不须要先改变其性质。朱德熙先生在《语法答问》中说:"汉语的主要特点之一是汉语词类跟句法成分(即句子成分)之间不存在简单的一一对应关系。"朱先生指出,汉语词类和句法成分的关系是错综复杂的,如:(1)动词和形容词可以作主、宾语,(2)名词可以作定语,(3)形容词可以作谓语和状语,(4)名词在一定条件下可以作谓语等。"传统汉语语法著作认为主、宾语位置上的动词、形容词已经名词化了。这是拿印欧语的眼光来看待汉语。就汉语本身的实际情况来看,动词和形容词既能作谓语,又能作主、宾语。作主、宾语的时候,还是动词、形容词,并没有改变性质。这是汉语区别于印欧语的一个非常重要的特点。说它重要,因为这件事不仅影响我们对整个词类问题的看法,而且还关系到对句法结构的看法。"② 我认为朱先生说得很对,我们研究汉语确实应从汉语的实际出发,总结汉语本身的特点,摆脱印欧语语法观念的束缚。

3.2.3 如上所说,"之"的作用不是使主谓结构名词化,那么"之"的作用究竟是什么?〔主·"之"·谓〕结构的性质又是什么?〔主·谓〕与〔主·"之"·谓〕有无不同呢?我认为〔主·"之"·谓〕与〔主·谓〕是有区别的。区别在于有了"之"以后给句子增加了一种形式上的标志和内在的粘连性,使句子总是与一个比它大的语言单位紧密地联系起来。这个大的语言单位可以是一个语段、一个复句,也可以是一个句子。〔主·"之"·谓〕式可以是语段中的一个句子,复句中的一个分句,也可以是句子中的一个成分。

说"之"使句子变成名词性短语,不符合汉语的实际,也不能包括相当一部分在语段中并列成句或独立成句、在复句中作从句的例子,它们并不是名词性质。说"之"使句子失去独立性,易与"变成名词性结构"的说法混在一起,纠缠不清;即使说这种说法只指失去独立性、不包含"变成名词性短语"的意思,其含义也是模糊不清的,很容易引起误解;同时也不能包括在语段中单独成句或并列成句的例子。③ 说"之"给句子增加粘连性,既表明〔主·"之"·谓〕还是句子、避免了变成名词性短语的嫌疑、体现了汉语自身的特点;又表示它与无"之"的主谓句有区别:主谓之间加了"之",增加了粘连性,总是与一个比它大的语言单位联系在一起;而〔主·谓〕则要自由灵活得多。同时这种说法既吸收了原说法的部分内容——句子的独立性减少(但并未失去);又可以避免"取消句子独立性"说法之概括性、代表性不足的弱点。基于以上各种原因,特提出"'之'给主谓结构增加粘连性"的说法跟大家讨论,目的是想探求符合汉语实际的认识。

〔主·"之"·谓〕中"之"的作用和意义比较灵活。当此式用作句子内的一个成分时,"之"的主要作用是把主、谓连在一起,标志并强调〔主·"之"·谓〕是以一个整体去充任句中一个成分的。比如,〔主·"之"·谓〕作主语,一般都是主题主语,"之"标志〔主·"之"·谓〕作为一个整体,是谓语评述的对象。当此式作宾语时,"之"也有这种粘连和标志作用,如"以<u>敝邑之为盟主</u>",很清楚,"<u>敝邑之为盟主</u>"是"以"的宾语;如果没有这个"之",变成"以敝邑为盟主",就很可能发生误解,把"敝邑"作为"以"的宾语。当此式用作句子或分句时,"之"在其中除粘连作用外还常配合上下文表达一定的意义。这种意义跟"之"的粘连作用是一致的,如"若"、"虽"、"始"、"才"、"方"、"就"等,既有连接上下文的作用,又含有某种意义。

至于〔主·"之"·谓〕中的"之"究竟是什么词? 我个人不成熟的意见,倾向于叫它连词。赵元任先生在《汉语口语语法》中谈到连词时,认为其中少数是介词性的连词,大多数是副词性的连词,即既有连接的作用,也有修饰的作用。④ 我觉得〔主·"之"·谓〕中的"之"就很像这种副词性的连词。

4. 小结

4.1 〔主·"之"·谓〕式中约有45%的用例作复句中的从句、并列成句或在语段中单独成句,53%用作主语或宾语,2%用作谓语。它不是名词性的偏正短语,它是主谓结构。它也并非如《马氏文通》所说:"必读也,非句也。"⑤

4.2 但此式又与无"之"的主谓结构有区别,因为"之"给句子增加了粘连性,使它总是与一个比它大的语言单位紧密地联系起来。

4.3 "之"是连词,是副词性的连词。当〔主·"之"·谓〕作为分句或句子出现时,"之"配合句意和上下文,不仅有连接作用,而且有修饰作用。作为句子成分出现时,"之"在连接的同时有标志和强调作用。

[附　注]

① 〔主·"之"·谓〕式在语段中单独成句或并列成句的例数不少。本文的统计数字仅限《左传》,若扩大到先秦其他古籍,必然更为可观。我仅就〔B·"之"·"谓"·A〕句式统计了先秦二十八部古籍,就共得到〔B·"之"·"谓"·A〕例句313例,其中并列成句和单独成句的约占70%。因此我们强调说"其数量之多是不容忽视的"。

② 朱德熙《语法答问》,7—9页,商务印书馆1985年本。

朱先生在书中还指出:"早先的汉语语法用印欧语的眼光看待汉语,认为作主、宾语是名词的专利,作定语是形容词的专利,作状语是副词的专利。这种看法为过去的汉语语法体系带来了两方面的后果:第一,为了弥缝矛盾,不得不建立一种对汉语来说完全没有必要的词类转化的说法,例如说动词和形容词在主宾语位置上的时候转化为名词,名词在定语位置上的时候转化为形容词等等。第二,由于百分之八九十的动词和形容词可以作主宾语,能够作定语的名词百分比更高,这就等于说绝大部分实词的词类都可以转化,因此只能得出词无定类的结论。……根本的原因是受了印欧语语法观念的束缚,看不见汉语自己的特点,不知道汉语的名词、动词、形容词都是'多功能'的,不像印欧语那样,一种词类只跟一种句法成分对应。"(6—7页)

③ 请参看注①。

④ 赵元任《汉语口语语法》(吕叔湘译),351页,商务印书馆1979年本。

⑤ 《马氏文通校注》下册,316页,中华书局1961年本。

(1986年10月定稿)
(2003年5月修改)

《左传》的介词"于"和"於"*①

《左传》的"于"和"於"共出现3244次,其中"于"1474次:介词1449次,其他25次②;"於"1770次:介词1764次,其他6次③。

本文只讨论介词用法。

"于"和"於"在现代汉语里已简化为一个"于"了,它们在上古汉语中究竟有无区别?前辈学者对它们的认识有一个较长的发展过程。清代学者段玉裁、王念孙、王引之等认为二者没有什么不同④,钱大昕指出二者"义同而音稍异"。⑤《马氏文通》虽然举了一例表示二者引进处所时在意义上有微小差异,但他在"介字篇"里只列了"於"字,并且还特意交代了一句:"'于'亦同'於'字"。⑥瑞典汉学家高本汉在《〈左传〉真伪考》一书中明确提出了"于"、"於"的几点区别⑦;王力先生在他的《汉语史稿》和他所主编的《古代汉语》中也专门论述了"于"和"於"的不同⑧;尽管这些论述今天看来还有一些值得商榷的地方,但我们今天的工作正是在前辈提供的基础上进行的。

1. 先秦古籍中的"于"、"於"概貌

据初步调查,甲骨文、金文以及一些先秦古籍中的"于"和"於"有

---

* 本文曾发表在《古汉语研究论文集》(三),中国社会科学院语言研究所古汉语室编,北京出版社1987年。1989年收入本集,作了重要修改补充。此次再版又有部分修正。

以下几种情况：

1.1 有"于"、无"於"。如甲骨文、《易》卦爻辞、《春秋经》。

1.2 "于"多、"於"少。相差甚多。据《左传》引文，春秋初期宋国金文《考父庙之鼎》铭文中就有了"於"："馋於是，鬻於是"，后来齐国《鎛鎛》、《陈贶簋》铭文中也有所发现。⑨ 其他一些古籍的统计数如下表：

介词	尚书	诗经	周礼	仪礼	晏子春秋
于	332	285	207	1397	526
於	6	14	67	143	62
"于"、"於"百分比比差	98∶2	95∶5	76∶24	91∶9	89∶11

1.3 "于"、"於"大致相当。以《左传》为代表。《左传》"于"、"於"比差：45∶55。

1.4 "于"少、"於"多。差距甚大。大部分先秦古籍都属这种情况。如：

介词	论语	孟子	荀子	墨子	庄子	管子
于	8	40	19	43	2	102
於	200	588	610	725	917	1469
"于"、"於"百分比比差	4∶96	6∶94	4∶96	6∶94	0.2∶99.8	6∶94

介词	孝经	国语	韩非子	战国策	吕氏春秋	礼记
于	2	174	14	5	61	277
於	38	987	1385	1909	1151	1046
"于"、"於"百分比比差	5∶95	15∶85	1∶99	0.3∶99.7	5∶95	20∶80

有的著作中"于"、"於"的多少可能与方言、作者本人的特点等因素有关，尚需深入研究；但就其大体上看，从总的趋势上看，"于"、"於"的发展似乎经历了这样一个过程：只有"于"→"於"开始出现，但以"于"为主→"于"、"於"数量大致相当→以"於"为主，逐渐取代

"于"。从以上的统计数字可以看出:"于"、"於"数量大致相当的现存古籍极少,《左传》是难得的一部。所以研究《左传》的"于"和"於",比较其异同,有着特别重要的意义。

本文目的是想在分析《左传》"于"、"於"用法的基础上探讨它们之间的区别。我们根据介宾短语与中心成分[10]关系密切这一特点,按"于·宾语"和"於·宾语"出现在谓语中心成分前后的位置,把它们分为两大部分进行比较。下面先谈中心成分前的部分。(为了叙述的方便,用 D 代中心成分,b 代"于"或"於"的宾语。)

2. 中心成分前的"于 b"和"於 b"

"于"和"於"严格地遵循着这样一条规律:除了引自古书的例句外,只有"於"能出现在 D 前。

2.1 〔于 b·D〕只有 7 例,全部出自《诗经》。[11]如:

(1)《诗》曰:"于以采蘩?于沼于沚;于以用之?公侯之事。"(文 3)2.530

(2)《诗》曰:"畏天之威,于时保之。"(文 15)2.614

"于时"后来成为一种固定格式,在汉魏古籍中仍能见到。

(3)《诗》所谓"彼日而食,于何不臧"者,何也?(昭 7)4.1288

2.2 〔於 b·D〕有 230 例。其中除固定词组"於是"和"於是乎"以外,大都出现在表示强调的句子中。从"於"的宾语看来,有以下几种情况:

2.2.1 表示对与 D 有关的人物的强调。b 多为代词或名词。如:

(1)吾三分四军,与诸侯之锐以逆来者。於我未病,楚不能矣。(襄 9)3.968

(2)女丧而宗室,於人何有?人亦於女何有?(昭 6)4.1278

（3）狄之广莫,於晋为都。(庄28) 1.240

2.2.2 表示对与D有关的条件或某方面因素的强调。b多为名词或名词短语。如：

（1）秋七月,辛丑,盟,吴、晋争先。吴人曰:"於周室,我为长。"晋人曰:"於姬姓,我为伯。"(哀13) 4.1677

（2）赵孟曰:"何谓蛊？"对曰:"淫溺惑乱之所生也。於文,皿虫为蛊。"(昭1) 4.1223

2.2.3 表示对与D有关的时间的强调。b多为时间词或表时间的短语。有时强调到目前为止的时间，b多为"今"。如：

（1）主相晋国,於今八年。(昭1) 4.1222

（2）寡君寝疾,於今三月矣。(昭7) 4.1289

有时强调过去某件事发生的时间。b多为名词短语或〔主·之·谓〕式。如：

（3）郑僖公之为大子也,於成之十六年,与子罕适晋,不礼焉。(襄7) 3.953

（4）十一月,齐侯灭莱,莱恃谋也。於郑子国之来聘也,四月,晏弱城东阳,而遂围莱。(襄6) 3.947

2.2.4 表示对与D有关的范围或处所的强调。b多为专名或普通表处所的名词。如：

（1）公问诸臧宣叔曰:"中行伯之於晋也,其位在三；孙子之於卫也,位为上卿,将谁先？"(成3) 2.814

（2）朔於敝邑,亚大夫也。(昭7) 4.1293

2.2.5 表示对有关的对象的强调。b多为与主语相类的词。如：

（1）许於郑,仇敌也。(昭18) 4.1399

（2）礼之於政,如热之有濯也。(襄31) 3.1191

2.2.6 〔b於·D〕以上五种表强调的句式,"b"都在"於"后；本类的特点是——"b"在"於"前。这是一种特殊的倒装句[12]，通过变换"b"和"於"的词序，将"b"置于句首，更显出对"b"的强调。有时"b"还与前面分句中的有关词语形成鲜明对照。这种用法多见于反问句。如：

（1）晋郤芮使夷吾重赂秦以求入，曰："人实有国，我何爱焉？入而能民，土於何有？"（僖9）1.330

——回国而能得到百姓，土地有什么了不起？"民"与"土"相对照。

（2）令无入僖负羁之宫而免其族，报施也。魏犨、颠颉怒曰："劳之不图，报於何有？"（僖28）1.454

——对有功劳有苦劳的人不作打算，（对僖负羁）有什么报答可言？"劳"与"报"相对照。

（3）陈武子见崔武子曰："将如君何？"武子曰："吾言於君，君弗听也。以为盟主，而利其难，群臣若急，君於何有？子姑止之。"（襄23）3.1077

——下臣们如果着了急，对国君有什么顾忌的？"群臣"与"君"相对照。

例（1）的"土於何有"正常词序应为"何有於土"，例（2）的"报於何有"应为"何有於报"，例（3）的"君於何有"应为"何有於君"。

有时为了进一步加强肯定，也用这种倒装句式。如：

（4）令尹子瑕言蹶由於楚子曰："彼何罪？谚所谓'室於怒、市於色'者，楚之谓矣。舍前之忿可也。"乃归蹶由。（昭19）4.1405

（5）楚子在申，召蔡灵侯。灵侯将往，蔡大夫曰："王贪而无信，唯蔡於感。今币重而言甘，诱我也，不如无往。"（昭11）4.1323

（6）今又丧我先大夫偃，其子幼弱，其一二父兄惧队宗主，私族於谋而立长亲。（昭19）4.1409

例（4）的"室於怒、市於色"正常词序应为"怒於室、色於市"，意谓在家里生气而到大街上给人看脸色。《战国策·韩策二》作："怒於室者色於市"[⑬]；例（5）的"唯蔡於感"应为"唯感於蔡"；"感"，同"憾"，怨恨。句意即"唯怨恨蔡"。例（6）的"私族於谋"应为"谋於私族"。

通过对〔於b·D〕以上例句的分析可以看到此式多表强调，特别当它用来加强反问或肯定的语气时，更有一种强烈的感情色彩，同时"於"的宾语常有"我"、"女"或"敝邑"等，可知它们多用于对话中。所有这些都证明这类句式具有生动活泼的口语特色。

2.3 〔於b·D〕的主要格式。

2.3.1 〔於b·D〕"於b"在谓语前。如前面例中的"於人何有"。又如：

败楚服郑，於此在矣。（宣12）2.730

2.3.2 〔於b·主语·D〕"於b"在主谓前边。如前面例中的"於周室，我为长"、"於郑子国之来聘也，四月，晏弱城东阳"等。

2.3.3 〔主语·於b·D〕"於b"在主谓之间。如前面例中的"人亦於女何有"、"朔於敝邑，亚大夫也"等。

2.3.4 〔主语·之·於b(也)·D〕主语与"於b"之间加"之"，组成短语（有时短语后面还有语气词"也"），位于谓语之前。如：

鲁之於晋也，职贡不乏，玩好时至。（襄29）3.1160

2.3.5 "於b"在兼语式的主谓之间。如：

仲尼谓子产於是行也足以为国基矣。（昭13）4.1360

2.3.6 〔b於·D〕"b"位于"於"前，"b於"位于D前。如前面例中的"土於何有"、"报於何有"等。

2.3.7 〔於是（於是乎）·D〕"於b"为固定词组"於是"或"於是乎"。如：

（1）遂墨以葬文公，晋於是始墨。（僖33）1.498

（2）秦於是乎输粟于晋，自雍及绛相继。（僖13）1.345

关于"於是"与"於是乎"的用法与区别,请看注。⑭

2.3.8 〔副词·於b·D〕"於b·D"前有副词作修饰成分。如前面例中的"人亦於女何有"中的"亦"在"於女何有"前。还有3例如下:

（1）故春蒐、夏苗、秋狝、冬狩,皆於农隙以讲事也。(隐5)1.42

（2）礼之本末,将於此乎在。(昭5)4.1266

（3）秦伯问於士鞅曰:"晋大夫其谁先亡?"对曰:"其栾氏乎!"……秦伯曰:"何故?"对曰:"……而魇之怨实章,将於是乎在。"(襄14)3.1010

2.4 在D前的位置上,"於"、"于"内部有着严格分工,不能任意混同。下面的例句对我们很有启发:

（1）凡公女嫁于敌国,姊妹,则上卿送之,以礼於先君;公子,则下卿送之。於大国虽公子,亦上卿送之。於天子,则诸卿皆行,公不自送。於小国,则上大夫送之。(桓3)1.99

例中的"於大国"、"於天子"、"於小国",从意义上看,都承上文省略了"凡公女嫁";但在语法关系上,它们都分属于下句,是为其后面的D提供条件的。按"于"、"於"位置的规律,只有"於b"能出现在D前,因此"凡公女嫁于敌国"里的"于敌国"用的是"于",而在D前位置上的"於大国"等却都换成了"於"。另如:

（2）十二月庚戌,晋籍谈、荀跞、贾辛、司马督帅师军于阴、于侯氏、于溪泉;次于社。王师军于氾、于解;次于任人。(昭22) 4.1438

由于"于侯氏"、"于溪泉"和"于解"都是承前省略了动词"军",是"军"的补语,因此介词与前面一致,不能用"於"替换。以上两例的这些现象应非偶然,很可能是"于"、"於"在位置上严格分工的内部规律在具体语言中的体现。

2.5 这一规律不仅在《左传》中如此,在同时期的其他一些著作

86 《左传》虚词研究

中也是如此,只有极少例外。⑮ 请看以下统计:

书名	D于b	D於b	于b·D	於b·D	"於"总数	〔於b·D〕占百分比
论语	8	174	0	26	200	13%
孟子	37	506	3	82	588	14%
荀子	18	548	1	62	610	10%
墨子	43	654	1	71	725	9.7%
庄子	2	828	0	89	917	9.7%
韩非子	14	1295	0	90	1385	6.4%
战国策	5	1775	0	134	1909	7%
国语	173	878	1	109	987	11%
周礼	207	63	0	4	67	6%
礼记	276	928	1	118	1046	11%
穀梁传	37	146	0	37	183	20%
孝经	2	35	0	3	38	7.9%
吕氏春秋	61	1017	0	134	1151	12%
管子	102	1400	0	69	1469	4.7%
仪礼	1397	138	0	5	143	3.5%
公羊传	177	90	0	50	140	35.7%
合计	2559	10475	7	1083	11558	9.4%

由上表可看出,在十六部著作中,〔於b·D〕共约1083例,占D前"于b"、"於b"总数1090的99.4%;而〔于b·D〕只有7例,仅占0.6%,且多为固定格式"于时"。不少著作中的"于"和"於"在描写句或被动句里有时有混用现象,但在D前后的位置分布上,却总是泾渭分明。特别像在《周礼》《仪礼》《公羊传》等著作中,"于"虽比"於"多,D前仍然只有"於b"。这些都可证明这条规律有一定的普遍性,带有时代的特点。同时这一现象随着历史的发展有增长的趋势,在先秦这一时期的著作中〔於b·D〕占"於"总数的百分比,平均约9.4%,而到《世说新语》时期,比数明显上升:《世说新语》的〔D·於b〕共175例,〔於

b·D〕共122例,前置的"於b"约占"於"总数的41%;因此这一语言现象有助于观察一本书的时代先后,但应结合"于"、"於"次数的多少以及其他语法功能加以综合的分析和判断。

3. 中心成分 D 后的 "于b" 和 "於b"

D后的"于b"和"於b"共2976例,其中"于b"1442例,占48%;"於b"1534例,占52%。

3.1 D与"于b"、"於b"结合的特点。

D与"于b"、"於b"结合的情况可分为三类:

第一类D后面既有"于b"也有"於b"。如:

(1)子期又以陵师败于繁扬。(定6)4.1557

(2)楚子禦之,大败於津。(庄19)1.210

这类D都是动词,共166个[16],如"败、盟、会、朝、战、聘、请、求"等,包括例句1908个,占三类总数(2872)例的66%。

第二类D后面只有"于b",共102个,其中动词D98个,如"毙、崩、克、降、弒、定、师、止"等[17]。如:

(1)郑人击简子中肩,毙于车中。(哀2)4.1617

形容词D一个:並。名词D三个:商旅、朝、夕。例略,见后。

这类D包括例句172个,约占三类例句总数的6%。

第三类D后面只有"於b",共254个,其中有动词D203个,形容词44个,名词7个。动词有"安、薄、巢、臣、城、除、伏、过、缝、旅、筑"等[18]。如:

(2)邴大子朱儒自安於夫锺,国人弗徇。(文11)2.584

形容词有"大、急、丰、富、久、迩、远、敏、善、邪"等。如:

(3)及陈之初亡也,陈桓子始大於齐。(庄22)1.224

名词是:"同姓、同宗、同族、两、伍、数月、一旦"。因后面要专谈,这里例略。

这类例句共 792 个,占三类例句总数的 28%。

根据以上分析,将"于b"、"於b"前的D归总如下表(第一类的D分别计入"于"和"於"):

介词	动词	形容词	名词	共计
于	264	1	3	268
於	369	44	7	420
共计	633	45	10	688

由表中统计数字可以看出,"于b"主要与动词D结合,它前面的D有 98.5% 是动词,1.1% 是名词,0.4% 是形容词。"於b"前的D共 420 个,其中动词占 88%,形容词占 10.4%,名词占 1.6%。与"于b"结合的动词D264 个,与"於b"结合的动词D369 个,从动词的情况(见注⑯—⑱)可以看出,"于b"主要与常用词汇结合,"於b"则与众多的动词(包括新兴动词)广泛联系。再者,"於b"前的D范围比较宽泛,有 44 个为形容词,而"于"前仅有一个。

3.2 "于"、"於"的宾语比较。

D 后"于b"和"於b"共 2976 次,其中大部分用以引进处所,共 1828 次,占 61%;其次用以引进人物,共 941 次,占 32%;再次用以引进其他宾语,共 207 次,占 7%。现分别比较于下:

3.2.1 引进的处所b。

全国高校统编教材《古代汉语》说,在《左传》等一些"于"、"於"并用的古书里,"如果所介的是地名,一般用'于'不用'於'"。⑲《左传》"于"、"於"引进处所和地名的实际情况请看下表:

《左传》的介词"于"和"於" 89

介词	引进处所（包括地名）	百分比	引进地名	百分比	引进处所	百分比
共计	1828	100%	1273	100%	555	100%
于	1176	65%	954	75%	222	40%
於	652	35%	319	25%	333	60%

"於"引进处所（包括地名）多达652次，占"于"、"於"引进处所总数1828次的35%。如果说《古代汉语》的"地名"指的是专名，则"於"在《左传》里引进的专名也有319次之多，占"于"、"於"引进专名总数的25%。为了进一步核实这个问题，我们又查了《汉语史稿》提到的具有同样现象的《荀子》和《墨子》[20]以及与《左传》大致同时期的其他一些著作，"于"、"於"引进处所包括地名的情况如下：

介词	论语	孟子	荀子	庄子	墨子	管子
于	2	13	7	2	26	28
於	50	143	112	292	185	490

介词	韩非子	吕氏春秋	国语	战国策	共计
于	7	47	111	2	245
於	346	436	305	668	3027

上列统计数表明，由于在这些著作中，"於"都占绝对优势，因而无论是引进处所还是引进地名，它都比"于"多得多。另如在《周礼》《仪礼》《公羊传》等著作中，虽然"于"比"於"多，也没有见到"于"、"於"在用法上有这样的区别。因此该教材说"於"在先秦《左传》等古籍中一般不用于引进地名，确实是很难成立的。

实际情况是：《左传》"于"、"於"引进处所以"于"为主，"於"次之（比数：1189∶639；百分比：65∶35）。从具体内容来看，引进地名（专名）以"于"为主（于∶於，954∶319；百分比：75∶25）。引进非专名的表处所名词则是以"於"为主（於∶于，333∶222；百分比∶60∶40）。在先秦其他古籍（见上面统计表）中，"於"引起处所都占压倒优势（於∶于，百分比∶93∶7）。

3.2.2 引进的人物b。

"于"、"於"共引进人物941次，其中"於"706次，占75%；"于"235次，占25%。引进的人物有用个人专名表示的：

（1）尹公佗学射於庾公差，庾公差学射於公孙丁。（襄14）3.1012

（2）有妫之后，将育于姜。（庄22）1.221

"於"引进这类宾语206次，"于"20次。比数为91∶9。

也有用普通名词表示的：

（3）国将兴，听於民；将亡，听於神。（庄32）1.252

（4）蒯聩得罪于君父君母，逋窜于晋。（哀16）4.1697

"於b"，324次；"于b"，80次。比数为80∶20。

还有用国名表示的：

（5）鲁卫偪於齐而亲於晋，唯是不来。（昭4）4.1248

（6）取鄫之役，莒人愬于晋，晋有平公之丧，未之治也。（昭12）4.1332

"於b"，176次；"于b"，135次。比数为56∶44。

总起来看，"于"以引进国名为主，占其引进人物总次数235的57%；普通名词次之，占34%；个人专名最少，占9%。"於"以引进普通名词为主，占其引进人物总次数706的46%；个人专名次之，占29%；国名又次之，占25%。其中以引进个人专名一项，二者差别最大。正好像"于"在引进处所时也有许多是用国名来表示一样，它的宾语比较单一，不像"於"那样灵活多样。

3.2.3 引进的其他宾语 b。

"於"引进其他宾语 176 次,占 85%;"于"引进 31 次,占 15%。大致情况如下(为便于分类,我们把抽象名词、时间词都单列出来,把其他名词归为一项):

介词	抽象名词	其他名词	动词	形容词	时间词	代词	共计
于	12	2	4	2	11	0	31
於	59	53	38	17	11	5	176
共计	81	55	42	19	22	5	207

抽象名词有"礼"、"六气"、"罪"、"祸"等。如:

(1)夫子以爱我闻,我以将杀子闻,不亦远於礼乎?(文 15)2.612

(2)民有好恶、喜怒、哀乐,生于六气。(昭 25)4.1458

其他名词(及其短语)有"器"、"日月之灾"、"兵"、"矢"等。如:

(3)然君异於器,不可以二。(哀 6)4.1638

(4)国无政,不用善,则自取谪于日月之灾。(昭 7)4.1288

动词(及其短语)如"食"、"赠贿"、"战"、"戮"、"刑"、"亡"、"死"等。如:

(5)绛县人或年长矣,无子而往,与於食。(襄 30)3.1170

(6)公如晋,自郊劳至于赠贿,无失礼。(昭 5)4.1266

形容词如"恶"、"好"、"善"、"淫"、"邪"、"明"等。如:

(7)今二子者,君生则纵其惑,死又益其侈,是弃君於恶也,何臣之为?(成 2)2.803

代词如"是"、"此"等(不包括代人物、处所的代词)。如:

(8)其蔑以加於此矣,观止矣!(襄 29)3.1165

3.3 "于"、"於"语法功能和意义的比较。

以下共分 10 大项。1 项至 8 项都是动词 D 作谓语;第 9 项是形容词 D 作谓语;第 10 项为名词 D 作谓语。

92 《左传》虚词研究

3.3.1 引进处所。句式:〔动·于名〕、〔动·於名〕。

(一)表示动作行为发生的处所,"于"、"於"有"在"意。"于",784例,占它引进处所总数的70%;"於"386例,占64%。如:

(1)齐侯盟诸侯于癸丘。(僖9)1.327
(2)鬭廉衡陈其师於巴师之中以战。(桓9)1.125

(二)表示动作行为的方向。"于"、"於"配合上下文可以表示多种方向,尤其是"於",用法十分灵活。"于"、"於"表示方向以"到"意用得最多。如:

(1)齐侯送姜氏于讙。(桓3)1.99
(2)剑及於寝门之外,车及於蒲胥之市。(宣14)2.756

其次是"从"意。如:

(3)召庄公于郑而立之。(桓2)1.85
(4)言出於余口。(昭20)4.1408

"于"、"於"表达的多种方向主要由上下文决定,因此一定要结合它们前面的动词、后面的宾语以及上下语言环境去加以辨别。"於"引进的处所宾语,前有修饰语、后有方位词的较多,如上面例中的"巴师之中"、"蒲胥之市"、"寝门之外"等。反映出语言表达更求准确的趋势。还需要留意的是,同一动词后的"于"或"於",可以表示相反的方向。《马氏文通》举了"出於幽谷"、"入於幽谷"的例子,指出"出於"表示"所自","入於"表示"所至"。[21]说明他已注意到"於"的这种用法。但给人印象好像"於"表示的不同方向只是由动词"出"、"入"不同所决定的,其实在同一动词之后就存在着不同方向的问题。下面举例谈几个动词:

1. 投

(1)大子惧,自投于车下。(哀2)4.1615
(2)阍以瓶水沃廷,郏子望见之,怒。阍曰:"夷射姑旋焉。"

命执之。弗得,滋怒,自投于床,废于炉炭,烂,遂卒。(定3)4.1531

前例的"自投于车下"意思是"自己跳到车下","于"与"到"相当。"车"后的方位词"下"对于理解"于"的具体含义有一定作用。后例的"自投于床"是"从床上跳下","于"与"从"相当,两例的"于"都在"投"后,方向正好相反。

2. 迁

(1)初,楚武王克权,使斗缗尹之。以叛,围而杀之。迁权於那处,使阎敖尹之。(庄18)1.208

(2)寡君使群臣迁大国之迹於郑。(宣12)2.734

前例的"迁权於那处"说的是"把权地的百姓迁到那处","於"与"到"相当。后例是说"寡君使臣下们把大国的足迹从郑国迁出去","於"与"从"相当。如果把后句的"於"理解为"到",就会把全句理解成"把大国的足迹迁到郑国",那就完全错了。

3. 徙

(1)使祝史徙主祏於周庙。(昭18)4.1396

(2)子南之臣谓弃疾:"请徙子尸於朝。"(襄22)3.1069

前例是说"派祝史把安放神主的石匣迁到周庙","於"相当于"到"。后例是说"请求(让我们)把主人的尸体从朝廷上搬出来","於"相当于"从",如果解"於"为"到",这句的意思就正相反。

4. 出

(1)乃掀公以出於淖。(成16)2.886

(2)向魋出於卫地,公文氏攻之。(哀14)4.1688

前例意思是"於是就把晋侯的战车从泥沼里掀出来","於"相当于"从";后例则是说"桓魋逃亡到(或"在")卫国,公文氏(卫国一位大夫)攻打他","於"相当于"到"或"在"。如果理解成"桓魋从卫地跑出去,卫国一位大夫攻打他",就不符合历史事实了。

以上除动词"投"后为"于"外,都是"於"的问题。秦汉以后,"於"代替"于"的现象愈益普遍,这种表相反方向的用法就更集中在"於"一身了。对"於"这一特点若不留意,就可能把方向搞反。比如有的注本对《隆中对》中"出於"的注释就出现了这样的情况:"将军身率益州之众出於秦川"中的"出於秦川"被注为"出自秦川"。当时刘备连益州(今四川)都还没有得到,如何能率益州之众从秦川(今陕西、甘肃秦岭以北平原地带)出去?这段话是诸葛亮为刘备的发展前景所作的设想,"出於秦川"从上下文分析是"去到秦川"的意思。

"于"、"於"引进处所时,在用法上的主要区别是"於"在表示方向时更为灵活多样,表意更为丰富具体,特别是"於"表相反方向的情况比"于"多,对此要引起注意。

3.3.2 引进人物。句式:〔动于名〕、〔动於名〕。

(一)引进动作行为的间接宾语,表示"向"、"对"、"给"一类意思,这是"于"、"於"引进人物的主要用法。"于"共123例,约占它引进人物总数的44%;"於"373例,约占它引进人物总数的50%。

有些动词后面只用"於"引进间接宾语,如"言"、"问"、"访"、"咨"、"谋"、"荐"、"令"等。如:

(1)(公孙)强言霸说於曹伯,曹伯从之。(哀7)4.1645

(2)王使问礼於左师与子产。(昭4)4.1251

(3)孔文子之将攻大叔也,访於仲尼。(哀11)4.1667

(4)子产咨於大叔。(昭1)4.1213

(5)卫君之来,必谋於其众。(哀2)4.1672

(6)故能荐彝器於王。(昭15)4.1371

(7)己丑,士弥牟营成周,计丈数,揣高卑,……以令役於诸侯。(昭32)4.1519

（8）示威於众。（昭13）4.1355

有些动词只用"于"引进间接宾语，如"乞"、"祈"、"询"等。如：

（9）北戎伐齐，齐使乞师于郑。（桓6）1.113

（10）秦伯以璧祈战于河（指河神——笔者）。（文12）2.591

（11）秦大夫不询于我寡君，擅及郑盟。（成13）2.862

有些动词可用"于"、"於"引进间接宾语，如"告"、"送"、"诉"、"受"、"献"、"愬"、"谮"、"宣"等。如：

（12）吴人告败于王。（哀13）4.1677

（13）单子欲告急於晋。（昭22）4.1437

（14）取货于宣伯而诉公于晋侯。（成16）2.891

（15）或诉元咺於卫侯曰："立叔武矣！"（僖28）1.468

（16）丁未，献楚俘于王。（僖28）1.463

（17）谷阳竖献饮於子反，子反醉而不能见。（成16）2.889

（二）引进与动作行为有关的各种对象，用法相当灵活，可伴随上下文表示多种关系和含义。

最常见的是"跟"、"与"意。如：

（1）夏，盟于艾，始平于齐也。（隐6）1.49

（2）陆浑氏甚睦於楚。（昭17）4.1389

其次是"从"意。如：

（3）作事不时，怨讟动于民，则有非言之物而言。（昭8）4.1300

（4）范献子取货於季孙。（昭27）4.1486

其他如："为了"：

（5）群臣不尽力于鲁君者，非不能事君也。（昭26）4.1471

"就於……"：

（6）公子围与之争之，正於伯州犁。（襄26）3.1115

"在……面前"：

(7)孤不佞,不能媚於父兄,以为君忧。(昭22)4.1433

"在……之间":

(8)不修其政德,而贪昧於诸侯。(襄28)3.1143

"于"、"於"所表达的动作行为与人物的多种关系要结合上下文(包括"于"、"於"前面的动词和后面的宾语)去辨别,同时也要特别当心同一动词后可能表示的相反方向。如:

1. 有

(1)叔父有憾於寡人,寡人弗敢忘。(隐5)1.47

(2)齐桓,卫姬之子也,有宠於僖。(昭13)4.1352

前例是说"叔父对寡人有怨恨","於"有"对"意;后例是说齐桓公"从僖公那里受到宠爱","於"有"从"意。又如:

(3)有禄於国,有赋於军。(昭16)4.1377

前面一句是说"从国家得到官禄","於"相当于"从";后面一句是说"向军队交纳赋税","於"有"向"意。

2. 贰

(1)九月甲午,晋侯、秦伯围郑,以其无礼於晋,且贰於楚也。(僖30)1.479

(2)夏,齐侯围成,贰於晋故也。(襄15)3.1023

前例的"贰於楚"是"向着楚国"的意思,"於"有"向"意;后例的"贰於晋"则完全相反,是"不向着晋"、"跟晋离心离德"的意思,"於"有"从……脱离"的意思。日本学者竹添光鸿在"贰於晋"下注道:"'贰'下有'于'(於)字,皆言亲昵也。此'贰'下有'於'字,为羡文无疑。"[22]他指出"贰于(於)b"式表亲昵,这是对的,但他以为此式只能表示一种含义就未免失之片面了,因为"贰于b"只有表亲昵的意思,而"贰於b"却有着互相对立的两种含义。何况"贰於晋"并非孤例,更不能随意把"於"判为"羡文"。如:

（3）为归汶阳之田故，诸侯贰於晋。晋人惧，会於蒲，以寻马陵之盟。（成9）2.842

"于"、"於"在引进人物方面的主要区别是，引进间接宾语时，部分动词与"于"、"於"的搭配有分工；"於"的用法比"于"灵活多样；只有"於"表示互相对立的意义。

3.3.3 引进动作行为的原因、结果、范围、条件、内容等。句式：〔动於动〕、〔动於形〕、〔动於名〕、〔动于（主·之·谓）〕。"于"2例，"於"21例。

（一）表示动作行为的原因。如：

（1）郑伯喜於王命而惧其不朝於齐也，逃归不盟。（僖5）1.306

（2）赵旃求卿未得，且怒於失楚之致师者，请挑战，弗许，请召盟，许之。（宣12）2.736

（3）余必使尔罢於奔命以死。（成7）2.834

（二）表示动作行为的结果。如：

（4）楚王其不没乎！为礼卒於无别，无别不可谓礼，将何以没？（僖22）1.400

（5）不能致训，至於用钺。（襄3）3.929

（三）表示动作行为的范围。如：

（6）莫敖狃於蒲骚之役，将自用也。（桓13）1.137

（7）愚弄其民而虞羿于田。（襄4）3.937

（8）宋皇国父为大宰，为平公筑台，妨於农收。（襄17）3.1032

（9）书曰："齐杀其大夫"。从君於昏也。（襄19）3.1049

（四）表示动作行为的条件。如：

（10）君子作法於凉，其敝犹贪；作法於贪，敝将若之何？（昭4）4.1255

（五）表示动作行为的内容。如：

（11）楚自克庸以来其君无日不讨国人而训之于民生之不易、祸至之无日、戒惧之不可以怠；在军无日不讨军实而申儆之于胜之不可保、纣之百克而卒无后，训之以若敖、蚡冒筚路蓝缕以启山林。（宣12）2.731

例（11）的两个"于"各引进了一个很长的宾语，它们表示"训告"和"申儆"的内容。"于"与下文的"以"互相配合，它的作用和意义在这里都相当于"以"。"于"古为鱼韵，"以"古为之韵，之、鱼二部可以互转。"于"的这种用法也可以追溯到更古老的年代。在《尚书》中有同样句式的例子：

（12）予告汝于难。（《尚书·盘庚上》）23

（13）今予其敷心腹肾肠，历告尔百姓于朕志。（《尚书·盘庚下》）170

（14）听朕教汝于棐民彝。（《尚书·洛诰》）48

这些例中的动词"告"、"教"与《左传》此例中的动词"训"互相对应，"于"引进的都是"告"、"教"、"训"的内容，用法相同。

3.3.4 引进动词的宾语。句式：〔D于b〕、〔D於b〕。

这类〔D于（於）b〕的特点是，其中的D在《左传》中大多数情况下都是用作及物动词，直接带受事宾语；可是在一定的语言环境中，为了表示强调或其他原因，却用"于"或"於"（主要是"於"）把受事宾语引进来，形式上是动补式，实际是动宾结构的一种变式。此式中的"于"和"於"主要起加强语气的作用。（但也有人认为可以理解为"对"。〔D于（於）b〕表示对b采取某种行动或持某种态度。）下面先谈〔D于b〕式。

（一）〔D于b〕仅5例。D为：警、虐、贪、随、畏。如：

1. 警

凡诸侯有四夷之功，则献于王，王以警于夷。（庄31）1.249

"警于夷"就是"警诫四方夷狄"的意思。《左传》的"警"用作动词共5例，其他4例都直接带宾语，如："今天或者大警晋也。"（宣12）2.748。"警晋"和"警于夷"宾语都是受事，但后者由于有"于"，语法功能有所不同，表示强调、加强语气的作用。杜预对这句的注为："以警惧夷狄"，可见他也把"夷"视为"警"的宾语，而且"警惧"二字也很能体现出原句的强调意味。

2. 虐

　　初，公孙无知虐于雍廪。九年春，雍廪杀无知。（庄8）1.179
"公孙无知虐于雍廪"就是说"公孙无知虐待雍廪"。如果把它当成被动句，理解成"公孙无知被雍廪虐待"，意思就全反了，于上下文也不相符。《左传》"虐"共8例，7例都带宾语，如"今一会而虐二国之君"（僖19）1.382、"虐我伯姬"（宣15）2.762等，因此此例中的"雍廪"也应是"虐"的宾语。为什么变换成"虐于雍廪"呢？原来是为了配合下文，说明公孙无知后来为什么被杀，所以在上文把"虐"强调出来。同时透过作者对"虐"的强调，可以看出他的同情是在受虐待的雍廪方面。这与《春秋经》是一致的，《经》文："齐人杀无知"。为什么不写"齐人杀其君"呢？杨伯峻先生注："不书'君'，不以君视之。"可见，由于作者对公孙无知虐待雍廪的行为怀有贬意，所以用了强调之笔，让人注意这是他后来被雍廪所杀的原因。

（二）〔D於b〕共87例。动词：恶、让、城、惧、辨、害、及、讨、观、见、除、党、毒、过、给、忌、觐、离、利、迹、目、亲、省、诛、思、啬、加。如：

1. 恶

　　（1）郑伯之享王也，王以后之鞶鉴予之。虢公请器，王予之爵。郑伯由是始恶於王。（庄21）1.218

　　（2）卫侯始恶於公叔戌，以其富也。（定13）4.1592

"恶於王"、"恶於公叔戌"不是"被周天子所怀恨"、"被公叔戌所讨厌",而是"怀恨周天子"、"讨厌公叔戌"的意思。《左传》"恶"作动词(《经典释文》注音:乌路切)共67例,其中65例都以厌恶的对象作宾语,如"申舟以孟诸之役恶宋"(宣14)2.755、"莒於是乎大恶其君"(昭22)4.1433、"恶宾孟之为人也,愿杀之;又恶王子朝之言,以为乱,愿去之"(昭22)4.1434,等等。为什么这两个例句要用"於"引进宾语呢?原来作者是有用心的。两例的"恶"前都用副词"始"修饰,既有"始",就暗示着还有"终"。果然,到了僖公24年,周天子派两个使臣到郑国请盟,郑伯为了报复当初周天子不给郑厉公爵器,就逮捕了两位使者:"郑伯怨惠王之入而不与厉公爵也,……故不听王命而执二子";而卫侯也因为讨厌公叔戌,第二年春天就把他驱逐出卫国了:"十四年春,卫侯逐公叔戌与其党。"(定14)4.1594。所以可以看出上面两例中的"於"字并非多余之物,而是作者为了引起读者注意所运用的强调之笔,也是作者前后照应、埋下伏笔的一种手法。

2. 让

　　楚子使蓬章让於邓,邓人弗受。夏,楚使鬭廉帅师及巴师围鄾。邓养甥、聃甥帅师救鄾。……邓师大败。(桓10)1.125

《左传》"让"有二义,谦让和责备。表谦让意的15例有12例是"让·宾语",有3例是"让·於·宾语"。表责备意的共10例,有9例为"让·宾语",只此1例加"於"。看来作者是为了强调"责备邓"这件事而用了"让於邓"这种句式。因为从下文可以看到:由于邓不接受责备,引发了一场战斗,以邓师的大败而结束。杨伯峻先生在本例句下注:"让於邓,犹言'让邓','於'字不宜有,但古人颇有此种语法。"杨先生所说的"'於'字不宜有",大概就是指的从语法关系上看,"让"应当直接带受事宾语。但古人为了表示强调,"颇有此种语法"。这是读古书时特别要留意的地方。

3. 城

楚囊瓦为令尹,城郢。沈尹戌曰:"子常必亡郢。苟不能卫,城无益也。古者,天子守在四夷;天子卑,守在诸侯。诸侯守在四邻;诸侯卑,守在四境。……民无内忧,而又无外惧,国焉用城?今吴是惧,而城於郢,守已小矣。卑之不获,能无亡乎?……无亦监乎若敖、蚡冒至于武、文,土不过同,慎其四竟,犹不城郢。今土数圻,而郢是城,不亦难乎?(昭23)4.1448

这段话本身为"城於郢"这种句式及含义作了很好的解释。"城於郢"与上文的"城郢"、下文的"犹不城郢"互相对应,清楚无误地表明"城於郢"在语法关系上等同于"城郢",意即"修建郢都的城墙","於"没有一般介词的具体含义。同时,在用法上,"城於郢"不仅上与"今吴是惧"这个动宾倒装句相互并列,而且下与"而郢是城"这个动宾倒装句遥相呼应。一方面证明它本身也是动宾关系,另方面说明它也是一种动宾变式。这种变式在具体的语言环境中往往带有强烈的感情色彩和主观意图,不同于正常用法,按照寻常用例,《左传》"城"直接带宾语的有近百例之多呢。由这段引文可以证明,我们说"於"的这种用法是当时一种表示强调的句式——一种动宾变式,还是有据可查的。

4. 诛

齐侯疥,遂痁。期而不瘳,诸侯之宾问疾者多在。梁丘据与裔款言於公曰:"……今君疾病,为诸侯忧,是祝、史之罪也。诸侯不知,其谓我不敬。君盍诛於祝固、史嚚以辞宾?"(昭20)4.1415

此例的"诛於祝固、史嚚"就是"诛祝固、史嚚"。从上下文看,是梁丘据与裔款在向齐侯献计时为了表示强调而用了这种句式。如果把它当成被动式就会把诛杀的对象搞错,所以杜预加注:"欲杀嚚、固以辞谢来问疾之宾。"杜预的"杀嚚固"就是对"诛於祝固、史嚚"的最好说明。《国语·晋语七》里,"诛"也有这种用法:"臣诛於杨干,不忘其死。"㉓意思是"臣诛杨干"而不是"为杨干所诛"。对于动宾之间的这个"於"字,不可不加小心。

这类句式虽以〔D 於 b〕的例句为多,但〔D 于 b〕来源较古,有的句子还有着明显的仿古的痕迹。如:

《诗》曰:"胡不相畏,不畏于天?"君子之不虐幼贱,畏于天也。(文 15)2.614

从这例看得很清楚,《左传》的"畏于天也"是仿《诗经》而来。随着"於"的兴起和广泛运用,"於"的这项用法也逐渐占据了优势。《左传》的"虐于雍廪"到了《管子·大匡篇》就变成了"虐於雍廪",由此亦可窥见"於"取代"于"的一些踪迹。

3.3.5 表示与动作行为有关的时间。句式:〔动于名〕、〔动於名〕。"于"13 例,"於"21 例。

(一)"于"、"於"引进表时间的词或短语如"今"、"×月"等。"于 b"常与动词"至"结合表示时间的终点。如:

(1)齐桓公城榖而寘管仲焉,至于今赖之。(昭 11)4.1328

(2)自十月不雨至于五月。(僖 3)1.285

〔至於 b〕

(3)微武子之赐不至於今。(昭 13)4.1362

(二)〔(主)动于 b(处所)〕这种句式常在表示动作行为处所的同时兼表在时态上已经完成。如:

(1)元咺归于卫,立公子瑕。(僖 28)1.473

有时前面还有年月日,表示动作已经完成的意思就更明显。如:

(2)十年春,会于柤。(襄 10)3.974

(3)五月丙午,晋侯及郑伯盟于衡雍。(僖 28)1.463

这一特点在《春秋经》中表现得尤为突出,《左传》中同于《经》文的 295 例,都是表示既成事实的。前辈学者对这种句式的特点早有察觉,俞樾在《群经平议》中对《尚书·盘庚上》的"盘庚迁于殷,民不适有居"作解释时,第一句就写道:"'迁于殷'是既迁矣"。[24]杨伯峻先生《春秋左传注》对襄16年"诸侯遂迁许"作注:"其实是将迁许而未成,故不言所迁之地。"[25]

这种表既成事实的意思不是"于"本身所有而是由整个句子表达的,如果动词前加上"将"、"必"等副词或"请"、"求"等动词,意义就起变化。如:

(4)诸侯将见子臧於王而立之。(成15)2.873

(5)卫侯会公于沓,请平于晋。(文13)2.598

但这类例句不多,总共不超过"于"引进处所总数的10%。

〔动·於b(处所)〕也有这种兼表完成的用法。如:

(6)冬十月,蒍射以繁扬之师会於夏汭。(昭5)4.1270

但"於"的这种用法远不像"于"式那样常见。"於"式常用来表示泛指性的时间或经常发生的事情。如:

(7)内宠之妾肆夺於市,外宠之臣僭令於鄙。(昭20)4.1417

有时表示打算要干的事情。如:

(8)鬭廉曰:"君次於郊郢以禦四邑,我以锐师宵加於鄖。"(桓11)1.131

3.3.6 用于被动句。句式:〔动·於(于)b(人物)〕、〔动·於(于)b(处所)〕、〔动·於b(工具)〕。各句式中的动词谓语都没有动宾结构。

"于"用在被动句共13例,"於"有56例。

(一)"于"、"於"引进动作行为的主动者。如:

(1)王姚嬖于庄王。(庄19)1.212

(2)铖惧选於寡君,是以在此。(昭1)4.1215

(二)"于"、"於"引进动作行为发生的处所。如:

（3）初，鬭克囚于秦，秦有殽之败，而使归求成。（文14）2.605

（4）楚灵王若能如是，岂其辱於乾溪？（昭12）4.1341

（三）"於"引进被动行为的工具。如：

（5）郤克伤於矢，流血及屦，未绝鼓音。（成2）2.791

〔动·于b（处所）〕这一句式的绝大多数例句都用作主动句，但也有少数表被动，若细心阅读上下文是可以区别的。如：

（6）莫敖使徇于师曰："谏者有刑。"……及罗，罗与卢戎两军之。大败之。莫敖缢于荒谷，群帅囚于冶父以听刑。楚子曰："孤之罪也。"皆免之。（桓13）1.138

从上下文可知此例中的"群帅囚于冶父"是主动式，与例（3）的"鬭克囚于秦"正相反。杨伯峻先生注："群帅自己囚禁在冶父，待楚王之处罚。"[26]

3.3.7 用于反问句。句式：〔何动於b〕。共19例。

"于"没有这种用法。这种句子常表示出强烈的感情色彩。如：

（1）将虢是灭，何爱於虞？（僖5）1.307

（2）君有二臣如此，何忧於战？（成16）2.886

（3）鲁，兄弟也，土地犹大，所命能具。若为夷弃之，使事齐楚，其何瘳於晋？（昭13）4.1361

（4）虽及胡耈，获则取之，何有於二毛？（僖22）1.398

3.3.8 用于对偶句。用在一些具有修辞色彩的对偶句或并列句中。共12例。如：

（1）内姓选於亲，外姓选於旧。（宣12）2.724

（2）其士竞於教，其庶人力於农穑。（襄9）3.966

（3）吾闻抚民者，节用於内，而树德於外。（昭19）4.1405

（4）内宠之妾肆夺於市，外宠之臣僭令於鄙。（昭20）4.1417

"于"没有这项用法。

3.3.9 用于描写句、比较句。（描写句本可包括比较句，但因描写句都是形容词作谓语,而比较句中有些谓语是动词,因此把比较句与描写句并列提出。)"于"仅2例,"於"共59例。

（一）表示比较。"于"只有表示等比的2例。

表示甲与乙等同。句式:〔动于名〕、〔形于名〕、〔形於名〕。如:

（1）吴,周之胄裔也,……今而始大,比于诸华。（昭30）4.1508

（2）有妫之后,将育于姜;五世其昌,並于正卿。（庄22）1.221

（3）使改事君,夷於九县。（宣12）2.720

表示甲甚于乙。句式:〔形於名〕、〔动於名〕、〔动於动〕、〔副於名〕。如:

（4）我不如颜羽而贤於邴泄。（哀11）4.1660

（5）苟去仲孙蔑而止季孙行父,吾与子国,亲於公室。（成16）2.893

（6）华定、华亥与向宁谋曰:"亡愈於死,先诸?"（昭20）4.1409

（7）今又有甚於此者。（襄26）3.1123

表示甲为最突出者。句式:〔"莫"形·於名〕。如:

（8）吾闻之,虫莫知於龙,以其不生得也。（昭29）4.1500

（二）表示某种性质或状态的范围。句式:〔形·於名〕、〔形·於动〕。"于"没有这项用法。"於"的各式举例:

（1）子木暴虐於其私邑。（哀16）4.1700

（2）凡君不道於其民,诸侯讨而执之,则曰:"某人执某侯。"（成15）2.872

（3）於是景公繁於刑,有鬻踊者。（昭3）4.1238

（4）晋、楚将平,诸侯将和,楚王是故昧於一来。（襄26）3.1123

3.3.10 用于名词谓语句中。句式:〔名于名〕、〔名於名〕。"于"3例,"於"7例。

"于"、"於"出现在省略动词的句子中。如:

（1）史为书,瞽为诗,工诵箴谏,大夫规诲,士传言,庶人谤,

商旅于市,百工献艺。(襄14)3.1017

从上下文分析,"商旅"后面可能是承上省略了动词"谤"或脱漏了"议"之类的动词。杨伯峻先生注:"商旅,同义词连用。……承上省一动词。《汉书·贾山传》:'庶人谤於道,商旅议於市',增一'议'字以解此句,是也。"

(2)凡诸侯之丧,异姓临於外,同姓於宗庙,同宗於祖庙,同族於祢庙。(襄12)3.996

此例的"同姓"、"同宗"、"同族"下都承上省略了动词"临"。

(3)为五陈以相离,两於前,伍於后,专为右角,参为左角,偏为前拒,以诱之。(昭1)4.1216

此例的"两"、"伍"即上句"五陈"中的两个陈名,"两於前,伍於后",可认为是承上省略了动词"为":"为两於前,为伍於后"。

(4)其为大子也,师、保奉之,以朝于婴齐而夕于侧也。(成9)2.845

昭12年"右尹子革夕",杜注:"夕,暮见是也。"㉗哀14年"子我夕"杨伯峻先生注:"夕谓暮见齐君。"㉘俞樾《群经平议》在"子我夕"条下说:"人臣见於君,朝见谓之朝,暮见谓之夕。"㉙看来在一定上下文中用"朝"、"夕"来代"朝见"、"夕见"似乎是一种习惯用法,也就是说,时间词"朝、夕"已代替了其后的动词。由"朝"、"夕"的用法联想到其他时间词的类似用法,可能也起同样作用。如:

(5)阜曰:"数月於外,一旦於是,庸何伤?"(昭1)4.1211

"数月於外",杜注:"言叔孙劳役在外数月。"杨伯峻先生注:"上文数月於外,下文一旦於是,二句皆省略动词。"㉚

4."于"、"於"对D意义的区别作用

在部分D后面,用"于b"或"於b"有区别意义的作用。

4.1 放

〔放·"宾语"·于b〕共4例。如：

（1）九月，子雅放卢蒲嫳于北燕。（昭3）4.1243

〔放·"宾语"·於b〕共2例。如：

（2）秋九月，齐公孙蛮、公孙虿放其大夫高止於北燕。（襄29）3.1167

以上两例中的"于b"和"於b"用法相同，"放"的意义也同：放逐。

〔放於b〕仅1例：

（3）瑕禽曰："今自王叔之相也，政以贿成，而刑放於宠，官之师旅不胜其富，吾能无筚门闺窦乎？"（襄10）3.983

"刑放於宠"的意思是：执行法律的责任放任给宠臣们。这个"放"有"放任"之意。《说文》："放，逐也。"[31]可见前两例是"放"的本意，而后起的意义如"放任"，则与"於"搭配。

4.2 从

〔从·宾语·于(於)b〕共7例。如：

（1）昭子从公于齐，与公言。（昭25）4.1466

（2）叶公诸梁之弟后臧从其母於吴，不待而归。（定5）4.1552

（3）师从齐师于莘。（成2）2.790

前两例的"从"有"跟从"、"跟随"意，例（3）的"从"有"追逐"意。《说文》："从，随行也。"[32]段注："逐，亦随也。"[33]因此以上用法都是"从"的本意。

〔从於b〕共9例。如：

（4）居大国之间而从於强令，岂其罪也？（文17）2.627

（5）庆封唯逆命，是以在此，其肯从於戮乎？（昭4）4.1253

（6）诸侯从於楚者众，而皆小国也。（昭23）4.1445

以上三例中的"从"都有"顺从"、"顺服"之意。《说文》段注："从，又引申训'顺'。"[34]可见诸例的"从"都是这种引申义。含有这种后起意义的"从"在《左传》中不直接带宾语,而以〔从於b〕式出现,以区别于〔从·宾语〕。

4.3 肆

〔肆·于b〕

(1)楚子曰:"非尔所知也。夫文,止戈为武。武王克商,作《颂》曰:'载戢干戈,载櫜弓矢。我求懿德,肆于时夏,允王保之。'……"(宣12)2.745

郑笺:"肆,陈也。"㉟杨伯峻先生注:"此句谓我求此美德,因陈之于此夏乐之中。"㊱

〔肆·於b〕

(2)天之爱民甚矣,岂其使一人肆於民上,以从其淫,而弃天地之性?必不然矣。(襄14)3.1018

杜预注:"肆,放也。"㊲杨伯峻先生注:"肆,放恣也。"㊳

〔肆·于b〕与〔肆·於b〕格式相同,而"肆"的意义不同。《说文》:"肆:极陈也。"㊴段注:"极陈者,穷极而陈列之也。经传有专取极意者,凡言纵恣者,皆是也。……皆极陈之义之引申也。"㊵《广韵》:"肆,陈也,恣也,极也,放也。"㊶可知前例的"肆"为本义,后例的"肆"为引申义,前者在句中与"于"搭配,后者与"於"搭配。

4.4 徵

〔徵·"宾语"·于(於)b〕共6例。如:

(1)晋侯使郤克徵会于齐。(宣17)2.771

杜预注:徵,召也。㊷

(2)俾我一人无徵怨於百姓。(昭32)4.1518

杜预注:徵,召也。㊸

〔徵·於b〕共3例。如:

(3)民知争端矣,将弃礼而徵於书。(昭6)4.1275

徵，证也。引刑律以为己证。

（4）士伯怒，谓韩简子曰：“薛徵於人，宋徵於鬼，宋罪大矣！”（定1）4.1524

徵，证也。“徵於鬼”，杜注：“取证於鬼神。”㊹

《说文》：“徵，召也。”㊺《广韵》：“徵，召也，明也，证也，成也。”㊻前两例的“徵”为本义，后两例的“徵”为后起的引申义。前者与“于”、“於”搭配，后者仅与“於”搭配。

4.5 释

〔释·“宾”·于b〕仅1例：

（1）释卢蒲嫳于北竟。（襄28）3.1150

杜预注：释：放也。㊼

〔释憾·於b〕共3例。如：

（2）宋人取邾田。邾人告於郑曰：“请君释憾於宋，敝邑为道。”（隐5）1.47

杨伯峻先生注：“释憾，犹今言解恨。”㊽

《说文》：“释，解也。”㊾《广韵》：释，舍也，解也，散也，消也，废也，服也。㊿前例与“释”的本意近；后例“释憾”表示一种抽象概念，“释”与“消”意近，为引申用法，比较后起，在句中与“於”搭配。

4.6 烝

〔烝·于b〕共2例。如：

（1）平公即位。……改服、修堂，烝于曲沃。（襄16）3.1026

杜注：烝，冬祭也。(51)

〔烝·於b〕共4例。如：

（2）初，卫宣公烝於夷姜，生急子。（桓16）1.145

（3）晋侯烝於贾君。（僖15）1.352

杜注：上淫曰烝。(52)

《说文》:"烝,火气上升也。"[53] 段注:"此'烝'之本义。引申之则烝,进也。……《左传》凡下婬上谓之烝。"[54] 例(1)的"烝"与本义相近,后二例的"烝"则是引申义。两"烝"意义迥然不同,分别与"于"、"於"搭配。

由以上例证可以看出这样一个趋势,一些词的本义多与"于"搭配(也不排除与"於"搭配),而后起的、引申的意义则多与"於"搭配。王力先生在《汉语史稿》中说:"对于'於'的新兴意义和新兴的语法作用,就必须用'於'。"(中册,332页)看来是符合《左传》的语言实际的。

5. 对"于"、"於"特点的小结

5.1 从作用上看。"于"和"於"位于 D 前 237 例,占介词"于"、"於"总数 3213 次的 7%;位于 D 后 2976 次,占 93%。它们的主要作用是用于 D 后。

现将 D 后"于b"和"於b"的语法功能列一总表于下:

介词	引进处所	引进人物	引进原因等	引进受事宾语	表示时间	表示被动	用于反问句	用于对偶句	用于描写比较句	用于名词谓语句
于	1189	235	2	5	13	13	0	0	2	3
於	639	706	21	87	21	56	19	12	59	7

(注:为了使每项用法的数字完整,重复出现者都作了统计。)

从表中可以看出,引进处所和人物是"于"、"於"最重要的作用,引进处所共1828次,占D后"于"、"於"总次数的65%,引进人物941次,占33%。《左传》中17个介词,"於"出现次数居第一,"于"第二。17个介词共出现5777次,"於"、"于"两介词就有3123次,占56%。它们出现的次数多,应用的范围广,在引进处所和人物方面用法尤其灵活,兼有很多其他介词的作用。在"于"、"於"共有的八项语法功能中,引进处所以"于"为主,在引进处所中主要引进地名;在引进人物时主要引进国名。引进人物以"於"为主,引进人物时以普通名词和个人专名为主,引进处所时以非专名的名词为主。其他各项语法功能都以"於"为主。"於"所表示的关系和方向都更为复杂多样。"於"所引进的宾语一方面有更加具体化的趋势,如处所词前的修饰成分和后面的方位词,以及大量的个人专名等等;另一方面又有不少抽象化的词语作宾语。这些都反映出人类思维的进化以及语言作为交际工具的相应发展,同时也表明"於"所在句式常代表一些比较晚起的语言现象。

5.2 从分布上看。在D前,"于b"只有引自古书的例句或个别固定格式如"于时",除此之外,只有"於b"能出现在D前的位置上。这是《左传》和先秦其他古籍一条共同的规律。绝大多数的"于b"和"於b"都位于D后。

5.3 从意义上看。"於b"位于D前表示"对於……"、"跟……比"、"在……方面"等意思;"於"的宾语前置形成〔b於D〕句式,表示强烈的感情色彩等用法,都是"于"所没有的。在D后,"于"更多出现在客观叙事的句子中,"於"除用于叙事句外,还常用于表示强调、传递某些感情色彩的对话句中,如反问句、对偶句、引进动词受事宾语的句子等。二者出现在对话句中共约1041例,其中"于"149例,占15%;"於"892例,占85%。二者在叙事中共出现2129例,"于"1291例,占60%;"於"838例,占40%。[55]

5.4 从来源上看。仅就目前确有把握的数字说:"于"有 334 例来自古书,占"于"总数的 23%;《春秋经》有"于"的句子共 398 例,原封不动进入《左传》的就有 295 例,占《经》例的 74%;其他 39 例引自《易经》、《诗经》、《尚书》等。[56]"於"有两例出自春秋初宋国铭文——《考父庙之鼎》铭文"馆於是,鬻於是"。(昭 7)(郭沫若先生在《两周金文辞大系·陈贻簋》考释中说:"介词'于'字作'於',上《黏镈》与此器二例而已"。[57]因而一般都以此作为介词"於"出现的起点;但从《左传》记载来看,春秋初期宋国《考父庙之鼎》的铭文中就已有介词"於"了。)另有两例出自《诗经》和《逸周书》,但作者没有照搬原文,而是自己翻译引用,他把原文的"于"换成了"於"[58];由此也可看出,在《左传》作者的口语中,"於"已居于主流。"於"还有 7 例出自当时的歌谣、谚语和传说等。因此,总的看来,"于"所在句式保留古代用法较多,"於"反映当时活的语言特色较多。

5.5 从历史发展趋势看。"於"有取代"于"之势。在《左传》中,不仅"於"的数量稍多于"于",语法功能上也比"于"丰富得多,取代的趋势已很明显:"於"引进处所已占"于"、"於"引进处所总数的 35%,引进人物占 75%,引进其他宾语占 85%。由于"於"的位置可前可后,在用法上灵活多样,而"于"的位置有限制、用法又较固定,因此"於"有着一种不可阻挡的取而代之的趋势。就在《左传》这部书的内部,"于"、"於"数量对比便有明显的消长:自隐公到成公,每公中的"于"、"於"比数大约都是 60%:40%;而从襄公以后,比例一变而为 40%:60%。同时〔於b·D〕的例句也有 70% 左右是出现在襄公以后,还有"於"的一些富有特色的用法也大多是在襄公之后出现的。总之,"於"取代"于"的趋势无论在数量上或是在语法功能上,襄公以后都有明显的表现。这是否反映出在两百多年大动荡的历史中,语言的发展变化已足以使其内部呈现出阶段性?

《左传》的介词"于"和"於"　113

总而言之,"于"和"於"是在语法功能、分布、意义、来源等方面都曾有过重要异同的两个介词。分析它们的异同,对于辨别古书的早晚和地区,分析古书中的古语和口语,认识古代遗留的固定格式和新兴的语言现象等,都可提供一种参考或佐证。[59]同时,对我们分析古书中一些句子的结构从而正确理解其意义,以及辨别词义等,都会有所裨益。汉字简化把它们归并为一,我并不反对,但在重印古籍时保留这两字的本来面目以供研究的需要,实在是十分必要的。请允许我在这里为它们呼吁。

[附　注]

① 本文在开始做资料前,仔细校订了《左传》的"于"和"於",以杨伯峻先生的《春秋左传注》为底本,对照《十三经注疏》、《唐石经》、《左传会笺》,逐句核对。

② 其他25例"于"包括:1.〔名·于·动〕3例:"凤凰于飞"(庄22),"明夷于飞"(昭5),"君子于行"(昭5)。2.〔于△于△〕1例:于思于思,弃甲复来。(宣2) 3."于"在人、地名中,21例,如:管于奚(成11)、董安于(定13)等。

③ 其他6例"於"包括: 1.叹词"於"1例;《汋》曰:"於铄王师!遵养时晦。"(宣12) 2.助词5例:在人名(或族名)中,如:鬭穀於菟(庄30)、寿於姚(哀13)等。

④ 段玉裁在《说文解字注》五篇上说:"盖'于'、'於'二字,在周时为古今字。"204页下,上海古籍出版社1981年本。

王引之在《经传释词》中说:"于,於也。""於,于也。"33、36页,中华书局1956年本。

王念孙在《广雅疏证》中说:"于,於也。"153页下,中华书局1983年本。

⑤ 钱大昕《十驾斋养新录》卷一。

⑥ 《马氏文通校注》下册,325、332页,中华书局1961年本。

⑦ 高本汉《左传真伪考》,71—91页,商务印书馆1936年本。

⑧ 《汉语史稿》中册,332页。

《古代汉语》上册第二分册,423页,中华书局1979年本。

⑨ 《考父庙之鼎》铭文见昭7年:"饘於是,鬻於是。"又,齐国《鎛镈》、《陈贶簋》铭文,见郭沫若《两周金文辞大系·陈贶簋》,256页。

⑩ 本文所说的中心成分可以是谓语的中心词,如"师陈于鞌。"(成2)可以是并列关系的短语,如:"羞者,献体改服於门外。"(昭27)"烝、尝、禘於庙。"(僖33)"献体改服"和"烝尝禘"各为一D。也可以是主谓结构,如:"於姬姓,我为伯。"(哀13)

⑪ 我们把"于沼于沚"视为承上省略了后面的动词,若不省略应为:"于沼采蘩,于沚采蘩。"因此把〔于b·D〕式统计为7例。若不能这样分析,则〔于b·D〕只有5例。

⑫ "土於何有"这类句式可能是由"何有於土"——"於土何有"——"土於何有"变化而来。这个问题还有待深入分析,不敢妄下结论。

⑬ 《战国策·韩策二》中册,981页,上海古籍出版社1978年本。

⑭ 《左传》的"於是"主要表示"在此时"、"当时",少数起连接作用,表示"(於是)就"。两者比数:64∶16。前者如:於是昭公十九年矣,犹有童心,君子是以知其不能终也。(襄31)3.1186。后者如:杀舟之侨以徇于国,民於是大服。(僖28)1.472。"於是乎"大都起连接作用,表示"(於是)就",少数表示"在此时"、"在这件事上"。两者比数:63∶12。前者如:众皆哭,晋於是乎作爰田。……众说,晋於是乎作州兵。(僖15)1.363。后者如:兄弟之睦,於是乎不吊,况远人,谁敢归之?(昭7)4.1294

⑮ 在我们调查的二十余部先秦古籍中,遇到了两部书是例外:《晏子春秋》和《尹文子》。它们的"于"占绝对优势,前者于:於—526∶11;后者于:於—59∶2。(但"于b"的用法却与同一时期的其他著作相同,极少用于D前。)这究竟是方言现象或是其他原因,没有专门研究,结论姑且阙如。另外,《世说新语》中有〔于时·D〕37例。据詹秀惠《世说新语语法探究》分析:"凡用'时',必用'于';凡用'是',必用'於'。'于时'表同时,意为'在当时'、'当其时';'於是'表时间先后,相当'这就,这才'。"(402—404页)"于时"来源于《诗经》,而意义有变化。据周法高《中国古代语法·造句编(上)》分析:"《诗经》的'于时'('时'训为'是')相当于他书的'於是'。六朝流行'于时',义为'在当时'。……案此为汉以后用法。"(301—302页)六朝时为何流行"于时",是有待探讨的问题;但并不能以此否定〔於b·D〕大量增加这一重要事实。同时也证明"于"只有来源于古书的个别固定格式还保留在D前的位置上。

⑯ 第一类166个动词D是:败、陈、处、次、得、伐、放、告、归、合、薨、会、集、卒、门、盟、命、纳、逆、迁、取、入、杀、施、事、狩、送、禘、孙、用、有、遇、战、执、保、奔、嬖、辟、偪、殡、布、朝、称、逞、成、乘、出、辞、从、待、祷、德、登、动、斗、夺、贰、发、焚、偾、封、复、覆、服、傅、赴、攻、观、馆、梏、国、

还、毁、获、即、祭、济、继、加、假、嫁、见、具、闲、讲、降、介、尽、竞、居、具、军、哭、困、劳、老、立、临、灭、没、殁、睦、叛、聘、乞、潜、戕、请、囚、求、娶、舍、涉、生、侍、释、受、授、书、输、死、祀、肆、讼、诉、愬、宿、讨、逃、听、田、投、通、亡、为、委、闻、息、献、享、信、餕、行、修、畜、学、宣、徇、宴、徼、易、饮、淫、说、葬、造、齐、徵、烝、寘、治、至、致、队、作、坐。

⑰ 这98个动词D是：宾、居、克、燎、矢、弑、蒐、降、雨、陨、追、筑、毙、崩、比、侧、尝、沉、窜、达、代、觌、吊、定、废、风、衬、覆、贡、构、冠、醢、恢、悔、挤、疾、鉴、叫、警、疆、就、合、据、绝、老、漏、庐、冒、蒙、梦、鸣、平、乞、祈、期、起、弳、虐、愆、攘、扰、赦、视、师、守、赎、侍、嗣、随、贪、啼、说、围、畏、夕、阋、戏、协、解、刑、询、迓、喑、缢、游、育、虞、踊、浴、越、贼、召、职、炽、质、止、逐、诅。

⑱ 这203个动词D（包括动词或动词短语）是：安、敝、辨、并、禀、薄、播、藏、巢、彻、臣、弛、承、城、传、萃、除、黜、贷、党、毒、度、顿、宦、反、访、妨、附、伏、赋、耕、梏、鼓、絓、过、好、厚、犒、怀、呼、镮、惠、昏、给、稽、忌、计、及、纪、驾、饯、简、荐、交、结、节、藉、近、觐、到、疚、救、拘、举、聚、惧、绝、离、利、力、礼、列、邻、两、赁、令、戮、旅、履、乱、埋、昧、媚、免、谋、没、殁、目、能、怒、女、迫、譬、卜、弃、窃、劫、寝、勤、驱、染、让、刃、容、辱、如、伤、射、申、省、失、尸、食、使、始、示、仕、市、室、袭、纾、属、树、思、私、侯、退、讬、谓、万、违、帷、位、问、伍、无、圄、徙、喜、系、习、席、陷、笑、效、衅、兴、幸、羞、穴、选、巡、淹、言、移、依、已、邑、益、隐、因、踊、御、与、寓、圉、欲、鬻、允、载、在、择、饘、张、兆、昭、责、争、正、志、制、至、锺、周、诛、著、服、被襚、专戮、陵虐。

这44个形容词是：暴、侪、侈、大、怠、道、惰、恶、繁、丰、富、固、和、久、迩、敏、狃、罢、疆、亲、弱、啬、善、少、甚、数、同、贤、闲、异、夷、愈、远、长、智、众、患、昌阜、憯嫚、密迩、贪昧、忠信、淹久。

⑲ 《古代汉语》上册第二分册，423页。

⑳ 《汉语史稿》中册，332页。

㉑ 《马氏文通校注》下册，325页。

㉒ 竹添光鸿《左传会笺》襄公15年。

㉓ 《国语·晋语五》，明道本，卷十三，三页。

㉔ 俞樾《群经评议》卷四，二页。

㉕ 杨伯峻《春秋左传注》襄公16年注。

㉖ 同上，桓公13年注。

㉗ 《春秋左传集解》第四册，1358 页，上海人民出版社 1977 年本。
㉘ 《春秋左传注》哀公 14 年注。
㉙ 《群经平议》卷二十七，四十四页。
㉚ 《春秋左传注》昭公元年注。
㉛ 《说文解字注》四篇下，160 页上，上海古籍出版社 1981 年本。
㉜ 同上，八篇上，386 页上。
㉝ 同上。
㉞ 同上。
㉟ 《毛诗正义》卷十九，321 页中，《十三经注疏》本。
㊱ 《春秋左传注》宣公 12 年注。
㊲ 《春秋左传集解》第三册，918 页。
㊳ 《春秋左传注》襄公 14 年注。
㊴ 《说文解字注》九篇下，453 页上。
㊵ 同上。
㊶ 《广韵》去声卷，至韵，8 页，"古逸丛书"本。
㊷ 《春秋左传集解》第二册，627 页。
㊸ 《春秋左传集解》第四册，1598 页。
㊹ 同上，第五册，1607 页。
㊺ 《说文解字注》八篇上，387 页下。
㊻ 《广韵》下平声，登韵第十七，35 页。
㊼ 《春秋左传集解》第三册，1107 页。
㊽ 《春秋左传注》隐公 5 年注。
㊾ 《说文解字注》二篇上，50 页上。
㊿ 《广韵》入声卷，昔韵第二十二，36 页。
㊽ 《春秋左传集解》第三册，930 页。
㊾ 同上，第一册，121 页。
㊿ 《说文解字注》十篇上，480 页下。
㊹ 同上。
㊺ 如成公 13 年吕相绝秦的一段，襄公 4 年魏绛对晋侯谈到后羿的一段以及襄公 8 年郑王子伯骈与晋子员之间的对话等。
㊻ 这 39 个介词引自：《易经》卦爻辞，10 例；《尚书》12 例；《诗经》16 例；佚书 1 例。
㊼ 《两周金文辞大系·陈财簋》，256 页。
㊽ 一例在文公 2 年："周志有之，勇则害上，不登於明堂"，今《逸周

书·大匡篇》为:“勇如害上,则不登于明堂”。另一例在襄公4年:“《皇皇者华》,君教使臣曰:‘必谘於周。’”《诗·小雅·皇皇者华》:“……周爰咨诹,……”

(59) 对于“于”、“於”的区别和特征,如果孤立地、片面地加以利用,就会引出不少问题。比如,只按“于”、“於”出现次数的多少来判断一部书的早晚,人们就会问:“《论语》的‘於’占该书‘于’、‘於’总数的95%,《左传》的‘於’占55%,是否《论语》就该比《左传》晚得多?《公羊传》的‘于’占66%,是否该比《左传》早得多?《晏子春秋》、《尹文子》的‘于’都占98%以上,比《诗经》、《尚书》的比数还高,是否就该比它们都早?”……因此应把一个语言现象放在时间、空间的适当位置上,并应结合多方面的因素去考察。

《左传》的"贰於(于)X"句式[*]

《中国语文》1984年第5期《〈左传〉"贰于X"》一文中,作者以《左传·僖公30年》"晋侯、秦伯围郑,以其无礼於晋,且贰於楚也"为例说:"很多著作把'贰於楚'解释为'贰:贰心。郑国对晋国怀有二心,而与楚国相近'。这里的'贰'如果理解为'二心'的话,那么'贰'与后面表对象的补语'於楚'合起来就得解释为'对楚国怀有二心',同原意恰恰相反。"因此他认为其中的"贰"不应解为"贰心",而应解为"助","贰於楚"相当"助於楚"。但在文章末尾,作者又顺带说了一下,"贰"有时应解为"二心",如襄15年(《左传·襄公15年》的简缩,下仿此)"夏,齐侯围成,贰於晋故也"中的"贰於晋"就应解为"对晋怀有二心"。也就是说,作者认为当"贰"作"二心"解时,"贰於X"只能解作"对X怀有二心",如果这样解释"同原意恰恰相反",就应解"贰"作"助",把"贰於X"解作"助於X"。

"贰"作"二心"解,"贰於X"是否只能解为"对X怀有二心"呢?不,它可以有两种解释,一是"(有)二心向X"(或"叛向X"),一是"对X怀有二心"(或"叛离X")。这是因为介词"於"、"于",特别是"於",用法和意义都很灵活,可以根据不同的上下文表示互相对立的方向。当然,我们说"於(于)"可以配合上下文表示双向,不等于表双

---

[*] 本文曾发表在《字词天地》1985年第7期,题为《从"贰於(于)X"谈"於(于)"的双向性》。

向的句式里必须都有"於（于）"，本文只讨论"貳於X"句式。

对"於"的表双向的作用，马建忠早有发现，他在《马氏文通》介字（"於"字之用）篇中就举了《孟子·滕文公上》"出於幽谷"、"入於幽谷"的例子，指出"出於"表示"所自"，"入於"表示"所至"。①《左传》中有一些例子，"於（于）"前的动词相同，而它在不同的上下文里仍可表示不同的方向，如庄18年的"迁权於那处"表示"把权地的百姓迁移到那处"，而宣12年的"迁大国之迹於郑"则表示"把大国的足迹从郑国迁徙出去"②；昭18年的"徙主祏於周庙"表示"把安放神主的石匣迁移到周庙"，而襄22年的"请徙子尸於朝"则表示"请（让我们）把主人的尸体从朝廷上搬迁出去"③；又如昭16年的"有禄於国"表示"从国家受有封邑爵禄"，"有赋於军"却表示"向军队交有军赋"。④"于"的例子如哀2年的"自投于车下"表示"自己跳到车下"，而定3年的"自投于床"却表示"自己从床上跳下"。⑤

《左传》的"貳於（于）X"共15例，其中"貳于X"仅1例：

郑武公、庄公为平王卿士，王貳于虢。（隐3）1.26

"王貳于虢"表示"王二心向虢"。⑥"貳於X"共14例，从上下文所反映的历史背景以及国与国、人与人的关系看出，"於"的宾语可分两类，一类表叛离的对象，另一类表叛向的对象。前者共2例，"於"表"对"意。一例见上面作者所引襄15年例，另一例为：

为归汶阳之田故，诸侯貳於晋。晋人惧，会於蒲以寻马陵之盟。（成9）2.843

"貳於晋"表示"对晋有二心"或"叛离晋"。

后者共12例，"於"表"向"意。除作者文中引僖30年一例外，其余如下：

（1）既而大叔命西鄙、北鄙貳於己。（隐1）1.12

（2）秋，楚成得臣帅师伐陈，讨其貳於宋也。（僖23）1.420

（3）王使王叔陈生愬戎于晋，晋人执之。士鲂如京师，言王叔之贰於戎也。(襄5)3.942

（4）楚子以屈伸为贰於吴，乃杀之。(昭5)4.1265

（5）晋、陈、郑伐许，讨其贰於楚也。(僖33)1.503

（6）初，鄀叛楚即秦，又贰於楚，夏，秦人入鄀。(文5)2.539

（7）於是晋侯不见郑伯，以为贰於楚也。(文17)2.625

（8）秋，郑伯如晋，晋伯讨其贰於楚也，执诸铜鞮。(成9)2.844

（9）晋人以公为贰於楚，故止公。(成11)2.852

（10）夏，晋人徵朝于郑。郑人使少正公孙侨对曰："……贰於楚者，子侯、石盂，归而讨之。"(襄22)3.1066

（11）晋荀吴……遂灭陆浑，数之以其贰於楚也。(昭17)4.1390

这些例中的"贰於X"都表示"(有)二心向X"，作者却认为"贰"若解为"二心"，"贰於X"等于"(有)二心於X"，其意义就只能是"对X有二心"。其实若把"於"解为"向"也就情通理顺了，"(有)二心於X"就是"(有)二心向X"。《左传》中就有这样的例子可证：

　　君来赐命曰："吾与女伐狄。"寡君不敢顾昏姻，畏君之威，而受命于吏。君有二心於狄，曰："晋将伐女。"狄应且憎，是用告我。楚人恶君之二三其德也，亦来告我。(成13)2.865

"有二心於狄"就是"二心向狄"。

为了说明"贰"应解为"助"，作者还引《说文》为证："《说文解字》：贰，副益也。段注：当云副也，益也。"但作者却未引下面的一句段注："《周礼》注，副，贰也。"段注不仅更正许慎把"副"、"益"连在一起的解释，而且明确指出，"副"的含义就是"贰"。又据《广韵》："贰，副也，亦携贰变异也。疑也，敌也。"⑦那么"贰於X"中的"贰"，确切含义究应是什么呢？从前人对它的理解看，对上面例（1）的"贰於己"，杜预注："贰，两属也。"⑧洪亮吉《春秋左传诂》："贰，有二心也。"⑨杨伯峻先生注："句意宜与成13年之'君有二心於狄'同。"《资治通鉴》里有这么两句："名为救赵，实挟两端"，胡三省注："两端；名为救赵，实贰於秦。"⑩可见前人大都认为这个"贰"有"两属"、"挟两端"、"有二心"之意。

又从以上例句的上下文看，当事人"贰"的言语行为几乎都导致自身的被讨伐、被杀戮、被囚禁……。这与古时把"贰"视为大逆不道是一致的。正如《礼记·王制》所说："凡执技以事上者，不贰事，不移官。"⑪如果"贰事"、"移官"，那就会招来大祸。因此把"贰"解为"二心"，与上下文也是紧相扣合的。

作者还引了《史记·郑世家》"……讨其助楚攻晋"与僖30年的"贰於楚"对照说："《史记》在叙述时用'助'而不用'贰'，恰恰证明了这里'贰'的意思为'助'。"其实细读《史记》就不难发现，司马迁是用"助楚攻晋"四字代替"贰於楚"的原话；而作者所指责的今天很多著作用"对晋国怀有二心而与楚国相近"来解释"贰於楚"，与司马迁的说法正是一脉相承。这恰恰证明了他们对"贰"本质含义的理解是一致的，那就是"二心"。如果肯定司马迁而否定今天的很多注家，就会陷入自我矛盾之中。如果根据司马迁对"贰"在具体上下文里的解释与翻译而把"贰"与"助"等同起来，显然是不恰当的。这首先就与以上例中的许多历史事实不相符，因为在大约半数的例句中都没有谈到任何"助"的事实。⑫仅举例（9）来说，晋人认为鲁成公"贰於楚"所以扣留了他；而晋人的根据并不是因为鲁成公有什么助楚的行动，只是因为他曾经有过背叛晋国、向楚国要求友好的想法，这个想法由于季文子的及时劝说，根本没有付诸行动。⑬鲁成公"欲求成于楚而叛晋"，⑭晋人就认为他"贰於楚"，这可说是《左传》本身对"贰於X"的明确的解释。我们从中只能看到它十分有力地表明"贰"应理解为"二心",却不能由此说"贰"又可与"求成"等同。看来作者在解释他所举那一个例句的"贰於X"时,似乎忽略了同类例句的全局。

再说如果按作者的做法把僖30年"贰於楚"中的"贰"解为"助",把襄15年"贰於晋"中的"贰"解为"二心",那么前面所举例中的"迁……於X"、"徙……於X"、"有……於X"、"投于X"中的动词"迁、徙、有、投"等,是否也该分为两类呢?显然,在这些例句中,动词的基本含义都没有变,关键是在不同的上下文里,由于动作的方向不同而使动词的意义在理解时略有差异。

更值得注意的是,"贰"的"二心"和"助"意往往通过不同的语法格式来表示。在〔贰於X〕中,"贰"是"二心"之意,而表示"助"意的"贰"则出现在动宾〔贰X〕式中[15]。如:

(1) 天生季氏以贰鲁侯,为日久矣。(昭32) 4.1600

(2) 少师、少傅、少保曰三孤,贰公弘化。(《尚书·周官》[16])

(3)《周礼》六典,冢宰贰王而理天下。(《后汉书·仲长统传》) 6.1657

(4) 秦兼天下则置丞相,而贰之以御史大夫。(同上)

清代学者王引之在《经义述闻》中曾引《礼记·郊特牲》的例子"为人臣者无外交,不敢贰君也"说:"贰,并也。"他指出,"不敢贰君"就是不敢与君相比并的意思。接着他批评那些任意把"贰君"解作"贰於君"的人说:"而解者曰:'不敢贰心於他君',则於'贰'下增'於他'字矣。"[17] 可见他已觉察到"贰X"和"贰於X"在形式和意义上都是有区别的。而今作者把"贰於楚"解为"助於楚",正是混淆了"贰於X"和"贰X"的区别。更何况在《左传》中根本就没有"助於(于)X"的句式;"助"表"助人"之意共38例,全是动宾结构。如:

(1) 齐人以卫师助之。(桓10) 1.128

（2）其徒曰："助陈、鲍乎？"曰："何善焉？"（昭10）4.1316

（3）今郑为不道,弃君助臣。（哀2）4.1614

在其他一些古籍中也没有见到"助於X"式,因此作者说"贰於楚"相当于"助於楚",也是缺乏事实根据的。

基于以上所说,我们认为"贰於X"和"贰X"是两种不同的句式。前式的"贰"都是"二心"之意,后式的"贰"有"助"意等,两式不能混淆。"贰於X"式能表示两种对立的含义,这主要是由于虚词"於"在一定的上下文里具有双向性。至于"於"何时表"向"、何时表"对",细读上下文是可以分辨的,因为具体的语言环境往往可以对词和句的含义起制约作用,从而使它在语言交际中保持单义性。[18]

[附　注]

① 《马氏文通校注》下册,325页,中华书局1954年本。

② 庄18年：初,楚武王克权,使斗缗尹之,以叛,围而杀之。迁权於那处,使阎敖尹之。宣12年：蒍子以为谄,使赵括从而更之,曰："行人失辞。寡君使群臣迁大国之迹於郑,曰：'无辟敌！'"

③ 昭18年：火作,子产……使祝史徙主祏於周庙。襄22年：王遂杀子南於朝,……子南之臣谓弃疾："请徙子尸於朝。"

④ 昭16年：有禄於国,有赋於军。

⑤ 哀2年：大子惧,自投于车下。定3年：邾子……滋怒,自投于床,废于炉炭,烂,遂卒

⑥ 在《尚书》等古籍中均未见到"贰於（于）X"式。从文字记录看,此式似最早见于《左传》。而"王贰于虢"所表示的"王二心向虢"之意似是"贰於（于）X"式的最初含义。"於"比"于"后起,用法更为灵活,在"贰於X"中可以表示双向。

⑦ 《广韵》去声卷第八页,至韵,涵芬楼复印"古逸丛书"本。

⑧ 《春秋左传集解》第1册,8页,上海人民出版社1977年本。

⑨ 《春秋左传诂》第1卷,6页。

⑩ 《资治通鉴·周纪五·赧王五十七年》第1册,178页,中华书局1956年本。

⑪　《十三经注疏》上册，1343 页，世界书局 1935 年本。

⑫　如例（3）、（4）、（7）、（9）、（11）等，都没有谈到什么"助"的事实。

⑬⑭　见成 4 年：公至自晋，欲求成于楚而叛晋。季文子曰："不可。……"公乃止。

⑮　我们说表"助"意的"贰"出现在动宾〔贰 X〕式中，不等于说凡〔贰 X〕中的"贰"都是"助"意，它还有"并、代、拟、疑、违反"等含义，因本文只论及其"助"意，不能详述其他。

⑯　《十三经注疏》上册，234 页。

⑰　《经义述闻》卷 32《通说下》，56 页。

⑱　这里所说的语言环境，包括对介词"於（于）"前动词（或动词结构）及介词后宾语的分析，以及对上下更大范围内语言环境的观察。请参看朱德熙先生《汉语句法中的歧义现象》，《中国语文》1980 年第 2 期；殷国光《古代汉语句法中的若干歧义现象》，《语文研究》1984 年第 2 期。

《左传》的介词"以"*

《左传》的"以"共出现3140次,其中介词"以"1506次,连词"以"1611次,动词"以"17次,其他用法的"以"6次。本文只讨论介词"以"。由于介词"以"的用法比较复杂,打算分成三篇文章讨论,两篇分别谈"以"宾语的"省略"及"前置"问题,本篇谈以下几点:

1. "以 b(代"以"的宾语)"在 D(代谓语的中心成分)前后的分析比较

2. "以"与其他词构成的固定格式

3. "以……为"与"以为"

1. "以 b"在 D 前后的分析比较

本文把"以"的宾语分为两大类,一类是代表人的名(代)词及其短语,一类是代表事物等的词或短语。下面按"以 b"的位置分为 D 前、D 后两部分讨论。

1.1 "以 b"在 D 前的用法和意义

出现在 D 前的"以 b"(如"以乱易整")共649例,(上列第2、3项的"以"也都只出现在 D 前,因下面有专节讨论,所以未算在这个统

---

* 本文曾发表在《古汉语研究论文集》(三),中国社会科学院语言研究所古汉语室编,北京出版社1987年。1989年收入本书时,有较大修改。此次再版,又有所修正。

计数内。)D 后的"以 b"(如"赏之以邑")共 221 例。"以 b"在 D 前后的比例大致为 3∶1。现在先讨论〔以 b·D〕式。

1.1.1 b 为代表人的名词及其短语。共 200 例。

(一)"以 b"表示施动者在发出动作时带领的对象。"以"有"率领"、"带着"等意思。共 126 例。

㈠ b 为表示人数众多的集合名词或短语,如:师、军、诸侯、卒、众、人……。"以"多为"率领"之意。共 76 例。如:

(1)郑人以王师、虢师伐卫南鄙。(隐 1)1.18

(2)狐毛、狐偃以上军夹攻子西,楚左师溃。(僖 28)1.462

(3)夏征舒为不道,弑其君,寡人以诸侯讨而戮之。(宣 11)2.714

(4)五人以其私卒先击吴师,吴师奔。(襄 25)3.1104

(5)子以众退,我此乃止。(成 2)2.787

(6)燕人畏郑三军,而不虞制人。六月,郑二公子以制人败燕师于北制。(隐 5)1.45

(7)既陈,以其属驰秦师,死焉。(文 6)2.521

(8)楚熊负羁囚知䓨,知庄子以其族反之。(宣 12)2.742

(9)陈乞、鲍牧及诸大夫以甲入于公宫。(哀 6)4.1634

(10)吴人以罪人三千先犯胡、沈与陈。(昭 23)4.1446

(11)午以徒七十人门於卫西门。(定 10)4.1579

㈡ b 为代表个人(或少数几人)的名词或名词短语,如:公、氏、夫人、太子、女……。"以"多表"带着"或"领着"。(与上项"率领"意有所不同,"率领"的动词性似更强一些。)共 50 例。如:

(1)成季以僖公适邾。(闵 2)1.262

大意是,成季带着僖公跑到邾国。

(2)莒人入向,以姜氏还。(隐 2)1.22

大意是,莒子领兵进入向国,带着姜氏回国。

（3）侨如以夫人妇姜氏至自齐。（成14）2.870

（4）穆姬闻晋侯将至,以太子罃、弘与女简璧登台而履薪焉。（僖15）1.358

（5）二子作乱,城郪,而使贼杀子孔,不克而还。八月,二子以楚子出。（文14）2.605

（6）秋七月,楚败蔡师于莘,以蔡侯献舞归。（庄10）1.184

（二）"以b"表示施动者与之共同活动的对象,"以"有"与"意。共11例。如:

（1）王以巩伯宴,而私贿之。（成2）2.810

（2）公送晋侯,晋侯以公宴于河上,问公年。（襄9）3.970

（3）施而不德,乐氏加焉,其以宋升降乎?（襄29）3.1158

此例大意是,施舍而不自以为给人恩惠,乐氏就高出别人一层了,大约会与宋国一块兴旺或衰败吧。

（三）"以b"表示动作进行时运用的对象。b大多为表第一人称的代词或表人的名词及其短语,如:我、累臣、彭生、晋……。"以"有"用"意,有时也可解为"把"。共26例。如:

（1）清丘之盟,晋以卫之救陈也,讨焉。使人弗去,曰:"罪无所归,将加而师。"孔达曰:"苟利社稷,请以我说,罪我之由。"（宣13）2.752

"孔达曰:'……'"大意是,孔达说:"如果有利于社稷,就请用（把）我作为解说吧,罪过由于我。"

（2）孟明稽首曰:"君之惠,不以累臣衅鼓,使归就戮于秦,寡君之以为戮,死且不朽。"（僖33）1.499—500

"不以累臣衅鼓",大意是,不用被囚之臣来祭鼓。

（3）夏四月丙子,享公。使公子彭生乘公,公薨于车。鲁人告于齐曰:"寡君畏君之威,不敢宁居,来修旧好。礼成而不反,无所归咎,恶于诸侯。请以彭生除之。"齐人杀彭生。(桓 18)1.152

末两句大意是:"……请求用彭生来清除这种影响。"齐人就杀死了彭生。

(4)夷吾无礼,余得请于帝矣,将以晋畀秦,秦将祀余。(僖 10)1.334

(四)"以 b"表示给与的对象。b 多为名词及其短语,有时也有个别代词。"以"有"把"意。共 8 例。如:

(1)韩宣子使邾人聚其众,将以叔孙与之。(昭 23)4.1442

(2)齐悼公之来也,季康子以其妹妻之。(哀 8)4.1650

(3)子期似王,逃王,而己为王,曰:"以我与之,王必免。"(定 4)4.1547

(4)邾庶其以漆、闾丘来奔,季武子以公姑姊妻之。(襄 21)3.1056

(五)"以 b"表示告知的内容。b 为表示人物的名词及其短语,如:公卒、王卒、×君……。对这类 b 需要特别当心,因这些表人物的名词往往是关于此人的某事或某方面的情况,而不是指人物本身。"以"有"把"或"用"意。共 15 例。如:

(1)伯州犁以公卒告王,苗贲皇在晋侯之侧,亦以王卒告。(成 16)2.885

(2)秋,杞桓公来朝,劳公,且问晋故。公以晋君语之。(成 18)2.913

"以晋君语之",大意是,把晋君的德政告诉他。

(3)初,公筑台,临党氏,见孟任,从之。閟。而以夫人言,许之。(庄 32)1.253

此例大意是,起初,庄公建造高台,可以看到党家。见到党家女孟任,就跟着她走。孟任闭门不纳。庄公用立她为夫人的话对她说了,她就同意了。

（六）"以b"表示动作行为依据的条件。b多为表示自称或他称的名词及其短语，如：臣、先王、立、君、伯、侯……。"以"有"依"、"照"等意。共11例。如：

（1）臣闻齐人将食鲁之麦，以臣观之，将不能。（文17）2.627

（2）子鱼曰："以先王观之，则尚德也。"（定4）4.1535

大意是，依先王（的标准）来看，是尊重德行的。

有时"以b"后的"观之"一类词语省略。如：

（3）季孙欲以田赋，使冉有访诸仲尼。仲尼曰："丘不识也。"……而私于冉有曰："君子之行也，度于礼：施取其厚，事举其中，敛从其薄。如是，则以丘亦足矣。"（哀11）4.1668

末句大意是，像这样，照我看来也尽够了。这类例句中"以"的宾语为表示第一人称的词（或短语），从上下文语言环境可分辨出省略了"观之"一类的谓语。

有时表示与动作作为有关的身份。如：

（4）子玉怒，从晋师。晋师退。军吏曰："以君辟臣，辱也。"（僖28）1.458

末句大意是，以国君的身份而躲避臣下，这是耻辱。

（5）是会也，晋侯召王，以诸侯见，且使王狩。仲尼曰："以臣召君，不可以训。"（僖28）1.473

（6）且执事以伯召诸侯，而以侯终之，何利之有焉？（哀13）4.1678

大意是，而且执事以诸侯领袖的身份召集诸侯，而以一般诸侯的身份结束，有什么好处呢？

（七）"以b"表示动作行为的原因，仅3例。如：

（1）晋以僖侯废司徒，宋以武公废司空。（桓6）1.117

大意是，晋国因僖侯名司徒而废除了司徒（官名），宋国因武公名司空而废除了司空（官名）。

（2）穆伯娶于莒，曰戴己，生文伯；其娣声己生惠叔。戴己卒，又聘于莒，莒人以声己辞。（文7）2.562

大意是，穆伯在莒国娶妻，名叫戴己，生了文伯；他的妹妹声己生了惠叔。戴己死后，穆伯又到莒国行聘，莒国人由于有声己而辞谢。

1.1.2 b为代表事物等的词或短语。

（一）"以b"表示动作进行时运用的工具或方法等。这类用法最多，"以"有"用"或"把"意。共213例。又可具体分析如下：

㊀b为表具体事物的名词或其短语，如：戈、犀革、甲、币、刀、戟、家量、公量、幕……。共约139例。如：

（1）醒，以戈逐子犯。（僖23）1.407

（2）宋人请猛获于卫。……卫人归之。亦请南宫万于陈，以赂。陈人使妇人饮之酒，而以犀革裹之。（庄12）1.192

（3）胥童以甲劫栾书、中行偃于朝。（成17）2.902

（4）鲁人以币召之，乃归。（哀11）4.1667

（5）吴子余祭观舟，阍以刀弑之。（襄29）3.1157

（6）或以戟钩之，断肘而死。（襄23）3.1076

（7）以家量贷，而以公量收之。（襄3）4.1235

（8）晋人执季孙意如，以幕蒙之。（昭13）4.1359

（9）齐氏用戈击公孟，宗鲁以背蔽之。（昭20）4.1411

（10）林楚御桓子，虞人以铍、盾夹之。（定8）4.1568

（11）楚子自武城使公子成以汝阴之田求成于郑。（成16）2.879

㊁b为代词"此"、"是"，所代的对象在上文。共7例。如：

（1）乙卯，王乘左广以逐赵旃。……王见右广，将从之乘。屈荡户之，曰："君以此始，亦必以终。"自是楚之乘广先左。（宣12）2.741

"此",指上文"乘左广"这件事,或指"左广"。

（2）《书》曰:"居安思危。"思则有备,有备无患。敢以此规。(襄11) 3.994

（3）介在蛮夷,而长寇仇,以是求伯,必不行矣。(哀1) 4.1606

㈢ b为抽象名词、形容词或其短语。如:德、礼、信、勇、憯、力、乐、私、宽、敬、回、谗慝贪惏……。共56例。如:

（1）臣闻之,大上以德抚民,其次亲亲,以相及也。(僖24) 1.420

（2）以礼防民,犹或逾之,今大夫曰:"'死而弃之',是弃礼也,其何以为诸侯主?"(哀15) 4.1692

（3）夫以信召人,而以憯济之,必莫之与也,安能害我?(襄27) 3.1132

（4）君以礼与信属诸侯,而以奸终之,无乃不可乎?(僖7) 1.318

（5）吾以勇求右,无勇而黜,亦其所也。(文2) 2.521

（6）子期曰:"昔者吾以力事君,不可以弗终。"抉豫章以杀人而后死。(哀16) 4.1702

（7）君日不悛,以乐慆忧;公室之卑,其何日之有?(昭3) 4.1236

（8）以私害公,非忠也。(文6) 2.553

（9）唯有德者能以宽服民,其次莫如猛。(昭20) 4.1421

（10）有楚国而治其民,以敬事神,可以得祥,且有聚矣,何患?(哀16) 4.1702

（11）君子不食奸,不受乱,……不以回待人。(昭20) 4.1413

（12）尔以谗慝贪惏事君,而多杀不辜,余必使尔罢於奔命以死。(成7) 2.834

有时b为"王命"、"君命"等名词短语,"以b"表示动作行为所用的名义。如:

（13）郑人以王命来告伐宋。(隐9) 1.65

（14）仲以君命召惠伯,其宰公冉务人止之。（文18）2.632

（15）公使阳处父追之,及诸河,则在舟中矣。释左骖,以公命赐孟明。（僖33）1.499

㈣b为动词或其短语,如:死、食、伐戴……。"以b"表示动作进行时施动者的态度或为完成动作行为所采用的手段、方法等。共11例。如:

（1）公疾,问後于叔牙,对曰:"庆父材。"问于季友,对曰:"臣以死奉般。"（庄32）1.254

（2）若夫宋国之法,死生之度,先君有命矣,群臣以死守之,弗敢失队。（昭25）4.1467

以上二例中的"以死"有"誓死"、"拼死"一类含义。

（3）齐侯使敬仲为卿,辞曰:"羁旅之臣幸若获宥,……君之惠也。所获多矣,敢辱高位以速官谤?请以死告。"（庄22）1.220
此例的"以死告"表示"告"的态度,与"以难告"、"以病告"表示"告"的内容不同。但它与上面两例中的"以死"也有区别;上面二者主要表示说话人在动作时的态度坚决,而"以死告"中的"以死"主要是说话人用以表示自己的冒昧与大胆,有"昧死相告"之意。

（4）宋、卫既入郑,而以伐戴召蔡人。（隐10）1.69

（5）奢之子材,……盍以免其父召之。（昭20）4.1408

"以伐戴"、"以免其父",表示"召"的方式或条件。

（6）楚子如息,以食入享,遂灭息。（庄14）1.198
"以食入享"表示用设享礼招待息侯。例中的"以"不能理解作"因"、"趁",楚子不是趁别人设享礼之机袭杀息侯,而是自己用设享礼的办法达到灭亡息国的目的。"以"的这种用法也是它与介词"因"的区别之一。

（7）齐侯其不免乎!……以乱取国,奉礼以守,犹惧不终;多行无礼,弗能在矣。（文16）2.614

"以乱取国"，用作乱的手段取得国家，而不是趁着动乱取得国家。杨伯峻先生注："齐侯乃杀舍而自立，故云'以乱取国'。"

（二）"以b"表示施动者在动作进行时携带之物件。b多为表实物的名词，如：宝、币、具、剑、蝥弧（旗名）、壶飧、首……，还有一些表处所的（专有）名词和少数形容词。"以"大多表示"带着"之意。共52例。如：

（1）既，夫人将使公田孟诸而杀之。公知之，尽以宝行。（文16）2.621

（2）郑子皮将以币行，子产曰："丧焉用币？"（昭10）4.1318

（3）季孙喜，使饮己酒，而以具往，尽舍旃。（襄23）3.1080

（4）吾以剑过朝，公若必曰："谁之剑也？"（定10）4.1580

（5）颍考叔取郑伯之旗蝥弧以先登，子都自下射之，瑕叔盈又以蝥弧登，周麾而呼曰："君登矣！"郑师毕登。（隐11）1.73

（6）昔赵衰以壶飧从，径，馁而弗食。（僖25）1.436

（7）句卑布裳，到而裹之，藏其身，而以其首免。（定4）4.1546

b为表处所的名词或名词短语时，"以"表示"带着"一类意思。如：

（8）秋，纪季以酅入于齐，纪於是乎始判。（庄3）1.161

（9）冬，邾黑肱以滥来奔。（昭31）4.1512

（10）邾庶其以漆、闾丘来奔。（襄21）3.1056

（11）夏，莒牟夷以牟娄及防、兹来奔。（昭5）4.1270

（12）建与伍奢将以方城之外叛。（昭20）4.1407

（13）以地叛，虽贱，必书地，以名其人，终为不义，弗可灭已。（昭31）4.1512

b为形容词时，大都代表具有这种性质的事物。如：

（14）获晋侯，以厚归也；既而丧归，焉用之？（僖15）1.359厚，指丰厚的收获。

（15）楚之无恶，除备而盟，何损於好？若以恶来，有备，不败。（宣12）2.737

恶，指恶意。

（16）今吾子以好来辱，而谓敝邑强夺商人，是教敝邑背盟誓也，毋乃不可乎？（昭16）4.1380

好，指友好的情谊。

（三）"以b"表示给予对方之物。b多为表具体事物的名词或其短语，如：璧、田、室、门……。有时为表事物数量的数词或表处所的名词等。"以"多有"把"意。D大多为可以带双宾语的动词，如：授、赐、与……。共23例。如：

（1）及河，子犯以璧授公子。（僖24）1.412

（2）晋侯以乐之半赐魏绛。（襄11）3.993

（3）六月，晋讨赵同、赵括。武从姬氏畜于公宫。以其田与祁奚。（成8）2.839

（4）穆王立，以其为大子之室与潘崇。（文1）2.515

（5）宋公於是以门赏耏班，使食其征，谓之耏门。（文11）2.583

（6）宋公子地嬖蘧富猎，十一分其室而以其五与之。（定10）4.1582

（7）晋人来治杞田，季孙将以成与之。（昭7）4.1288

（四）"以b"表示告知的内容，b多为名词及其短语，如：难、病、乱、疾……。共22例。如：

（1）公见之，以难告。（僖24）1.415

（2）寡君使元以病告。（宣15）2.761

（3）晋侯使以平郑之乱来告。（僖11）1.337

（4）楚子使蒍子冯为令尹，访於申叔豫。叔豫曰："国多宠而王弱，国不可为也。"遂以疾辞。（襄21）3.1058

（5）大夫问故，公以晋诟语之。（定8）4.1566

此例大意是，大夫问什么缘故，卫侯把所受晋国人的侮辱告诉他们。

（五）"以b"表示与动作有关的条件。b为名词及其短语和部分"主·之·谓"短语。"以"有"依（照）"、"按（照）"一类意思。共23例。如：

（1）若寡人得没于地，天其以礼悔祸于许，无宁兹许公复奉其社稷，唯我郑国之有请谒焉，如旧昏媾，其能降以相从也。（隐11）1.75

（2）齐人伉诸侯，使鲁次之。鲁以周班后郑，郑人怒，请师于齐。（桓10）1.128

（3）明日，以表尸之，皆重获在木下。（宣12）2.742

（4）以陈、蔡之密迩于楚，而不敢贰焉，则敝邑之故也。（文17）2.625

（5）以鲁之密迩仇雠，亡而为雠，治之何及？（成16）2.893

（6）以君之明，子为大政，其何厉之有？（昭7）4.1290

（六）"以b"表示动作行为发生的原因。"b"的结构比较复杂多样，"以"表"因为"、"由于"等意。共104例。

㈠ b为名词及其短语，如：知、贪、病、其宠、一眚、入郛之役、窜之功、原屏之难……。共57例。如：

（1）是行也，祭仲知之，故称疾不往。人曰："祭仲以知免。"（桓18）1.153

（2）秦违蹇叔，而以贪勤民，天奉我也。（僖33）1.497

（3）若之何其以病败君之大事也？（成2）2.792

（4）夫子礼于贾季，我以其宠报私怨，无乃不可乎？（文6）2.553

（5）且吾不以一眚掩大德。（僖33）1.501

（6）宋以入郛之役怨公，不告命。（隐9）1.65

（7）季文子以窜之功立武宫，非礼也。（成6）2.826

（8）赵氏以原、屏之难怨栾氏。（襄23）3.1074

有时b为"以……故"短语，表示"因为……的缘故"之意。有人

认为这种格式到中古才出现,其实在《左传》中就形成了。① 如:

（9）司马以吾故,亡其良子。(昭21) 4.1425

（10）君以弄马之故,隐君身,弃国家。(定3) 4.1532

㈡ b 为动词短语或主谓短语或分句。有时"以 b"出现在句首。共15例。如:

（1）郑以救公误之,遂失秦伯。(僖15) 1.356

（2）夫子以爱我闻,我以将杀子闻,不亦远於礼乎?(文15) 2.612

（3）晋人以公不朝来讨,公如晋。(文2) 2.522

（4）楚子以蔡侯灭息,遂伐蔡。(庄14) 1.198

（5）初,郑文公有贱妾曰燕姞,梦天使与己兰,曰:"余为伯鯈。余,而祖也。以是为而子。以兰有国香,人服媚之如是。"(宣3) 2.673

此例的"以兰有国香"用于句首,作为表原因的介宾短语。

（6）以敝邑褊小,介于大国,诛求无时,是以不敢宁居,悉索敝赋,以来会时事。(襄31) 3.1186

此例"以"的宾语为复句:"敝邑褊小,介于大国"为一个分句;"诛求无时"的主语"大国"承上省略,是另一分句。

㈢ b 为"主·'之'·谓"、"主·'之'·谓·'也'"或"'其'·谓·'也'"等。"以 b"常单独运用,作为表原因的短语。共32例。如:

（1）隉之役,而父死焉。以国之多难,未女恤也。(哀27) 4.1733

（2）清丘之盟,晋以卫之救陈也,讨焉。(宣13) 2.752

（3）使鲁为其班,后郑。郑忽以其有功也,怒,故有郎之师。(桓6) 1.113

（4）以岁之非时,献禽之未至,敢膳诸从者。(宣12) 2.735

（5）此战也,郤至实召寡君,以东师之未至也,与军帅之不具也,曰:"此必败,吾因奉孙周以事君。"(成17) 2.900

（6）以大国政令之无常,国家罢病,不虞荐至,无日不惕,岂敢

忘职？（襄22）3.1067

（7）以岁之易，寡人愿结驩于二三君，使举请间。（昭4）4.1246

（七）"以b"表示动作行为的时间。b多为表时间的词或短语，"以"有"在"意。共12例。如：

（1）四月，栾盈帅曲沃之甲，因魏献子以昼入绛。（襄23）3.1074

（2）诸侯将以甲戌盟，寡君知不得事君矣，请君无勤。（昭13）4.1357

（3）鲁将以十月上辛有事于上帝、先王。（哀13）4.1678

有时用战役名称表示时间，如：

（4）初，晋穆侯之夫人姜氏以条之役生大子，命之曰仇。其弟以千亩之战生，命之曰成师。（桓2）1.92

1.1.3 现将以上两类b的用法及出现次数表列于下（为了便于区别，用"b_1"表示代人、"b_2"表示代事物）：

"以b"的用法	b_1（代人）	b_2（代事物等）	共计
（一）表示带领的对象	126	0	126
（二）表示施动者与之共同活动的对象	11	0	11
（三）表示运用的对象、工具或方法	26	213	239
（四）表示给与的人或物	8	23	31
（五）表示告知的内容	15	22	37
（六）表示动作行为依据的条件	11	23	34
（七）表示动作行为的原因	3	104	107
（八）表示携带之物	0	52	52
（九）表示动作行为的时间	0	12	12
共 计	200	449	649
百分比	31%	69%	100%

由表中看出：（一）"以b"在D前的用法可概括为九项。其中出

现频率最高的是表示运用的对象、工具或方法（约占 D 前"以 b"的 37%）；其次是表示带领的对象（约占 19%）和表示动作行为的原因（约占 17%）。

（二）b_1 共 200 例，占总数 649 例的 31%，b_2 共 449 例，占 69%。"以"的宾语以 b_2 为主。

1.2 "以 b"在 D 后（即在〔D·以 b〕式中）的用法和意义。

1.2.1 b 为代表人的名词或名词短语，共 12 例。

（一）"以 b"表示给与的对象。"以"有"把"意。b 多为专有名词或其短语。共 5 例。如：

(1) 孟子卒，继室以声子，生隐公。（隐 1）1.3

(2) 虞思於是妻之以二姚。（哀 1）4.1606

(3) 卫之遗民男女七百有三十人，益之以共、滕之民为五千人。（闵 2）1.267

（二）"以 b"表示运用的对象。"以"有"用"意。b 为普通名词或专有名词。共 2 例。如：

(1) 吾抚女以从楚，辅之以晋，可以少安。（僖 5）1.305

(2) 人朝而执之，诱也；讨不以师，而诱以成之，惰也。（昭 5）4.1270

（三）"以 b"表示动作发生的原因，"以"有"因为"、"由于"之意。仅 1 例：

(1) 郑人相惊以伯有，曰："伯有至矣！"（昭 7）4.1291

（四）"以 b"表示动作行为依据的条件。b 多为普通名词，如：卿、侯、夫……。"以"有"依照"、"按照"等意。共 4 例。如：

(1) 冬，曹大子来朝，宾之以上卿，礼也。（桓 9）1.126

(2) 大子不得立矣。分之都城，而位以卿，先为之极，又焉得立？（闵 1）1.258

（3）命为军帅，而卒以非夫，唯群子能，我弗为也。（宣12）2.726

（4）许穆公卒于师，葬之以侯，礼也。（僖4）1.294

"以侯"，按照侯爵的葬礼。

1.2.2 b为代表事物的词或短语。共209例。

（一）"以b"表示动作行为的工具或方法。"以"有"用"意。共103例。如：

㊀ b为表示具体事物的名词或其短语，如：兵、戈、虎皮、守龟、弓、剑、铍……。共41例。如：

（1）初，鬻拳强谏楚子。楚子弗从。临之以兵，惧而从之。（庄19）1.211

"兵"，指兵器。

（2）富父终甥椯其喉以戈，杀之。（文11）2.582

（3）子南知之，执戈逐之，及冲，击之以戈。（昭1）4.1212

（4）胥臣蒙马以虎皮，先犯陈、蔡。（僖28）1.461

（5）寡君闻君将治兵于敝邑，卜之以守龟。（昭5）4.1271

（6）齐侯田于沛，招虞人以弓，不进。（昭20）4.1418

（7）承之以剑，不动。（哀16）4.1702

（8）王使甲坐于道及其门；门、阶、户、席，皆王亲也，夹之以铍。（昭27）4.1484

㊁ b为表抽象事物的名词或其短语，如：德、刑、礼、信、淫……；还有些形容词用作名词，如：仁、义、忠、和、敬、强、刚……。共62例。如：

（1）御奸以德，御轨以刑。（成17）2.903

（2）臣闻之：招携以礼，怀远以德。（僖7）1.317

（3）大夫其非众之谓，其谓君抚小民以信，训诸司以德，而威莫敖以刑也。（桓13）1.137

(4)酒以成礼,不继以淫,义也。(庄22)1.221

(5)昔先王议事以制,不为刑辟,惧民之有争心也。犹不可禁御,是故闲之以义,纠之以政,行之以礼,守之以信,奉之以仁。……惧其未也,故诲之以忠,耸之以行,教之以务,使之以和,临之以敬,泣之以强,断之以刚。(昭6)4.1274

(二)"以b"表示给予之物。"以"有"把"意。D大多为可带双宾语的动词。b多为表示具体事物的名词或短语,如:马、邑、策……,以及表处所的名称。有的b字数甚多。共43例。如:

(1)及宋,宋襄公赠之以马二十乘。(僖23)1.408

(2)既,卫人赏之以邑。(成2)2.788

(3)吾邑不足欲也,益之以邾殿,乃足欲。(襄28)3.1150

(4)晋侯嘉焉,授之以策。(昭3)4.1239

(5)宣子逆诸阶,执其手,赂之以曲沃。(襄23)3.1075

(6)分鲁公以大路、大旂,夏后氏之璜,封父之繁弱,殷民六族:条氏、徐氏、萧氏、索氏、长勺氏、尾勺氏;……分康叔以大路、少帛、綪茷、旃旌、大吕,殷民七族:陶氏、施氏、繁氏、锜氏、樊氏、饥氏、终葵氏;……分唐叔以大路、密须之鼓、阙巩、沽洗,怀姓九宗,官职五正。(定4)4.1536—1539

(三)"以b"表示告知或训示的内容。b的结构比较多样,有的较复杂。共42例。具体情况如下:

b为名词及其短语。如:

(1)书曰"崔氏",非其罪也;且告以族,不以名。(宣10)2.706

(2)大子使牵以退,数之以三罪而杀之。(哀17)4.1707

(3)臣闻爱子,教之以义方。(隐3)1.31

(4)君违,不忘谏之以德。(桓2)1.90

b 为动词(短语)或主谓短语。如：

（5）告之以临民,教之以军旅。(闵 2) 1.269

（6）辞以无山,与之莱柞。(昭 7) 4.1288

（7）训之以若敖、蚡冒筚路蓝缕以启山林。(宣 12) 2.731

b 为"'其'·谓"。如：

（8）三月丙午,入曹,数之以其不用僖负羁,而乘轩者三百人也。(僖 28) 1.453

（9）遂灭陆浑,数之以其贰於楚也。(昭 17) 4.1390

（四）"以 b"表示原因。"以"有"因为"、"由于"之意。b 多为 "'其'·谓"或"'其'·谓·'故'"结构。"以 b"单独用于句末。共 14 例。如：

（1）鄫季姬来宁,公怒,止之,以鄫子之不朝也。(僖 14) 1.347

（2）执莒公子务娄,以其通楚使也。(襄 14) 3.1005

（3）执邾悼公,以其伐我故。(襄 19) 3.1045

（4）夏,诸侯伐郑,以其逃首止之盟故也。(僖 6) 1.313

（五）"以 b"表示动作行为的时间。"以"有"在"意。有的语法书说"以 b"表时间的用法不在谓词后出现②,从《左传》看,并非完全如此。共有 7 例：

（1）故敬其事,则命以始；……今命以时卒,闷其事也。(闵 2) 1.270

（2）公说,用魏绛盟诸戎,修民事,田以时。(襄 4) 3.939

（3）赏以春夏,刑以秋冬。(襄 26) 3.1120

（4）乃征会于诸侯,期以明年。(昭 24) 4.1452

（5）入鄅必以庚辰。(昭 31) 4.1514

1.2.3 将以上两类 b 的用法和出现次数表列于下:

"以 b"的用法	b_1（代人）	b_2（代事物等）	共计
（一）表示给予的人或物	5	43	48
（二）表示运用的对象、工具或方法	2	103	103
（三）表示原因	1	14	15
（四）表示依据的条件	4	0	4
（五）表示告知或训示的内容	0	42	42
（六）表示时间	0	7	7
共　计	12	209	221
百分比	5.8%	94.2%	100%

由表中看出:

（一）"以 b"在 D 后的用法可概括为六项,其中出现频率最高的是表示运用的对象、工具或方法（约占 D 后"以 b"的 47%）;其次是表示给予的人或物（约占 22%）和表示告知或训示的内容（约占 19%）。

（二）b_2 共 209 例,占〔D·以 b〕总数的 95%;b_1 共 12 例,仅占 5%。

1.3 现在以上分析的基础上探求"以 b"出现在 D 前后的特点和规律。

1.3.1 从 b 所代的对象看。

（一）b_1（代人的宾语）绝大部分在 D 前。b_1 共 212 例,200 例在 D 前,占 b_1 总数的 94%,12 例在 D 后,只占 6%。

（二）b_2（代事物的宾语）共 658 例,449 例在 D 前,占 b_2 总数的 68%,209 例在 D 后,占 32%。

以上两点表明了 b_1、b_2 在位置上的最大区别。

1.3.2 从用法上看。

先按以上分析的各项用法将D前后的"以b"总数表列于下：

"以b"的用法	D前	D后	共计
（一）表示带领的对象	126	0	126
（二）表示施动者与之共同活动的对象	11	0	11
（三）表示运用的对象、工具或方法	239	105	344
（四）表示给予的人或物	31	48	79
（五）表示告知或训示的内容	37	42	79
（六）表示依据的条件	34	4	38
（七）表示原因	107	15	122
（八）表示携带之物	52	0	52
（九）表示时间	12	7	19
共　计	649	221	870

由上表可以看出：

（一）"以b"只在或主要在D前出现的规律。

㊀"以b"表示带领的对象。

㊁"以b"表示施动者与之共同活动的对象。

㊂"以b"表示携带之物。

以上三项用法只在D前出现。

㊃"以b"表示动作行为的原因。

㊄"以b"表示依据的条件。

以上两项用法主要在D前出现。

（二）"以b"可在D前也可在D后出现的规律。

㊀"以b"表示动作时运用的工具、方法或对象。

㊁"以b"表示给予的人或物。

㊂"以b"表示告知或训示的内容。

㊃"以b"表示动作的时间。

（三）"以b"只在或主要在D后出现的规律。

㊀有少数表示"训示"或"给与"意的动词，如"训、数、教、分"等，用"以b"引进训示的内容或给与的物件时，"以b"只出现在这些动词之后。例见1.2.2之（二）、（三）。

㊁四字或五字一句的格言式的句子，它们常并列出现，D大多为"动之"或"动宾（名）"；这类句中的"以b"大多在D后。例见1.2.2（一）之㊁。

1.3.3 从结构上看。

在以上分析的基础上，我们看到〔D·以b〕与〔以b·D〕在结构上主要有以下特点：

（一）〔D·以b〕结构的主要特点。

㊀〔D·以b〕式的最重要特点是：80%以上的例句，D和b都是简短的。如：

（1）使助为政，辞以老。（襄30）3.1172

（2）及行，饮以酒。（桓16）1.146

像这种简单的〔动·"以"b〕式共58例，占〔D·以b〕总数222例的26%。又如：

（3）赠我以琼瑰。（成17）3.899

（4）使问弦多以琴。（哀11）4.1662

像这种〔动宾·"以"b〕共38例，占17%。又如：

（5）告之以文辞，董之以武师。（昭13）4.1335

像这种〔动宾（"之"）·"以"b〕式共88例，占40%。

以上三项简短的句式共184例，占83%左右。

㊁有23例的"以b"出现在比较复杂的句式中。

"以b"在连动式中。如：

（1）大子使牵以退，数之以三罪而杀之。（哀17）4.1706

"以b"在连动式兼动补式的句子中。如：

（2）命以《康诰》而封于殷虚。(定4) 4.1538

这些较复杂的句式约占10%。

㈢ 有15例"以"的宾语冗长。在上面介绍〔D·以b〕的用法时已列举了一些，又如一些表示给予之物的宾语：

（1）楚侵及阳桥，孟孙请往赂之以执斲、执针、织纴，皆百人。公衡为质，以请盟。（成2）2.807

（2）郑人赂晋侯以师悝、师触、师蠲；广车、軘车淳十五乘，甲兵备，凡兵车百乘；歌钟二肆，及其镈磬；女乐二八。（襄11）3.991—993

像这样的宾语以及前面所举表训示内容的宾语可以说是"以"所带宾语中最冗长的，这是我们必须注意到的事实。但同时我们也必须看到，这类例句仅占7%。因此我们不宜把b的冗长作为"以b"后置的主要原因。[③]

（二）〔以b·D〕式在结构上的主要特点。

㈠ 在〔以b·D〕式中，D和b都比较简短的句式接近半数。如：

（1）楚人以皇颉归。（襄26）3.1115

（2）郑子皮将以币行。（昭10）4.1318

像这样的〔以b·动〕式共114例，约占〔以b·D〕总次数649例的17.6%。又如：

（3）齐侯以许让公。（隐11）1.74

（4）冬十月，以官甲卫成王。（文1）2.515

这类〔以b·动宾〕式共119例，约占18.3%。又如：

（5）阍以刀弑之。（襄29）3.1157

（6）宗鲁以背蔽之。（昭20）4.1411

这类〔以b·动宾（"之"）〕式共81例，约占12.5%。

以上三项简短的句式共314例，约占48.5%。

㈡〔以b·D〕式值得注意的特点有以下四项：

其一，b 所代对象为人或携带之物。

b 所代为人，虽结构复杂或字数多，也都在 D 前，共 32 例。如：

（1）司城子罕以堵女父、尉翩、司齐与之。（襄15）3.1023

（2）子孔当罪，以其甲及子革、子良氏之甲守。（襄19）3.1050

b 所代为携带之物，b 情况同上，共约 27 例。如：

（1）子产以幄、幕九张行。（昭13）4.1353

（2）夏，莒牟夷以牟娄及防、兹来奔。（昭5）4.1270

其二，D 的结构复杂化。

当 D 为并列谓语时，"以b"大都在 D 前。共 6 例。如：

（1）若皆以官爵行赂劝贰而可以济事，君其若之何？（庄14）1.198

（2）君子谓羊斟非人也，以其私憾败国殄民，於是刑孰大焉？（宣2）2.652

当 D 为连动式时，"以b"大都在 D 前，共 33 例。如：

（1）尽以其宝赐左右而使行。（文16）2.621

（2）季武子以所得於齐之兵作林钟而铭鲁功焉。（襄19）3.1047

（3）公欲以越伐鲁而去三桓。（哀27）4.1735

当 D 后已有介宾或其他处所词的情况下，"以b"大都在 D 前。共 81 例。如：

（1）宋人以兵车百乘、文马百驷以赎华元于郑。（宣2）2.652

（2）晋荀息请以屈产之乘与垂棘之璧假道於虞以伐虢。（僖2）1.281

（3）三月，遂以夫人妇姜至自齐。（宣1）2.648

（4）臧氏使五人以戈、楯伏诸桐汝之间。（昭25）4.1468

（5）楚斗克、屈御寇以申、息之师戍商密。（僖25）1.434

（6）穆伯如周吊丧，不至，以币奔莒，从己氏焉。（文8）2.567

例(1)至(4)中，D后分别有"于b"、"於b"、"自b"、"诸b"作补语，例(5)、(6)的D后有处所词"商密"、"莒"。

当D为兼语式时，"以b"多在D前。共15例。如：

襄公以三命命先且居将中军，以再命命先茅之县赏胥臣。(僖33)1.502

其三，在"以b"与D之间有其他成分出现；或b的结构复杂。共95例。

"以b"与D之间有连词"而"或"以"连接。如：

(1)今子以小恶而欲覆宗国，不亦难乎？(哀8)4.1647

(2)我实不德，而以隶人之垣以嬴诸侯，是吾罪也。(襄31)3.1188

"以b"与D之间有其他"介宾"。如：

(3)子鲜不获命于敬姒，以公命与宁喜言曰：……(襄26)3.1112

"以b"与D之间有语气词"也"。如：

(4)先君以是舞也，习戎备也。(庄28)1.241

"b"为"者"字结构。如：

(5)晋人以宋五大夫在彭城者归。(襄1)3.917

其他如"以b"为"以……故"、"以·主·(之)·谓"、"以·其·谓"、"以·动宾"等结构，虽然〔D·以b〕也有部分例句，但比〔以b·D〕要少得多；因在用法介绍中已举例，这里从略。

其四，在〔以b·D〕的"以"前有修饰成分，如"不"、"无"、"必"、"将"、"欲"、"能"、"其"、"岂其"等。共46例。如：

(1)不以回待人。(昭20)4.1413

(2)我死，必无以冕服敛，非德赏也。(襄29)3.1156

(3)君冠，必以祼享之礼行之，以金石之乐节之，以先君之祧处之。(襄9)3.971

（4）公使杜泄葬叔孙，……杜泄将以路葬,且尽卿礼。（昭 4）4.1259

（5）公寝,将以戈击之。（昭 25）4.1462

（6）公患三桓之侈也,欲以诸侯去之。（哀 27）4.1735

（7）君若能以玉帛绥晋,不然,则武震以摄威之,孤之愿也。（襄 11）3.990

（8）王其以心疾死乎！（昭 21）4.1424

（9）若犹有人,岂其以千乘之相易淫乐之矇？（襄 15）3.1023

而在〔D 以 b〕式中,只见到以下 3 例：

（10）入朝而执之,诱也；讨不以师,而诱以成之,惰也。（昭 5）4.1270

（11）作大事不以信,未尝可也。（昭 6）4.1280

（12）入郢必以庚辰。（昭 32）4.1514

以上四项所介绍的比较复杂或特殊的情况,总共 335 例,占 51.5%,略过〔以 b·D〕的半数。

总之,通过以上分析可以看出,〔D·以 b〕中的 D 绝大多数（百分之八十三以上）结构都比较简单,由动词或"动宾"组成,而"动宾"中又以"动·'之'"居多；多数 b 也都比较简短；仅有约 7% 的 b 结构复杂而冗长,10% 的"以 b"出现在比较复杂的句式中。而〔以 b·D〕式却有过半数的例句情况比较复杂或特殊；其中尤其值得注意的是 D 的复杂结构比〔D·以 b〕式要多得多。因此从结构上看,似有这样两条规律特别突出：一、"以 b"表示告知、训示的内容或给予之物,b 的结构特别复杂、冗长者,"以 b"多在 D 后；二、D 的结构复杂多变者,"以 b"大多在 D 前。

看来"以 b"的位置与 D（或 b）的结构、b 所代的对象、"以 b"前有无修饰成分以及"以 b"与 D 之间有无其他成分等都有密切关系。随着介词分工的进一步固定、用法的趋于规范,特别是动词谓语的复杂化趋势进一步加强,"以b"出现在D后受到的限制越来越多,因而逐渐减少;而D前的"以b"则逐渐增多,在《史记》里,"以b"在D前后的比例由《左传》的3∶1进而变化为15∶1。④

2."以"与其他词构成的固定格式

以下十二种固定格式共552例,都只出现在D前。下面分别讨论:

2.1 是以、此以、以是、以此。(出现次数写在固定格式的右上角。)

2.1.1 "是以"和"此以"

"是"、"此"都是"以"的宾语而前置。它们的主要作用是出现在复句中表结果的分句之首,把结果分句与前面的分句连接起来,"是"、"此"复指上文的有关内容。把"是"、"此"前置,与上文的连接就更紧密。"此"和"是"比较起来,似乎"此"更突出地强调复指的对象。

(一)此以³

(声子)对曰:"……古之治民者,劝赏而畏刑,恤民不倦。赏以春夏,刑以秋冬。是以将赏,为之加膳,加膳则饫赐,此以知其劝赏也。将刑,为之不举,不举则彻乐,此以知其畏刑也。凤兴夜寐,朝夕临政,此以知其恤民也。三者,礼之大节也。"(襄26)3.1120

此例中先用"是以",后用"此以";从上下文看,着重在后者。⑤
(二)是以¹⁵⁹

"是以"表示连接,常出现在分句的主谓之间。如:

(1)及楚杀子玉,公喜而后可知也,曰:"莫余毒也已。"是晋再克而楚再败也,楚是以再世不竞。(宣12)2.748

(2)余,而所嫁妇人之父也。尔用先人之治命,余是以报。(宣15)2.764

（3）吴人加敝邑以乱，齐因其病，取谮与阐，寡君是以寒心。（哀15）4.1693

还有不少出现在谓语前。如：

（4）昔臣习于知伯，是以佐之，非能贤也。（襄13）2.999

（5）馈之始至，恐其不足，是以叹。中置，自咎曰："岂将军食之而有不足？"是以再叹。（昭29）4.1497

（6）臣有疾，异於人；若见之，君将鷩之，是以不敢。（哀25）4.1724

还有一些出现在主谓之前。如：

（7）晋侯烝于贾君，又不纳群公子，是以穆姬怨之。（僖15）1.352

（8）大国制义，以为盟主，是以诸侯怀德畏讨，无有贰心。（成8）2.837

（9）自鄢以来，晋不失备，而加之以礼，重之以睦，是以楚弗能报而求亲焉。（昭5）4.1268

2.1.2 "以是"和"以此"

"以是"、"以此"都是介宾短语，主要作用不表连接。

（一）以是[4]

"是以"主要用在复句中，起连接作用，逐渐形成为连词；而"以是"大都用作介宾短语，有的用在前面分句中，有的用在单句中。"是"所代的大都是人或事物等具体对象。如：

（1）毕万之后必大。万，盈数也；魏，大名也。以是始赏，天启之矣。（闵1）1.259

"以是始赏"：用这个开始赏赐。"是"，指上文所说晋侯赏赐给毕万的魏地。

（2）初，郑文公有贱妾曰燕姞，梦天使与己兰，曰："……以是为而子。"（宣3）2.673

"是"，指兰花。末句大意是："把它作为你的儿子。"

（3）其母曰："吾闻之：'甚美必有甚恶。'是郑穆少妃姚子之子，子貉之妹也。子貉早死，无后，而天锺美於是。将必以是大有败也。"（昭28）4.1492

"是"，指"子貉之妹"。末句大意是："一定是要用她来大大地败坏事情。"

（4）初，献公使荀息傅奚齐。公疾，召之，曰："以是藐诸孤辱在大夫，其若之何？"（僖9）1.328

末句大意是："把这个弱小的孤儿托付给您，打算怎么办？""是"在这里起指示作用，表示"这个"。

（二）以此[6]

"此以"表示连接，含义比较抽象；"以此"主要表示"用这个……"，含义大都比较具体。如：

（1）以此攻城，何城不克？（僖4）1.292

（2）公与石祁子玦，与宁庄子矢，使守，曰："以此赞国，择利而为之。"（闵2）1.265

（3）王见右广，将从之乘。屈荡户之，曰："君以此始，亦必以终。"自是楚之乘广先左。（宣12）2.741

（4）《书》曰："居安思危。"思则有备，有备无患。敢以此规。（襄11）3.994

以上数例的"以此"都表示"用这个……"之意。而下面例中的"以此"表示"因此"，用于后面的分句中，有连接作用。同是介宾结构，而用法和意义又有所不同。如：

（5）秦伯曰："晋国和乎？"对曰："不和。小人……曰：'必报仇，宁事戎狄。'君子爱其君而知其罪，不惮征缮以待秦命，曰：'必报德，有死无二。'以此不和。"（僖15）1.366

由以上分析，可知"是以"、"此以"主要表连接，"以是"、"以此"

主要用作介宾,区别比较明显;而马建忠说:"'是以'者犹'以是'也。"(见《马氏文通校注》下册,337页)从《左传》来看,情况不是这样。马建忠又说:"'是以'皆冠句首。"似乎在"起词(即主语)"后的只是个别现象(亦见337页)。而在《左传》里,"是以"位于主谓之间的有56例,占"是以"总数157例的36%,位于谓语前的有71例,占45%;而位于主谓前的共30例,只占19%,并不是"皆冠句首"。

2.2 何以[101]

"何"作为疑问代词,和"以"连用时总位于"以"前。"何以"表示"用什么"、"依据什么",有时有"怎样"、"如何"之意。应根据上下文辨别它的含义。

2.2.1 用"何以"构成反问句。如:

(1)失忠与敬,何以事君?(僖5)304

(2)祸其在此乎?君欲已甚,其何以堪之?(僖21)1.391

(3)叛而不讨,何以示威?服而不柔,何以示怀?非威非怀,何以示德?无德,何以主盟?(文7)2.563

(4)霸主将德是以,而二三之,其何以长有诸侯乎?(成8)2.837

2.2.2 用"何以"构成疑问句。如:

(1)曰:"何以得觐?"曰:"陈桓公方有宠於王;陈、卫方睦,若朝陈使请,必可得也。"(隐4)1.37

(2)乃入见,问何以战。(庄10)1.182

(3)公子若反晋国,则何以报不谷?(僖23)1.408

(4)史黯何以得为君子?(哀20)4.1717

(5)子为正卿,而来外盗;使纥去之,将何以能?(襄21)3.1057

从以上两项用法看到,"何以"前面可以有副词"其"、"将"等,它后面可接"得"、"能"等助动词。"何以"总在谓语中心成分之前。它前面可以有主语,但未见它出现在主语前面。它作为修饰语的性质甚为明显。

2.3 所以[82]

《左传》"所以"共82例,都位于动词之前,表示动作行为的凭借或原因。没有发现用于主语前表"因此"意的标准连词"所以"。它的主要用法有:

2.3.1 表示动作行为的凭借。"所以"表"用来(做什么事)的凭借"。"以"的基本含义仍是"用"、"用来"。"所"是助词,它先和"以"结合为"所以",再和后面的动词(或动词短语)结合,使整个结构变成名词性的短语,这类短语常用作名词性谓语,表示对主语的用途的阐述。如:

(1)夫礼,所以整民也。(庄23)1.226

礼,是用来整顿百姓的凭借。

(2)兰死,吾其死乎!吾所以生也!(宣3)2.675

兰花死了,我大概也要死了吧!(兰)是我赖以出生的东西。

(3)齐盟,所以质信也。(成11)2.854

斋戒盟誓,是用来保证信用的措施。

(4)弗许而后战,所以怒我而怠寇也。(桓8)1.122

等他们不同意然后(跟他们)作战,(这)就是可以用来激怒我军而懈怠敌人的办法。

2.3.2 表示上文是导致某种结果的原因。主要有两种表达方式:

(一)〔……,所以……也〕如:

(1)乱政亟行,所以败也。(隐5)1.42

屡次执行乱政,就是国家败亡的原因。

(2)既不能强,又不能弱,所以毙也。(僖7)1.316

(3)盈而以竭,夭且不整,所以凶也。(宣12)2.727

(4)勤恤其民,而与之劳逸,是以民不罢劳,死知不旷。吾先大夫子常易之,所以败我也。(哀1)4.1609

这些"所以"的含义虽然与今天的连词"所以"有些接近,但都未在主语前出现,而是在主语之后。如:

(5)围新密,郑所以不时城也。(僖6)1.313

(6)《周书》曰:"明德慎罚",文王所以造周也。(成2)2.803

(二)〔主语·"所以"·谓语也〕这种句式的特点是,"结果"在前,"原因"在后。如:

(1)晋所以霸,师武、臣力也。(宣12)2.726

(2)人所以立,信、知、勇也。(成17)2.901

2.4 可以、足以、能以

2.4.1 可以[140]

"可以"与"可"相对照而存在,它们组成不同的句子,表达不同的意义。《马氏文通》早指出过:"可、足两字后动字,概有受动之意。"[⑥](上册,209页)这一说法符合《左传》的实际情况。《左传》"可"所在句的主语都是受事主语,其动词除"谓"外都不带宾语。[⑦]如:

(1)蔓草犹不可除,况君之宠弟乎?(隐1)1.12

(2)善不可失,恶不可长。(隐6)1.50

(3)九功之德皆可歌也。(文7)

而"可以"所在句,主语都不是受事。这类句式由于常出现在对话中,第一、二人称代词作主语时,间或省去。如:

(4)秦可以霸。(僖15)1.366

(5)吾不可以苟射故也。(宣12)2.743

(6)不可以当吾世而失诸侯。(成16)2.880

(7)吾子其不可以不戒。(昭1)4.1201

(8)吾先君与陈有盟,不可以不救。(哀6)4.1633

(9)叶公在蔡,方城之外皆曰:"可以入矣。"(哀16)4.1703

"可以"大都表"能够",不表"允许";"可"大多表示能够,也表允许,

"不可"常表禁止,有时表"不能"。"可"和"可以"都有很多否定句。有很多单独成句的"不可"或"可",但没有单用的"可以"或"不可以"。

2.4.2　足以[33]

"足以"与"足"最重要的区别跟"可以"与"可"相似。"足"所在句的主语几乎都是受事主语,"足以"则相反。"足"的例句如:

（1）战而不捷,参之肉其足食乎?（宣12）2.729

（2）婴之众不足用也。（襄28）3.1146

"足以"的例句如:

（3）吾观晋公子之从者皆足以相国。（僖23）1.407

（4）赵孟曰:"善哉,民之主也;抑武也不足以当之。"（襄27）3.1134

（5）我,贱人也,不足以辱令尹。（昭27）4.1485

（6）吴虽无道,犹足以患卫。（哀12）4.1671

"足以"共33例,除一例外,动词都有宾语;"足"10例,动词全无宾语。"足以"多表示有能力去做某事。"不足以"表示不具备能力或条件,有"不能"、"不配"之意;常用于表示对自己的估计,作为自谦之词。"足"与"不足"多表示"够"、"不够"或"值"、"不值"之意。

2.4.3　能以[1]

子玉刚而无礼,不可以治民,过三百乘,其不能以入矣。（僖27）1.444

2.4.4　关于"可以"、"足以"、"能以"中的"以"。

上例"能以"中的"以"是介词,承上省略了宾语(指超过三百乘的兵力)。《左传》"能以"连用省略介词的仅此一例,其他几例的"以"都带宾语。如:

（1）君子谓是役也信,谓晋於是役也能以德攻。（僖28）1.467

（2）晋侯以魏绛为能以刑佐民矣,反役,与之礼食,使佐新军。（襄3）3.930

而"可以"、"足以"的全部例句中,没有一例在"以"后带有宾语,因此说"以"省略了宾语实在有些勉强。同时,在理解时补进宾语,常常更加费解,如"我,周之卜正也,我不可以后之"(隐11),《马氏文通》说:"'我不可以后之'者,犹云'不可以我后之'也。"又说,"'吾不可以欲城而迩奸''以'之司词在上文。"⑧"'以'之司词(即宾语——笔者)"在上文什么地方?是什么?马氏自己也含糊其词,交代不清。我们认为,既然没有不省略的句式,就谈不上所谓的"省略"句式。因为"不省略"与"省略"、"正常"与"不正常"是相比较而存在、相对照而得知的。"能以"与"能以·b"是客观存在的两种情况,而"可以"与"可以·b"、"足以"与"足以·b"却有一半是不存在的。实际上,"可以"、"足以"是与"可"、"足"相对照的:"'可'动"与"'足'动"是受事主语句,"'可''以'动(宾)"与"'足''以'动宾"是施事主语句,其中"可"、"足"是表示主语所代表的对象有条件或能够去进行某项活动,用连词"以"把它们与D连接起来,以区别于"'可'·动"与"'足'·动"句。"以"为"连词"说似乎可以避免"介词"说的与语言事实的矛盾以及在理解句子时造成的混乱。不知是否科学,提出向大家请教。

2.5 有以、无以、蔑以

2.5.1 有以[8]

"有以"有两种句式,需细加区别:

(一)〔有·以·D〕[6],"以"的后面是动词或其短语。如:

(1)故有得神以兴,亦有以亡。(庄32)1.252

"有以亡","以"的后面是动词"亡";拿它与前句对照,可以清楚看出,"有以亡"是"有得神以亡"的省略,"以"是连词,它连接"有"和"亡"两个动词。对〔有·以·动〕中的"有"一般都可这样理解。

（二）〔有·以·b·D〕²，"以"的后面有宾语b。如：

（1）城下之盟，有以国毙，不能从也。（宣15）2.751

大意是，城下之盟，宁可选择与国家俱亡，也是不能订立的。"以国毙"作"有"的宾语。又如：

（2）於是有以衮敛。（僖4）1.294

大意是，在这种情况下就可有用衮衣入敛的礼制。"以衮敛"是"有"的宾语。

2.5.2 无以 [12]

"无以"有三种句式：

（一）〔无·以·D〕"以"后是动词，"以"的作用与〔有·以·D〕同，是连词。它把前后两个动词"无"和"D"连接起来。"无"表示"没有什么"。如：

（1）尔贡苞茅不入，王祭不共，无以缩酒，寡人是征。（僖4）1.290

"无以缩酒"，大意是，没有什么能漉酒去滓。

（2）宜晋之伯也，有叔向以佐其卿，楚无以当之，不可与争。（襄27）3.1133

"楚无以当之"，大意是，楚国没有什么和他相当的人。

（二）〔无·以·b·D〕"以"带有宾语b，是介词。"无"在这种句式中往往用同"勿"，作副词，表示"不要……"。如：

（1）我死必无以冕服敛。（襄29）3.1156

（2）无以尸造于门。（哀15）4.1691

（三）〔无·以（b）·D〕"无"作副词，表"不要"，"以"为介词，省略宾语。如：

（1）至于烦，乃舍也已，无以生疾。（昭1）4.1222

大意是，一到过度，就应该罢手，不要因此生病。

（2）废兴无以乱，则所愿也。（哀6）4.1638

大意是,废一个立一个都不要因此发生动乱,这就是我的愿望。

"无"是动词或副词,需结合句式和上下文义细加辨别。

2.5.3 蔑以⁴

"蔑"表示"没有什么",其意义与〔无以D〕中的动词"无"同。如:

（1）德至矣哉！大矣！如天之无不帱也,如地之无不载也。虽甚盛德,其蔑以加於此矣,观止矣！（襄29）3.1165

马建忠说:"'有'、'无'两字后习用'以'字介词,以系动字于后,而止词(即指'有'、'无'的宾语)则隐而不书。"⑨他指出在〔有(无)·以·D〕句式中,"有"、"无"的宾语常常"隐而不书",这是很正确的,也是"有"、"无"两个动词带规律性的一个特点。但他说这种句式中的"以"是介词,则值得商榷。"以"的宾语在哪里？介词"以"在这里起什么作用？……细读他的上下文,并没有回答这些问题,反而觉得他所说的介词"以"在他的心目中也是起连词的作用。

现将以上固定格式中"以"为介词者列表于下:

固定格式	是以	此以	以是	以此	何以	所以	能以	有以	无以	共计
次数	159	3	4	6	101	82	1	2	4	362

3. "以……为"与"以为"

这也是"以"的固定格式,它的主要特点是:第一,它的位置固定。"以"和它的宾语只出现在D前,不在D后。第二,它常以"以为"的形式出现,"以"的宾语承上省略。第三,它以相同的形式包含着两种不同的语法关系。

下面就从语法关系上加以分析:

3.1 "以"为介词的〔以……为〕和〔以为〕。共92例。

3.1.1 "以"引进物件或时间等对象时,表示"把"、"用"之意,动词"为"表示"作为"、"作成"等意思。如：

（1）晋侯求之不获，以绵上为之田。（僖24）1.419

（2）与孟孙以壬辰为期。（定8）4.1568

（3）以日中为期，家备尽往。（哀14）4.1686

"以"的宾语有时省略。如：

（4）卫侯固请见之，不获命，以其良马见，……卫侯以为乘马。（昭20）4.1412

（5）初，辕颇为司徒，赋封田以嫁公女；有馀，以为己大器。（哀11）4.1661

3.1.2 "以"引进的对象代人时，表示"把"、"（任）用"等意思，"为"有"作为"、"担任"等意思。如：

（1）冉有以武城人三百为己徒卒。（哀11）4.1659

（2）晋献公欲以骊姬为夫人。（僖4）1.295

（3）秦伯任好卒，以子车氏之三子奄息、仲行、针虎为殉，皆秦之良也。（文6）2.546

有时"以"的宾语省略。如：

（4）还，为太子城曲沃，赐赵夙耿，赐毕万魏，以为大夫。（闵1）1.258

（5）小臣有晨梦负公以登天，及日中，负晋侯出诸厕，遂以为殉。（成10）2.850

（6）公子荆之母嬖，将以为夫人。（哀24）4.1723

"为"后大多是表职位、身份的普通名词。这个"以"关系重大，如"辕颇为司徒"，意思是辕颇作为司徒，而若是"辕颇以为司徒"则是辕颇以别人为司徒。

从以上3.1.1、3.1.2项所作介绍可以看出，这类"以……为"和"以为"式主要表示施动者的实际行动，"以b"引进与动作有关的事物或人。

3.2 "以"为动词的〔以……为〕和〔以为〕。共119例。

"以"相当于兼语式中的前一动词,"以"的宾语为兼语,"为"是兼语后的动词。这是一种兼语句。"以……为"或"以为"表示"认为……是……"一类意思,它不是表示施动者的具体行动而是表达他的某种看法。动词"为"有系词性质,它后面的成分可视为表语。值得注意的是,在这类句式中,"以"的宾语比较多样,"为"后的表语也有各种情况。

3.2.1 "以"的宾语的情况。

(一)"以"的宾语为名词或动词及其短语。如:

(1)我以不贪为宝,尔以玉为宝。(襄15)3.1024

(2)愿以小人之腹为君子之心。(昭29)4.1497

(3)穆叔以属鄫为不利,使鄫大夫听命于会。(襄5)3.944

(二)"以"的宾语为代词。如:

(1)人其以我为党乎?(昭28)4.1494

(2)唯君亦以我为知难而行也。(定6)4.1558

有时是指示代词加专有名词。如:

(3)日君以夫公孙段为能任其事,而赐之州田。(昭7)4.1290

(三)"以"的宾语为"主·'之'·谓(也)"短语。如:

(1)君子以齐人之杀哀姜也为已甚矣。(僖1)1.279

(2)君子以二公子之立黔牟为不度矣。(庄6)1.168

3.2.2 "为"后表语的情况。

(一)表语为名词或其短语,例甚多,如上面例中的"宝"、"君子之心"、"党"等。又如:

(1)吾不以妾为姒。(成11)2.852

(2)天或者以陈氏为斧斤。(哀15)4.1692

(3)臣闻国之兴也,视民如伤,是其福也;其亡也,以民为土

芥,是其祸也。(哀1)4.1607

(二)表语为形容词或其短语,如上面例中的"不度"〔3.2.1(三)之例(2)〕。又如:

(1)先君以寡人为贤,使主社稷。(隐3)1.29

(2)宋襄公即位,以公子目夷为仁。(僖9)1.331

(3)赵姬……以盾为才,固请于公,以为嫡子。(僖24)1.417

(二)表语为动词或其短语,如上面例中的"知难而行"、"能任其事"〔3.2.1(二)之例(2)、(3)〕。又如:

(1)郑以子良为有礼,故召之。(宣14)2.754

(2)公至自晋,晋人以公为贰於楚,故止公。(成11)2.852

(3)盈将为乱,以范氏为死桓主而专政矣。(襄21)3.1058

(4)君子以督为有无君之心而后动於恶,故先书弑其君。(桓2)1.85

(5)人其以不谷为自逸而忘先君之业矣。(襄18)3.1041

3.2.3 "以"的宾语省略,"以……为……"简缩为"以为"。如:

(1)齐庄公朝,指殖绰、郭最曰:"是寡人之雄也。"州绰曰:"君以为雄,谁敢不雄?"(襄21)3.1063

(2)郤子以为谄,使赵括从而更之曰:"行人失辞。"(宣12)2.734

(3)於是晋侯不见郑伯,以为贰於楚也。(文17)2.625

(4)公子安之,从者以为不可。(僖23)1.406

(5)子展曰:"得罪於二大国,必亡。病,不犹愈於亡乎?"诸大夫皆以为然。(襄10)3.978

此例"为"后的表语为代词"然",意思是"是这样","是对的"。仅此一例。

3.2.4 有时"以"相当"以为",例极少。如:

(1)公以告臧孙,臧孙以难;告郈孙,郈孙以可。(昭25)4.1463

（2）以夙沙卫易己，卫奔高唐以叛。（襄19）3.1049

通过以上分析我们看到，〔以……为……〕和它的缩略式〔以为〕以同一形式包含着两种语法关系，它们的主要区别是：

（一）一个为一般的〔介·宾·动〕式，一个为〔兼语式〕。

（二）〔介·宾·动〕式用于对一般动作行为的叙述。〔兼语式〕主要用以表达人们的主观看法，表示"把……视为……"、"认为……"、"以为"之意，"为"有系词性质，"为"后的成分我们姑且称之为表语。

（三）〔介·宾·动〕式中，"以"的宾语和动词"为"的宾语绝大多数都是名词及其短语；在〔兼语式〕中，"以"的宾语和"为"的表语都拥有名、形、动及其短语等多种形式；与〔介·宾·动〕式宾语的清一色形成鲜明对照，显示出两种句式有着明显区别。

《马氏文通》指出："'以为'有两解：一作谓辞者，则'以为'二字必联用；一作以此为彼者，则'以为'二字可拆用。"[⑩] 他指出"以为"有两解是很对的，但说作谓辞"以为"必联用；作以此为彼者，"以为"可拆开，则不尽符合《左传》实际。同时他所说的作"谓辞"，究竟指的是什么，似也比较含糊；对两种用法的"以……为"更没有对照其结构和宾语（及表语）的区别，因此我们对《左传》的"以……为"式在《马氏文通》的启发下作了进一步的分析。

[附　注]

① 潘允中先生在《汉语语法史概要》中说："中古时期，'以'往往和'故'相呼应，形成'以……故'的固定格式。"并举了《史记》的例句。（见该书133—134页，中州书画社1982年本。）其实这种句式在《左传》就已形成了。

② 北京大学中文系古代汉语教研室郭锡良等先生编著的《古代汉语》说："'以'可以用在谓语动词之前，也可以用在谓语动词之后，……但在表示时间时，就只能放在谓语动词之前。"（333页，北京出版社1981年本）从《左传》的情况看，表时间的"以b"，在谓语动词前者12例，在后者7例。

③ 见《马氏文通校注》下册,335 页:"'以'字司词概先动字,其有后乎动字者,则司词长,不则语意未绝也。"

④ 我们对《史记》第八册(中华书局 1973 年本)作了统计,出现在 D 前的"以 b"共 576 例,D 后共 37 例,比例大致为 15∶1。

⑤ 《左传》的 3 例"此以"不仅都出现在襄公 26 年,且都在一段话之中,这不能不使人产生疑问:为什么会有这种语言现象?为什么全部《左传》除这段话之外,再没见一例呢?说这段话的声子是蔡国人,是否与地区方言有关?究竟是何原因,有待进一步探讨。

⑥ 《马氏文通校注》上册,209 页,中华书局 1961 年本。

⑦ "可"后的动词为"谓"时,都带宾语。共 43 例。如:
    1. 宋宣公可谓知人矣。(隐 3) 1.30
    2. 文王之功,天下诵而歌舞之,可谓则之。(襄 31) 3.1194
    3. 今两国治戎,行人不使,不可谓整;临事而食言,不可谓暇。(成 16) 2.889

我们初步分析,这是由于在这种句式中,"谓"的前面已有受事主语,因此"谓"的直接宾语不再前置。

⑧ 《马氏文通校注》上册,237 页,中华书局 1961 年本。

⑨ 同上,227 页。

⑩ 同上,129 页。

《左传》中介词"以"宾语的省略[*]

介词"以"宾语的省略现象较多,在《左传》介词中居于首位,共209例,值得注意。本文主要介绍《左传》中介词"以"宾语省略的几种句式,分析其用法和特点。

1. "以"的宾语的省略

"以"的宾语常承上省略,这是它的一大特点。在介绍这一情况之前首先需要交代的是:什么条件下才叫省略了宾语?我们认为必须具备三条:一、在理解文义时确实可以而且应该补出"以"的宾语,否则句意就不通顺;同时确有对象可补,并非任意猜测。二、"以"是典型的介词,不是位于前后两动词(或动词结构)中的连词。"以"前成分可有用作主语的名词、用作状语的副词或助动词、用作连接成分的连词;但除"请"、"使"极少数动词外,没有其他动词。三、应有没省略宾语的原型句。

具体情况如下:

1.1 〔(主语)·以·动(宾)〕共103例。这种句式的特点是"以"前除主语外没有其他成分。

---

[*] 本文曾在1982年北京市语言学会第二次大会的分组会上宣读。1989年收入本书,有重要修改补充。此次再版,又有修正。

1.1.1〔(主语)·以·动(宾)〕共 73 例。"以"前为施事主语，其后为动词或动宾结构，这类句式中的"以"往往是介词省略了宾语。"以"后常见的动词有"为"、"告"、"语"、"与"等。

（一）〔主语·以·为(宾)〕共 32 例。如：

（1）彭仲爽，申俘也。文王以为令尹。（哀 17）4.1708

"文王以为令尹"——文王以（彭仲爽）为令尹。"以"带宾语的例子如：晋献公欲以骊姬为夫人。（僖 4）1.295

（2）卫侯固请见之。不获命，以其良马见，……卫侯以为乘马。（昭 20）4.1412

"卫侯以为乘马"——卫侯以（其良马）为乘马。

（3）葛藟犹能庇其本根，故君子以为比。（文 7）2.557

"君子以为比"——君子以（葛藟）为比。

（二）〔主语·以·告(宾)〕共 21 例。如：

（1）郑子产作丘赋，国人谤之，曰："其父死於路，己为蛋尾，以令於国，国将若之何？"子宽以告。子产曰："何害？苟利社稷，死生以之。"（昭 4）4.1254

从上下文可以看出，"以"的宾语是"国人谤之"这一事实和"其父死於路……"的具体谤言。承上文而省略。

（2）楚令尹子元欲蛊文夫人，……夫人闻之，泣曰："先君以是舞也，习戎备也。今令尹不寻诸仇雠而於未亡人之侧，不亦异乎！"御人以告子元。子元曰："妇人不忘袭雠，我反忘之！"（庄 28）1.241

"以"后省略的宾语是文夫人哭泣的事实和在哭泣时所说的一段话。

（3）楚人献鼋于郑灵公。公子宋与子家将见。子公之食指动，以示子家，曰："他日我如此，必尝异味。"及入，宰夫将解鼋，相视而笑。公问之，子家以告。（宣 4）2.678

"以"后省略的宾语是"子公之食指动"一事和他对子家所说的话。

在这类句式中,"以"所省略的宾语大都比较冗长,包括上文某人的话语,或者还有事情发生的过程。如果宾语简短,则一般都不省略。如:公见之,以难告。(僖24)1.415。伯州犂以公卒告王。(成16)2.885

(三)此式中的动词除出现得较多的"为"、"告"外,还有"语"、"与"、"予"等。共20例。如:

(1)屈建问范会之德於赵武。赵武曰:"夫子之家事治;言於晋国,竭情无私。其祝、史祭祀,陈信不愧;其家无猜,其祝、史不祈。"建以语康王。康王曰:"神、人无怨,宜夫子之光辅五君以为诸侯主也。"(昭20)4.1415

"以"后省略的宾语是赵武的话。(下面为叙述简便,我们姑且假设"以"后省略了代词宾语"之"。)"以"带宾语的例子如:大夫问故,公以晋诟语之。(定8)4.1566

(2)子产为丰施归州田於韩宣子,……宣子受之,以告晋侯。晋侯以与宣子。(昭7)4.1291

"晋侯以与宣子"——晋侯以(之,代"州田")与宣子。"以"带宾语的例子如:司城子罕以堵女父、尉翩、司齐与之。(襄15)3.1023

(3)楚之讨陈夏氏也,庄王欲纳夏姬。申公巫臣曰:"不可。……"王乃止。子反欲取之,巫臣曰:"是不祥人也。"子反乃止。王以(之,代"夏姬")予连尹襄老。(成2)2.804

"以"带宾语的例子如:王以后之鞶鉴予之。(庄21)1.218

1.1.2 〔以·动(宾)〕共30例。"以"前的主语承上省略,也没有任何附加成分,"以"后为动词或动词结构。在这类句式中的"以"常是省略了宾语的介词。

此式中出现的动词有"告"、"示"、"与"、"叛"等。如:

(1)将行,谋於桑下,蚕妾在其上,以告姜氏。(僖23)1.406

"以告姜氏"——以(之,代上文"谋於桑下"这件事及谋划的内容)告姜氏。"以"带宾语的例子如:郑子皮使印段如楚,以适晋告,礼也。(襄31)3.1189

(2)初,公登城以望,见戎州,问之,以告。(哀17)4.1710
"以告"——以(之,代"戎州")告。

(3)宋人或得玉,献诸子罕。子罕弗受。献玉者曰:"以(之,代'玉')示玉人,玉人以为宝也,故敢献之。"(襄15)3.1024
"以"带宾语的例子如:以公命示子家子。(昭25)4.1465

(4)荀偃、士匄帅卒攻偪阳,亲受矢石,甲午,灭之。……以(之,代"偪阳")与向戌。(襄10)3.976

此式的主语有时不与上句同,需细加区别。如:

(5)初,楚武王克权,使鬭缗尹之,以(之,代"权")叛。(庄18)1.208

"以叛"的主语为"鬭缗",意谓鬭缗据权邑而叛楚。"以"带宾语的例子如:杀庆克,以谷叛。(成17)2.900

1.2 〔(主语)·副(助动)·以·动(宾)〕共71例。"以"前有用作状语的副词或助动词,"以"后为动词或动词结构;此式中的"以"是介词省略了宾语。

1.2.1 〔(主语)·副·以·动(宾)〕共58例。所见副词有"将"、"必"、"遂"、"其"、"亦"、"岂"、"无"、"不"、"尽"、"皆"等。如:

(1)吴子使其弟蹶由犒师,楚人执之,将以(之,代"蹶由")衅鼓。(昭5)4.1271

(2)秦景公使士雃乞师于楚,将以(之,代"楚师")伐晋,楚子许之。(襄9)3.966
"以"带宾语的例子如:建与伍奢将以方城之外叛。(昭20)4.1407

(3)衣食所安,弗敢专也,必以(之,代"衣食")分人。(庄

10）1.182

"以"带宾语的例子如：服美不称,必以恶终。（襄27）3.1127

（4）及生,有文在其手曰"友",遂以（之,代手中之文"友"）命之。（闵2）1.264

"以"带宾语的例子如：遂以疾辞。（襄21）3.1058

（5）初,虞叔有玉,虞公求旃,弗献。既而悔之,曰："周谚有之：'匹夫无罪,怀璧其罪。'吾焉用此,其以（此,与上文'此'所代同,指'玉'）贾害也？"（桓10）1.128

"以"带宾语的例子如：若之何其以病败君之大事也？（成2）2.792

（6）郑六卿饯宣子於郊。宣子曰："二三君子请皆赋,起亦以（之,代六卿所赋）知郑志。"（昭16）4.1380

"以"带宾语的例子如：唯君亦以我为知难而行也。（定6）4.1558

（7）君民者,岂以（之,代"君民者"）陵民？社稷是主。（襄25）3.1098

"以"带宾语的例子如：若犹有人,岂其以千乘之相易淫乐之矇？（襄15）3.1023

（8）是岁也,狄伐鲁,叔孙庄叔於是乎败狄于鹹,获长狄侨如及虺也、豹也,而皆以（之,代"侨如"、"虺"、"豹"）名其子。（襄30）3.1171

（9）使子皮承宜僚以剑而讯之,宜僚尽以（之,代上文所说的事情）告。（昭21）4.1426

"以"带宾语的例子如：尽以其宝赐左右而使行。（文16）2.621

有时"以"前为否定副词"不"或"无"。如：

（10）群臣不佞,得罪於寡君,寡君不以（之,代"群臣"）即刑,而悼弃之,以为君忧。（襄14）3.1014

"以"带宾语的例子如：不以礼假人。（庄18）1.207

（11）楚子赐之金，既而悔之，与之盟曰："无以（之，代'金'）铸兵！"（僖18）1.377

"以"带宾语的例子如：无以尸造於门。（哀15）4.1691

有时"以"前有两层副词。如：

（12）子西、孙伯曰："得臣将死，二臣止之，曰：君其将以（之，代'女〔即得臣〕'）为戮。"（僖28）1.468

"以"带宾语的例子如：我死必无以冕服敛。（襄29）3.1156

1.2.2 〔(主语）助动·以·动（宾）〕共13例。所见助动词有"敢"、"欲"、"愿"等。如：

（1）夜，缒而出。见秦伯曰："秦、晋围郑，郑既知亡矣。若亡郑而有益於君，敢以（之，代'秦、晋围郑'之事）烦执事。……"（僖30）1.480

"以"带宾语的例子如：敢以死请。（襄10）3.976

（2）公使如楚乞师，欲以（之，代"楚师"）伐齐。（宣18）2.777

"以"带宾语的例子如：欲以诸侯去之。（哀27）4.1735

（3）子玉使伯棼请战，曰："非敢必有功也，愿以（之，代'战'）间执谗慝人之口。"（僖28）1.456

"以"带宾语的例子如：愿以小人之腹为君子之心。（昭29）4.1497

1.3 〔连词·以·动（宾）〕共23例。"以"前为连词，"以"后为动词或动词结构，此式中的"以"常为介词省略了宾语。所见连词有"而"、"若"、"故"、"又"、"则"等。如：

（1）王取邬、刘、蒍、邘之田于郑，而与郑人苏忿生之田，……君子是以知桓王之失郑也。……已弗能有，而以（之，代"苏忿生之田"）与人。人之不至，不亦宜乎？（隐11）1.77

"以"带宾语的例子如：子弗良图，而以叔孙与其仇。（昭23）4.1442

（2）僖负羁之妻曰："吾观晋公子之从者，皆足以相国。若以

（之，代'晋公子之从者'）相，夫子必反其国。"（僖23）1.407

"以"带宾语的例子如：若以君之灵，得反晋国。（僖2）3.1409

（3）日月之会是谓辰，故以（之，代"辰"）配日。（昭7）4.1297

"以"带宾语的例子如：君欲速，故以乘车逆子。（哀14）4.1687

（4）秋，季孙有疾，命正常曰："无死！南孺子之子，男也，则以（之，代'男'）告而立之；女也，则肥也可。"（哀3）4.1623

"以"带宾语的例子如：……则以其内实迁于卢蒲嫳氏。（襄28）4.1145

1.4 〔动（请、使）·以·动（宾）〕共12例。分两项：

1.4.1 〔请·以·动（宾）〕共6例。"以"前为动词"请"，后面为动词或动词结构，此式中的"以"常是省略了宾语的介词而不是连词。如：

（1）小人有母，皆尝小人之食矣，未尝君之羹，请以（之，代"君之羹"）遗之。（隐1）1.15

（2）秦获晋侯以归。……大夫请以（之，代"晋侯"）入。（僖15）1.359

"以"位于前后两个动词之间一般都是连词，而在此式中却是介词，这是由于"请"这个动词的特殊性。"请"在表示"请求"意时，常以动词结构或主谓结构作宾语。以上两例就是动词结构"以遗之"、"以入"作"请"的宾语的例子。

"以"带宾语的例子如：请以王宠求昭姬于齐。（文14）2.607

1.4.2 〔使·（兼语）·以·动（宾）〕共6例。"以"前为动词"使"或"使·兼语"，后面为动词或动词结构，这是一种兼语式。其中的"以"常为省略了宾语的介词。如：

（1）及卫地，韩献子将斩人，郤献子驰，将救之。至，则既斩之矣。郤子使速以（之，代被斩人之尸）徇。（成2）2.790

此例的"以"前除动词"使"外还有副词"速"。"使"后省略兼语"人"。

（2）使诸亡人得贼者以(之,代"贼",指崔氏之党)告而反之,故反卢蒲癸。（襄28）3.1145

"以"带宾语的例子如：晋侯使以杀大子申生之故来告。（僖5）1.303

2. 小结

以上分析了《左传》中介词"以"宾语的省略，从分析中可以看到三个突出的特点：

2.1 "以"宾语的省略，概括起来是两种格式（用D代谓语动词或动词结构）：

2.1.1 〔以·D〕"以"前无其他成分。共30例。绝大多数都承上省略了主语,不算无主句。

2.1.2 "以"前有其他成分X。共179例。X具体分为四个：X_1：主语。X_2：副词或助动词。X_3：连词。X_4：个别动词——"请"或"使"。

从区别连词"以"与介词"以"的角度，我们可以这样说：当"以"前X为以上四种成分时，"以"是介词而不是连词。这样我们就在分析介词"以"宾语省略句式的同时，看到了区别介词"以"与连词"以"的一些重要标志。

2.2 "以"的宾语省略只出现在谓语中心成分之前，无一出现在其后者。省略的宾语所代的对象都不在本句"以"的紧前面，而在上句或上文。

2.3 "以"未省略宾语的〔以宾D〕式在《左传》中共826例，与省略宾语的209例相比，大约是4∶1。也就是说，平均每五个有介词"以"在D前的句子中，就有一例省略了"以"的宾语。"以"宾语省略之多在《左传》介词中居于首位。对这一现象产生的原因，我们试作以下分析：

2.3.1 "以"宾语省略几种句式中的动词,以表示"告诉"意的"告"、"示"、"语"等出现最多,共51例,约占209例的1/4。由于所告知的内容大都比较冗长,因而多在上文叙述,下文用"以告(示、语)",一望而知。这可能是造成"以"的宾语省略句多的原因之一。

2.3.2 "以"前有副词、助动词的,在〔以·宾·D〕句中共46例,占其总数826例的5%;而在宾语省略式中却有72例,占省略式总数209例的35%。似乎"以"前有副词、助动词是省略宾语的一个条件:"以"前有副词或助动词,"以"后的宾语就常省略。这样可以在音节上减少累赘感,同时〔X(副、助动)·以·D〕与〔以·宾·D〕互相配合,也可使语言有所变换。这大概与汉语的发展既要求句子用词的经济节约、避免不必要的重复,又要求字数的整齐对偶、音律的铿锵匀称有关。

2.3.3 从"以"本身与代词结合的特点看,"是以"159例、"何以"101例、"此以"3例,三者共263例,都是代词在"以"前;而"以是"4例、"以此"6例,两者共仅10例。因而看出,"以"的代词宾语绝大部分前置,它们逐渐与"以"构成固定格式:"何以"用于问句,"是以"、"此以"常表示连接;"以"后很少用代词作宾语、尤其罕用"之",这可能是"以"宾语省略的又一原因。

附:两种与介词"以"有关的省略式

1. 介词"以"的省略。仅2例:

(1)襄公以三命命先且居将中军,以再命命(以)先茅之县赏胥臣。(僖33)1.503

"先茅之县"前省略了介词"以",这可能是为避免本句出现两个"以",

不仅文字上不经济，而且读起来也别扭。

（2）衣之（以）龙服，远其躬也；佩（之）以金玦，弃其衷也。（闵2）1.270

将"衣之龙服"与"佩以金玦"对照，可知前者省略了介词"以"，后者省略了宾语"之"，这样既保证了字词的整齐对偶，又使句式活泼有变。

2. 谓语中心成分的省略。共25例。下面用D代谓语动词或动词结构。根据"以"在D前、后的不同位置分为两类。

2.1 〔以·宾·（D）〕"以·宾"在D之前，共20例。此式省略了"以·宾"后面的D。如：

（1）臣闻以德和民，不闻以乱（和民）。（隐4）1.36

（2）邴子至，请伐齐，晋侯弗许；请以其私属（伐齐），又弗许。（宣17）2.772

（3）子产以幄、幕九张行，子大叔以四十（行）。（昭13）4.1354

（4）君若以德绥诸侯，谁敢不服？君若以力（绥诸侯），楚国方城以为城，汉水以为池，无所用之。（僖4）1.292

有时D的字词虽然没有在上文出现，但根据文义可判断出D大致是什么。如：

（5）公问名於申繻，对曰："名有五，……以名生为信，以德命为义，以类命为象，取於物为假，取於父为类。不以国（为名），不以官（为名），不以山川（为名），不以隐疾（为名），不以畜牲（为名），不以器币（为名）。……故以国（为名）则废名，以官（为名）则废职，以山川（为名）则废主，以畜牲（为名）则废祀，以器币（为名）则废礼。"（桓6）1.116

此例六个"不以·宾"和五个"以·宾"并列，如果都保留共同的D，必然十分啰唆。现在就像约去最大公约数那样把它们都省去，句子就显得紧凑有力。

2.2 〔(D)·以·宾〕共 5 例。此式省略了"以·宾"前的 D：

（1）书曰"崔氏"，非其罪也；且告以族，不(告)以名。(宣 10)2.706

此例"不以名"承上省略了"以·宾"前的动词"告"。

（2）子干奔晋，从车五乘，叔向使与秦公子同食，皆百人饩。赵文子曰："秦公子富。"叔向曰："厎禄以德，德钧(厎禄)以年，年同(厎禄)以尊；公子(厎禄)以国，不闻(厎禄)以富"。(昭 1)4.1224（厎禄：致禄）

此例省略了"以·宾"前的 D，动宾结构"厎禄"。

（1986 年 8 月修定）

附记：近来读到邹晓丽先生《传统音韵学实用教程》，其中有一段专谈"以"宾语省略的问题，觉得很有启发。她认为这种现象之所以产生，"是和'以'、'之'的读音分不开的。'以'，古音喻纽之韵；'之'，章纽之韵。喻、章为邻纽，又同属之韵，故古音相近，在说话时往往后者被前者'吞并'。而古人学问是口耳相传，所以学生记录老师的话时，自然也就省去了'之'"。(见该书 52 页，52 例，上海辞书出版社 2002 年版）

（2003 年 6 月）

《左传》中介词"以"的前置宾语

宾语前置指的是以下情况：

（一）由于语法规律的作用而宾语前置，如否定句、疑问句中的代词；

（二）由于需要强调宾语，借助于助词"之"、"是"等使宾语前置，这是一种固定句式；

（三）由于习惯用法形成的固定词组，如"是以"、"此以"等。

（四）言语中为了表示对宾语的强调，不通过助词而将宾语前置。

宾语前移后，动词或介词后都没有代词复指，因而也就不存在什么隐含代词宾语的问题。这是宾语前置与宾语省略（或隐含）的最大区别。宾语承前省略，常隐含一个代词宾语复指上文的具体对象，因实际语言中这种承上复指的代词宾语是大量存在的。但在宾语前置的动词或介词后，却几乎没见过这种代词。

《左传》中介词"以"的前置宾语共248例，有以下几种情况。

1. 疑问词语作宾语而前置

1.1 〔何·以·动（宾）〕共80例。

疑问代词"何"作"以"的宾语，按古汉语的语法规律，绝大多数都在"以"前，形成"何以"。如：

（1）楚有三施，我有三怨，怨雠已多，将何以战？（僖28）1.457

（2）子朱怒，曰："班爵同，何以黜朱於朝？"（襄26）3.1111

（3）史黯何以得为君子？（哀20）4.1717

关于"何以"的详细用法请参看本书《〈左传〉的"何"》一文。

1.2 〔何（名）·以·动（宾）〕共2例。

疑问代词"何"与名词组成表疑问的词语而前置。如：

（1）若以大夫之灵，得保首领以没；先君若问与夷，其将何辞以对？（隐3）1.29

（2）若复旧职，将承王官，何故以役诸侯？（定1）4.1524

"何辞以对"意谓"以何辞对"，"何故以役诸侯"意谓"以何故役（於）诸侯。"

2. 借助于助词"之"而宾语前置

共2例：

（1）我之不共，鲁故之以。（昭13）4.1357

（2）毛得必亡。是昆吾稔之日也，侈故之以。（昭18）4.1394

鲁故之以→以鲁故。侈故之以→以侈故。

3. 宾语前置的固定词组

3.1 〔是以〕共159例。

（1）尔用先人之治命，余是以报。（宣15）2.764

（2）昔臣习于知伯，是以佐之。（襄13）3.999

（3）自鄢以来，晋不失备，而加之以礼，重之以睦，是以楚弗能报而求亲焉。（昭5）4.1268

3.2 〔此以〕共3例。

（1）古之治民者，劝赏而畏刑，恤民不倦。赏以春夏，刑以秋冬。是以将赏为之加膳，加膳则饫赐，此以知其劝赏也。将刑为之不举，不举则彻乐，此以知其畏刑也。夙兴夜寐，朝夕临政，此以知其恤民也。（襄 26）3.1120

关于"是以"、"此以"的用法，请参看《〈左传〉的介词"以"》一文。

4. 言语中为强调宾语而前置

共 2 例：

（1）齐侯次于虢，燕人行成，曰："敝邑知罪，敢不听命？先君之敝器请以谢罪。"（昭 7）4.1282

杨伯峻先生注："请以先君之敝器谢罪也。先言敝器者，重之也。"不倒装的例子如：晋荀息请以屈产之乘与垂棘之璧假道於虞以伐虢。（僖 2）1.281

（2）十年春王正月，有星出于婺女。郑裨灶言於子产曰："七月戊子，晋君将死。……天以七纪，戊子逢公以登，星斯於是乎出，吾是以讥之。"（昭 10）4.1315

戊子逢公以登→逢公以戊子登。意谓逢公在戊子这天死。不倒装的例子如：诸侯将以甲戌盟。（昭 13）4.1357

例（1）的前置宾语为何在"请"前而不在"请"后、"以"前？如果挪到"请"后，将变成"请"的宾语，句义就大不一样了。如：

（3）既，卫人赏之以邑，辞，请曲县、繁缨以朝，许之。（成 2）2.788

"曲县"、"繁缨"是"请"的宾语，"以"是连词。因此前置宾语只能位于"请"前。由此也可看出语言内部的严格的规律性。

5. 前置宾语的位置

前置宾语的位置有以下几种：一、〔X·以〕："是以"159 例，"此以"3

例,"何以"80例,〔何·名·以〕2例,共244例。二、〔X·之·以〕:2例。三、〔X·请以动〕:1例。四、〔X·主语·以·动〕:1例。

从中看出,只有在固定词组和按语言规律前置的用例中,X才紧挨在"以"前,而且这些X都是代词"是"、"此"、疑问代词"何"或"何·名"。除此之外,X都不紧挨"以"前,有的加助词"之",有的在动词或主语前。因此在分析〔名·以·动宾〕句式时,如果任意地把其中的"名"当作"以"的前置宾语,是不符合介词"以"前置宾语的特点的。

同时还要注意到,除了固定词组"是以"、"何以"("何名"出现80次,也可以视为固定词组)、"此以"等以外,前置宾语是很少的,总共才4例,只占248例的1.6%。如果我们把〔名·以·动宾〕、〔动·以·动(宾)〕中的"以"都看成介词,其中的"名"、"动"都是前置宾语,那就更加脱离介词"以"的实际情况了。

(1986年8月)

(2003年6月略有修改)

《左传》的连词"以"

本文分以下几个问题:
1. 连词"以"和介词"以"的区别
2. 连词"以"前后两项的词性和相互关系
3. "以"的复音词组和固定格式
4. 小结

1. 连词"以"和介词"以"的区别

介词"以"后面如果带有宾语,自然容易跟连词"以"区别;我们这里指的是省略了宾语的介词"以",这种"以"出现的次数不算少,仅就《左传》来说,就有209例,占介词"以"出现在动词前的总次数1035例的20%。它所出现的句式概括起来有两种:第一种是〔以·D(用D代谓语动词)〕,"以"前无其他成分。如:

初,公登城以望,见戎州,问之,以告。(哀17)4.1710

这种句式中的"以"很明显是介词。关键是第二种:〔X以D〕式。介词"以"和连词"以"都有这种句式,如何区别它们? 在这种句式中,介词"以"和连词"以"前面的成分各不相同。分述于下:

1.1 〔X·以(介词)·D〕介词"以"前的X共有5个。

X_1 主语(施事主语)。如:

(1)公问之,子家以( )告。(宣4)2.678

X_2　副词。如：

（2）衣食所安，弗敢专也，必以（　）分人。（庄10）1.182

X_3　助动词。如：

（3）公使如楚乞师，欲以（　）伐齐。（宣18）2.777

X_4　连词。如：

（4）吾观晋公子之从者，皆足以相国。若以（　）相，夫子必反其国。（僖23）1.407

X_5　动词"请"、"使"。如：

（5）小人有母，皆尝小人之食矣，未尝君之羹，请以（　）遗之。（隐1）1.15

（6）及卫地，韩献子将斩人，郤献子驰，将救之；至，则既斩之矣。郤子使速以（　）徇。（成2）2.790

在以上各类例中，"以"后都隐含一个代词宾语，它所代的对象都不在本句之内而在上文中。这是介词"以"隐含的代词宾语的最大特点，也是介词"以"与连词"以"的最重要区别。

1.2　〔A·以（连词）·B〕（连词"以"的前后两项用A、B代）连词"以"前的A也有5个。[①]

A_1　动词（或动词结构）。如：

（1）有五利以去五难，谁能害之？（昭13）4.1352

A_2　形容词。如：

（2）众叛、亲离，难以济矣。（隐4）1.36

A_3　名词（用作状语，与A_5用作主语不同）。如：

（3）日我先君共王引领北望，日月以冀。（昭7）4.1285

A_4　介宾短语（用作状语）。如：

（4）宋人以兵车百乘、文马百驷以赎华元于郑。（宣2）2.652

A₅　名词(主题主语)。如：

(5)政以治民,刑以正邪。(隐11)1.76

在以上五项用法中,A₁最为常见,不像介词"以"前的动词极少,只有"请"、"使"等几个。用作状语的A₂、A₃、A₄也未出现在介词"以"前。至于主语,介词"以"前是施事主语,连词"以"前是主题主语,详细论述请参看拙文《论〈左传〉的"政以治民"和"以政治民"句式》(《中国语言学报》第三期)。总之,在〔A·以(连词)·B〕中,"以"只起连接作用。它不是介词,因为它后面不隐含宾语。如果一定要说它也是介词,它后面隐含的代词宾语就指代A₁、A₂、A₃、A₄、A₅;则第一,不符合介词"以"的运用规律,因介词"以"隐含宾语的最大特点是它的先行词都在本句之外的上文中(详细论述见本书《〈左传〉中介词"以"宾语的省略》),没有紧挨在"以"前面的;第二,没有原型句;第三,从意义看也扞格难通,如"日月以冀",怎么能说成"以日月冀"呢!又如"难以济矣"若理解成"以难济矣",岂不正与原意相背!

因此我们说介词"以"和连词"以"的最大区别就是前者隐含的宾语其先行词不紧靠在"以"前,都在上文中;而后者起的是连接作用。

至于说如果在〔动·以(连词)·B〕中的"动"后加上逗号,变成〔动,以B〕,其中的"以"是否就可视为介词了呢?增加逗号与否,并不能改变问题的实质,因为作为A₁的"动"还是紧挨在"以"前。在这里加逗号往往是由于A₁太长或者是行文的气势或节律上的需要;而不像〔以(介词)·D〕,在"以"前隐含着承上省略的主语,在"以"后隐含着代词宾语。连词"以"在它出现得最多的〔A₁(动)·以·B〕式中,所连接的前后两项都是同一主语发出的动作行为,而且前后两项是互相依存、紧密相关的;无论加逗号与否都不能改变它的基本特征。

2. 连词"以"前后两项的词性和相互关系

2.1 前后两项都是动词或动词结构。A、B 关系有以下几项：

2.1.1 B 表示前面动作行为（A）的目的。共 734 例。如：

（1）鬬穀於菟为令尹，自毁其家以纾楚国之难。（庄 30）1.247

（2）孟庄子斩其楢以为公琴。（襄 18）3.1039

（3）祭公谋父作《祈招》之诗以止王心。（昭 12）4.1341

（4）是故为礼以奉之：为六畜、五牲、三牺以奉五味；为九文、六采、五章以奉五色；为九歌、八风、七音、六律以奉五声。为君臣上下以则地义；为夫妇外内以经二物；为父子、兄弟、姑姊、甥舅、昏媾、姻亚以象天明，为政事、庸力、行务以从四时；为刑罚威狱，使民畏忌，以类其震曜杀戮；为温慈惠和以效天之生殖长育。（昭 25）4.1458

这类表示前面动作行为的目的句子大都含有施动者的主观意图。当"以"后为"图"、"求"、"诱"、"逞"、"无（勿）"、"说（悦）"、"报"、"待"、"观"等含有主观意愿的动词（或副词）时，表示目的的意味就更加明显。如：

（5）子羽曰："小国无罪，恃实其罪。将恃大国之安靖己，而无乃包藏祸心以图之？"（昭 1）4.1200

（6）晋郤芮使夷吾重赂秦以求入，曰："人实有国，我何爱焉？入而能民，土於何有？"（僖 9）1.330

（7）乃使魏寿余伪以魏叛者以诱士会。（文 13）2.595

（8）今吾子求合诸侯以逞无疆之欲，《诗》曰："布政优优，百禄是遒"，子实不优，而弃百禄，诸侯何害焉？（成 2）2.799

（9）晋赵鞅使告于卫，曰："君之在晋也，志父为主。请君若大子来，以免志父。不然，寡君其日志父之为也。"（哀17）4.1707

（10）臣闻克敌必示子孙以无忘武功。（宣12）2.744

（11）夏五月，子尾杀闾丘婴以说于我师。（襄31）3.1184

（12）奋其武怒以报其大耻。（昭5）4.1269

（13）若善鲁以待时，不亦可乎！（哀15）4.1693

（14）晋人侵郑，以观其可攻与否。（僖30）1.478

有时两个"以"连接两个表目的的动词结构：

（15）初，郑公子兰出奔晋，从於晋侯伐郑，请无与围郑。许之，使待命于东。郑石甲父、侯宣多逆以为太子以求成于晋，晋人许之。（僖30）1.482

（16）初，公有嬖妾，使师曹诲之琴，师曹鞭之。公怒，鞭师曹三百。故师曹欲歌之以怒孙子以报公。（襄14）3.1011

在B表目的的例句中，"以"一般都可以理解为"（用）来"，有的语法书就把这个"以"当成了省略宾语的介词，解释为"用（它）来"。其实"以"所连接的A、B两项表示多种关系，如果把"以"视为介词，解作"用它来"，在其他用例中就难以说通了。更何况"以"的宾语一般都是名词，不可能用这么多动词结构作自己的宾语。把"以"理解作"（用）来"或"用它来"好像差别不大，但前者为连词用法，不包含介词用法中隐含的代词宾语；后者为介词用法，隐含着一个代词宾语，这个宾语指代上文中的一个具体对象。因此二者是不能混同的。

2.1.2 "以"后的动作行为表示前面动作行为的结果。共182例。

（一）在大部分例句中，A是B的原因，"以B"可以理解为"以至于达到某种结果"，这类例句中的B大多带有消极意义。如：

（1）楚子疾，告大夫曰："不穀不德，少主社稷。生十年而丧先

君,未及习师保之教训而应受多福,是以不德,而亡师于鄢以辱社稷,为大夫忧,其弘多矣。"(襄13)3.1001

(2)夫子获罪於君以在此,惧犹不足,而又何乐?(襄19)3.1167

(3)或多难以固其国,启其疆土;或无难以丧其国,失其守宇。(昭4)4.1247

(4)王揖而入,馈不食,寝不寐,数日,不能自克以及於难。(昭12)4.1341

(5)沈尹戌言於子常曰:"夫左尹与中廐尹,莫知其罪,而子杀之以兴谤讟,至于今不已。戌也惑之。"(昭27)4.1488

(6)子西曰:"子常唯思旧怨以败,君何效焉?"(定5)4.1553

像以上这些例中的B所表示的结果大都是灾难性的,至少是不吉利的,很明显它们不可能是施动者主观上要达到的目的。

有时B也表示好的结果,如例(3)的"固其国"。又如:

(7)君唯不遗德、刑以伯诸侯,岂独遗诸敝邑?(成16)2.892

(8)宜其光辅五君以为盟主也。(襄27)3.1133

有时表目的B与表结果的B在上下文中互相对应。如:

(9)仁者杀人以掩谤,犹弗为也;今吾子杀人以兴谤,而弗图,不亦异乎!(昭27)4.1488

(10)知者除谗以自安也,今子爱谗以自危也,甚矣其惑也!(昭27)4.1488

表目的或表结果,主要是通过上下文义来判断的。如果说"以"是介词,表示"用(它)来"的意思,在"以兴谤"、"以自危"中就很难说通,因很难说施动者的目的是要兴谤、要自危。

有时B为假设中可能产生的后果。如:

(11)若兴诸侯以取大罚,非慎之也。(成2)2.803

（12）若艰难其身以险危大人，而有名章彻，攻难之士将奔走之。（昭31）4.1513

（13）臣之罪重，敢有不从以怒君心？（襄3）3.930

（二）少数"以"所连接的前后两项不一定是原因与后果的关系，后者是前面动作行为事实上的结果。如：

（1）又射，汰輈，以贯笠毂。（宣4）2.682

（2）昔虞阏父为周陶正以服事我先王。（襄25）3.1104

（3）分祁氏之田以为七县，分羊舌氏之田以为三县。（昭28）4.1493

（4）向魋遂入于曹以叛。（哀14）4.1688

（5）不如新田，土厚水深，居之不疾，有汾、浍以流其恶，且民从教，十世之利也。（成6）2.828

在这些例中"以"连接的前后两项关系比较松散，不像表原因与结果那样紧密，但这类用例很少，共37例，仅占〔动·以·动〕例的3%。

2.1.3 A 表示 B 的状态或方式。共245例。

A 表示 B 的状态。如：

（1）师有功，国人喜以逆之。（成2）2.806

（2）冬，燕大夫比以杀公之外嬖。（昭3）4.1243

（3）大伯端委以治周礼，仲雍嗣之，断发文身，臝以为饰，岂礼也哉？（哀7）4.1641

（4）请鼓譟以出，鼓譟以复入。（成6）2.824

（5）南史氏闻大史尽死，执简以往。（襄25）3.1099

（6）尽心力以事君，舍药物可也。（昭19）4.1402

（7）荀吴略东阳，使师伪䅵者负甲以息於昔阳之门外，遂袭鼓，灭之。（昭22）4.1435

（8）公执其手以登台。（定14）4.1597

（9）是岁也，有云如众赤鸟，夹日以飞三日。（哀6）4.1635

（10）陈灵公与孔宁、仪行父通於夏姬，皆衷其相服以戏于朝。（宣9）2.702

（11）郑伯肉袒牵羊以逆。（宣12）2.719

（12）余必使尔罢於奔命以死。（成7）2.834

A 表示后面动作行为进行的方式。如：

（13）郑师合以攻之，王卒大败。（桓5）1.106

（14）卫人伐邢，二礼从国子巡城，掖以赴外，杀之。（僖25）1.430

（15）二妇人辇以如公。（襄23）3.1075

（16）吴师分以御之。（哀17）4.1707

（17）及鄢，乱次以济，遂无次。（桓13）1.137

（18）颗见老人结草以亢杜回。（宣15）2.764

（19）若潜师以来，国可得也。（僖32）1.489

（20）劳师以袭远，非所闻也。（僖32）1.490

（21）子晳怒，既而櫜甲以见子南，欲杀之而取其妻。（昭1）4.1212

（22）若其有罪，绞缢以戮。（哀2）4.1614

（23）群臣将传遽以告寡君。（哀21）4.1718

（24）韩厥执絷马前，再拜稽首，奉觞加璧以进。（成2）2.749

（25）舆嬖袁克杀马毁玉以葬。（昭8）4.1304

（26）将为轻车千乘以厌齐师之门。（哀27）4.1734

（27）鱄设诸寘剑於鱼中以进。（昭27）4.1484

2.1.4 "以"连接的前后两项为连动式，即 A 动作发生在前，B 发生在后。（其实上面不少例句也可算连动式，我们在归类时，把凡能划入以上各类的都分出，尽可能使连动式的 A、B 之间主要是先后关系。）共 40 例。如：

（1）败秦师于殽，获百里孟明视、西乞术、白乙丙以归。（僖33）1.498

（2）子反欲取夏姬，巫臣止之，遂取以行。（成7）2.834

（3）取宝玉、大弓以出。（定8）4.1569

（4）颖考叔取郑伯之旗蝥弧以先登。（隐11）1.73

（5）庶其窃邑於邾以来。（襄21）3.1057

（6）伯石再拜稽首，受策以出。（昭3）4.1239

（7）奉周之典籍以奔楚。（昭26）4.1475

2.1.5 "以"连接的前后两项为并列关系。共17例。

（一）A、B是互相顺承的并列关系。共13例。如：

（1）使归而废其使，怨其君以疾其大夫，而相牵引也。（襄14）3.1008

（2）今又诱蔡而杀其君以围其国。（昭11）4.1323

（3）楚君子干，涉五难以弑旧君，谁能济之？（昭13）4.1351

（4）昔有过浇杀斟灌以伐斟鄩，灭夏后相。（哀1）4.1605

（5）鲁弱晋而远吴，冯恃其众而背君之盟，辟君之执事以陵我小国。（哀7）4.1644

以上例中的"以"有"并且"或"又"意。

（6）九年春王三月癸酉，大雨霖以震。（隐9）1.64

（7）冬，季武子如宋，报向戌之聘也。褚师段逆之以受享，赋《常棣》之七章以卒，宋人重赂之。（襄20）3.1054

上例的"以"连接"霖"和"震"两个动词，有"而"或"且"意。下例的"以"连接"七章"和"卒（章）"两个名词（语），有"和"意。这种用法的"以"在《左传》中仅见此两例。

（二）A、B是相互转折的并列关系。共4例。如：

（1）辛巳，将盟於宋西门之外，楚人衷甲。伯州犁曰："合诸侯之师以为不信，无乃不可乎？"（襄27）3.1131

（2）不信以幸，不可再也。（昭11）4.1323

大意是，由于不信而得利，此种事不能再有。

（3）桀克有缗以丧其国,纣克东夷而陨其身。(昭 11) 4.1323

例中上句的"以"与下句的"而"相互配合,连接的前后两项都是互相转折的。

（4）君信蛮夷之诉以绝兄弟之国。(昭 13) 4.1357

2.2 在〔A·以·B〕中,A 为形容词,B 为动词,组成〔形·以·动〕句式。其中 A 总是用作状语,表示 B 的程度或状态。共 27 例。

2.2.1 A 表示 B 的程度。共 6 例。A 都是单音节形容词"难"。如:

（1）今纵无法以遗后嗣,而又收其良以死,难以在上矣。(文 6) 2.549

（2）司武而梏於朝,难以胜矣。(襄 6) 3.946

2.2.2 A 表示 B 的方式或状态。共 21 例。如:

（1）敏以事君,必能养民,政其焉往?(襄 27) 3.1138

（2）奸以事君者,吾所能御也。(襄 26) 3.1111

（3）进退无辞,则虚以求媚。(昭 20) 4.1416

有时 A 由两个单音节形容词并列组成。如:

（4）我若群臣辑睦以事君,多矣。(成 16) 2.882

（5）既闻命矣,敬共以往,迟速唯君。(昭 13) 4.1356

在以上这些例句中,A 表示程度时,"以"在连接 A 与 B 的同时主要起加强语气的作用,如"难以在上矣"可理解作"很难居于上位了"。A 表状态时,"以"可理解为"地",如"敏以事君"→"敏捷地事奉国君"。

2.3 A 为名词。这类 A 用作状语。可分时间词和普通名词两类。共 18 例。

2.3.1 A 为时间词。共 7 例。如:

（1）若晋君朝以入,则婢子夕以死;夕以入,则朝以死。唯君裁之!(僖 15) 1.358

（2）若以君灵抚之,世以事君。（定4）4.1548

（3）国人望君如望岁焉,日日以几。（哀16）4.1703

在这些例中,A都表示动作行为的时间。没有看到"以朝入"、"以夕死"、"以世事君"、"以日日几"的用例,因此就很难说"朝以入"是倒装句。②

2.3.2 A为普通名词。共11例。

（一）A大多是在意义上互相对立的两个词并列组成的词组,表示动作行为的方式,用作B的状语。

（1）蒙葺公室,自大庙始,外内以俊。（哀3）4.1621

外内:表示动作的顺序、方式。杜注:"俊:次也。先尊后卑,以次救之。"杨伯峻先生注:"此言蒙葺公屋,先太庙,先内后外,依次覆盖。"

有时A由两个意义对立的词组并列组成。如:

（2）先王之乐,所以节百事也,故有五节;迟速、本末以相及,中声以降。（昭1）4.1221

迟速本末,表示五声的节奏,有慢有快、有本有末以互相调剂。

（二）有时A由意义相近的词构成词或词组。如:

（1）且晋人慼忧以重我,天地以要我。（僖16）1.359

慼忧,指上文"晋大夫反首拔舍从之"所表示出来的重大的忧愁。天地,指上文晋大夫向秦伯所说"君履后土而戴皇天,皇天后土实闻君之言,群臣敢在下风"表示出的决心。此例大意是,晋人痛不欲生地感动我,指天誓地地约束我。"慼忧"是同义双音词,"天地"是一对互相对立的词。

（2）训之以若敖、蚡冒筚路蓝缕以启山林。（宣12）2.731

杜注:"筚路,柴车。""蓝缕,敝衣。"此例用楚先君乘柴车、穿破衣开辟山林的状态来表示先辈们创业的艰辛。

(3)吾与子弁冕端委以治民、临诸侯,禹之力也。(昭1)4.1210

弁冕,古时卿大夫的礼帽。端委:古代的礼服。这里用礼帽礼服来表示严肃认真的态度。

2.4 A 为介宾短语,通过"以"与B连接。共81例。

2.4.1 A 表示与动作行为有关的条件。共78例。如:

(1)雍巫有宠於卫共姬,因寺人貂以荐羞於公,亦有宠。(僖17)1.374

(2)其后余从狄君以田渭滨,女为惠公来求杀余,命女三宿,女中宿至。虽有君命,何其速也?(僖24)1.414

(3)楚子使道朔将巴客以聘於邓。(桓9)1.124

(4)三代之令王皆数百年保天之禄。夫岂无辟王?赖前哲以免也。(成8)2.839

(5)婴齐,鲁之常隶也,敢介大国以求厚焉?(成16)2.894

(6)宋人以兵车百乘、文马百驷以赎华元于郑。(宣2)2.652

此例前一个"以"是介词,后一个"以"是连词。如果后者是介词,也就用不着前面那个介词"以"了。

2.4.2 A 表示工具。共2例,1例见2.4.4,1例如下:

鞅用剑以帅卒,栾氏退,摄车从之。(襄23)3.1076

2.4.3 A 表示时间。仅1例:

故春蒐、夏苗、秋狝、冬狩,皆於农隙以讲事也。(隐5)1.42

2.4.4 有时"以"前有几个条件。如:

若奉晋之众,用诸侯之师,因郏、莒、杞、鄫之怒以讨鲁罪,间其二忧,何求而弗克?(昭13)4.1357

此例的"以"前有三个条件,其中"奉晋之众"为动宾结构,其他两个为介宾结构。

3. "以"的复音词组和固定格式

"以"是一个多产的虚词,由它和其他词语构成的词组和固定格式有十多种。《左传》中见到的如下:

3.1 〔可以〕共140例。如:

(1)臣闻无瑕者可以戮人。(昭4)4.1253

(2)昔有仍氏生女,鬒黑,而甚美,光可以鉴,名曰玄妻。(昭28)4.1492

(3)阜谓叔孙曰:"可以出矣。"(昭1)4.1211

(4)叶公在蔡,方城之外皆曰:"可以入矣。"(哀16)4.1703

3.2 〔足以〕共33例。如:

(1)体仁足以长人,嘉会足以合礼,利物足以和义,贞固足以干事。(襄9)3.965

(2)郢不足以辱社稷,君其改图。(哀2)4.1612

关于"可以"、"足以"中"以"为什么是连词而不是介词,请看本书《〈左传〉中的介词"以"》一文。

3.3 〔有……以·动〕共16例。

3.3.1 〔有……以为……〕共10例。"以"后的动词是"为"。如:

(1)有先大夫子馀、子犯以为腹心,有魏犨、贾佗以为股肱,有齐、宋、秦、楚以为外主,有栾、郤、狐、先以为内主。(昭13)4.1352

(2)有赵孟以为大夫,有伯瑕以为佐。(襄30)3.1172

3.3.2 "以"后为其他动词。共6例。如:

(1)有大叔仪以守,有母弟鱄以出。(襄14)3.1014

(2)有史赵、师旷而咨度焉,有叔向、女齐以师保其君。(襄30)3.1172

此例的"以"与上句的"而"互相呼应,更看出它的连词性质。

（3）自今日以往,既盟之后,行者无保其力,居者无惧其罪。有渝此盟以相及也。(僖28)1.469

末句大意是,若有谁违背盟约就会遭到祸害。

3.4 〔有以·动〕共5例。"有"与"以"中无其他成分,"以"后紧接动词。如:

（1）故有得神以兴,亦有以亡。(庄32)1.252

（2）伯氏,诸侯皆有以镇抚王室,晋独无有,何也?(昭15)4.1371

3.5 〔无以·动〕共8例。"以"后紧接动词。如:

（1）晋师必至,吾无以待之,不如与之。(昭7)4.1288

（2）礼,人之干也;无礼,无以立。(昭7)4.1295

（3）今乌馀之邑,皆讨类也,而贪之,是无以为盟主也。(襄26)3.1125

3.6 〔蔑以·动〕共4例。如:

（1）虽我小国,则蔑以过之矣。(文17)2.626

（2）虽甚盛德,其蔑以加於此矣,观止矣。(襄29)3.1165

关于对"有以"、"无以"、"蔑以"中"以"的词性分析,请参看本书《〈左传〉中的介词"以"》一文。

3.7 〔以至于〕共3例。〔以至於〕1例。如:

（1）此三族也,世济其凶,增其恶名,以至于尧,尧不能去。(文18)2.640

（2）右广初驾,数及日中,左则受之,以至于昏。(宣12)2.732

（3）恃此质誓,故能相保,以至于今。(昭16)4.1380

（4）此十六族也,世济其美,不陨其名,以至於尧,尧不能举。(文18)2.638

"以"连接前面的动词或动词结构与后面的动介"至于(於)"。"以至于"与"以至於"用法相同。

3.8 〔以及〕共3例。如：

（1）天祸卫国，君臣不协以及此忧也。（僖28）1.469

（2）无德以及远方，莫如惠恤其民而善用之。（成2）2.807

（3）大夫勤辱，不忘先君以及嗣君，施及未亡人。（成9）2.843

"以及"在现代汉语里用作一个连词，在《左传》里是连词"以"和动词"及"连用，"及"有"及於"之意。

3.9 〔自……以……〕共27例。

3.9.1 〔自……以上〕共3例。如：

（1）自参以上，则往称地，来称会，成事也。（桓2）1.91

（2）年自七十以上，无不馈诒也。（文16）2.620

（3）有烈山氏之子曰柱，为稷，自夏以上祀之。（昭29）4.1503

3.9.2 〔(自)……以下〕共10例。如：

（1）公问羽数於众仲。对曰："天子用八，诸侯用六，大夫四，士二。夫舞，所以节八音而行八风，故自八以下。"（隐5）1.46

（2）自《鄘》以下无讥焉。（襄29）3.1164

（3）亲自桓以下，无不恤也。（文16）2.620

（4）岂唯寡君，举群臣实受其贶，其自唐叔以下实宠嘉之。（昭3）4.1234

有时前面无"自"。如：

（5）武、献以下，兼国多矣，谁得治之？（襄29）3.1160

3.9.3 〔自（古）以来〕共3例。

（1）自古以来，未之或失也。（昭13）4.1356

（2）吾自方城以来，楚未可以得志，祇取勤焉。（定4）4.1534

（3）自襄以来，未之改也。（哀13）4.1678

3.9.4 〔自(今)以往〕共2例。"以往"意即"以后"。

（1）自今以往,兵其少弭矣。(襄25)3.1103

（2）凡雨,自三日以往为霖。(隐9)1.64

3.9.5 〔(自)……以南(东、西)〕共3例。

（1）自洮以南,东傅于济,尽曹地也。(僖31)1.486

（2）自济以西,禚、媚、杏以南,书社五百。(哀15)4.1693

（3）聊、摄以东,姑、尤以西,其为人也多矣。(昭20)4.1418

3.9.6 〔自…以·动〕共4例。

（1）自日中以争,至于昏。(昭13)4.1359

（2）子贝自刎以伐庸。(文16)2.619

（3）四升为豆,各自其四以登於釜。(昭3)4.1235

（4）自郐称以别,三传矣。(昭3)4.1239

以上〔自……以上(下)〕大多数表示人、事、物或数的起点和范围;〔自(古)以来〕、〔自(今)……以往〕大多表示时间的起点和范围;〔自……以南(东、西)〕表示地域的起点和范围;〔自……以·动〕用以表示时间、处所、数量、人物等的起点。

3.9.7 〔自(从)古以然〕共2例。表示从古以来就是这样。

（1）社稷无常奉,君臣无常位,自古以然。(昭32)4.1520

（2）恃险与马,不可以为固也,自古以然。(昭4)4.1247

4. 小结

4.1 连词"以"的最重要特点是它后面不隐含一个代词宾语,不能把它视为介词。是否隐含代词宾语不是靠主观臆测,而是有客观标准的。必须具备这两个条件:第一,代词宾语有具体的指代对象;第二,它指代的对象不是紧挨在"以"前的成分,而存在于上文中。

4.2 "以"连接的前后成分,〔动·以·动〕占绝大多数,共 1227 例,占〔A·以·B〕总数 1353 例的 90.7%。

在〔动·以·动〕式中,前后两个动词的主语都是一个,几乎很少例外。③ 这与"而"的情况有很大不同,有相当数量的"而"标志着主语的变换。这一区别表明"以"所连接的前后两个动词比"而"所连接的关系密切;更表明"以"主要是用于单句内的连词,"而"既可用于单句之内,又有不少用于复句之中。

4.3 A 为形容词、名词或介宾短语的共有 126 例,占 9.3%。证明"以"连接的前后成分中约有十分之一的 A 跟 B 的词性是不同的。

4.4 "以"连接的 A、B 大都有所侧重,或者 B 表目的、结果,或者 A 表方式、状态、程度、条件等等。A 和 B 并列的只有 14 例,仅占〔A·以·B〕的 1%。这又是"以"与"而"的一个重要区别,"而"所连接的前后两项约有百分之三十是并列关系。

4.5 〔A(动)·以·B(动)〕中表目的的 B 共 731 例,占其总数 1353 例的 54%;〔A(动)·而·B(动)〕中表目的的 B 仅 40 例,占"而"总数的 2%,这是"以"、"而"的又一重要区别。"以"所连接的前后两项有百分之五十(略多)表示动作行为与目的的关系,可见"以"连接的 A 与 B 大多是前后相依、关系紧密的;而且表目的的数量超过半数,反映出"以"所在句大多表示出较强的主观意图。

4.6 〔A(动)·以·B(动)〕中,还有 28.6% 的 A 表方式、状态、条件、时间等。"以"把作状语用的 A 跟动作行为 B 连在一起,是它的又一项重要用法,应该受到足够重视。(A 为形、名、"介·宾"时,都是用作 B 的状语。)如果笼统地说"以"连接的前后两项,后项表示目的,就把 A 作状语的用法掩盖了,同时也没有把表结果的 B 区别出来。

4.7 〔A(动)·以·B(动)〕中,B 表结果的约占 13.4%,加上表目的的 B,共占 67.4%。有时在同一个句子中,既可认为 A 表方式、状

态,也可认为 B 表目的或结果。如:

> 若艰难其身以险危大人,而有名章彻,攻难之士将奔走之。若窃邑叛君以徼大利,而无名,贪冒之民将寘力焉。(昭 31)4.1513

在这里,既可以说"艰难其身"、"窃邑叛君"是"险危大人"、"徼大利"的方式,也可以说后者是前者的目的。我们处理的原则是,凡〔动·以·动〕中的"以"只能理解为"(用)来……";或者虽然可以两解(既可解为"(用)来",也可解为"……地"),但以解为"(用)来"更好者,都归入"目的类"。凡只能解为"……地",或虽可两解但以"……地"更符合上下文义的,都归入 A 表方式、状态类。

[附　注]

① 连词"以"前的 A,应该还有一个 A_6,数词。如:吾道一以贯之。(《论语·里仁》)因《左传》没有 A_6 的典型例句,所以只列出 A_1—A_5。

② 《中国语文》在《古汉语中之罕见语法现象》一文中曾举《左传·僖公 15 年》"朝以入"、"夕以入"的例子,认为"朝以入"、"夕以入"便是"以朝入"、"以夕入","以"用法同"於"。见《中国语文》1982 年第 6 期,407—408 页。

又见《马氏文通校注》下册,335 页,中华书局 1954 年本。

③ 极个别〔别以动〕不一定是同一主语发出的动作,如"或多难以固其国,启其疆土;或无难以丧其国,失其守宇。"(昭 4)4.1247

参考文献

《马氏文通校注》下册,333—342 页,中华书局 1954 年本。
杨树达《词诠》卷七,348—355 页,中华书局 1954 年本。
吕叔湘《文言虚字》,69—73 页,上海教育出版社 1957 年本。
杨伯峻《古代汉语虚词》,254—265 页,中华书局 1982 年本。
何乐士等《古代汉语虚词通释》,690—691 页,北京出版社 1985 年本。

附：《左传》的连词"以"各项用法统计表

表1 "以"前后A、B各项关系及其出现次数一览表

A、B所表关系	〔A(动)·以·B〕	〔A(形)·以·B〕	〔A(名)·以·B〕	〔A介·宾)·以·B〕	共计	百分比
B表目的	731	0			731	54%
B表结果	182	0			182	13.5%
A表方式或状态	245	21	11		276	20.1%
A表程度	0	6			6	0.45%
A表条件	0	0		78	78	6%
A表时间	2	0	7	1	10	0.75%
A表处所	10	0			10	0.75%
A表工具	0	0		2	2	0.15%
A、B连动	40	0			40	3%
A、B并列	17	0			17	1.3%
共　计	1227	27	18	81	1353	
百分比	90.7%	2%	1.3%	6%		100%

表2 "以"的复音词组和固定格式一览表

词组及固定格式	可以	足以	有…以为	有…以·动	有以·动	无以·动	蔑以	以至于(於)	以及	自…以上	(自)…以下
次　数	140	33	10	6	7	8	4	4	3	3	10

词组及固定格式	自古以来	自…以来	自今以往	自…以往	自…以南	自…以东	自…以西	自古以然	自…以·动	从古以然	共计
次　数	1	2	1	1	1	1	1	1	4	1	240

（1986年9月定稿）

（2003年6月略有修改）

《左传》的"者"

《左传》的"者"共出现566次,其中结构助词"者"457例;语气词"者"91例;"者"的词组18例。现分别介绍于下。

1. 结构助词"者"

结构助词"者"是指能够改变结构性质的"者"。它的主要作用是把动词、动词短语或句子加"者",变为名词性短语。除了动词外,它还可以与其他一些词或短语组成"者"字结构,使之具有名词性短语的性质。"者"字结构的主要功能之一是说话人可以根据自己的需要把所谈对象的某一特征突出出来。由于它表现力强,因而很有生命力。以下我们扼要介绍"者"前各种成分的组成以及"者"字结构在句中的各种功能,同时着重讨论《左传》中"者"的特殊用法或一些复杂情况。

1.1 "者"前成分的分析。

"者"字结构在《左传》中已相当发达,"者"前的成分多种多样。

1.1.1 〔动·者〕共295例。"者"前为动词或各种形式的动词短语。略举数例:

(1)奕者举棋不定,不能胜其偶。(襄25)3.1109

〔动·者〕的"动"在句中常以一对反义词互相对照。如:

(2)服者怀德,贰者畏刑。(僖15)1.366

(3)报者倦矣,施者未厌。(僖24)1.425

（4）夫子礼於死者，况生者乎？（襄30）3.1176

动词前可有副词或助动词、名词、介宾短语等各种成分充当状语。如：

（5）见不仁者诛之，如鹰鹯之逐鸟雀也。（襄25）3.1108

（6）欲战者可谓众矣。（成6）2.830

（7）肉食者鄙，未能远谋。（庄10）1.182

（8）自今无有代其君任患者。（成2）2.794

有时状语与动词之间有连词"而"、"以"连接。如：

（9）当壁而拜者，神所立也。（昭13）4.1350

（10）南冠而絷者，谁也？（成9）2.844

（11）奸以事君者，吾所能御也。（襄26）3.1111

有时"者"前为"动·宾"或双宾式。如：

（12）唯有德者能以宽服民。（昭20）4.1421

（13）为之徒者众矣。（昭25）4.1464

有时"者"前为"动·补"。如：

（14）郑伯治与於雍纠之乱者，九月，杀公子阏，刖强鉏。（庄16）1.202

（15）吾闻之，喜怒以类者鲜，易者实多。（宣17）2.774

有时"者"前为连动或并列的动词短语。如：

（16）又有呼而走至者曰："众至矣！"（昭13）4.1348

（17）夫宠而不骄，骄而能降，降而不憾，憾而能眕者鲜矣。（隐3）1.32

（18）承之以剑，不动。胜曰："不为利谄，不为威惕，不泄人言以求媚者，去之。"（哀16）4.1702

1.1.2 〔形·者〕共32例。

"者"前为形容词及其短语。如：

（1）吾闻君子务知大者、远者，小人务知小者、近者。（襄31）3.1193

（2）是区区者而不余畀，余必自取之。（昭13）4.1350

（3）子姑整军而经武乎！犹有弱而昧者，何必楚？（宣12）2.725

（4）使勇而无刚者尝寇而速去之。（隐9）1.65

（5）富而不骄者鲜，吾唯子之见。（定13）4.1592

1.1.3 〔（此、是、兹）·数词·者〕共24例。

数词加"者"构成名词性短语，所代对象大都在上文。如：

（1）郑之罕、宋之乐，其后亡者也，二者其皆得国乎！（襄29）3.1157

在数词前常有"是"、"此"、"兹"等代词起指示和加强作用。如：

（2）子父不奸之谓礼，守命共时之谓信，违此二者，奸莫大焉！（僖7）1.318

（3）赵孟闻之，曰："临患不忘国，忠也；思难不越官，信也；图国忘死，贞也；谋主三者，义也。有是四者，又可戮乎？"（昭1）4.1205

（4）信不叛君，知不害民，勇不作乱。失兹三者，其谁与我？（成17）2.901

若数字表年龄，则"者"表"……的人"：

（5）且年未盈五十而谆谆焉如八、九十者，弗能久矣。（襄31）3.1183

1.1.4 〔名（之）动（形）者〕共61例。

（1）马不出者，助之鞭之。（哀27）4.1734

"马不出者"，这一结构内部是"马·不出者"还是"马不出·者"？按前者，"不出者"是"马"的一部分，对这一部分马，"助之鞭之"。若按后者，"马不出·者"是表示"马不出"的原因是什么，"者"是语气助词，有引出下文的作用。从上下文判断，很明显应是前者。

（2）乃使魏寿余伪以魏叛者以诱士会。（文13）2.595

（3）国之贫约孤寡者，私与之粟。（昭10）4.1317

（4）晋悼夫人食舆人之城杞者。（襄30）3.1170

（5）大人之忠俭者，从而与之。（襄30）3.1181

1.1.5〔其·动者〕共19例。

"其"对"者"结构起指示作用，表示"那"或"那些"。如：

（1）子有四方之志，其闻之者，吾杀之矣。（僖23）1.406

（2）其欲来者，子之党也；其不欲来者，子之仇也。（哀12）4.1672

若〔其·动者〕作谓语，且句末有语气词"也"，则"其"有时为语气副词：

（3）子展其后亡者也。（襄27）3.1135

在动词后作宾语的"其动者"中的"其"，大多表领属。如：

（4）赵孟怒，召午，而囚诸晋阳，使其从者脱剑而入，涉宾不可。（定13）4.1590

（5）且谓鲁不共，而执其贱者七人，何损焉？（哀13）4.1679

有时动词后的"其"无论理解为表指示或表领属，都不影响上下文义。如：

（6）晋、楚不务德而兵争，与其来者可也。（宣11）2.711

1.1.6〔副词·者〕共5例。

（1）先者见获必务进，进而遇覆必速奔。（隐9）1.66

（2）后者不救，则无继矣。（隐9）1.66

1.1.7〔形·名·者〕共2例。

"形·名"表示某种特点，加"者"常表示具有某种特点的人。如：

（1）楚子享公于新台，使长鬣者相。（昭7）4.1289

（2）卫侯为虎幄於藉圃，成，求令名者而与之始食焉。（哀17）4.1706

"令名者"，有美好名声的人。

1.2 "者"字结构的功能。

"者"字结构具有名词性短语的各种功能,作主语用的最多,约占总数的50%,作宾语的次之,约占25%。两项合计占75%。其例句在上面所举例中随处可见。其他25%有作介词宾语的:

(1)齐侯其不免乎?已则无礼,而讨於有礼者,曰:"女何故行礼?"(文15)2.614

(2)王子朝因旧官百工之丧职秩者与灵景之族以作乱。(昭22)4.1435

作兼词"诸"的宾语:

(3)伯有死於羊肆,子产襚之,枕之股而哭之,敛而殡诸伯有之臣在市侧者,既而葬诸斗城。(襄30)3.1177

作动词的前置宾语:

(4)自今日既盟之后,郑国而不唯有礼与强可以庇民者是从,而敢有异志者,亦如之!(襄9)3.969

作兼语:

(5)令苟有怨於夫人者报之。(哀26)4.1728

作名词谓语:

(6)君,将纳民於轨物者也。(隐5)1.42

作定语。"者"字结构与中心语之间加"之":

(7)梦者之子乃行。(哀8)4,1645

在固定格式中作动词宾语:

(8)敝邑以政刑之不修,寇盗充斥,无若诸侯之属辱在寡君者何?(襄31)3.1186

例中"者"字结构作动词"若"的宾语。

2. 语气词"者"

语气词"者"的特点是:它用于名词或名词性结构之后,或复句的

偏句之后,或全句之末,它不改变原来结构的性质,只起语气作用。按其在句中的位置可分三类:

2.1 用在主语或宾语之后。共52例。

2.1.1 "者"在作主语的名词或名词短语之后。共47例。这样的主语大都是主题主语,谓语是对主语的判断或论述。(仅有1例作施事主语,见2.1.2)

(一)〔名者,名谓也〕是古汉语中标准的判断句。如:

(1)六官者,皆桓族也。(成15)2.874

(2)夫二人者,鲁国社稷之臣也。(成16)2.893

(3)信者,言之瑞也,善之主也。(襄9)3.971

(二)〔名者,动谓(也)〕

在这种句式中的动词谓语对主语有判断或评论的作用。如:

(1)是四国者,专足畏也。(昭12)4.1340

(2)其四人者,皆受县而后见於魏子,以贤举也。(昭28)4.1494

(3)齐侯、卫侯不敬。叔向曰:"二君者必不免。"(襄21)3.1063

(4)今二子者,君生则纵其惑,死又益其侈,是弃君於恶也,何臣之为?(成2)2.802

有时谓语中心词为形容词:

(5)此二君者,异於子干。(昭13)4.1353

有时谓语为数词:

(6)臧文仲,其不仁者三,不知者三。(文2)2.525

(三)〔名者,所以……也〕

在这类句式中,谓语表示对主语作用的说明。如:

此二物者,所以惩肆而去贪也。(昭31)4.1513

(四)〔名者,……之谓(矣)〕

谓语是对主语含义的解释或说明。如:

此三志者,晋之谓矣。(僖28)1.456

（五）〔所谓……者，谓语·（语气词）〕

主语是名词性固定格式，"者"表停顿，引出下文，谓语是对主语含义的判断或解释。如：

（1）《诗》所谓"人之无良"者，其羊斟之谓乎！（宣2）2.652

（2）谚所谓"辅车相依，唇亡齿寒"者，其虞、虢之谓也。（僖5）1.307

（六）〔所以……者，谓语·（语气词）〕

㈠"所以……者"作主语，有"……的原因"之意，谓语是对原因的述说：

（1）所以夭昏孤疾者，为暴君使也，其言僭嫚於鬼神。（昭20）4.1416

（2）其所以蕃祉老寿者，为信君使也，其言忠信於鬼神。（昭20）4.1416

㈡有时〔所以……者〕用作主语的同位语：

（1）唯是春秋窀穸之事、所以从先君於祢庙者，请为"灵"若"厉"。（襄13）3.1001

意谓那些祭祀安葬的事情，用来在祢庙中追随先君的，请求谥作"灵"或"厉"。

（2）若以群子之灵，获保首领以殁，唯是楄柎、所以藉幹者，请无及先君。（昭25）4.1467

意谓那些棺木，用来装载（我）骸骨的东西，请不要够上先君的体制。

在这类句子中，"所以……者"表示"用来……的事情（或工具）"。它与㈠不同之处在于：㈠式位于句首，单独作主语；谓语为"为……也"式，主谓配合，主语很明显表示"……的原因"。㈡式作主语的同位语，起着对主语的本质特点作出说明的作用。"所以"中的"以"在㈠式中表"原因"，在㈡式中表"用来"，从上下文不难辨别。

（七）"也者"连用在主语之后，其加强语气和提起下文的作用都更加明显：

> 礼也者,小事大、大字小之谓。(昭30)4.1506

2.1.2 "者"用在名词后,〔名·者〕作施事主语,仅见1例:

> 夫三子者曰:"若绝君好,宁归死焉。"(宣17)2.773

2.1.3 "者"在作宾语的名词或名词短语之后。这项用例很少,仅4例:

> (1)君称所以佐天子者命重耳,重耳敢不拜?(僖23)1.411

意谓君王把用以辅助天子的事命令重耳,重耳岂敢不拜?"所以佐天子"意即"用以辅助天子的事","者"在这里用语音停顿标志"所以"结构的结束。

> (2)复使薳子冯为令尹,公子齮为司马,屈建为莫敖。有宠於薳子者八人,皆无禄而多马。……谓八人者曰:"吾见申叔,夫子所谓生死而肉骨也。知我者如夫子则可;不然,请止。"辞八人者。而后王安之。(襄22)3.1070

此例若不要"者",原文则为"谓八人曰……,辞八人"不会引起任何歧义。"者"用在这里可能是起强调作用,表示这"八人"就是上文的"有宠於薳子者"。下面例(3)的"者"似是同样作用:

> (3)请神择於五人者,使主社稷。(昭13)4.1350

2.2 用在复句中的偏分句之末。共34例。

复句中的"者"常在偏句之末,有引起下文的作用,并配合上下文表示一定的意义。有以下句式:

2.2.1 〔主·之·谓·者,……〕共3例。

在这类复句中,大多是偏句"主·之·谓·者"表结果,主句表原因。如:

> (1)今诸侯之事我寡君不如昔者,盖言语漏泄,则职女之由。(襄14)3.1006

（2）楚师还，及瑕，王使谓子反曰："先大夫之覆师徒者，君不在。子无以为过，不穀之罪也。"（成16）2.890

2.2.2 〔所（而、有）……者；……〕共13例。

用在誓词中。常位于复句中条件偏句之末。这条件句从句法结构上看是复句中的偏句，而从语义上看，却是誓词的核心部分。

（一）〔所……者；……〕[9]（出现次数写在固定格式的右上角）

〔所……者〕作为条件偏句把誓词的中心内容包括在内。"所"是假设连词，表示"如果"之意。如：

（1）及河，子犯以璧授公子，曰："臣负羁绁从君巡於天下，臣之罪甚多矣。臣犹知之，而况君乎？请由此亡。"公子曰："所不与舅氏同心者，有如白水！"投其璧于河。（僖24）1.413

（2）（秦伯）使士会辞，士会辞曰："晋人，虎狼也。若背其言，臣死，妻子为戮，无益於君，不可悔也。"秦伯曰："若背其言，所不归尔帑者，有如河！"（文13）2.596

秦伯话中的"若背其言"主语是晋国国君；"所不归尔帑者"主语是说话人秦伯自己，因此虽有两个假设句，既不矛盾，也不多余。

（3）荀偃瘅疽，生疡於头。……二月甲寅，卒，而视，不可含。宣子盥而抚之，曰："事吴敢不如事主！"犹视。栾怀子曰："其为未卒事於齐故也乎？"乃复抚之曰："主苟终，所不嗣事于齐者，有如河！"乃暝，受含。（襄19）3.1046

（4）斐豹谓宣子曰："苟焚丹书，我杀督戎。"宣子喜，曰："而杀之，所不请於君焚丹书者，有如日！"（襄23）3.1075

（5）公曰："君惠顾先君之好，施及亡人，将使归粪除宗祧以事君，则不能见夫人。己所能见夫人者，有如河！"（昭31）4.1511

（6）蔡侯归，及汉，执玉而沉，曰："余所有济汉而南者，有若大川！"（定4）4.1532

（7）孟孙立于房外，谓范献子曰："阳虎若不能居鲁，而息肩於晋，所不以为中军司马者，有如先君！"（定6）4.1557

（8）成子出舍于库，闻公犹怒，将出，曰："何所无君？"子行抽剑，曰："需，事之贼也。谁非陈宗？所不杀子者，有如陈宗！"（哀14）4.1685

（9）公曰："所难子者，上有天，下有先君。"（哀14）4.1687

在以上诸例中，"者"都只表加强语气、语音停顿和引出下文的作用，不是结构上所必须，因此也可以无"者"：

（10）晋侯使郤克征会于齐。齐顷公帷妇人使观之。郤子登，妇人笑於房。献子怒，出而誓曰："所不此报，无能涉河！"（宣17）2.772

（11）丁丑，崔杼立而相之，庆封为左相，盟国人於大宫，曰："所不与崔、庆者——"晏子仰天叹曰："婴所不唯忠於君、利社稷者是与，有如上帝！"乃歃。（襄25）3.1099

注意此例的"婴所不唯忠於君、利社稷者是与"中的"者"与上面例中的"者"不同，"忠於君、利社稷者"是一个名词性短语，"者"是结构助词。以上两例"所"句没有语气词"者"相配合，也许是因为这两例都是宾动倒装句，通过宾动倒装，已起到强调作用；同时处在句末的是动词"报"、"与"，若加"者"，"报者"、"与者"可能被误认为是两个名词性结构。

（二）〔……而……者；……〕[4]

少数例句不以"所"而以"而"与"者"配合，构成表条件的偏句。"而"有假设之意。如：

（1）将盟，郑六卿，……及其大夫、门子，皆从郑伯。晋士庄子为载书，曰："自今日既盟之后，郑国而不唯晋命是听，而或有异志者，有如此盟！"公子䮕趋进曰："……自今日既盟之后，郑国而不唯有礼

与强可以庇民者是从,而敢有异志者,亦如之!"(襄9)3.959

（2）将盟,齐人加於载书曰:"齐师出竟而不以甲车三百乘从我者,有如此盟!"孔丘使兹无还揖对,曰:"而不反我汶阳之田,吾以共命者,亦如之!"（定10）4.1578

此例的"而不反我汶阳之田","而"前面紧承上文省略了"齐师出竟"。有"而……者"作为偏句的标志,就知道条件句应到"者"结束,而不会仅把"而不反我汶阳之田"作为条件句。

从以上举例可以看出,"者"在誓词中几乎不可缺少,它除了有加强语气,表示语音停顿、引出下文的作用外,似还有配合上下文表示假设的功能。

2.2.3 用在其他偏句之末的"者"。共5例。

（一）用在表假设的偏句之末,引出下句的结果。

（1）夏五月,楚师将去宋,申犀稽首於王之马前曰:"无畏知死而不敢废王命,王弃言焉。"王不能答。申叔时仆,曰:"筑室反耕者,宋必听命。"从之。宋人惧。（宣15）2.761

"筑室反耕者"——如果筑室反耕。

（2）使医除疾而曰"必遗类焉"者,未之有也。（哀11）4.1664

意谓如果让医生治病却说"一定要给人留下病根",是从来没有的。

（3）子高曰:"微二子者,楚不国矣。"（哀16）4.1704

此例的"微二子者",是"微·二子者"还是"微二子·者"？考虑到不论哪种情况"者"都是语气词,"者"在这里出现在偏句末,又配合句意表示假设语气,因此倾向于把它视为"微二子·者"。

（二）用在表叙述的偏句之末,有引出下文的作用:

五年春,公将如棠观鱼者,臧僖伯谏曰:……（隐5）1.41

（三）用在表结果的偏句之末,引出下文的原因:

子犹受之,言於齐侯曰:"群臣不尽力于鲁君者,非不能事君

也。"（昭 26）4.1471

表原因的主句常以"也"结尾与"者"呼应。

2.2.4 "者"在分句中与部分副词或动词配合，形成〔（副）动宾·者〕句式。这是一种比较特殊的用法。共 13 例。具体情况如下：

（一）〔伪……者〕[5]

（1）楚鬬克、屈禦寇，以申息之师戍商密。秦人过析，隈入而系舆人，以围商密，昏而傅焉。宵，坎血加书，伪与子仪、子边盟者，商密人惧，曰："秦取析矣！戍人反矣！"乃降秦师。（僖25）1.435

（2）郑人围许，示晋不急君也。是则公孙申谋之，曰："我出师以围许，伪将改立君者，而纾晋使，晋必归君。"（成9）2.846

（3）晋荀吴伪会齐师者，假道於鲜虞，遂入昔阳。（昭12）4.1334

（4）阳虎伪不见冉猛者，曰："猛在此，必败。"（定8）4.1565

（5）齐陈乞伪事高、国者，每朝，必骖乘焉。（哀6）4.1633

对以上这类句子可以有两种分析：一、"伪"是副词，"伪"与"者"组成的"伪……者"是分句，"者"的作用似介于语气词与结构助词之间，可以把"者"视为语气词而不去追究它的含义，也可把它当作结构助词而理解为"……的样子"一类意思。二、"伪"是动词，其后面的"……者"是宾语，"者"是结构助词，表示"……的人"或"……的样子"（例4）之意。我们把它归为前者，且把"者"视为语气词，因为从"伪"的用法看，都在动词前出现，按其作用似应视为副词，再者"者"作语气词，于此类所有句子都能讲通，无须解为"……的人"或"……的样子"。

（二）〔见……者〕[5]

（1）见舞《象箾》、《南籥》者，曰："美哉！犹有憾。"（襄29）3.1165

（2）见舞《大武》者，曰："美哉！周之盛也，其若此乎！"（襄29）3.1165

（3）见舞《韶濩》者，曰："圣人之弘也，而犹有慙德，圣人之难

也。"（襄29）3.1165

（4）见舞《大夏》者，曰："美哉！勤而不德，非禹，其谁能修之？"（襄29）3.1165

（5）见舞《韶箾》者，曰："德至矣哉，大矣！"（襄29）3.1165

在以上例中，"者"都是语气词，没有实指意义，从上下文可以看出，吴季札是看到《象箾》、《南籥》等舞蹈是针对舞蹈而发议论，并不是针对那些舞蹈者。

（三）〔有……者〕[3]

（1）晋有羊舌鲋者，渎货无厌，亦将及矣。（昭13）4.1354

（2）市南有熊宜僚者，若得之，可以当五百人矣。（哀16）4.1701

（3）有陈豹者，长而上偻。（哀14）4.1683

在这类例句中，"者"都是语气词。与下面的例句不同：

（4）陈厉公，蔡出也，故蔡人杀五父而立之。生敬仲。其少也，周史有以《周易》见陈侯者，陈侯使筮之。（庄22）1.222

（5）司墓之室有当道者，毁之，则朝而室；弗毁，则日中而室。（昭12）4.1331

（6）中行文子告成子曰："有自晋师告寅者，将为轻车千乘以厌齐师之门，则可尽也。"（哀27）4.1734

这三例的"者"都是结构助词，它先与动词结构组成"者"字短语，整个"者"字短语再作"有"的宾语。如"以《周易》见陈侯者"——以《周易》见陈侯的人；"当道者"——当道之室；"自晋师告寅者"——自晋师告寅的人。

2.3 用在全句之末。有两种情况：

2.3.1 与疑问代词配合，用在反问句或疑问句之末。共2例。

（1）卢蒲姜告之，且止之，弗听，曰："谁敢者！"遂如公。（襄28）3.1147

（2）晋师将盟卫侯于鄟泽，赵简子曰："群臣谁敢盟卫君者？"涉佗、成何曰："我能盟之。"（定8）4.1566

2.3.2 "者也"两个语气词连用出现在句末。共3例。

（1）公族，公室之枝叶也；若去之，则本根无所庇荫矣。葛藟犹能庇其本根，故君子以为比，况国君乎？此谚所谓"庇焉而纵寻斧焉"者也。（文7）2.557

（2）狄虒弥建大车之轮，而蒙之以甲，以为橹。左执之，右拔戟，以成一队。孟献子曰："《诗》所谓'有力如虎'者也。"（襄10）3.975

（3）巫臣尽室以行，申叔跪从其父，将适郢，遇之，曰："异哉！夫子有三军之惧，而又有桑中之喜，宜将窃妻以逃者也。"（成2）2.805

《古汉语虚词手册》中说："如果'者也'不是用在名词的后面，而是用在动词性词组的后面，那么'者也'不是语气词连用，'者'同前面的动词性词组构成"者"字结构，它是助词。"[①] 但从上面的例子看，在动词词组的后面也有两个语气词"者也"连用的。上例就是明证。

3. "者"的词组

3.1 〔昔者〕共3例。

用于句首，表示动作作为的时间在过去：

（1）昔者诸侯事吾先君皆如不逮。（宣17）2.773

（2）昔者黄帝氏以云纪，故为云师而云名。（昭17）4.1386

（3）昔者吾以力事君，不可以弗终。（哀16）4.1702

3.2 〔古者〕仅1例。

表示古代：

古者越国而谋。（文1）2.513

3.3〔乡者〕仅1例。

表示刚才（或过去）：

公疾，问後於叔牙。對曰："慶父材。"問於季友。對曰："臣以死奉般。"公曰："鄉者牙曰'慶父材'。"（庄32）1.254

3.4〔曩者〕仅1例。

表示刚才、起初：

既免，復踞轉而鼓琴，曰："公孫！同乘，兄弟也，胡再不謀？"對曰："曩者志入而已，今則怯也。"（襄24）3.1092

3.5〔或者〕共9例。

表示一种不肯定的推测，常用在动词前作状语。如：

（1）今天或者大警晉也。（宣12）2.748

（2）后之人或者將敬奉德義以事神人。（宣15）2.762

（3）堕党、崇仇，而惧诸侯，或者难以霸乎！（哀12）4.1672

3.6〔其或者〕共3例。

表推测的语气副词"其"和"或者"连用，使不肯定的推测语气更为明显：

（1）今邢方无道，諸侯無伯，天其或者欲使衛討邢乎？（僖19）1.383

（2）郤子其或者欲已亂於齊乎？（宣17）2.774

（3）天其或者正訓楚也。（哀1）4.1608

4. 小结

4.1 "者"共出现566例，其中结构助词457例，占81%；语气词91例，占16%；词组18例，占3%。

"者"的结构助词用法占绝大多数，不是偶然的。"者"与动词或其他词组组成"者"字结构，可以突出对象的某一特征，使之与上下文义更相吻合，且可使人对所谈对象有深刻的印象。因此这一用法很有生命力，在后代有进一步发展的趋势。仅以《史记》为例，《左传》的某些名词在《史记》中就变成了"者"字结构；试比较下面两例：

《左》：宣子与诸大夫皆患穆嬴，且畏偪，乃背光蔑而立灵公，以御秦师。（文 7）2.559

《史》：赵盾与诸大夫皆患缪嬴，且畏诛，乃背所迎而立太子夷皋，是为灵公。发兵以距秦送公子雍者。（《晋世家》）5.1672[②]

《左传》的"秦师"在《史记》里变为"秦送公子雍者"。

还有些名词或其短语在《左传》中作为主语或宾语，到《史记》里增加了"者"字短语作为同位语。如：

《左》：寺人披请见。（僖 24）1.414

《史》：始尝欲杀文公宦者履鞮知其谋，欲以告文公，解前罪，求见文公。（《晋世家》）5.1661[③]

《史记》增加的"者"字短语表明了履鞮原先的身份——宦者，以及他与文公的历史关系——"始尝欲杀文公"。

由于"者"字结构富有表现力，在《史记》中大量增加，《左传》平均每一千字里有 2.8 个"者"字，《史记》则有 8.4 个。

4.2 在 457 例"者"字结构中，〔动词（或动词结构）·者〕295 例，占总数的 65%，居明显优势。〔形（或形容词短语）·者〕32 例，占 7%，数量很少。这种现象反映了"者"字结构在发展的前期，是以〔动·者〕结构遥遥领先的，到《史记》时，〔形·者〕结构就有了明显增加。

同时还要看到，"者"不仅具有使"动"、"形"结构改变性质变为名词短语的能力，还有〔数·者〕24 例，〔名·（之）动（形）者〕61 例，〔其动者〕19 例，〔副词·者〕5 例。可见"者"的结合能力很强，可以与多种词或词组结合，使之变为名词性短语。

4.3 语气词"者"91 例，有 52 例用在名词或名词性短语之后（约占57%），其中只有4例在宾语后，其余都是在主语后；另有34例用在复句的偏句之末（约占37%），绝大多数都是前一分句；还有5例用在全句之末（约占7%）。语气词"者"的主要作用是：一、表示语音停顿，作短语或分句的标志；二、有提起下文的语气；三、配合原文句意，起加强原文语气的作用。它用在复句中时并非只出现在假设从句中，还出现在陈述从句中。它在誓词中频频出现的事实还反映它可运用在语言庄重的场合，有一定的修辞色彩。

[附　注]

① 韩峥嵘《古汉语虚词手册》，601—602页，吉林人民出版社1984年本。
② 中华书局1973年标点本。
③ 同上。

（1985年8月初稿）
（1986年12月修改）
（2003年6月又作修改）

关于"者"字结构作后置定语和受事主语的问题

1. 〔名(之)·动者〕结构中,"动者"与名词是什么关系?

在〔名(之)·动者〕中,"名"与"动者"的关系,是"名"修饰"动者",两者是定中关系;或是"动者"修饰"名",两者关系是中心语和后置定语?这是一个有争议的问题。让我们用《左传》的实际情况来检验一下这两种说法。《左传》的〔名(之)·动者〕式中,"名"、"动者"之间共有以下五种关系:

1.1 "名"(以下用A代)为整体,"动者"(以下用B代)为"名"中的一部分,A与B为同类。如:

(1)故人之能自曲直以赴礼者,谓之成人。(昭25)4.1459

"能自曲直以赴礼者"是"人"的一部分。

(2)戎人之前遇覆者奔,祝聃逐之,衷戎师,前后击之,尽殪。(隐9)1.66

"前遇覆者"为"戎人"中的一部分。

有时"名"与"动者"之间无"之":

(3)将战,国人受甲者皆曰:"使鹤!鹤实有禄位,余焉能战?"(闵2)1.265

"受甲者"是"国人"中的一部分。

在这类例句中，若说B是A的后置定语，勉强可以；但把A视为B的定语，不仅文通意顺，而且符合汉语历来的词序：定语在前，中心语在后。若说B是A的后置定语，意义虽也可通，却不能代表A、B之间以下几种关系：

1.2 A与B是同位关系。

齐侯疾，遂痁，期而不瘳。诸侯之宾问疾者多在。（昭20）4.1415
"诸侯之宾"与"问疾者"是同位关系，若把"问疾者"视为后置定语，把"诸侯之宾问疾者"理解为"问疾者之诸侯之宾"，则可能使人误解为"问疾者之诸侯"的宾客。同位关系变成了部分与整体的关系。

1.3 A与B是领属关系，B属于A，但不是同类。如：

（1）晋之从政者新。（定1）4.1524
"从政者"属晋所有，但不能说"从政者之晋"；也就是说，"从政者"不能作"晋"的定语。

（2）国之贫约孤寡者，私与之粟。（昭10）4.1317
"贫约孤寡者"属"国"所有，但它们不是同类，不能说"贫约孤寡者之国"。

（3）叔孙所馆者，虽一日，必葺其墙屋，去之如始至。（昭23）4.1443
"所馆者"属于叔孙，但不能理解为"所馆者之叔孙"。

1.4 A表示B的时代属性，A、B不同类。

古之治民者，劝赏而畏刑。（襄26）3.1120
"古之治民者"决不能理解为"治民者之古"。

1.5 B为A的局部。

（1）射子，中楯瓦，繇胸汏輈，七入者三寸。（昭26）4.1472
"七入者三寸"，指箭头射进去的部分有三寸长。若理解为"入者之匕",则不可懂。

由以上分析可知 A 与 B 之间的关系是多样的,虽然第一种为数最多,但后四种约占 30%,也是不可忽视的。如果以一种代表其他几种,势必会造成误解,违背原意。就拿第一种来说,虽然把〔动·者〕视为后置定语不至使人误解原意,但原文的定中词序本来就很清楚,确实没有必要这样曲为其说。再从行文中的省略看:

(2)大人之忠俭者从而与之;泰侈者因而毙之。(襄30)3.1181

(3)甲午,卫侯入。大夫逆於竟者,执其手而与之言;道逆者,自车揖之;逆於门者,颔之而已。(襄26)3.1113

两例的〔名(之)动(形)者〕式在下文中分别承上省略了修饰语"大人(之)"、"大夫",留下了中心语"泰侈者"、"道逆者"、"逆於门者"。可见即使第一种用法,A 与 B 的定中关系也是十分清楚的。

因此笔者认为"定语后置说"以偏概全,似难成立。由于它不符合汉语的实际面貌,不仅不能科学地解释这一语言现象而且带来矛盾与混乱。无论从科学性或是从实用性来看,都是值得商榷的。

2. "动者"作受事主语的情况值得注意

"动·者"作主语共 207 例,其中受事主语有 32 例,约占 15%。可能是因为"动者"作受事主语能表示出某种动作行为涉及什么样的对象,比只用其名更为明确具体。如:

(1)子有四方之志,其闻之者,吾杀之矣。(僖23)1.406

"杀"的宾语"之"指代前面的受事主语"其闻之者"。用"者"字结构使动作"杀"与杀的对象之间的内在联系更加明确,使说话人的意思表达得更清楚。这种结构常出现在并列句中:

(2)亡者侮之,乱者取之。(襄14)3.1019

"侮"与"亡者"相对,"取"与"乱者"相对。使意义更加明确。

（3）大人之忠俭者从而与之,泰侈者因而毙之。(襄30)3.1181

"与"与"大人之忠俭者"相对,"毙"与"泰侈者"相对。

（4）其所善者,吾则行之;其所恶者,吾则改之。(襄31)3.1192

"行"与"其所善者"相对,"改"与"其所恶者"相对。

（5）若见费人,寒者衣之,饥者食之。(昭13)4.1343

"衣"与"寒者"相对,"食"与"饥者"相对。

（6）凡公子、公孙之无禄者,私分之邑。国之贫约孤寡者,私与之粟。(昭10)4.1317

"分之邑"与"凡公子、公孙之无禄者"相对,"与之粟"与"国之贫约孤寡者"相对。

（7）甲午,卫侯入。……大夫逆於竟者,执其手而与之言;道逆者,自车揖之;逆於门者,领之而已。(襄26)3.1113

"执其手而与之言"的,是"大夫逆於竟者";"自车揖之"的,是"道逆者";"领之而已"的,是"逆於门者"。以不同的态度对待跟自己关系不同的人,充分体现出"者"字结构生动、传神之妙用。

（8）无民而能逞其志者,未之有也。(昭25)4.1456

（9）骄而不亡者,未之有也。(定13)4.1592

（10）胜谓石乞曰:"市南有熊宜僚者,若得之,可以当五百人矣。"乃从白公而见之。与之言,说。告之故,辞。承之以剑,不动。胜曰:"不为利谄,不为威惕,不泄人言以求媚者,去之。"(哀16)4.1702

在以上这些例句中,"者"字结构与动词谓语的逻辑关系十分明确。

有的动词后虽然没有宾语"之",但从"者"字结构和动词的意义联系、逻辑关系上,不难看出前面的主语就是动作行为的受事。如:

（11）先归复所,后者剿!(昭13)4.1346

(12)在军,熟食者分而后敢食。(哀1)4.1609

这类受事主语用作兼语时容易引起误解,需加注意:

(13)季氏使其乘之人以其役入者无征,不入者倍征。(襄28)3.1145

此例的第一个兼语是"其乘之人以其役入者",而"无征"的受事者也是它。"使"的第二个兼语是"不入者",它同时也是"倍征"的受事。意即对于"其乘之人以其役入者",不要征收他的(税);而对那些不以其役入者,就要加倍地征收他的(税)。

(14)使诸亡人得贼者以告而反之。(襄28)3.1145

"诸亡人得贼者"是"使"的兼语,它是"告"的施事,但又是"反"的受事,是"之"所代的对象。

(15)子家子命适公馆者执之。(昭25)4.1466

"适公馆者"形式上是句中的兼语,实际上不是后面动词"执"的施事主语,而是"执"的受事主语,是"之"所代的对象。

以上例中的"者"字结构既是兼语又是后面动词的受事者,如果把它们都理解为后面动词的施事者,必将误解原意。由此也可知兼语式中的兼语并不都是后面动词的施事主语,它也有施事、受事之分。像例(14)的"者"字结构是第二动词"告"的施事主语,是第三动词"反"的受事主语。这些用法都很值得注意。

(1986年7月修定)

(2003年6月略有修改)

《左传》的"所"

《左传》的"所"共出现463次。其中结构助词416次；假设连词12次；名词34次。本文分以下几个问题来谈：1.结构助词；2.假设连词；3.名词；4."所"的词组和固定格式；5.小结。

1. 结构助词

"所"作为结构助词最常见的用法是与动词或动词短语组成〔所·动（宾）〕结构，"所"在其中的作用是改变动词或动词结构的性质使它具有名词的功能。其次是组成〔所·介词·动（宾）〕结构，"所"先和介词结合，再和动（宾）结合，组成名词性短语。现分别介绍于下：

1.1 〔所·动（宾）〕

1.1.1 〔所·动（宾）〕结构在句中的功用。

（一）作主语。共96例。

（1）所获多矣，敢辱高位以速官谤？（庄22）1.220

（2）病而乞盟，所丧多矣。（僖9）1.306

（3）吾闻之："所乐必卒焉。"（昭15）4.1374

（二）作宾语。共103例。

㈠作动词宾语。常见动词有"有"、"无"。如：

（1）今君德无乃犹有所阙，而以伐人，若之何？（僖19）1.384

（2）鬼有所归，乃不为厉。（昭7）4.1292

（3）大君若不弃书之力，亡臣犹有所逃。（襄21）3.1062

（4）政在家门，民无所依。（昭3）4.1236

（5）晏平仲端委立于虎门之外，四族召之，无所往。（昭10）4.1316

（6）王曰："而敢来，何也？"对曰："使而失命，召而不来，是再奸也。逃无所入。"（昭20）4.1408

带〔所·动（宾）〕作宾语的还有其他一些动词。如：

（7）国老皆贺子文，子文饮之酒。蒍贾尚幼，后至，不贺。子文问之。对曰："不知所贺。"（僖27）1.444

（8）郑人相惊以伯有，曰："伯有至矣！"则皆走，不知所往。（昭7）4.1291

（9）齐侯使公孙青聘于卫。既出，闻卫乱，使请所聘。公曰："犹在竟内，则卫君也。"（昭20）4.1411

（10）礼也者，小事大、大字小之谓。事大在共其时命，字小在恤其所无。（昭30）4.1506

（11）不如焚书以安众，子得所欲，众亦得安，不亦可乎？（襄10）3.981

（12）二三子若能死亡，则如违之，以待所济。若求安定，则如与之，以济所欲。（昭13）4.1345

（13）使司徒禁掠栾氏者，归所取焉。（襄21）3.1062

（14）赋诗断章，余取所求焉。（襄28）3.1145

（二）作介词宾语、作兼词"诸"的宾语。共3例。

（1）王欲敖叔向以其所不知，而不能，亦厚其礼。（昭5）4.1269

（2）曹人凶惧，为其所得者棺而出之。（僖28）1.453

（3）火作，子产……出旧官人，寘诸火所不及。（昭18）4.1396

（三）作名词性谓语。共114例。

（1）臣闻君子能知其过，必有令图。令图，天所赞也。（昭1）4.1214

（2）乃徧以璧见於群望曰："当璧而拜者，神所立也。"（昭13）

4.1350

（3）孔张，君之昆孙、子孔之后也，……国人所尊，诸侯所知。（昭16）4.1377

例（1）的主语是"令图"，"天所赞也"是名词性谓语。"天"是"所赞也"的修饰语。例（2）的"当璧而拜者"是主语，"神所立也"是名词性谓语。例（3）的"孔张"是主语，"国人所尊"、"诸侯所知"是名词性谓语。

有时前面有否定词"非"：

（4）子有令闻，而美其室，非所望也。（襄15）3.1021

（5）古若无死，爽鸠氏之乐，非君所愿也。（昭20）4.1421

有时前面有副词"唯"：

（6）齐、晋亦唯天所授，岂必晋？（成2）2.799

（7）吾私有讨於午也，二三子唯所欲立。（定13）4.1590

（四）作定语。共10例。

定语都是第二层次的问题，如作主语的例（5）中的"吾所问日食"，"所问日食"是主语，在"所问日食"中，"所问"又是修饰"日食"的。又如：

（1）晋侯观于军府，见钟仪。问之曰："南冠而絷者，谁也？"有司对曰："郑人所献楚囚也。"（成9）2.844

（2）华亥与其妻必盟而食所质公子者而后食。（昭20）4.1414

（3）遂赋晋国一鼓铁，以铸刑鼎，著范宣子所为刑书焉。（昭29）4.1504

（4）夫晋国将守唐叔之所受法度以经纬其民。（昭29）4.1504

（五）借助于一定的语言环境和副词"唯"而单独成句。共7例。如：

（1）郑徐吾犯之妹美，公孙楚聘之矣，公孙黑又使强委禽焉。犯惧，告子产。子产曰："是国无政，非子之患也。唯所欲与。"（昭1）4.1212

（2）祸福无门，唯人所召。（襄23）3.1079

（3）晋人曰："何故侵小？"对曰："先王之命，唯罪所在，各致其

辟。"（襄25）3.1105

（4）罕朔奔晋，韩宣子问其位於子产。子产曰："……朔於敝邑，亚大夫也；其官，马师也，获戾而逃，唯执政所寘之。得免其死，为惠大矣，又敢求位？"（昭7）4.1293

（5）召观从，王曰："唯尔所欲。"（昭13）4.1349

（6）今王室乱，单旗、刘狄剥乱天下，壹行不若，谓"先王何常之有，唯余心所命，其谁敢讨之？"（昭26）4.1477

（8）夫举无他，唯善所在，亲疏一也。（昭28）4.1495

以上诸例，除例（1）外，在"所·动"前都有定语，如"人、罪、执政、尔、余心、善"等。在定语和"所·动"之间都可加"之"而意义不变。定语对语义的表达起一定作用，但对结构的性质没有决定性影响。如例（1）就没有定语，例（4）、例（5）的定语"执政"、"尔"也可省去而不影响对语义的理解，更无改于结构的性质。

1.1.2 对〔所·动〕中动词结构的分析。

（一）绝大多数是"所"加"动词"，动词前无附加成分，动词后无宾语或补语。共264例。约占结构助词"所"的70%。如：

（1）政在家门，民无所依。（昭3）4.1236

（2）晋、楚唯天所相，不可与争。（昭4）4.1246

（3）吾不可以欲城而迩奸，所丧滋多。（昭15）4.1370

其中有7例是两个以上的动词并列。如：

（4）神所冯依，将在德矣。（僖5）1.310

（5）暴虐淫从，肆行非度，无所还忌。（昭20）4.1416

（6）於是乎节宣其气，勿使有所壅闭湫底以露其体，兹心不爽，而昏乱有度。（昭1）4.1220

（二）动词前有副词、助动词等附加成分。共27例。

动词前有副词"不"：

（1）故薳氏之族及薳居、许围、蔡洧、蔓成然，皆王所不礼也。（昭

13）4.1344

（2）季孙……伏而对曰："事君,臣之所不得也,敢逃刑命？"（昭31）4.1511

动词前有副词"未"：

（3）使伯氏司里,火所未至,彻小屋,涂大屋。（襄9）3.847

动词前有副词"甚"：

（4）或以吾城叛,吾所甚恶也；人以城来,吾独何好焉？（昭15）4.1370

动词前有助动词"能、敢、欲、得"等：

（5）今越围吴,嗣子不废旧业而敌之,非晋之所能及也,吾是以为降。（哀20）4.1716

（6）君命寡人同恤社稷之难,今问诸使者,曰："师未及国",非寡人之所敢知也。（隐5）1.47

（7）吾私有讨於午也,二三子唯所欲立。（定13）4.1590

（8）床笫之言不逾阈,况在野乎？非使人之所得闻也。（襄27）3.1134

（三）动词后有宾语或补语。共21例。

动词后有宾语,共20例。如：

（1）鲁人告于齐曰："寡君畏君之威,不敢宁居,来修旧好,礼成而不反,无所归咎,恶於诸侯。请以彭生除之。"（桓18）1.152

（2）遂使请战,曰："寡人不佞,能合其众而不能离也。君若不还,无所逃命。"（僖15）1.356

（3）其北陵,文王之所辟风雨也。（僖32）1.491

动词后有补语,仅1例：

（4）公曰："善哉！寡人今而后闻此礼之上也。"对曰："先王所禀於天地以为其民也,是以先王上之。"（昭26）4.1481

"於天地"作动词"禀"的补语。

（四）所字结构为〔所·动（宾）·者〕共9例。

（1）晋其庶乎！吾臣之所争者大。（襄26）3.1111

（2）其所善者，吾则行之；其所恶者，吾则改之，是吾师也。（襄31）3.1192

（3）然则吾所求者无不可乎？（昭4）4.1248

（4）礼，吾所未见者有六焉，又何以规？（昭4）4.1251

（5）华亥与其妻必盟而食所质公子者而后食。（昭20）4.1414

（6）子朝必不克；其所与者，天所废也。（昭22）4.1437

（7）叔孙所馆者，虽一日，必葺其墙屋，去之如始至。（昭23）4.1443

（8）昔阖庐……在军，熟食者分而后敢食，其所尝者，卒乘与焉。（哀1）4.1609

以上例中的"所动者"是一个什么结构？是"所"和"动（宾）者"结合，还是"所动（宾）"和"者"结合？从以上例句的实际情况分析，若理解为"所动"而省去"者"，在意义上没有什么变化，如"吾臣之所争者大"与"吾臣之所争大"；"吾所求者无不可乎"与"吾所求无不可乎"；"吾所未见者有六焉"与"吾所未见有六焉"等。"者"的作用是把"所"字结构与谓语或其他成分区别开来，作为"所"字结构结束的标志。但"者"在以上例中，并不是必不可少的。如果没有"所"，问题就要严重得多。如例（1）"吾臣之所争者大"若变为"吾臣之争者大"，可以理解为"吾臣所争之事大"；也可以理解为"吾臣属中之善争之臣大"。而"吾臣之所争者大"就只能理解为前者。又如例（7）"叔孙所馆者"，只能是指叔孙居住的宾馆，如果去掉"所"，变成"叔孙馆者"，就可能产生歧义，因还可以理解作"叔孙，馆者"，叔孙就是"馆者"，"馆者"可能指看守宾馆的人。又如例（5），"必盟而食所质公子者"与"必盟而食质公子者"是很不一样的，前者是给所质的公子吃，后者却大相径庭，不是给公子吃，而是给质公子的人吃。由此可见在以上"所"字结构中,应分析其内部关系为:"所动(宾)"和"者"结合。"者"在这里是语气词而不是结构助词。

1.1.3 出现在〔所·动(宾)〕结构前的修饰成分。

(一)〔名词·所·动(宾)〕名词作修饰成分。共19例。

(1)敬逆来者,天所福也。(昭3)4.1242

(2)末大必折,尾大不掉,君所知也。(昭11)4.1329

(3)遂赋晋国一鼓铁,以铸刑鼎,著范宣子所为刑书焉。(昭29)4.1504

名词,包括普通名词或专名,都可作〔所·动(宾)〕结构的修饰语,表示领属关系。

(二)〔名·之·所·动(宾)〕共18例。

在名词和"所·动(宾)"之间加助词"之"。如:

(1)今令尹之不信,诸侯之所闻也。(昭1)4.1201

(2)民之所欲,天必从之。(昭1)4.1204

(3)患之所生,污而不治,难而不守,所由来也。(昭1)4.1206

(4)赵孟曰:"何谓蛊?"对曰:"淫溺惑乱之所生也。"(昭1)4.1223

(5)冀之北土,马之所生;无兴国焉。(昭4)4.1247

(6)夫晋国将守唐叔之所受法度,以经纬其民,卿大夫以序守之。(昭29)4.1581

〔名·所动·(宾)〕与〔名·之·所动(宾)〕,其中名词都表领属关系,两式在意义表达上有无区别?前式的"名"与"动"大都是施事关系,如"天所福也"——天福,"君所知也"——君知;"范宣子所为刑书"——范宣子为刑书。后式的"名"与"动"部分为施事关系,如"诸侯之所闻"——诸侯闻;"民之所欲"——民欲。另有一部分"名"与"动"之间却是被动关系,如"患之所生"——患被生。例(3)的大致意思是:忧患被产生出来的原因,就是从污浊而不治理、祸难而不顶住这里来的。例（4）的大意是，淫溺惑乱就是从（或"被"）蛊产生的。例（5）大意是：冀之北土，就是马被生育繁殖的地方。这些例中的〔名之所动〕可理解作〔名·之·被·动〕或〔名·之·所从动〕或〔名之所以动〕。在阅读古文时需特别留意。①

（三）〔代·所·动（宾）〕共16例。

代词为"吾"、"余"或"子"、"而"、"尔"。如：

（1）此，余所能也。（定5）4.1554

（2）然则吾所求者无不可乎？（昭4）4.1248

（3）公孟之不善，子所知也；勿与乘，吾将杀之。（昭20）4.1410

（4）余，而所嫁妇人之父也。（宣15）2.764

（5）令尹之不能，尔所知也。（襄22）3.1069

代词为"其"。如：

（6）礼也者，小事大、大字小之谓。事大在共其时命，字小在恤其所无。（昭30）4.1506

（7）子朝必不克，其所与者，天所废也。（昭22）4.1437

（四）在〔（名）（之）所·动〕前有"非"、"唯"、"皆"、"亦"、"虽"、"若"等副词或连词。共17例。如：

（1）於是叔辄哭日食。昭子曰："子叔将死，非所哭也。"八月，叔辄卒。（昭21）4.1427

（2）公曰："非小人之所及也。"（昭25）4.1463

（3）夫举无他，唯善所在，亲疏一也。（昭28）4.1495

（4）故薳氏之族及薳居、许围、蔡洧、蔓成然，皆王所不礼也。（昭13）4.1344

（5）未有代德，而有二王，亦叔父之所恶也。（僖25）1.433

（6）晋人使司马斥山泽之险，虽所不至，必旆而疏陈之。（襄18）3.1038

（7）若天所启，其在今嗣君乎！（襄31）3.1190

1.1.4 分析"所·动"前后成分,主要目的是为了认识"所·动"结构的性质及"所"的语法意义。"所·动"后面可带"动"的宾语或补语,表明"所"不是代词性质,它不是"动"的前置宾语;"所·动"前面可加"其"、"名"、"名之"等表领属关系的修饰成分,表明"所·动"的名词性质;常用在名词性谓语前的"非"、"唯"、"皆"、"亦"等成分的出现,也反映"所·动"的名词性质。

另一方面,"所·动"又常可理解为偏正结构中的"偏",即定语,而其中心语不出现。如"所欲"——所欲(之事物)。

因此我们认为"所·动"结构具有双重性,它既可作名词短语,也可作定语,是一个名词性兼形容词性的结构。它的形容词性表现在它常以事物的特点、性质、范围等来代替具体的事物。如"王欲敖叔向以其所不知","所不知"意即叔向"所不知的东西",这东西的特点就是叔向"所不知",因此用"所不知"代替了所不知之物。若"所动"后有"名","所动"的定语性质就更清楚了。如"请所用币"的"请所用"可理解为"请示所用的东西","东西"所包括的范围很宽,"请所用币"就只是请示所用的"币"了。

如果"所·动"前面有"名"或"名·之"表所属,后面有"名"作中心词,意义就确切而具体了。如"著范宣子所为刑书焉",若只说"著范宣子所为焉"意义就很难掌握,因为"范宣子所为"意义非常宽泛,事实上也不可能把范宣子所作所为都铸在刑鼎上,必须加上"刑书",才使意义明确。又如"夫晋国将守唐叔之所受法度",如果只说"夫晋国将守唐叔之所受",意义也不明确,因为唐叔"所受"的东西很多,究竟什么是该"守"的呢?必须加上"法度"。看来"所·动"后的"名"有时是可无的,有时是不可少的:当"所·动"代的事物意义比较宽泛时,"名"可无;当"所动"指的事物非常具体时,"名"不可少。

"所·动"结构的名词性,关键是"所"的作用。"所"不仅使整个结构具有名词性,还表示这一名词性的结构所代表的事物是有所归属的,如"所不知",是指某人所不知;"所在"是指某人所在之处;"所甚恶"是指某人甚厌恶的对象;"所"的这一特点到今天还存在,如我们听到别人说"所爱的人",立刻就会想到是指他所爱的人,一般情况下就不会再问他:"谁所爱的人";但若听到别人说"可爱的人",往往就没有这样的反应。

1.1.5 "所·动"代的对象如何去寻找?

(一)在"所·动"前面。如:

(1)赐我南鄙之田,狐狸所居,豺狼所嗥。(襄 14)3.1006

(2)大官大邑,身之所庇也。(襄 31)3.1193

(3)冀之北土,马之所生。(昭 4)4.1247

(二)在"所·动"后面。如:

(1)所违民欲犹多。(宣 12)

(2)郑人所献楚囚也。(成 9)

(3)著范宣子所为刑书焉。(昭 29)4.1504

(三)"所·动"在上下文无所指时,注意观察动词和上下文义,即可判断出所代的事物。如:

(1)吾不可以欲城而迩奸,所丧滋多。(昭 15)4.1370

所丧:我们所丧失的东西。

(2)将战,魏舒曰:"彼徒我车,所遇又阸,以什共车,必克。"(昭 1)4.1215

所遇:两军相遇的地方。

(3)季孙犹在晋,子服惠伯私於中行穆子曰:"鲁事晋,何以不如夷之小国?鲁,兄弟也,土地犹大,所命能具。若为夷弃之,使事齐、楚,其何瘳於晋?"(昭 13)4.1361

所命:晋命令的贡赋。

(4)郑虽无腆,抑谚曰:"蕞尔国",而三世执其政柄,其用物也

弘矣，其取精也多矣，其族又大，所冯厚矣，而强死，能为鬼，不亦宜乎？（昭7）4.1293

所冯：郑凭恃的势力。

（5）主之举也，近文德矣，所及其远哉！（昭28）4.1495

所及：（您的行为的影响）所及之处。

（6）籍谈归，以告叔向。叔向曰："王其不终乎！吾闻之：'所乐必卒焉'。今王乐忧，若卒以忧，不可谓终。"（昭16）4.1374

所乐：人所感到快乐的事情。

由以上例句可以看出，"所·动"代的对象通过上下文和动词本身，一般都能辨出。再者，"所·动"前虽然没有表领属的名词，但由于"所"具有标志属性的特点，结合上下文不难看出"所"前暗含的表领属的"名"（或"代"）应该是什么。在理解时只有把这种领属关系明确指出才能准确完整地表达文义。我们对"所"的这一特点应给以充分注意。

1.2〔所介·动（宾）〕共91例。

（一）〔所以·动（宾）〕共82例。

"所以"用于动词前，表示动作行为的凭借或原因等。如：

（1）夫礼，所以整民也。（庄23）1.226

意谓礼是（国君）用来整顿百姓的凭借。

（2）乱政亟行，所以败也。（隐5）1.42

意谓屡次执行乱政，就是国家败亡的原因。

（3）人所以立，信、知、勇也。（成17）2.901

意谓人之能站得住的原因，就是由于有信用、明智、勇敢。

（二）〔所由·动（宾）〕共7例。

"所由"用于动词前，表示动作行为的原由。如：

（1）齐人伐郑。……公曰："吾知其所由来矣。"（僖7）1.316

意谓我知道齐人来（伐郑）的原由了。

（2）莫不尽力以从上命，致死以补其阙，此战之所由克也。（成16）2.881

意谓这就是战争胜利的原因。

（三）〔所自·动（宾）〕仅1例。

臣闻爱子，教之以义方，弗纳於邪。骄、奢、淫、泆，所自邪也。（隐3）1.32

意谓骄、奢、淫、泆，就是人们由之变得邪恶的途径。

（四）〔所为·动（宾）〕仅1例。

卫庄公娶于齐东宫得臣之妹，曰庄姜，美而无子，卫人所为赋《硕人》也。（隐3）1.30

意谓（庄姜）就是卫人为之赋《硕人》的那个人。

〔所介·动（宾）〕结构是一个名词性短语，"所·介"组成一个表示凭借、原因、工具、方法、目的、途径等的介词结构，再和动词组织在一起，表示动作的凭借、原因、工具、方法、目的等。大致上介词的分工是：

所·以——表示动作行为的凭借、原因、工具、方法、措施。

所·由——原因、由来。

所·自——途径、原因。

所·为——目的、原因、对象。

所·从——处所。

对于〔所介·动（宾）〕结构的意义应如何理解？笔者认为主要应根据"所·介"的意义来理解：第一，看介词的作用和意义；第二，"所·介"与"动（宾）"组成的结构是名词性的短语，它与名词性短语〔所·动（宾）〕在意义上的区别是，〔所·动（宾）〕表示"动的（人、事、物）"；〔所介·动（宾）〕表示"动的'所介'"。如"所克"，可根据上下文理解为"（所）战胜的（敌人）"或"（所）征服的（地方）"，而

"所由克"则表示"战胜的原因","所以克"表示"战胜敌人的方法（或凭借）"。又如"所坠",指"所坠的（物）","所从坠"则指"从之而坠的地方";"所赋"表示"所赋的（诗）（或其他）","所为赋"则可根据上下文表示"为之而赋的（对象）"或"为之而赋的（目的）",还可能表示"为之而赋的原因"。

2. 假设连词

2.1 "所"作假设连词大都出现在誓词中,构成〔所·动·者,有如……〕句式。假设连词"所"与语气词"者"互相配合,有"如果……（的话）"一类意思。共11例。

（1）及河,子犯以璧授公子,曰:"臣负羁绁从君巡於天下,臣之罪甚多矣,臣犹知之,而况君乎? 请由此亡。"公子曰:"所不与舅氏同心者,有如白水!"投其璧于河。（僖24）1.413

（2）（秦伯）使士会,士会辞曰:"晋人,虎狼也。若背其言,臣死,妻子为戮,无益於君,不可悔也。"秦伯曰:"若背其言,所不归尔帑者,有如河!"（文13）2.596

此例"若背其言"是指晋国国君而言,"所不归尔帑者",是秦伯自己的誓言,表示"我若不送还你的妻子儿女的话"。

（3）晋侯使郤克征会于齐。齐顷公帷妇人使观之。郤子登,妇人笑於房。献子怒,出而誓曰:"所不此报,无能涉河!"（宣17）2.772

此例"所不此报"后无"者"。

（4）荀偃瘅疽,生疡於头。……二月甲寅,卒,而视,不可含。宣子盥而抚之,曰:"事吴敢不如事主!"犹视。栾怀子曰:"其为未卒事於齐故也乎?"乃复抚之曰:"主苟终,所不嗣事于齐者,有如河!"乃瞑,受含。（襄19）3.1046

（5）斐豹谓宣子曰："苟焚丹书，我杀督戎。"宣子喜，曰："而杀之，所不请於君焚丹书者，有如日！"（襄23）3.1075

（6）丁丑，崔杼立而相之，庆封为左相，盟国人於大宫，曰："所不与崔、庆者——"晏子仰天叹曰："婴所不唯忠於君、利社稷者是与，有如上帝！"乃歃。（襄25）3.1099

注意此例的"婴所不唯忠於君、利社稷者是与"中的"者"与上面其他几例的"者"不同，"忠於君、利社稷者"是一个名词性短语，"者"在其中起结构助词的作用。此例"所"句是一个倒装句，正序应为"婴所不唯与忠於君、利社稷者"。

（7）公曰："……己所能见夫人者，有如河！"（昭31）4.1511

（8）蔡侯归，及汉，执玉而沉，曰："余所有济汉而南者，有若大川！"（定4）4.1532

（9）孟孙立于房外，谓范献子曰："阳虎若不能居鲁，而息肩於晋，所不以为中军司马者，有如先君！"（定6）4.1557

（10）成子出舍于库，闻公犹怒，将出，曰："何所无君？"子行抽剑，曰："需，事之贼也。谁非陈宗？所不杀子者，有如陈宗！"（哀14）4.1685

（11）公曰："所难子者，上有天，下有先君。"（哀14）4.1687

以上各例的誓词都是第一人称的誓言，因此主语常隐去，只有两三例有主语。誓词大都表示"如果不如何如何，就有……为证"，因而只有一例是"所有……"，其余都是"所不……"。"所"与"者"在大部分誓言中互相呼应，只有例（3）和例（6）没有"者"，可能因为这两例都是宾动倒装句，已经起到强调作用；同时处在句末的是动词"报"、"与"，若加"者"，可能被误认为"报者"、"与者"是两个名词性结构。

誓词中并非一定要有"所"表示假设。如：

（12）自今日既盟之后，郑国而不唯晋命是听，而或有异志者，

有如此盟！（襄9）3.969

（13）自今日既盟之后，郑国而不唯有礼与彊可以庇民者是从，而敢有异者者，亦如之。（襄9）3.969

"而"在这两例中相当"所"的位置，其作用也相当，有假设和强调之意。

2.2 "所"在一般假设句中表示"假设"。仅1例。

凡诸侯之大夫违，告於诸侯曰："某氏之守臣某，失守宗庙，敢告。"所有玉帛之使者则告；不然，则否。（宣10）2.707

3. 名词

"所"作名词共34例。

3.1 "所"作名词常表具体处所。如：

（1）不如早为之所，无使滋蔓！（隐1）1.12

（2）公赋《南山有台》，武子去所，曰："臣不堪也。"（襄20）3.1055

杜预注：去所，避席。

有时表示泛指：

（3）子何所不逞欲？（昭14）4.1364

何所：什么地方。

3.2 表示"地位"、"禄位"、"所在"等比较抽象、空泛的意思。如：

（1）为国君，难将及身，不恤其所。（昭5）4.1266

不恤其所：不忧愁其地位（可危）。

（2）先归复所，后者劓。（昭13）4.1346

复所：复其禄位、居室、田里、资财。

（3）率义不爽，好恶不愆，城可获而民知义所，有死命而无二心，不亦可乎？（昭15）4.1371

义所，杨伯峻先生注："道义之所在"。

3.3 "有所"表示"有时",仅1例。

君子曰:"名之不可不慎也如是夫,有所有名而不如其已。"(昭31)4.1512

杨伯峻先生注:"此谓有时虽有名尚不如无名。"

4. "所"的词组和固定格式

4.1 〔所谓〕表示"所说的……"。共38例。

主要用法有两种:

4.1.1 〔所谓……(者)〕作主语,谓语对它作出解释或说明。如:

(1)谚所谓"室於怒市於色"者,楚之谓矣。(昭19)4.1405

(2)所谓盟主,讨违命也。(昭23)4.1442

4.1.2 〔所谓……〕作复句中的主句,作为对前面的概述,表示"这就是所说的……"一类意思。如:

(1)女自房观之,曰:"子皙信美矣,抑子南,夫也。夫夫妇妇,所谓顺也。"(昭1)4.1212

(2)昭子自阙归,见平子。平子稽颡,曰:"子若我何?"昭子曰:"人谁不死?子以逐君成名,子孙不忘,不亦伤乎?将若子何?"平子曰:"苟使意如得改事君,所谓生死而肉骨也。"(昭25)4.1466

4.2 〔若·所动·何〕仅1例。

赏所甚恶,若所好何?(昭15)4.1370

意谓奖赏我们所极其厌恶的,对所喜欢的又怎么办?

4.3 〔无所辱命〕共2例。

(1)齐侯使请战,曰:"子以君师辱於敝邑,不腆敝赋,诘朝请见。"对曰:"晋与鲁、卫,兄弟也,来告曰:'大国朝夕释憾於敝邑

之地。'寡君不忍,使群臣请於大国,无令舆师淹於君地。能进不能退,君无所辱命。"(成2)2.791

(2)齐侯使公孙青聘于卫。既出,闻卫乱,使请所聘。公曰:"犹在境内,则卫君也。"乃将事焉,遂从诸死鸟。请将事。辞曰:"亡人不佞,失守社稷,越在草莽,吾子无所辱君命。"(昭20)4.1412

"无所辱(君)命"是一种习惯说法,究竟是什么意思?这里牵涉到一个问题,就是"所"的上属或下属问题。上属,则为无所/辱君命,"无所"表示"没有(什么)地方",正如《左传译文》对例(2)的译文:"没有地方可以让您执行君王的命令。"[②] 把"所"视为下属,则为无/所辱(君)命,如杨伯峻先生对例(1)的注:"犹言不致辱君命。乃许战之意。"从"无所……"的全部例句看,"所"应下属,"所辱命"为"无"的宾语。如果"所"上属,变成"无所/动(宾)",一些例句根本无法理解。如:

(1)暴虐淫从,肆行非度,无所还忌。(昭20)4.1416

(2)礼无所逆。(襄2)3.921

(3)得志於齐,犹获石田也,无所用之。(哀11)4.1664

(4)公会齐侯盟于蒙,孟武伯相。齐侯稽首,公拜。齐人怒。武伯曰:"非天子,寡君无所稽首。"(哀17)4.1711

(5)吴申叔仪乞粮於公孙有山氏,曰:"佩玉藥兮,余无所系之;旨酒一盛兮,余与褐之父睨之。"(哀13)4.1679

前四例无法解作"无所/动(宾)",应解作"无/所动(宾)"。末例似可两解,但从上下文义看,解作"无/所系之"更妥,因吴申叔仪向人乞粮,用歌谣作比喻,译出来就是:"佩玉累累下垂啊,我却没有可系带的;甜酒盛满杯啊,我和下贱的老头却只能干睨着。"如果译成"佩玉吊下来啊,我没有地方系着"[③],似乎与乞粮之意不合,也与下文之意不配。

再者,从结构上看,当"所"上属,与"无"构成"无所"时,大都出现在句末。如:

（6）古者明王伐不敬,取其鲸鲵而封之,以为大戮,於是乎有京观以惩淫慝。今罪无所,而民皆尽忠以死君命,又可以为京观乎?（宣12）2.747

杨伯峻先生注:"此亦罪无所归之意。"

（7）为人子者,患不孝,不患无所。（襄23）3.1079

"所",犹言地位。

（8）欲复其愿,而弃其本,复归无所,是谓迷复,能无凶乎?（襄28）3.1144

"复归无所":无处可归。

可知动词后的"无所"与动词前的"无所"是不能等同的,动词前的"无所","所"一般都应下属,与动词结合,作"无"的宾语。因此"无所辱（君）命"中的"所"也应视为下属,表达的意思是"不用麻烦您的命令"或"没有（什么）要麻烦您命令的"。这种理解对这类例句均可讲通。如:

（9）昭公曰:"君不忘吾先君,延及丧人,锡之以大礼。"再拜稽首,以衽受。高子曰:"有夫不祥,君无所辱大礼。"（《公羊传·昭公25年》）[④]2329

"君无所辱大礼":您不用麻烦行（什么）大礼。

4.4　〔所以〕共82例。见"1.2"之（一）。

4.5　〔所由〕共7例。见"1.2"之（二）。

4.6　〔所自〕1例。见"1.2"之（三）。

4.7　〔所为〕1例。见"1.2"之（四）。

5. 小结

5.1　"所"共出现463次。主要作结构助词,占总数的90%;假设连词占 2.6%；名词占 7.4%。

5.2 在 416 例结构助词中,〔所·动〕结构最多,("动"包括动词、动宾、动补等各种动词结构,)共 291 例,占 70%；词组和固定格式共 132 例(其中包括〔所·介〕词组 91 例),占 30%。

〔所·动〕结构是名词性短语,用作主语 74 例,宾语 83 例,名词性谓语 114 例,介词和兼词宾语 3 例,共 274 例,占总数 291 例的 94%；此外还有 10 例作定语,7 例单独成句,这两项合计占 6%。〔所·动〕结构的名词性质非常明显,这是它的第一特点。

5.3 〔所·动〕还有两个特点：一是它还兼有形容词性质,它可以作定语,虽然多数在形式上不是作定语,但实际上都可以在它后面加上名词作中心语,如"所欲"——"所欲之物"。二是"所"除使整个结构具有名词性外,还代表一定的属性,表示所属、表示范围。不论〔所·动〕前有无表领属的"名"或"代"都是如此。

5.4 假设连词"所"12 例,有 11 例用于誓词中,而"若"则在誓词中未见。反映出"若"、"所"等假设连词在语言运用中有所分工。"所"用在严肃庄重、发誓的场合,"若"则运用比较广泛。

[附　　注]

① 〔名·所动(宾)〕式不是绝对没有这种用法,如"夙兴夜寐,毋忝尔所生"(《诗经·小雅·小宛》)。"尔所生"意即"尔之所从生",即指你的父母。但这种例子较少见。
② 《左传译文》,467 页,中华书局 1981 年本。
③ 同上,576 页。
④ 《十三经注疏》下册,世界书局影印本。

（1986 年 9 月修定）
（2003 年 6 月略有修改）

《左传》的"莫"

《左传》的"莫"共97例。主要用作无指代词,表示"没有(什么)人"、"没有(什么)处所"、"没有(什么)物"等,在句中作主语,或主谓谓语中的主语。

"莫"常出现在叙述句和比较句中。下面分两类来谈。

1. 叙述句中的"莫"

叙述句中的"莫"出现在以下几种句式中。

1.1 〔名·莫·动词谓语〕共37例。

"名"是句子主语,"莫"和后面的动词谓语组成主谓结构作句子的谓语。如:

(1)陈乱,民莫有斗心。(桓5)1.105

意谓"陈国动乱,百姓没有人有战斗意志"。这是一个复句,在后面的分句中,"民"是主语,"莫有斗心"是主谓结构作谓语。"莫"和"民"的语义关系是,"莫"表示的"没有(什么)人"是指前面"名"中没有什么人,而不是指"名"范围以外的什么人。"名"是"莫"指代的范围。

(2)冬,葬晋景公。公送葬,诸侯莫在。(成11)2.851

(3)叔向问焉,曰:"寡君之疾病,卜人曰:'实沈、台骀为祟',史莫之知。敢问此何神也?"(昭1)4.1217

(4)晋韩宣子如楚送女,……及楚,楚子朝其大夫,曰:"晋,吾仇敌也。苟得志焉,无恤其他。今其来者,上卿、上大夫也。若吾以韩起为阍,以羊舌肸为司宫,足以辱晋,吾亦得志矣。可乎?"大夫莫对。(昭5)4.1267

(5)公室四分,民食於他。思莫在公,不图其终。(昭5)4.1266

(6)姜,大岳之后也。山狱则配天,物莫能两大。陈衰,此其昌乎!(庄22)1.224

以上前四例的"莫"指"没有什么人",后两例的"莫"与前面的主语"思"、"物"相呼应,指"没有什么心思(或'物')"。

"莫"常与"不"连用,以双重否定表示肯定。如:

(7)至于夷王,王愆于厥身,诸侯莫不并走其望,以祈王身。(昭26)4.1476

"诸侯莫不……",意谓"诸侯都……"。

(8)楚郤宛之难,国言未已,进胙者莫不谤令尹。(昭27)4.1487

(9)夫无极,楚之谗人也,民莫不知。(昭27)4.1488

(10)吴犯间上国多矣,闻君亲讨焉,诸夏之人莫不欣喜,唯恐君志之不从,请入视之。(哀20)4.1716

1.2 〔莫·动(宾)〕共9例。

"莫"前没有其他成分,"莫"就是句子的主语,它所代的对象大多在上文。如:

(1)鬭廉曰:"郧人军其郊,必不诫,且日虞四邑之至也。君次於郊郢,以禦四邑,我以锐师宵加於郧。郧有虞心而恃其城,莫有斗志。若败郧师,四邑必离。"(桓11)1.131

莫有斗志:没有谁有战斗意志。

(2)是以神降之福,时无灾害,民生敦厐,和同以听;莫不尽力以从上命,致死以补其阙。(成16)2.881

(3)楚子疾,告大夫曰:"若以大夫之灵,获保首领以殁於地,

唯是春秋窀穸之事、所以从先君於祢庙者,请为'灵'若'厉'。大夫择焉。"莫对。(襄13)3.1001

（4）楚子欲迁许於赖,使鬬韦龟与公子弃疾城之而还。申无宇曰:"楚祸之首将在此矣。召诸侯而来,伐国而克,城竟,莫校;王心不违,民其居乎?"(昭4)4.1254

"城竟,莫校",意谓筑城於边境而(诸侯)没有谁与之争者。

（5）伯石始生,子容之母走谒诸姑,曰:"长叔姒生男。"姑视之,及堂,闻其声而还,曰:"是豺狼之声也。狼子野心。非是,莫丧羊舌氏矣。"遂弗视。(昭28)4.1493

"非是,莫丧羊舌氏矣",意谓"不是伯石这个人,没有谁会毁掉羊舌氏。"

像这类"莫"的前面没有名词作全句主语,"莫"所指代的范围比较宽泛,可理解为"没有谁"、"没有什么人";但也不是没有边际地指代任何人,它所指代的对象仍有一定范围,大都与上文某一对象有关,仔细阅读上文是不难发现的。如例(1)的"莫"是指"鄾人中没有什么人";例(2)的"莫"与"民"有关;例(3)的"莫"与"大夫"有关;例(4)的"莫"与"诸侯"有关;例(5)的"莫"虽然是泛指,但也指伯石以外的人中没有什么人,也是有个范围的。

以上诸例的"莫"均为"没有人"。有时"莫"指"没有什么":

（6）若吾子之德,莫可歌也,其谁来之?盍使睦者歌吾子乎?（文8）2.564

意谓:"如果您的德行,没有什么可以歌颂的,有谁肯来归服?"

（7）行父还观莒仆,莫可则也。孝敬、忠信为吉德,盗贼、藏奸为凶德。夫莒仆,则其孝敬,则弑君父矣;则其忠信,则窃宝玉矣。其人,则盗贼也;其器,则奸兆也。（文18）2.635

有时表示"无处":

（8）楚子问鼎之大小、轻重焉。对曰:"在德不在鼎。昔夏之方有德也,远方图物,贡金九牧,铸鼎象物,百物而为之备,使民知神、奸。故民入川泽、山林,不逢不若。螭魅罔两,莫能逢之。用能协于上下,以承天休。"(宣3)2.670

有时"莫"句出现在"与其……不犹……"连接的复句中:

(9)葬灵王,郑上卿有事。子展使印段往。伯有曰:"弱,不可。"子展曰:"与其莫往;弱,不犹愈乎?"(襄29)3.1156

"与其莫往",意谓"与其没有人往"。

1.3 〔莫·代·动(宾)〕共8例。

1.3.1 当"莫"句中动词的宾语为代词时,代词往往置于"副(或助动词)·动"之前。如:

(1)余掖杀国子,莫余敢止。(僖25)1.430

(2)楚子玉……及连穀而死。晋侯闻之而后喜可知也,曰:"莫余毒也已。"(僖28)1.468

(3)叔孙昭子曰:"诸侯之无伯,害哉!齐君之无道也,兴师而伐远方,会之,有成而还,莫之亢也。无伯也夫!"(昭16)4.1376

(4)季文子曰:"中国不振旅,蛮夷入伐,而莫之或恤。无吊者也夫!"(成7)2.832

(5)赵简子问於史墨曰:"季氏出其君,而民服焉,诸侯与之;君死於外而莫之或罪,何也?"(昭32)4.1519

1.3.2 有时"之"为介词的宾语而前置:

(6)是谓"凤皇于飞,和鸣锵锵。有妫之后,将育于姜。五世其昌,并于正卿。八世之后,莫之与京。"(庄22)1.222

"莫之与京":莫与之京。意谓第八代以后,没有人可以和他争强。

1.3.3 在少数例句中代词宾语不前置:

(7)邾子曰:"命在养民。死之短长,时也。民苟利矣,迁也,吉莫如之!"遂迁于绎。(文13)2.598

（8）螭魅罔两，莫能逢之。(宣3) 2.670

2. 比较句中的"莫"

"莫"所在的比较句有以下几种：

2.1 〔X莫大(甚、厚、威、……)焉〕共19例。

X为比较的内容，"焉"为兼词，相当于"於是"，"莫大焉"表示"没有什么比这更大"，这是一种最高级的比较。如：

（1）人谁无过，过而能改，善莫大焉。(宣2) 2.657

（2）与人而不同，取恶莫甚焉。(襄14) 3.1008

（3）主以不贿闻於诸侯，若受梗阳人，贿莫甚焉。(昭28) 4.1497

（4）贰而执之，服而舍之，德莫厚焉，刑莫威焉。(僖15) 1.366

2.2 〔动宾·莫如(若)X〕共20例。

表示做某件事没有什么比X更恰当的了。如：

（1）用少莫如齐致死，齐致死莫如去备。(昭21) 4.1428

意谓使用少量的兵力没有什么比一起拼命更恰当的了，一起拼命没有什么比撤去守备更恰当的了。

（2）齐陈乞伪事高、国者，每朝，必骖乘焉。所从，必言诸大夫曰："彼皆偃蹇，将弃子之命。皆曰：'高、国得君，必逼我，盍去诸？'固将谋子，子早图之！图之莫如尽灭之。需，事之下也。"(哀6) 4.1633

"固将谋子，……莫如尽灭之。"意谓：他们本来就要打您的主意，您要早点考虑对策！考虑对策，没有什么比全部消灭他们更合适的了。

以上两例的"莫如"后面都是动词结构。有时"莫如"后为名词：

（3）择子莫如父，择臣莫如君。(昭11) 4.1327

有一例为"莫若"：

（4）古人有言曰："知臣莫若君。"（僖7）1.317

这一例是古人语,似可看出"莫如"比"莫若"晚起。在《孟子》、《韩非子》等著作中也是以"莫如"为主。

2.3〔A 莫 X 於 B〕

A 是比较的范围,B 是 A 中的一员或一类,X 是比较的内容。《左传》中只见到 1 例:

吾闻之,虫莫知於龙。（昭29）4.1500

意谓虫里面没有什么比龙更聪明的了。

3.《左传》有无副词"莫"?

以上两类句式中的"莫"都是无指代词。《左传》中有无副词"莫"?副词"莫"的特点,应修饰动词,表示"不"或"勿"意,如果理解作无指代词,则文理不通。尤其是表示禁戒的"勿"意,更为典型。如:

（1）莫为盗！莫为杀人！（《庄子·则阳》）[①]4.901

（2）秦惠王车裂商君以徇,曰:"莫如商鞅后者！"（《史记·商君列传》）[②]7.2237

（3）其去刚卯,莫以为佩;除刀钱,勿以为利！（《汉书·王莽传中》）[③]12.4109

例（3）的"莫"与下文的"勿"互用,禁戒之意甚明。

《左传》中没有见到表禁戒的"莫"。

表示"不"意的"莫"虽然不如表禁戒的"莫"那样容易辨认,但它也有自己的特点:第一,它所在句一般都有主语;第二,它一般都不能理解作"没有什么人（事、物）";第三,它前面可以接受其他成分修饰。如:

（4）小子何莫学夫《诗》？（《论语·阳货》）[④]192

（5）令其裨将传飧,曰:"今日破赵会食！"诸将皆莫信,详应

曰:"诺。"(《史记·淮阴侯列传》)⑤8.2616

《左传》中也没有见到这类用法的"莫"。但有4例的"莫"前有修饰语,值得注意:

(6)闻免父之命,不可以莫之奔也;亲戚为戮,不可以莫之报也。(昭20)4.1048

(7)蘧越曰:"再败君师,死且有罪。亡君夫人,不可以莫之死也。"乃缢於蘧氵。(昭23)4.1447

(8)夫以信召人,而以僭济之,必莫之与也。(襄27)3.1132

拿以上三条来衡量,4例"莫"所在句都无主语;"莫"可以理解作"没有人";因此就头两条来看,"莫"近似无指代词。但麻烦的是第三条,"莫"前面有修饰语"不可以"、"必"。这种现象不仅在《左传》中极少见,就是在先秦许多古籍中也难寻找。对这一现象我们作这样的分析:"不可以"和"必"都是对全句起修饰作用:

<u>不可以</u> / 莫之奔也。<u>不可以</u> / 莫之报也。

<u>不可以</u> / 莫之死也。<u>必</u> / 莫之与也。

"莫"在以上句中作主语。《左传》中"必"出现在主谓前的还有几例:

(9)七日不克,<u>必</u> / 尔乎取之!(襄10)3.976

(10)<u>必</u> / 子鲜在。不然,必败。(襄26)3.1112

(11)今兹火出而章,<u>必</u> / 火入而伏。(昭17)4.1390

以上这些似乎可以作为"莫"归入无指代词的参照。

但另一方面,也要看到这样的事实:"不可以"在《左传》中只在〔副词(不)·动词〕或动词前出现。如:

(12)吾子其不可以不戒。(昭1)4.1201

(13)不可以见仇而弗杀也。(哀13)4.1676

"必"在《左传》中共547例,出现在主谓前的也只有以上几例,其他99.9%都在主语之后、谓语之前,其中主语承前省略、"必"位于谓语前的约占大半。因此《左传》这几例由"不可以"和"必"作修饰语的句子，似乎也可以视为"莫"作为副词用法的先兆。在这几例中，"莫"虽可理解作"没有人"，但若理解为"不"，对文义也无妨碍。

笔者对这一语法现象尚无定见，不敢妄言，望得指教。

4. 小结

《左传》的"莫"共 97 例，都是无主代词，表示"没有人（物、处所）"，在句中用作主语或主谓谓语中的主语。

"莫"在主谓谓语中作主语时，"莫"所表示的"没有人"的范围与前面的主语相关。如：

夫左尹与中厩尹，莫知其罪，而子杀之，以兴谤讟，至于今不已；戌也惑之。（昭 27）4.1488

《春秋左传注》注此"莫"为"无人也"，似指两人以外的人，实际应即指前面主语中的"左尹与中厩尹"，指他俩无人知道自己的罪过就被杀了。

在《左传》中没有发现典型的副词"莫"，但有 4 例"莫"前有修饰语"不可以"、"必"，使"莫"具有某些副词性质。这一语法现象值得深入探讨。

[附　　注]

① 郭庆藩辑《庄子集释》，中华书局 1961 年本。
② 《史记》，中华书局 1973 年本。
③ 《汉书》，中华书局 1975 年本。
④ 杨伯峻《论语译注》，中华书局 1962 年本。
⑤ 同②。

（1986 年 9 月修定）
（2003 年 6 月略有修改）

《左传》的"何"*

文言虚词中有少数常用词用法最为复杂多样,其中一个就是"何"。"何"除本身单独的用法外,更与其他词配合,组成众多的词组和固定格式,用法灵活,含义丰富。掌握"何"的用法、特别是了解其词组和固定格式的特点,对阅读古书时正确理解文义将会有所裨益。本文试以《左传》的"何"作为典型来剖析,把"何"分为三个,文章共由四部分组成:1.何[1]:疑问代词"何"及其词组和固定格式;2.何[2]:形容词"何"及其词组和固定格式;3.何[3]:疑问副词"何"及其词组;4.小结。

1. 何[1]:疑问代词"何"及其词组和固定格式

疑问代词"何"的基本特点是单独用作句中的宾语、谓语或主语,在词组或固定格式中也作一个单独成分。它可作动词或介词的宾语,代事、物、处所、人以及原因、方法等。

1.1 何[1]的单独用法(指何[1]单独用作句中的宾语、谓语或主语)。共126例。下面分别介绍它所指代的对象及它在用法上的特点。

1.1.1 何[1]指代的对象。

(一)代事。共94例,占126例的74%。这是何[1]最常见的用法。

---

* 本文曾发表在《古汉语论集》第二辑,张之强、许嘉璐主编,湖南教育出版社1988年。

"何"作宾语绝大多数都出现在动词之前。如：

(1) 齐侯曰："室如县罄，野无青草，何恃而不恐？"对曰："恃先王之命。"(僖 26) 1.439

(2) 晋侯以齐侯宴，中行穆子相。……穆子曰："吾军帅强禦，今犹古也，齐将何事？"(昭 12) 4.1333

"何事"，意思是"干什么"。

仅有一例的"何"在动词之后：

(3) 将战，吴子呼叔孙，曰："而事何也？"对曰："从司马。"(哀 11) 4.1663

"事何"，意思是"干什么"，在具体上下文里也可理解作"担任什么职务"。

《左传》中疑问代词在动词之后，仅此一例（固定格式除外）；而否定句中的代词位于动词后的却有数十例①，可见疑问句中代词位置的变化比否定句缓慢。

(二) 代物。共 11 例，占 9%。如：

(4) 子大叔曰："宝以保民也，若有火，国几亡。可以救亡，子何爱焉？"(昭 18) 4.1395

"何"代上文的"宝"。

(5) 郤犨曰："吾为子请邑。"对曰："婴齐，鲁之常隶也，敢介大国以求厚焉？承寡君之命以请，若得所请，吾子之赐多矣，又何求？"(成 16) 2.894

(三) 代处所。共 11 例，占 9%。如：

(6) 公号庆郑，庆郑曰："愎谏、违卜，固败是求，又何逃焉？"遂去之。(僖 15) 1.356

(四) 代人。共 10 例，占 8%。如：

(7) 十二月戊午，秦军掩晋上军，赵穿追之，不及。反，怒曰："裹粮坐甲，固敌是求。敌至不击，将何俟焉？"军吏曰："将有待

也。"（文12）2.591

（8）及巴师至，将卜帅。王曰："宁如志，何卜焉？"使帅师而行。（哀18）4.1713

1.1.2 何¹的用法。

（一）表示反问。共115例，占91%。这是何¹的主要用法。这些反问句绝大多数都出现在对话中，通过反问表示否定，有着强烈的感情色彩。如：

（1）武叔呼而问战焉。对曰："君子有远虑，小人何知？"（哀11）4.1659

（2）知起、中行喜、州绰、邢蒯出奔齐，皆栾氏之党也。乐王鲋谓范宣子曰："盍反州绰、邢蒯？勇士也。"宣子曰："彼栾氏之勇也，余何获焉！"（襄21）3.1063

（3）公曰："晋有三不殆，其何敌之有？国险而多马，齐、楚多难；有是三者，何乡而不济？"（昭4）4.1246

乡，同"嚮"，今作"向"。

（4）晋人将寻盟，齐人不可。晋侯使叔向告刘献公曰："抑齐人不盟，若之何？"对曰："盟以底信，君苟有信，诸侯不贰，何患焉？"（昭13）4.1355

（二）表示询问。共11例，仅占9%。如：

（5）椒举言於楚子曰："臣闻诸侯无归，礼以为归。今君始得诸侯，其慎礼矣。霸之济否，在此会也。……齐桓有召陵之师，晋文有践土之盟。君其何用？"王曰："吾用齐桓。"（昭4）4.1251

（6）程郑问焉，曰："敢问降阶何由？"子羽不能对。（襄24）3.1093

"何"所在的疑问句与反问句的区别：前者在句首往往有"敢问"等表礼貌的词语，有时在"何"前有语气副词"其"；后者"何"前有时有副词"又"、在句尾则常有兼词词"焉"配合呼应。从上下文看，表询问,在对话中常有回答;表反问,则常以反问句作为话语的结束,不要求也没有对答。

1.1.3 何¹的语法功能。

(一)作宾语。共118例。占93%。其中除1例(见1.1例(3))外,"何"都位于动词前。如:

(1)我曲楚直,其众素饱,不可谓老。我退而楚还,我将何求?(僖28)1.458

(二)作谓语。共2例。占1.6%。

(2)逢滑当公而进,曰:"今吴未有福,楚未有祸,楚未可弃,吴未可从。"公曰:"国胜君亡,非祸而何?"(哀1)4.1607

(3)王曰:"叔氏,而忘诸乎!……其后襄之二路,铖铖、秬鬯,彤弓、虎贲,文公受之,以有南阳之田,抚征东夏,非分而何?"(昭15)4.1372

(三)作主语。共6例。占5.4%。因这类例很少见,全列于下:

(4)公笑曰:"子近市,识贵贱乎?"对曰:"既利之,敢不识乎?"公曰:"何贵?何贱?"於是景公繁於刑,有鬻踊者,故对曰:"踊贵,屦贱。"(昭3)4.1238

(5)景王问於苌弘曰:"今兹诸侯何实吉?何实凶?"对曰:"蔡凶。"(昭11)4.1322

(6)无宇辞曰:"封略之内,何非君土?食土之毛,谁非君臣?"(昭7)4.1284

(7)又赋《采蘩》,曰:"小国为蘩,大国省穑而用之,其何实非命?"(昭1)4.1209

1.2 何¹的词组和固定格式。

1.2.1 〔何也〕共12例。有10例用于询问原因或状况,表示"为什么"或"什么",都出现在甲方的问话中,且在复句之末。如:

（1）王曰："骋而左右，何也？"曰："召军吏也。"（成16）2.884

（2）魏子曰："吾闻诸伯叔，谚曰：'唯食忘忧。'吾子置食之间三叹，何也？"（昭29）4.1497

有两例用于反问，表示"哪用（用）"、"哪里（会）"一类意思。在句中都不要求对方回答，通过反问表示否定。都位于一段话之首，单独成句。这两例是：

（3）楚子辛、郑皇辰侵城郜，……以三百乘戍之而还。……宋人患之。西鉏吾曰："何也！……吾庸多矣，非吾忧也。"（成18）2.912
"何也"，针对上文"宋人患之"而发，意思是"哪里用担心"。

（4）魏子谓成鱄："吾与戊也县，人其以我为党乎？"对曰："何也！戊之为人也，远不忘君，近不偪同；居利思义，在约思纯，有守心而无淫行，虽与之县，不亦可乎！"（昭28）4.1494

何[1]大多出现在反问句，而"何也"却多表疑问，这可能与"也"的作用有关，因"也"大都用于叙述、判断或提问中，很少用在反问句里。

1.2.2 〔庸何〕共3例。都用于反问句。"庸"、"何"，同义词连用，相当于"何"，加强反问语气。

（1）二人浴于池。歜以扑抶职。职怒。歜曰："人夺女妻而不怒，一抶女，庸何伤？"（文18）2.630

（2）曾夭谓曾阜曰："旦及日中，吾知罪矣。鲁以相忍为国也。忍其外，不忍其内，焉用之？"阜曰："数月於外，一旦於是，庸何伤？"（昭1）4.1211

以上二例中的"庸何伤"意即"伤何"，"何"代"什么"，大意为"有什么妨碍"。

（3）曰："归乎？"曰："君死，安归？……且人有君而弑之，吾焉得死之？而焉得亡之？将庸何归？"（襄25）3.1098
"庸何归"表示"归何"，意即"回到哪里去"，"庸何"与上文的"安"相呼应,表示相同的意思。

1.2.3 〔何谓也〕与〔何谓X("谓"的宾语)〕。

(一)〔何谓也〕共4例。其中的"何"是"谓"的宾语而前置。此式常置于复句之末,意指上文所说的话或事是什么意思。如:

(1)穆叔如晋,范宣子逆之,问焉,曰:"古人有言曰:'死而不朽',何谓也?"穆叔未对。(襄24)3.1087

有时用作句中谓语:

(2)献子曰:"是二氏者,吾亦闻之,而不知其故,是何谓也?"(昭29)4.1500

有时用作"问"的宾语:

(3)齐侯与晏子坐于路寝。公叹曰:"美哉室!其谁有此乎?"晏子曰:"敢问何谓也?"公曰:"吾以为在德。"(昭26)4.1480

(二)〔何谓X〕共6例。此式中的"何"是主语,询问什么是或什么叫作X。如:

(1)公曰:"多语寡人辰而莫同。何谓辰?"对曰:"日月之会是谓辰。"(昭7)4.1297

(2)公曰:"善哉!何谓威仪?"对曰:"有威而可畏谓之威,有仪而可象谓之仪。"(襄31)3.1194

以上〔何谓也〕与〔何谓X〕都表示询问。

1.2.4 〔谓X何〕共6例。常出现在复句或语段的最后。

(一)表示否定。说话一方在假设某种不应去做的行动之后,用此式来表示结果,意谓别人将会说(我)什么,亦即别人将认为(我)不怎么样。如:

(1)公之未昏於齐也,齐侯欲以文姜妻郑大子忽。大子忽辞。……及其败戎师也,齐侯又请妻之。固辞。人问其故。大子曰:"无事於齐,吾犹不敢。今以君命奔齐之急,而受室以归,是以师昏

也;民其谓我何?"(桓6)1.114

有时此式表示"奈……何",亦即拿X没有办法的意思。如:

(2)郤至曰:"人所以立,信、知、勇也。信不叛君,知不害民,勇不作乱。失兹三者,其谁与我?死而多怨,将安用之?君实有臣而杀之,其谓君何?"(成17)2.902

有时表示,(我)将对X说什么,亦即(我)将无辞以对X。如:

(3)卫侯使孙良夫、石稷、宁相、向禽将侵齐,石子欲还。孙子曰:"不可。以师伐人,遇其师而还,将谓君何?"(成2)2.787

(二)表示询问。仅1例。

(4)秦伯曰:"国谓君何?"对曰:"小人慼,谓之不免;君子恕,以为必归。"(僖15)1.366

此例的"谓"有"评论"的意思,询问国人评论国君什么?

表示反问与表示询问可从上下文义加以辨别。前者下文常无答,后者有下文作答。从此式出现的位置看,表示反问,此式往往出现在复句或语段之末;表示询问则大都单独成句。

以上1.2.3与1.2.4的区别在于:〔何谓也〕与〔何谓X〕主要用于表示询问,〔谓X何〕则主要表示反问。〔何谓也〕中的"何"是"谓"的宾语、〔何谓X〕中的"何"是句子主语,都位于动词之前;而〔谓X何〕中的"何"作为"谓"的宾语却在动词之后。

1.2.5 〔若之何〕共57例。内部又分两类:

(一)〔"若之何"+谓语〕共17例。在这类句式中"若之何"作为一个词组,表示"为什么"、"怎么能"一类意思,"之"一般不代表具体对象。此式大多用作复句的末一分句,表示反问。这些反问句大都是先在上文摆事实、讲道理,然后以反问结束,不要求答复,易于辨认。如:

(1)然明谓子产曰:"毁乡校何如?"子产曰:"何为?夫人朝夕退而游焉,以议执政之善否。其所善者,吾则行之;其所恶者,

吾则改之,是吾师也。若之何毁之?"(襄31)3.1192

(2)叶公亦至,及北门,或遇之,曰:"君胡不胄?国人望君如望慈母焉,盗贼之矢若伤君,是绝民望也,若之何不胄?"(哀16)4.1703

拿此例的"君胡不胄"与"若之何不胄"比较,"胡"表"为什么",在这里是询问;在讲述了应该"胄"的道理之后,用了反问句"若之何不胄",亦即"应该胄"之意。

(3)若之何其以病败君之大事也?(成2)2.792

在谓语之前有副词"其",起加强语气的作用。

表示询问:

(4)仲孙归,曰:"不去庆父,鲁难未已。"公曰:"若之何而去之?"对曰:"难不已,将自毙,君其待之!"(闵1)1.257

(5)季孙欲以田赋,使冉有访诸仲尼。仲尼曰:"丘不识也。"三发,卒曰:"子为国老,待子而行,若之何子之不言也?"仲尼不对。(哀11)4.1668

上例"若之何"与谓语"去之"之间有"而"连接,下例"若之何"与一个〔主·之·谓〕结构相接;而表反问的例句都是"若之何"+谓语。

(二)〔若之何〕作谓语。共40例。表示"(拿他)怎么办",常用在面对比较严重、紧急的情况而谋求对策的问话中。问话人往往有忧、惧的表现,用"若之何"带有紧迫感;答话中常有"何患焉"、"无害"之类表宽慰的话。如:

(1)及吴师至,拘者道之以伐武城,克之。……国人惧。懿子谓景伯:"若之何?"对曰:"吴师来,斯与之战,何患焉?"(哀8)4.1648

(2)初,卫公叔文子朝,而请享灵公。退,见史鳅而告之。史鳅曰:"子必祸矣!子富而君贪,其及子乎!"文子曰:"然。吾不先告子,是吾罪也。君既许我矣,其若之何?"史鳅曰:"无害。子臣,可以免。"(定13)4.1592

以上表示询问共20例。还有20例表示反问,意谓"能怎么办"、"将怎么办",实即无可奈何、没有办法之意。如:

（3）析父谓子革:"吾子,楚国之望也。今与王言如响,国其若之何?"（昭12）4.1340

杨伯峻先生注:"言国将不堪也。"

（4）晋平公,杞出也,故治杞。六月,知悼子合诸侯之大夫以城杞,……文子曰:"甚乎其城杞也!"子大叔曰:"若之何哉!"（襄29）3.1158

"若之何哉!"表示:"拿他怎么办啊!"

"若之何"的"之"有时含义较实,可理解作"拿他(它)怎么办"如上面例(4);有时含义较虚,"若之何"作为一个词组,表示"怎么办",如例(3)。有时"若之何"用法更为灵活,不表"怎么办"而表"怎么样",是对状态和程度的反问。如:

（5）浑罕曰:"国氏其先亡乎!君子作法於凉,其敝犹贪。作法於贪,敝将若之何?"（昭4）4.1255

杨伯峻先生注:言后果不堪设想。敝,终也。今言后果。

1.2.6 〔若·X·何〕共22例。"若"与"何"之间不是代词"之",而是代表具体对象的名词等(用X代),它在此式中占重要位置,无论反问、询问,都是对X而发。基本含义是对X怎么办。细微差别随上下文义而异。

（一）表示反问。共18例。此式常在复句之末,意谓如果照上面所说的去做,如何对得起X,如何向X交代。如:

（1）既败,王使谓之曰:"大夫若入,其若申、息之老何?"（僖28）1.468

有时表示如何对待X:

（2）萧同叔子非他,寡君之母也。若以匹敌,则亦晋君之母也。

吾子布大命於诸侯，而曰必质其母以为信，其若王命何？（成2）2.797

有时表示能把X怎么样一类意思，与"奈……何"意同。如：

(3) 公疾病，求医于秦。秦伯使医缓为之。未至，公梦疾为二竖子，曰："彼，良医也，惧伤我，焉逃之？"其一曰："居肓之上，膏之下，若我何？"（成10）2.850

(二) 表示询问。共4例。常单独成句。如：

(4) 公曰："若楚惠何？"栾贞子曰："汉阳诸姬，楚实尽之。思小惠而忘大耻，不如战也。"（僖28）1.459

(5) 子大叔曰："若四国何？"子产曰："非相违也，而相从也，四国何尤焉？"（襄30）3.1180

"若楚惠何"、"若四国何"都含有"对……怎么办"的意思。

此式中的X大多为名词或名词性的偏正结构（共15例），少数为代词（共6例）；有1例为"所+动"结构：

(6) 穆子曰："……赏所甚恶，若所好何？"（昭15）4.1370

"所甚恶"与"所好"互相对照，都是名词性结构。

1.2.7 〔无若X何〕共3例。上面介绍的〔若X何〕常以反问的形式表达否定的内容；而〔无若X何〕则是以否定的句式表达否定的内容，大意就是"无法对待X"、"无奈X何"，暗含的主语就是说话人自己。如：

(1) 公薨之月，子产相郑伯以如晋，晋侯以我丧故，未之见也。子产使尽坏其馆之垣而纳车马焉。士文伯让之，曰："敝邑以政刑之不修，寇盗充斥，无若诸侯之属辱在寡君者何！是以令吏人完客所馆，高其闬闳，厚其墙垣，以无忧客使。今吾子坏之，虽从者能戒，其若异客何？"（襄31）3.1186

"无若诸侯之属辱在寡君者何"表示无法对待来向寡君朝聘的诸侯的属官。下文的"其若异客何"表示"对别国的宾客怎么办"，意即无法对待别国的宾客。将二者对照就可看出,两式虽都可表否定,但表现形式却有所不同。前者是在"若X何"前径用否定词"无",后者则在"若X何"前用了语气副词"其"加强反问的语气。

(2)郑简公卒,将为葬除,……司墓之室有当道者,毁之,则朝而堋;弗毁,则日中而堋。子大叔请毁之,曰:"无若诸侯之宾何!"子产曰:"诸侯之宾能来会吾丧,岂惮日中?无损於宾,而民不害,何故不为?"(昭12)4.1332

此句意谓,(如果不拆毁司墓的房屋)无法对待各国的宾客。

但当X是"我"时,主语则不是说话人自己而变为另一方,这样意义也随之变化,"无若我何"有时表示"使我没有办法":

(3)吴公子光曰:"此时也,弗可失也。"告鱄设诸曰:"上国有言曰:'不索,何获?'我,王嗣也,吾欲求之。……"鱄设诸曰:"王可弑也。母老、子弱,是无若我何!"光曰:"我,尔身也。"(昭27)4.1484

"是无若我何","是"指老母、弱子,意即他们使我没有办法。②

1.2.8 〔若何〕共27例。可分三类:

(一)〔若何·(而·)谓语〕共4例。"若何"在此式中作状语。具体用法有两种:

㊀〔若何·谓语〕共3例。"若何"表示"怎么能","为什么"。整个句子表示反问。如:

(1)子鲜从公。及竟,公使祝宗告亡,且告无罪。定姜曰:"无神,何告?若有,不可诬也。有罪,若何告无?"(襄14)3.1013

(2)冬十月,楚子伐郑,郑人将御之。子产曰:"晋、楚将平,诸侯将和,楚王是故昧於一来。不如使逞而归,乃易成也。夫小人之性,衅於勇,啬於祸、以足其性而求名焉者,非国家之利也,若何从之?"(襄26)3.1123

(3)(司马侯)对曰:"邻国之难,不可虞也。或多难以固其国,

启其疆土;或无难以丧其国,失其守宇,若何虞难?"(昭4)4.1247

㈢〔若何·而·谓语〕共1例。"若何"表示"怎么样",询问方法。如:

(4)秦人欲战。秦伯谓士会曰:"若何而战?"对曰:"赵氏新出其属曰臾骈,必实为此谋,将以老我师也。赵有侧室曰穿,晋君之壻也,有宠而弱,不在军事;好勇而狂,且恶臾骈之佐上军也。若使轻者肆焉,其可。"(文12)2.590

(二)〔若何〕单独成句或用作谓语。共18例。它的用法较灵活多样。

㈠表示询问。这是此式的主要用法。常出现在征求对方对自己提出的方案有何意见的对话中。它与"若之何"不同的是,"若之何"表示询问常用于说话人自己没有办法的场合,上文多是对情况的叙述,然后用"若之何"来请求对方出谋献策,含有"(拿他)怎么办"的意思;"若何"则多用于自己先提出解决办法、征求对方是否同意的对话中[③],含有"怎么样"的意思。这种含义上的区别可能与其中"之"的有无有关。同时,"若之何"多运用在发生重大事件、情况紧迫时的对话中,"若何"则在一般场合均可用。共7例。如:

(1)先蔑之使也,荀林父止之,曰:"夫人、大子犹在,而外求君,此必不行。子以疾辞,若何?不然,将及。"(文7)2.561

(2)晋侯将以师纳公。范献子曰:"若召季孙而不来,则信不臣矣,然后伐之,若何?"晋人召季孙。(昭31)4.1510

(3)(子我)谓之曰:"我尽逐陈氏而立女,若何?"对曰:"我远於陈氏矣,且其违者不过数人,何尽逐焉?"(哀14)4.1684

㈡表示反问。共9例。如:

(4)穆嬴日抱大子以啼于朝,曰:"先君何罪?其嗣亦何罪?舍适嗣不立,而外求君,将焉置此?"出朝,则抱以适赵氏,顿首於宣子,曰:"先君奉此子也而属诸子,曰:'此子也才,吾受子之赐;不才,吾唯子之怨。'今君虽终,言犹在耳,而弃之,若何?"宣子与诸大夫皆患穆嬴。(文7)2.559

此例"若何"有"(打算)怎么办"一类意思。

(5)役人曰:"从其有皮,丹漆若何?"华元曰:"去之!夫其口众我寡。"(宣2)2.654

此例"若何"前有主语"丹漆","若何"针对"丹漆"而发,表示"丹漆怎么办",意即丹漆无法解决。

㈢用于反问句中表示程度。1例:

(6)饮酒乐。公曰:"古而无死,其乐若何!"晏子对曰:"古而无死,则古之乐也,君何得焉?"(昭20)4.1421

这句话的大意是,从古以来如果没有死,它的欢乐会怎么样啊!意即会欢乐到极点。

"若何"的这种用法与《诗经》的"如何"同(《诗经》中无"若何"):

既见君子,其乐如何!(《诗·小雅·鱼藻之什》)

㈣表示比较。1例:

(7)人谓叔向曰:"子离於罪,其为不知乎?"叔向曰:"与其死亡若何?《诗》曰,'优哉游哉,聊以卒岁',知也。"(襄21)3.1059

此句意谓,比起死和逃亡来怎么样?实即表示,已虽受囚而胜于死亡。

(三)〔可若何〕④ 共5例。"若何"前加"可",形成一种固定格式,"可若何"常表示反问,意为"能怎么样",实即表示没有办法。如:

(1)晋侯谓庆郑曰:"寇深矣,若之何?"对曰:"君实深之,可若何!"公曰:"不孙(同'逊')!"(僖15)1.354

拿此例的"可若何"与上文的"若之何"相比,可以看出"若之何"询问方法,"可若何"表示无可奈何,无法可想。

（2）问绛事焉，曰："梁山崩，将召伯宗谋之。"问将若之何。曰："山有朽壤而崩，可若何！国主山川，故山崩川竭，君为之不举，降服，乘缦，彻乐，出次，祝币，史辞，以礼焉。其如此而已。虽伯宗，若之何？"（成5）2.823

"可若何"上文的"若之何"表示询问；下文的"若之何"表示反问。从比较中似可看出，"可若何"的语气比表反问的"若之何"更重一些。同时"可若何"强调的是没有办法，"若之何"则包含着"拿他（之）"没有办法之意。"之"的有无不仅使二者在表示询问时有区别，在表示反问时亦有所不同。

"可若何"有1例用于询问：

（3）齐侯与晏子坐于路寝。公叹曰："美哉室！其谁有此乎？"……对曰："后世若少惰，陈氏而不亡，则国其国也已。"公曰："善哉！是可若何？"对曰："唯礼可以已之。"（昭26）4.1480

"是可若何"表示"这该怎么办"。"可若何"前出现代词"是"指代上文有关的对象；而"若之何"中因有"之"可代上文有关对象，式前不见有代词"是"，可见"若何"不是"若之何"的省略式。

通过以上对"若何"与"可若何"的分析看出，"若何"主要用于询问，"可若何"主要用于反问，二者在用法上互相对照、互相补充。

1.2.9 〔如之何〕仅1例。表示反问：

卫侯使祝佗私於苌弘曰："闻诸道路，不知信否。若闻蔡将先卫，信乎？"苌弘曰："信。蔡叔，康叔之兄也，先卫，不亦可乎？"子鱼曰："以先王观之，则尚德也。……吾子欲复文、武之略，而不正其德，将如之何？"苌弘说，告刘子，与范献子谋之，乃长卫侯於盟。（定4）4.1542

《诗经》中"如之何"很多，用法多样，《左传》中仅此一例。"如之何"的很多用法在《左传》中都为"若之何"、"若何"等所取代。

1.2.10 〔如X何〕仅1例:

陈文子见崔武子,曰:"将如君何?"武子曰:"吾言於君,君弗听也。……子姑止之。"(襄23)3.1077

"将如君何"表示"打算把国君怎么办"。

1.2.11 〔如何〕共3例。其中2例表示反问:

(1)齐侯将为臧纥田。臧孙闻之,见齐侯。与之言伐晋,对曰:"多则多矣,抑君似鼠。夫鼠,昼伏夜动,不穴於寝庙,畏人故也。今君闻晋之乱而后作焉,宁,将事之,非鼠如何!"乃弗与田。(襄23)3.1085

"如何"与"非"互相配合,"如"与"而"通假,表示"不是……又是什么"。

(2)晋陈之族呼於国曰:"鄢氏、费氏自以为王,专祸楚国,弱寡王室,蒙王与令尹以自利也,令尹尽信之矣,国将如何!"令尹病之。(昭27)4.1486

"国将如何"可理解为"国家将怎么办"或"国家将会怎么样",表示国家前途不堪设想。

还有一例表示询问:

(3)齐侯陈诸侯之师,与屈完乘而观之。齐侯曰:"岂不穀是为?先君之好是继。与不穀同好如何?"对曰:"君惠徼福於敝邑之社稷,辱收寡君,寡君之愿也。"(僖4)1.292

"如何"例虽少,三例中有两例表示反问,与"何如"几乎全部用于询问不同,不能将二者混为一谈。

1.2.12 〔何如〕⑤共23例。大都表示询问。基本意义"怎么样"。用作谓语或单独作为一个句子或分句。有一例用在比较句中表示反问。

(一)询问状态或情况。

(1)晋侯梦大厉,……公觉,召桑田巫。巫言如梦。公曰:"何

如?"曰:"不食新矣。"(成 10)2.849

（2）赵孟曰:"秦君何如?"对曰:"无道。"(昭 1)4.1215

(二)询问方法。表示"(该)怎么样(怎么办)"。如:

（3）吴子问於伍员曰:"初而言伐楚,余知其可也,而恐其使余往也,又恶人之有余之功也。今余将自有之矣。伐楚何如?"对曰:"彼出则归,彼归则出,楚必道敝。亟肄以罢之,多方以误之。既罢而后以三军继之,必大克之。"阖庐从之,楚於是乎始病。(昭 30)4.1509

(三)询问原因。表示"为什么"。如:

（4）齐高子容与宋司徒见知伯,女齐相礼。宾出,司马侯言於知伯曰:"二子皆将不免。子容专,司徒侈,皆亡家之主也。"知伯曰:"何如?"对曰:"专则速及,侈将以其力毙,专则人实毙之,将及矣。"(襄 29)3.1159

(四)询问对方的意见。表示"怎么样"。如:

（5）季康子欲伐邾,乃飨大夫以谋之。……孟孙曰:"二三子以为何如?"(哀 7)4.1642

(五)询问程度。表示"(将会)怎么样"。如:

（6）行有日,公朝国人,使贾问焉,曰:"若卫叛晋,晋五伐我,病何如矣?"皆曰:"五伐我,犹可以能战。"(定 8)4.1567

"病何如矣"意谓"危险会到什么程度(或会怎么样)"。

(六)在比较句中表示反问。仅 1 例:

夏五月,公游于申池。二人浴于池。歜以扑抶职。职怒。歜曰:"人夺女妻而不怒,一抶女,庸何伤?"职曰:"与刖其父而弗能病者何如?"乃谋弑懿公,纳诸竹中。(文 18)2.630

"何如"用于比较句,前人认为始于魏晋,实际在《左传》中已见端倪。

1.2.13 〔奈何〕[⑥]共 2 例。基本含义"怎么办"。一例表示反问,实际意即没有办法:

（1）晋韩宣子如楚送女，叔向为介。……及楚，楚子朝其大夫，曰："晋，吾仇敌也。苟得志焉，无恤其他。今其来者，上卿、上大夫也。若吾以韩起为阍，以羊舌肸为司宫，足以辱晋，吾亦得志矣。可乎？"大夫莫对。薳启彊曰："可。苟有其备，何故不可？……犹欲耻之，君其亦有备矣。不然，奈何？"（昭5）4.1267

另一例询问方法：

（2）还无社与司马卯言，号申叔展。叔展曰："有麦麴乎？"曰："无。""有山鞠穷乎？"曰："无。""河鱼腹疾奈何？"曰："目於眢井而拯之。"（宣12）2.750

1.2.14 〔而何〕[⑦] 仅1例。用于征求对方意见的问话中，"而"与"如"通，"而何"即"如何"，在这里表示"怎么样"：

牛谓叔孙："见仲而何？"叔孙曰："何为？"曰："不见，既自见矣，公与之环而佩之矣。"（昭4）4.1258

1.2.15 〔几何〕共7例。"几"与"何"组成一个表约数的词，大多表时间的长短，且多用在反问句中。

（一）表示时间的长短。共6例。其中5例是反问句。如：

（1）叔向出，行人挥送之。叔向问郑故焉，且问子皙。对曰："其与几何！无礼而好陵人，怙富而卑其上，弗能久矣。"（昭1）4.1221

杨伯峻先生注：其与几何，其几何欤之变句，言其不能久也。

一例表示询问：

（2）赵孟曰："天乎？"对曰："有焉。"赵孟曰："其几何？"对曰："铖闻之，国无道而年谷和熟，天赞之也。鲜不五稔。"（昭1）4.1215

"其几何"表示"大约多久"。

（二）表示数量的多少。仅1例，也在反问句中：

（3）国老皆贺子文。子文饮之酒。芬贾尚幼，后至，不贺。子文问之。对曰："不知所贺。子之传政於子玉，曰：'以靖国也。'靖

诸内而败诸外,所获几何?"(僖27)1.444

1.2.16〔何为〕共29例。"何"作为代词位于"为"前。基本含义是"干什么",在具体上下文中有所变化。多表反问。

(一)〔何为〕单独成句。共4例。通过反问表示对对方意见的反对。如:

晋侯谓女叔齐曰:"鲁侯不亦善於礼乎?"对曰:"鲁侯焉知礼!"公曰:"何为?自郊劳至于赠贿,礼无违者,何故不知?"(昭5)4.1266

"何为"表示"干什么"、"干么",这里意即"为什么"。

(二)〔动词结构+何为〕共15例。这是一种压缩的复句,"何为"表示反问,是对前面动词结构所代表的行为的反对和否定。如:

(1)嬴子曰:"郑人劝战,弗敢从也;楚人求成,弗能好也。师无成命,多备何为?"(宣12)2.737

(2)吴之入楚也,胡子尽俘楚邑之近胡者。楚既定,胡子豹又不事楚,曰:"存亡有命,事楚何为?"(定15)4.1601

(三)〔主语+何为〕共9例。其中8例通过反问表示对主语或与主语有关的行为的反对和否定。如:

(1)夏,大旱。公欲焚巫、尪。臧文仲曰:"巫、尪何为?天欲杀之,则如勿生;若能为旱,焚之滋甚。"公从之。(僖21)1.390

"巫、尪何为"表示"巫、尪能干什么"。

(2)齐庆封来聘,其车美。孟孙谓叔孙曰:"庆季之车,不亦美乎!"叔孙曰:"豹闻之:'服美不称,必以恶终'。美车何为?"(襄27)3.1127

"美车何为"表示"美车有什么用"。

有一例表示询问:

(3)郑人相惊以伯有,曰:"伯有至矣!"则皆走,不知所往。……其明月,子产立公孙泄及良止以抚之,乃止。子大叔问其

故。子产曰:"鬼有所归,乃不为厉,吾为之归也。"大叔曰:"公孙洩何为?"子产曰:"说也。"(昭7)4.1292

从上下文看出,"公孙洩何为"是对立公孙洩这件事表示反对,意谓"(立)公孙洩干什么"。

(四)〔何为·而·谓语〕仅1例。询问方法:

> 郑人患晋、楚之故,诸大夫曰:"不从晋,国几亡。……何为而使晋师致死於我,楚弗敢敌,而后可固与也。"子展曰:"与宋为恶,诸侯必至,吾从之盟。楚师至,吾又从之,则晋怒甚矣。晋能骤来,楚将不能,吾乃固与晋。"(襄11)3.988

从上下文可以看出,"何为"表示"做什么",意即用什么方法(或怎么做)。例中的"为"很明显是动词。

值得注意的是,《左传》未见到"何为"直接连接谓语的例子,如《孟子·公孙丑下》的"予何为不受",又如《史记·淮阴侯列传》的"何为斩壮士",二例中的"为"都是介词,"何为"表示"为什么"。《左传》中的"何为"虽然有的也表"为什么"之意,"为"却用作动词,由此亦可看出介词"为"由动词"为"变化而来的某些痕迹。

1.2.17 〔何为於X〕1例。表示反问:

> 夏,齐侯、陈侯、蔡侯……朝于晋,宋之盟故也。齐侯将行,庆封曰:"我不与盟,何为於晋?"(襄28)3.1141

1.2.18 〔於X何为〕1例。也表反问:

> 悼子曰:"子鲜在。"右宰谷曰:"子鲜在,何益?多而能亡,於我何为?"(襄26)3.1112

上例表示"(朝)于晋干什么"或"对晋国要干什么",下例表示"对我们能干什么"(或对我们有什么用)。

1.2.19 〔何有焉〕共5例。都用于反问句中。"何有"也像"何为",是古人习惯用语,基本含义是通过反问表示对"有"的否定。而

"有"在古汉语里是一个含义丰富、用法灵活的词,它的具体含义要通过上下文义去辨别,因而"何有"的具体意义也随之有异。

（一）表示"何得",意即不能得到什么。如：

(1) 大夫请以入。公曰:"获晋侯,以厚归也；既而丧归,焉用之？大夫其何有焉？"（僖15）1.359

杜预注："何有犹何得。"此句意谓："大夫又能从中得到什么呢？"

（二）表示心目中没有某个对象。如：

(2)（寺人披）对曰:"除君之恶,唯力是视。蒲人、狄人,余何有焉？今君即位,其无蒲、狄乎！"（僖24）1.414

杨伯峻先生注："此谓心目中无之也。下文'其无蒲、狄乎',即此意之正面说法。'有'与'无'正相对照。"

（三）表示没有什么（利害）关系。如：

(3) 晋祁胜与邬臧通室。祁盈将执之,访於司马叔游。叔游曰:"姑已,若何？"盈曰:"祁氏私有讨,国何有焉？"（昭28）4.1491

杜预注："言讨家臣,无与国事。"此句意谓："祁氏私家的讨伐,和国家有什么关系？"

1.2.20 〔何有於X〕2例。这是"何有"与"於X"构成的一种固定句式。"何有"的基本含义与特点与上面1.2.19的分析同。

(1) 公曰:"君子不重伤,不禽二毛。"子鱼曰:"虽及胡耇,获则取之,何有於二毛？"（僖22）1.398

(2) 郑放游楚於吴。将行子南,子产咨於大叔。大叔曰:"吉不能亢身,焉能亢宗？……周公杀管叔而蔡蔡叔,夫岂不爱？王室故也。吉若获戾,子将行之,何有於诸游？"（昭1）4.1213

"何有於二毛"表示"对二毛有什么可爱惜的",亦即不用顾及、不用放在心上。它的下文有"若爱重伤,则如勿伤；爱其二毛,则如服焉",与"何有於二毛"对照,可看出"何有"有"何爱"意。"何有于诸游"

意同,它的上文也有"夫岂不爱"与它呼应。

1.2.21 〔於X何有〕2例。在这种固定格式中"於X"在"何有"的前面:

(公)遂逐华合比。合比奔卫。於是华亥欲代右师,乃与寺人柳比,从为之徵,曰:"闻之久矣。"公使代之。见於左师,左师曰:"女夫也必亡。女丧而宗室,於人何有?人亦於女何有?诗曰:'宗子维城,毋俾城坏,毋独斯畏。'女其畏哉!"(昭6)4.1278

此句意谓,"你毁坏你的宗室,对别人有什么好处?别人对你又会有什么好处?"上文左师称华亥为"女夫",这是轻视之词,又说他"必亡";下文引《诗》寓意华亥没有好下场,并警告他"女其畏哉";从上下文可以看出左师对华亥所作毁坏自己宗室行为的否定。"何有"表示"有什么好处"。"人亦於女何有"表示别人不会对你有什么好处,而且会轻贱你,因为你毁坏了华族的城垣,使自己处于孤独受侮的境地。左师对华亥否定、轻视之意溢于言表。

1.2.22 〔X於何有〕共3例。

(1)晋郤芮使夷吾重赂秦以求入,曰:"人实有国,我何爱焉?入而能民,土於何有?"从之。(僖9)1.330

此句意谓,"回国而能得到百姓,土地有什么可爱惜的?""土於何有"即"何有於土"的倒装,与上文"我何爱焉"相呼应,也是为上文的"重赂秦"作辩解。⑧

(2)三月丙午,入曹,……令无入僖负羁之宫,而免其族,报施也。魏犨、颠颉怒,曰:"劳之不图,报於何有?"爇僖负羁氏。(僖28)1.454

此句意谓,"不考虑(我们这些)有功劳有苦劳的人,(对僖负羁的)'报施'有什么可顾及的?"

(3)卫出公自城鉏使以弓问子赣,且曰:"吾其入乎?"子赣稽首受弓,对曰:"臣不识也。"私於使者曰:"昔成公孙於陈,宁武子、孙庄子为宛濮之盟而君入。献公孙於齐,子鲜、子展为夷仪之盟而君入。今君再在孙矣,内不闻献之亲,外不闻成之卿,则赐不识所由入也。《诗》曰:'无竞惟人,四方其顺之。'若得其人,四方以为主,而国於何有?"(哀27)4.1732

从上文卫出公的问话"吾其入乎(我能回国吗)"看出"国於何有"是针对它而发的;子赣的一段话以"国於何有"作结束,意即:"如果得到这样的人,四方把他作为主人,对于(取得)国家又有什么困难呢?""国於何有"即"何有於国"的倒装。

综上所述可知"何有"的具体含义有"不顾(或心目中无之)"、"不爱惜"、"不难"、"无所得"、"无关"等,这种含义往往与上下文紧密配合呼应,因此并不难于辨别。前人或解"何有"为"何爱"(意即不爱),或解它为"不难",⑨虽各有其道理又不免失之片面。"何有"的基本含义是对"有"的否定,而"有"的具体含义又要依上下文加以品辨。

1.2.23 〔何动於X〕共15例。除上面所说〔何有於X〕的固定句式外,还有其他一些动词如"忧"、"患"、"损"、"爱"、"怨"、"恃"、"恤"、"瘳"、"信"、"及"等,也出现在动词"有"的位置上。由于这些动词的含义具体明确,整个句子也就容易理解。如:

(1)癸巳,潘尫之党与养由基蹲甲而射之,彻七札焉。以示王,曰:"君有二臣如此,何忧於战?"(成16)2.886

(2)齐有彗星,齐侯使禳之。晏子曰:"无益也。……君无违德,方国将至,何患於彗?"(昭26)4.1479

(3)夫其败也,如日月之食焉,何损於明?(宣12)2.748

(4)子产为政,有事伯石,赂与之邑。子大叔曰:"国皆其国也,奚独赂焉?"子产曰:"无欲实难。……何爱於邑?邑将焉往?"(襄30)3.1180

〔何动於X〕的全部例句与〔何有於X〕及其变式一样,都是通过反问表示否定,大都出现在复句之末,在叙述事理之后,用反问作为结束;这似乎是古人的一种语言习惯。"何忧於战"表示"对于战争的胜败有什么可忧虑的","何患於彗"表示"对于彗星的出现有什么可担心的","何损於明"表示"对于它的光明有什么损害","何爱於邑"表示"对于土地城邑有什么可爱惜的"。拿"何爱於邑"与上面的"土於何有"(何有於土)比较,上下文义也近似,更可看出二者意义的相近。

1.2.24 〔何动乎X〕⑩ 仅1例。表示反问。

且谚曰:"心苟无瑕,何恤乎无家?"天若祚大子,岂无晋乎!(闵1)1.259

此句意谓,心里如果没有疵瑕,没有家又怕什么?

1.2.25 〔何以〕 共87例。是"何"的词组中出现得最多的一个。这是疑问代词"何"与介词"以"的结合。"以"作介词有"用"、"因"等意,"以何"有"用什么(凭什么)"或"为什么"等意。《诗经》中的"何以"都表"用什么",⑪《左传》中两种用法都有且大多表示反问。"以何"全都出现在〔何以+谓语〕的句式中,下面把这种句式分为两类:

(一)表示反问。共80例。常出现在复句中任最后一个分句,在前面的叙事说理之后提出反问,表示对"何以"后面谓语部分所代表的行为的否定,或表办不到或表不同意:"何以"表"用什么"(或"怎么能")之意时,一般都表示事情不可能办成;表"为什么"时,大都是对已成事实的反问,表示不同意、不应该。

㈠表示"用什么"。"何以"后的谓语多表未成的事实。如:

(1)晋郤缺言於赵宣子曰:"日卫不睦,故取其地。今已睦矣,可以归之。叛而不讨,何以示威?服而不柔,何以示怀?非威非怀,何以示德?无德,何以主盟?"(文7)2.563

有时前面有"将"、"其"等副词:

（2）楚有三施，我有三怨，怨讎已多，将何以战？（僖28）1.457

（3）郈茅夷鸿以束帛乘韦自请救於吴，曰："君威之不立，小国之忧也。若夏盟於鄫衍，秋而背之……四方诸侯，其何以事君？"（哀7）4.1644

㈡表示"为什么"。"何以"后的谓语多表既成事实。如：

（4）将执戎子驹支，范宣子亲数诸朝，曰："来！姜戎氏！……今诸侯之事我寡君不如昔者，盖言语漏泄，则职女之由。诘朝之事，尔无与焉。与，将执女。"对曰："……譬如捕鹿，晋人角之，诸戎掎之，与晋踣之。戎何以不免？"（襄14）3.1006

（5）子朱怒，曰："班爵同，何以黜朱於朝？"（襄26）3.1111

（二）询问方法。共5例。常单独成句。如：

州吁未能和其民，厚问定君於石子。石子曰："王觐为可。"曰："何以得觐？"曰："陈桓公方有宠於王。陈、卫方睦，若朝陈使请，必可得也。"（隐4）1.37

（三）询问原因。表示"为什么"。例很少见。仅2例：

（1）王曰："史黯何以得为君子？"对曰："黯也进不见恶，退无谤言。"王曰："宜哉！"（哀20）4.1717

（2）知伯曰："恶而无勇，何以为子？"对曰："以能忍耻，庶无害赵宗乎！"（哀27）4.1736

1.2.26 〔何以堪之〕 共6例。形成古汉语里的一种习惯用语，表示反问。基本含义是怎么受得了，具体用义随文而异。

（1）吴公子札来聘，见叔孙穆子，说之。谓穆子曰："子其不得死乎！……吾子为鲁宗卿，而任其大政，不慎举，何以堪之？祸必及子！"（襄29）3.1161

（2）冬，王使周公阅来聘，飨有昌歜、白黑、形盐。辞曰："……吾何以堪之？"（僖30）1.483

例(1)表示怎么承受得了(严重的后果),例(2)表示怎么当得起(这种礼遇)。

1.2.27 〔何以动为〕共2例。表示反问:

(1)卫孙蒯田于曹隧,饮马于重丘,毁其瓶。重丘人闭门而诟之,曰:"亲逐而君,尔父为厉。是之不忧,而何以田为?"(襄17)3.1030

(2)臧武仲如晋。雨,过御叔。御叔在其邑,将饮酒,曰:"焉用圣人?我将饮酒,而已雨行,何以圣为?"(襄22)3.1065

这两例中的"为"是语气词,"田"和"圣"是动词,都表既成事实,"何以"表示"为什么"。两例大意是:"不忧虑这种大事,为什么却去田猎呢?""我打算喝酒,而他自己却冒着雨出行,(他)为什么是圣人呢?""圣"在这里活用为动词。

1.2.28 〔何以为〕1例:

初,叔向欲娶於申公巫臣氏,其母欲娶其党。……其母曰:"子灵之妻杀三夫,……女何以为哉?"(昭28)4.1493

此例中的"为"是动词,因"何以"都出现在动词结构之前,语气词"为"则在动词结构之后。此句意谓:"你为什么要(这样)干呢?"[12]

2. 何² :形容词"何"及其词组和固定格式

这类"何"的特点是总加在名词前作定语:"何X"。"何"的基本含义是"什么","何X"大多出现在反问句中,通过反问表示对X的否定。少数表示询问。

2.1 〔何X〕共61例。

2.1.1 表示反问。共54例。

(1)仲庆父请伐齐师。公曰:"不可。我实不德,齐师何罪?"(庄8)1.173

（2）赵孟患楚衷甲,以告叔向。叔向曰:"何害也？"（襄27）3.1131

"何罪"、"何害",以反问的形式表示没有什么罪过、没有什么危害。

2.1.2 表示询问。共7例。

叔向问焉,曰:"敢问此何神也？"（昭1）4.1217

表询问的"何X"前常有"敢问"、"其"、"此"、"是"等词语,句末大都有语气词"也"。"敢问"、"其"等表示询问的语气比较礼貌;"此"、"是"作主语表示询问的对象大都比较具体。

2.1.3 〔何X〕中值得注意的"何物"与"何时"。

（一）〔何物〕实际不是指物件而指事情。用法特殊:

秋七月壬午朔,日有食之。公问於梓慎曰:"是何物也？祸福何为？"对曰:"二至二分,日有食之,不为灾。"（昭21）4.1427

杜预注:"物,事也。"杨伯峻先生注:"魏、晋六朝常以'何物'作'何'字用,窃疑本此,惜'何物'于《传》中仅此一见。"

（二）〔何时〕"何"作代词在《左传》中可代人、代物、代事、代处所,唯不见代时间者。"何+时"询问时间,也仅见一例:⑬

1）八月甲午,晋侯围上阳。问於卜偃曰:"吾其济乎？"对曰:"克之。"公曰:"何时？"对曰:"……其九月、十月之交乎！"（僖5）1.311

另一例询问未来的时间用"曷":

2）后子见赵孟。赵孟曰:"吾子其曷归？"对曰:"鍼惧选於寡君,是以在此,将待嗣君。"（昭1）4.1215

杜预注:"问何时当归",他用"何时"解释"曷",可见二者意同。《诗经》中问未来的时间只用"曷",《左传》中出现"何时"与"曷"同用,到《史记》时,"何时"就代替了"曷"。如《尚书·汤誓》的"时日曷丧？予及女皆亡！"在《史记·殷本纪》中就作"时日何时丧？予及女皆亡。"

2.2 何²的固定词组及由"何X"组成的固定格式。

2.2.1 〔何所〕共6例。表示"什么处所"。都用在反问句中作状语。如：

（1）成子出舍于库，闻公犹怒，将出，曰："何所无君？"（哀14）4.1685

（2）子若弗图，费人不忍其君，将不能畏子矣。子何所不逞欲？请送子。（昭14）4.1364

2.2.2 〔何故〕共43例。询问原因，表示"什么缘故"。

（1）晋师退。军吏曰："以君辟臣，辱也；且楚师老矣，何故退？"（僖28）1.458

（2）少皞氏鸟名官，何故也？（昭17）4.1386

（3）问何故。对曰："翳桑之饿人也。"（宣2）2.662

（4）惠王问诸内史过曰："是何故也？"（庄32）1.251

"何故"用作状语28例，用作分句或单独成句12例，作宾语2例，作名词谓语1例。大多询问原因，少数表示反问。

2.2.3 〔何X如之（是）〕共7例。表示反问，意指"什么X（事物、情况）能像这样"。感叹意味较重。如：

（1）君之卿佐，是谓股肱。股肱或亏，何痛如之？（昭9）4.1311

（2）五月庚寅，荀偃、士匄帅卒攻偪阳，亲受矢石，甲午，灭之。……以与向戌。向戌辞曰："君若犹辱镇抚宋国，而以偪阳光启寡君，群臣安矣，其何贶如之！"（襄10）3.976

（3）子反欲取之，巫臣曰："是不祥人也！是夭子蛮，杀御叔，弑灵侯，戮夏南，出孔、仪，丧陈国，何不祥如是？"（成2）2.804

2.2.4 〔何X之有〕共44例。"何X"是"有"的宾语，借助于助词"之"而前置，对"何X"起到强调作用。都表反问，实即"没有X"之意。大都作复句的后一分句，即反诘复句中的主句。

（一）X 为名词或名词结构，共 21 例。如：

（1）郤伯见，公曰："子之力也夫！"对曰："君之训也，二三子之力也，臣何力之有焉？"（成 2）2.806

（2）王使詹桓伯辞於晋曰："……吾何迩封之有？"（昭 9）4.1308

（二）X 为形容词，共 12 例。如：

（3）死如可逃，何远之有？（昭 21）4.1425

（三）X 为动词或动词结构，共 11 例。如：

（4）午言曰："今也得栾孺子何如？"……皆曰："得主，何贰之有？"（襄 23）3.1074

（5）君将以亲易怨，实无礼以速寇，而未有其备，使群臣往遗之禽，以逞君心，何不可之有？（昭 5）4.1269

（6）今执事有命曰："女何与政令之有？"（襄 28）3.1143

以上形容词、动词或动词结构受"何"的修饰，都用作"有"的前置宾语。

2.2.5 〔何 X 之为〕共 8 例。结构、用法同〔何 X 之有〕。

（1）若让之以一矢，祸之大者，其何福之为？（成 12）2.857

（2）若曰无罪而惠免之，诸侯不闻，是逃命也，何免之为？请从君惠於会。（昭 13）4.1362

（3）秦则无礼，何施之为？（僖 33）1.497

有时在"为"前有助动词"能"，这在〔何 X 之有〕式中没有见到：

（4）我诸戎饮食衣服不与华同，贽币不通，言语不达，何恶之能为？（襄 14）3.1006

2.2.6 〔何 X 之（助动·副）动〕共 7 例。都表反问。如：

（1）诸侯讨贰，则有寻盟。若皆用命，何盟之寻？（昭 13）4.1355

（2）君之羁臣，苟得容以逃死，何位之敢择？（昭 7）4.1293

（3）自践土以来，宋何役之不会，而何盟之不同？（昭 25）4.1459

3. 何³：副词"何"及其词组

何³共56例，其中有48例（占86%）的"何"与助动词或副词等结合，共同出现在作谓语的动词或形容词前作状语；单独作状语的仅8例，且不难辨别它们与代词"何"的区别。

3.1 何³单独作状语。共8例。它在谓语动词前有"为什么"、"哪里"或"怎能"意，在谓语形容词前有"多么"或"何等"意。如：

（1）吾过，子姑告我，何疾我也？（襄22）3.1070

（2）城不知高厚，大小何知？（定5）4.1554

（3）诸侯贰，则晋国坏；晋国贰，则子之家坏，何没没也！（襄24）3.1089

有时在形容词前也可解作"为什么"。如：

（4）公宴于五梧，武伯为祝，恶郭重，曰："何肥也？"……公曰："是食言多矣，能无肥乎！"（哀25）4.1727

何³作状语的特点：一、它的谓语动词后有宾语，如例（1）动词"疾"后有宾语"我"；二、它的前面有受事主语，如例（2），"何知"前有受事主语"小大"；三、它的后面可有形容词谓语，如例（3）"何"后为形容词"没没"、例（4）为"肥"。这些特点足以使何³与动词前作宾语的代词何¹区别开来。

3.2 何³与助动词或副词一起出现在谓语动词或形容词前作状语。共49例。其中有少数出现在作谓语的名词或代词前。

（一）〔何必〕共13例。表示反问。如：

（1）居者为社稷之守，行者为羁绁之仆，其亦可也，何必罪居者？（僖24）1.416

（2）姑盟而退，修德息师而来，终必获郑，何必今日？（襄9）3.969

（3）天下多美妇人，何必是？（成2）2.804

例(2)的"何必"在名词谓语前,例(3)在代词谓语前。

(二)〔何敢〕共6例。是古人的一种礼貌用语,以反问的形式表示"不敢"。如:

(1)吾不免是惧,何敢告子?(襄22)3.1070

有时用于指责别人,表示怎敢大胆妄为的意思。如:

(2)九月庚辰,崔成、崔彊杀东郭偃、棠无咎於崔氏之朝。崔子怒而出,……遂见庆封。庆封曰:"崔、庆一也。是何敢然?请为子讨之。"(襄27)3.1137

(三)〔何能〕共6例。表示反问。如:

铤而走险,急何能择?(文17)2.626

(四)〔何辱〕共6例。古人的礼貌用语,有似今天说"何用劳您……"。如:

使叔向对曰:"寡君有社稷之事,是以不获春秋时见。诸侯,君实有之,何辱命焉?"(昭4)4.1247

(五)〔何其〕共5例。常用在形容词谓语前,表程度之甚。如:

虽有君命,何其速也!(僖24)1.414

(六)〔何不〕共3例。表示反问2例,表询问1例。如:

(1)齐侯将享公,孔丘谓梁丘据曰:"齐、鲁之故,吾子何不闻焉!事既成矣,而又享之,是勤执事也。"(成10)4.1579

(2)武伯曰:"何不召?"曰:"固将召之。"(哀27)4.1733

"何不"与"盍"都表"为什么不",二者在用法上的区别是,"何不"用于询问某事未办的原因或表示反问;"盍"共39例,都以反问的语气委婉地建议或劝告对方去从事某一行动。

(七)〔何暇〕共2例。表示反问。意即来不及进行某一行动。

(1)子产曰:"晋政多门,贰偷之不暇,何暇讨?"(昭13)4.1359

(2)其徒曰:"追其将至。"虎曰:"鲁人闻余出,喜於徵死,何

暇追余?"(定8)4.1569

杨树达先生指出:"暇,助动词,暇日之意,本为名词,演变成助动词用法。"⑭

(八)〔何弗〕1例。询问原因:

邾文公卜迁于绎。史曰:"利於民而不利於君。"邾子曰:"民既利矣,孤必与焉。"左右曰:"命可长也,君何弗为?"邾子曰:"命在养民。死之短长,时也。民苟利矣,迁也,吉莫如之!"遂迁于绎。(文13)2.598

(九)〔何劳〕1例。礼貌用语,表示"哪用劳……":

晋人使为邢大夫。子反请以重币锢之。王曰:"止!……若无益於晋,晋将弃之,何劳锢焉?"(成2)2.806

(十)〔何独〕1例。询问原因:

与晏子邶殿其鄙六十,弗受。子尾曰:"富,人之所欲也。何独弗欲?"对曰:"庆氏之邑足欲,故亡。吾邑不足欲也,益之以邶殿,乃足欲。足欲,亡无日矣。"(襄28)3.1150

此例"何"与两个副词(独、弗)出现在动词"欲"前。

3.3 何³与助动词或副词单独作谓语。共3例。都表反问:

(1)穆叔曰:"赵孟欲一献,子其从之。"子皮曰:"敢乎?"穆叔曰:"夫人之所欲也,又何不敢?"(昭1)4.1208

(2)子西赋《黍苗》之四章。赵孟曰:"寡君在,武何能焉?"(襄27)3.1134

(3)赵鞅围卫。齐国观、陈瓘救卫,得晋人之致师者。子玉使服而见之,曰:"国子实执齐柄,而命瑾曰:'无辟晋师',岂敢废命?子又何辱?"简子曰:"我卜伐卫,未卜与齐战。"乃还。(哀17)4.1708

例(1)似承上省略了动词"献";例(2)、(3)从上下文可以看出,在"何辱"、"何能"后也隐含着相应的动词。"何"与助动词、副词可以脱离动词而单独成句,表明它们之间的关系比较密切。

4. 小结

4.1《左传》的"何"共出现692次,其中代词"何"(何¹)最多,共459次,占67%;形容词"何"(何²)次之,共176次,占25%;副词"何"(何³)最少,共57次,占8%。

4.2"何"大部是出现在词组或固定格式之中。见下表:

表1 "何"的单用和组合使用

"何"的分类	单用	在词组和固定格式中	合计
何¹	126	333	479
何²	0	176	176
何³	8	49	57
合 计	134	558	692
百分比	19%	81%	100%

"何"出现在词组和固定格式中的共558例,占81%;单用的134例,占19%,其中代词"何"占绝大多数。因此掌握"何"的用法和特点,关键在于认识有它在内的众多的词组和固定格式。

4.3"何"的基本用法是表示反问,通过反问表示否定;其次是表示询问,再次是表示程度。见下表:

表2 "何"的用法

"何"的分类	表示反问	表示询问	表示程度	合计
何¹	349	110	0	459
何²	141	35	0	176
何³	45	5	7	57
合 计	535	150	7	692
百分比	77%	22%	1%	100%

"何"的含义与它的用法紧相联系,当它表示询问时,含义大都具体明确,何[1]常表示对具体的事、物、处所、人或原因、方法、工具等的询问。如:

（1）陈文子谓桓子曰:"祸将作矣,吾其何得?"对曰:"得庆氏之木百车於庄。"(襄28)3.1146

（2）公闻其入郛也,将救之,问於使者曰:"师何及?"对曰:"未及国。"(隐5)1.47

（3）庆舍之士谓庐蒲癸曰:"男女辨姓,子不辟宗,何也?"曰:"宗不余辟,余独焉辟之?"(襄28)3.1145

何[2]常表示对事物的具体性质或情况的询问。如:

（4）郑子产聘于晋。晋侯有疾,韩宣子逆客,私焉,曰:"今梦黄熊入于寝门,其何厉鬼也?"对曰:"以君之明,子为大政,其何厉之有?"(昭7)4.1290

（5）大宰嚭曰:"国君道长,而大夫不出门,此何礼也。"对曰:"岂以为礼,畏大国也。"(哀7)4.1641

何[3]常表示对具体原因的询问。如:

（6）曰:"何不吾谏?"对曰:"惧先行。"(哀11)4.1661

而当"何"表示反问时,无论何[1]、何[2]或何[3],它们的含义往往都比较虚泛,不是确指某一具体对象,而是表示所说的范围之内没有例外。如"何患焉"表示什么也不用担心;"何罪之有"表示什么罪也没有。

4.4 当"何"在词组和固定格式中出现时,它的含义有时有一定程度变化,需要把它所在的词组或固定格式当作一个整体来理解。由于词组和固定格式大多表示反问,而反问句都有强烈的感情色彩,因而同一格式在不同的语言环境中也会有意义上的区别(如文中对"何有"等格式的分析)。再者由于反问时的着重点不同,即使是固定格式也会随之变化;这些固定格式变化的基本规律是,反问时强调什么就把什么前移,如"何有於X"、"於X何有"、"X於何有"诸句式就很典型地反映了这一特征。随着句式的变化,所表达的意义也会有所差异。同时当何[1]位于动词后时,如"谓X何"、"若之(X)何"、"无若X何"、"(可)若何"、"如之(X)何"、"如何"、"奈何"等,"何"在这些格式中意义比较虚化,整个格式的意义常常大于其中个别成分的意义,在这种情况下,尤其要结合上下文仔细品辨。

因此对于"何"在词组和固定格式中的含义,首先要把握住它的基本特点:大都表示反问;同时要根据整个词组和固定格式的特点,密切结合上下文加以具体分析,灵活掌握。

现将何[1]、何[2]、何[3]单用及出现在词组和固定格式中的情况分别列表于下:

表3 何[1]的词组和固定格式的用法

用法	何也	庸何	何谓也	何谓X	谓X何	若之何	若X何	无若X何	若何	可若何
询问	10	0	4	6	1	22	4	0	13	1
反问	2	3	0	0	5	35	18	3	9	4
合计	12	3	4	6	6	57	22	3	22	5

用法	如之何	如X何	如何	何如	奈何	而何	几何	何为	何为於X	於X何为
询问	0	1	1	22	1	1	1	2	0	0
反问	1	0	2	1	1	0	6	27	1	1
合计	1	1	3	23	2	1	7	29	1	1

用法	何有	何有於X	於X何有	X於何有	何动於X	何动乎X	何以	何以堪之	何以动为	何以为	合计
询问	0	0	0	0	0	0	7	0	0	1	98
反问	5	2	2	3	15	1	80	6	2	0	235
合计	5	2	2	3	15	1	87	6	2	1	333

表 4　何² 的词组和固定格式的用法

用法	何X	何所	何故	何X如之	何X之有	何X之为	何X之（助、副）动	合计
询问	7	0	28	0	0	0	0	35
反问	54	6	15	7	44	8	7	141
合计	61	6	43	7	44	8	7	176

表 5　何³ 的词组的用法

用法	何必	何敢	何能	何辱	何其	何不	何暇	何弗	何劳	何独	何不敢	合计
程度					5							5
询问	0	0	0	0	0	2	0	1	0	1	0	4
反问	13	6	6	6	0	1	2	0	1	0	1	38
合计	13	6	6	6	5	3	2	1	1	1	1	47

4.5 何¹、何²、何³ 的形式标志。除上面叙述中顺带论及的以外，现将其大的方面概括如下：

何¹ 与动词结合时有两种情况：一在动词之前，共 316 例；一在动词之后，共 121 例。它在动词前时，无论是在词组或固定格式之中，都紧挨动词，形成〔何动〕。它在动词后时，都是词组或固定格式的最后一个成分。何¹ 不出现在名词或形容词前。

何² 从不单独出现。它总是与被修饰成分构成〔何X〕，何² 表示"什么"之意，它具有使 X 名词化的作用。〔何X〕作动词宾语时总是借助于助词"之"而前置，形成〔何X·之·动〕格式。X 大都是名词，固定格式中的 X 虽有少数是动词或形容词，但都用同名词，它们既受何² 的修饰，又作动词的宾语，不至与出现在谓语动词前的何¹、何² 相混。

何³ 大都与副词、助动词同时出现在谓语动词之前，少数单用于动词前者也不至与何¹ 混淆，因有的动词后有宾语，有的动词前有受事主语（已举例于前）。何³有少数在形容词谓语前。

当动词前有何¹或何³、又有某些其他副词时，何¹、何³的位置有异；试比较下面两例：

> 人以城来，吾独何好焉？（昭 15）4.1370
> 富，人之所欲也。何独弗欲？（襄 28）3.1150

上例的"何"是代词，它紧挨动词，位于副、动之间；下例的"何"是副词，它可以位于其他副词之前。

从而看出，语言作为一种交际工具，在使用过程中，为了明确地交流思想，在相近的语言形式之间，实存在着相互区别的标志。

[附　注]

① 《左传》中否定句的代词宾语位于动词前者 57 例，位于动词后者 34 例。宾语后置者占否定句（有代词作宾语的）37.4%。详细情况见拙文《〈左传〉的单句和复句初探》，载《先秦汉语研究》，山东教育出版社 1982 年本。

② "是无若我何"，杜预注："犹言我无若是何，欲以老弱托光。"杨伯峻先生注："杜注甚合上下文意，然此种句法，《经》《传》中罕见。"我们也认为杜注将"是无若我何"改为"我无若是何"去理解，似欠妥。

③ 仅有一例"若何"出现在让对方出主意的场合：
子恶曰："我，贱人也，不足以辱令尹。令尹将必来辱，为惠已甚，吾无以酬之，若何？"（昭 27）4.1485

④ "若何"大多用于询问方法，而"可若何"大多表示反问，意即没有办法。两者的用法和意义都有一定区别，因此分为两类。

⑤ "何如"，我们把它的结构分析为代词"何"位于动词"如"前，因此列入何¹的词组内。

⑥ 还有一例"那"，为"奈何"的合音：
牛则有皮，犀兕尚多，弃甲则那？（宣 2）2.654
顾炎武《日知录》卷三十二云："直言之曰'那'，长言之曰'奈何'，一也。"

⑦ "而何"仅 1 例，杜预注："而何，如何。"从上下文看，也不宜将"而"与"何"拆散，因此将"而何"作为何¹的一个词组。

⑧ "重赂秦"的具体内容见僖公 15 年："赂秦伯以河外列城五。"（1.352）

⑨ 《左传·昭公6年》"人亦於女何有"(4.1278)杜预注:"言人亦不能爱女。"将"何有"解为"何爱"。《论语·里仁》:"能以礼让为国乎,何有?"何晏《集解》、刘宝楠《论语正义》都说:"何有,不难之词。"

⑩ "何有於X"、"何动於X"、"何动乎X"等式中的"何"究竟是代词或副词?这是可以进一步讨论的问题。我们因考虑到无论视之为代词或副词,对于反问句的意义都无影响;同时"何动(有)於X"可变化为"於X何动(有)"。这样,把以上诸式中的"何"视为代词似乎概括性更高、代表性更大一些,因此就把这些格式列入何¹项下了。

⑪ 见丁声树先生文《论〈诗经〉中的"何"、"曷"、"胡"》,《史语所集刊》第10本,349—370页。

⑫ 周法高在《中国古代语法·称代编》中对"何以为"的分析是:"大概'以'后面承前而省略宾语"。(180页)我们未取这种说法。

⑬ 另一例用于固定格式中表示反问:
欢以承命,何时之有?(襄9)3.960

⑭ 见《词诠》174页,中华书局1965年本。

（1986年2月修定）

（2003年6月略有修改）

《左传》的"诸"

《左传》的"诸"共出现329次,其中兼词305次,代词15次,介词6次,助词2次,词组1例。现分别介绍。

1. 兼词

1.1 兼词(之於)。共281例。

1.1.1 兼词"诸"后为表处所的名词:〔动·诸·名(处所)〕。"诸"相当"之於"。"之"代前面动词的宾语,"於"引进动作行为发生的处所。共194例。如:

(1)宣姜与公子朔构急子,公使诸齐,使盗待诸莘,将杀之。(桓16)1.146

(2)先轸朝,问秦囚。公曰:"夫人请之,吾舍之矣。"先轸怒,曰:"武夫力而拘诸原,妇人暂而免诸国,堕军实而长寇仇,亡无日矣!"(僖33)1.499

(3)辛卯,郢胠伐皇;大败,获郢胠,壬辰,焚诸王城之市。(昭22)4.1437

1.1.2 "诸"后为表人物的名词:〔动·诸·名(人物)〕。"诸"相当"之於"。"之"代前面动词的宾语,"於"引进动作行为的有关对象。共87例。如:

(1)狄人伐廧咎如,获其二女叔隗、季隗,纳诸公子。(僖23)1.405

（2）吉也闻诸先大夫子产曰："夫礼,天之经也,地之义也,民之行也。"（昭25）4.1457

（3）王使富辛与石张如晋,请城成周。天子曰："……其委诸伯父,使伯父实重图之。"（昭32）4.1517

（4）其子蔡仲改行帅德,周公举之,以为己卿士,见诸王,而命之以蔡。（定4）4.1540

（5）是岁也,有云如众赤鸟夹日以飞三日。楚子使问诸周大史。（哀6）4.1635

1.1.3 值得注意的有以下几点：

（一）"诸"一般只能出现在动词之后,因它本身包含着前面动词的宾语和介词"於"。从这个意义上可以说"诸"是动词的标志之一：凡后面有兼词"诸"者,一定是动词。例如"及",有动词"及"和介词"及",辨别它们的办法之一就是看它后面的词。若为专名或普通名词或动词结构（主谓短语）,与"及"组成修饰动词的短语,就是介词"及"。如：

（1）及秦师战于彭衙,秦师败绩。（文2）2.519

（2）晋师以诸侯之师及秦师战于麻隧。（成13）2.866

（3）及文王即位,与巴人伐申,而惊其师。（庄19）1.209

若"及"后面为"诸",则"及"为动词。如：

（4）公使阳处父追之,及诸河,则在舟中矣。（僖33）1.499

及诸河：及之於河。

（5）矫以戈杀驹伯、苦成叔於其位。温季曰："逃威也。"遂趋。矫及诸其车,以戈杀之。（成17）2.902

及诸其车：及之於其车。

（二）"诸"作为兼词,并不是随意这样说；该解作"之於"的地方,如果不这样解,就会在意义上出错。如：

（1）冬,莒人来求赂,公子友败诸郦,获莒子之弟挐。（僖1）1.276

(2)楚子禦之,大败於津。(庄19)1.210

上例为公子友在郦地打败莒人;下例为楚师在津地自己大败。用"诸"或用"於",意义大不一样。又如:

(3)六月庚申,(楚子)卒,鬻拳葬诸夕室,亦自杀也,而葬於绖皇。(庄19)1.211

"葬诸(之於)夕室",表示鬻拳把楚子葬在夕室;"葬於绖皇",表示鬻拳(被)葬在绖皇。杜预注:"生守门,故死不失职。"① 杨伯峻先生注:"鬻拳之尸即葬於殿前之庭,所以示犹愿侍君於地下为其守卫也。"

(4)归生佐寡君之嫡夷,以请陈侯于楚,而朝诸君。(文17)2.625

(5)文公躬擐甲胄,跋履山川,踰越险阻,征东之诸侯;虞、夏、商、周之胤而朝诸秦,则亦既报旧德矣。(成13)2.862

以上二例都表示"使之朝於……",比较下例:

(6)杞伯於是骤朝于晋而请为昏。(成18)2.791

此例意谓杞伯自己朝于晋,而不是使别人朝。它与上面两例关键的区别就在于前两例的"诸"包含有动词的宾语"之"。

(三)有的《左传》译或注,由于把握不确切,未能把文义准确地表达出来。如:

(1)君唯不遗德、刑,以伯诸侯,岂独遗诸敝邑?(成16)2.891

《左传译文》:"难道独独在敝邑丢掉?"② 丢掉什么? 不明确。"诸"中的"之"未译出。确切译法应为:"难道独独在敝邑把德、刑丢掉?"

(2)初,王儋季卒,其子括将见王,而叹。单公子愆旗为灵王御士,过诸廷,闻其叹,而言曰:"乌乎! 必有此夫!"(襄30)3.1173

杜预注:"愆期行过王廷。"③《左传译文》:"经过朝廷。"④ 都未将"之"指出。杨伯峻先生注:"诸,之於,之指括。"杨先生注为是。此句应理解为:"愆期在朝廷上从括身边经过(听见他在叹息)"。

(3)齐简公之在鲁也,阚止有宠焉。及即位,使为政。陈成子惮之,骤顾诸朝。诸御鞅言於公曰:"陈、阚不可并也,君其择焉。"

弗听。(哀14)4.1682

杜预注"成子,陈常;心不安,故数顾之。"⑤不明确"之"指的谁?沈钦韩《左传补注》引《礼记·曲礼下》云:"辍朝而顾,不有异事,必有异虑。"⑥也未把"之"点出。这句准确的含义应为:陈成子由于害怕阚止,在朝廷上屡次回头看他。

1.2 兼词(之于)。共2例。

(1)召诸司而观之以令德,见莫敖而告诸天之不假易也。(桓13)1.137

(2)穆叔出,而告人曰:"孟孙将死矣。吾语诸赵孟之偷也,而又甚焉。"(襄31)3.1184

"诸"在"告"、"语"等训告意的动词后相当于"之于",在《左传》中可以找到旁证:

(3)楚自克庸以来,其君无日不讨国人而训之于民生之不易、祸至之无日、戒惧之不可以怠;在军无日不讨军实而申儆之于胜之不可保、纣之百克而卒无后,训之以若敖、蚡冒筚路蓝缕以启山林。(宣12)2.731

"于"在这里的作用与意义都与"以"相当,引进训告的内容;看此例下文,"训之以若敖、蚡冒筚路蓝缕以启山林","以"即与上文的"训之于"中的"于"相呼应。"于"的这种用法比较古老,可能因为"于"是最早使用的介词之一,它一身多任,兼有后世许多介词的作用,"于"相当"以"的这种用法就是这种历史演变的痕迹。《尚书》中"于"的这种用法不少。如:

(4)予告汝于难。(《盘庚上》)⑦1.170.上

(5)今予其敷心腹肾肠,历告尔百姓于朕志。(《盘庚下》)⑧1.171.下

(6)听朕教汝于棐民彝。(《洛诰》)⑨1.215.中

《论语》中也有一例这种用法的"诸":

(7)赐也,始可与言《诗》已矣,告诸往而知来者。(《学而》)⑩10

"告诸往"意即"告之于(以)往"。

而在《孟子》、《荀子》、《韩非子》等著作中,就没有见到"诸"的这种用法了。

1.3 兼词(之乎)。共 14 例。

1.3.1 用于疑问句或反问句之末。"诸"除包含动词宾语外,还配合文义表示疑问或反问语气。

(一)用于疑问句之末。

(1)晋公子有三焉,天其或者将建诸?(僖 23)1.408

(2)申包胥曰:"吾为君也,非为身也。君既定矣,又何求?且吾尤子旗,其又为诸?"(定 5)4.1553

(3)不穀不有大过,天其夭诸?(哀 6)4.1636

以上三例都有语气副词"其"配合,表示一种疑问、推测语气。例(1)的"诸"(之乎),其中"之"指晋公子;例(2)的"诸"(之乎),其中的"之"指子旗;例(3)的"诸"(之乎),其中的"之"指"不穀"。又如:

(4)平子曰:"必子彊也,无乃亢诸?"对曰:"谓之君子,何敢亢之!"(昭 26)4.1473

此例有"无乃"与"诸"配合,使疑问语气更加明显。再拿"无乃亢诸"与下文的"何敢亢之"比较,更可看出"诸"相当于"之乎"。

有的从上下文可以看出是疑问句。如:

(5)董安于闻之,告赵孟曰:"先备诸?"赵孟曰:"晋国有命,始祸者死,为后可也。"(定 13)4.1590

(6)"闻彊氏授甲将攻子,子闻诸?"曰:"弗闻。"(昭 8)4.1303

有的下文虽无回答,从下文所叙事实可以看出上文"动·诸"为疑问句。如:

(7)桓子曰:"彼虽不信,闻我授甲,则必逐我。及其饮酒也,先伐诸?"陈、鲍方睦,遂伐栾、高氏。(昭 10)4.1316

（8）宋元公无信多私，而恶华、向。华定、华亥与向宁谋曰："亡愈於死，先诸？"华亥伪有疾，以诱群公子。（昭20）4.1409

（9）成宰公敛处父告孟孙，曰："季氏戒都车，何故？"孟孙曰："吾弗闻。"处父曰："然则乱也，必及於子，先备诸？"与孟孙以壬辰为期。（定8）4.1568

（二）用于反问句之末。都有"盍（何不）"与"诸（之乎）"配合。如：

（1）华登以吴师救华氏。齐乌枝鸣戍宋。厨人濮曰："《军志》有之：'先人有夺人之心，后人有待其衰'，盍及其劳且未定也伐诸？若入而固，则华氏众矣，悔无及也。"（昭21）4.1427

（2）高、国得君，必偪我，盍去诸？（哀6）4.1633

（3）二子者祸矣，恃得君而欲谋二三子，……既成谋矣，盍及其未作也，先诸？（哀6）4.1634

1.3.2 用于感叹句之末。"诸（之乎）"配合文义表示决心或祈求。从上下文可判断。如：

（1）干犫请一矢，城曰："余言汝於君。"对曰："不死伍乘，军之大刑也。干刑而从子，君焉用之？子速诸！"乃射之，殪。（昭21）4.1430

（2）公使郈孙逆孟懿子。叔孙氏之司马鬷戾言於其众曰："若之何？"莫对。又曰："我，家臣也，不敢知国。凡有季氏与无，於我孰利？"皆曰："无季氏，是无叔孙氏也。"鬷戾曰："然则救诸！"帅徒以往，陷西北隅以入。（昭25）4.1464

例（1）表祈求，例（2）表决心。

1.4 兼词（之如）。共1例。见5."诸"的词组"譬诸"。

2. 代词

"诸"作代词共15例。有以下几种情况：

2.1 "诸"相当于代词"之"。作宾语。共8例。

2.1.1 当"诸"后紧接语气词"乎",形成〔动·诸·乎〕句式时,"诸"一般都相当于代词"之"。共有7例:

(1)冬,晋荐饥,使乞糴于秦。秦伯谓子桑:"与诸乎?"对曰:"重施而报,君将何求?重施而不报,其民必携;携而讨焉,无众,必败。"谓百里:"与诸乎?"对曰:"天灾流行,国家代有。救灾、恤邻,道也。行道,有福。"(僖13)1.344

(2)初,楚子将以商臣为大子,访诸令尹子上。……既,又欲立王子职,而黜大子商臣。商臣闻之而未察,告其师潘崇曰:"若之何而察之?"潘崇曰:"享江芈而勿敬也。"从之。江芈怒曰:"呼!役夫!宜君王之欲杀女而立职也!"告潘崇曰:"信矣。"潘崇曰:"能事诸乎?"曰:"不能。"(文1)2.514

(3)晋师右移,上军未动。……楚子使唐狡与蔡鸠居告唐惠侯曰:"不穀不德而贪,以遇大敌,不穀之罪也。然楚不克,君之羞也。敢藉君灵,以济楚师。"使潘党率游阙四十乘,从唐侯以为左拒,以从上军。驹伯曰:"待诸乎?"随季曰:"楚师方壮,若萃於我,吾师必尽,不如收而去之。分谤、生民,不亦可乎?"殿其卒而退,不败。(宣12)2.741

(4)君子不犯非礼,小人不犯不祥,古之制也。吾敢违诸乎?(昭3)4.1239

(5)王曰:"叔氏,而忘诸乎?叔父唐叔,成王之母弟也,其反无分乎?"(昭15)4.1372

(6)仲幾曰:"纵子忘之,山川鬼神其忘诸乎?"(定1)4.1524 此例上文为"忘之",下文为"忘诸乎","诸"与"之"互相呼应,作用相同。

"诸"本可代"之乎",为什么以上例中的"诸"后还有"乎"呢?这可能与问话的语气有关。在"1.3""诸"表"之乎"的14个例句中，只有3例是有问有答的〔见"1.3.1"的例（4）、（5）、（6）〕，其他都是表示推测或自言自语，问话的语气比较轻，用"诸"代"之乎"比较恰当。而在以上7例中，问话的语气重，对"诸"所代的对象也有强调之意，因此在"诸"之后又用"乎"，不仅加强了问话的语气，而且使"诸"的代词意也更加突出，可谓一举两得。

在这里有这样一个问题：既然这几例中的"诸"相当于"之"，为什么不用"之"代"诸"，作"动·之·乎"，岂不明确无误？这个问题有待进一步探讨，笔者尚无把握，不敢妄下结论。只初步感到这可能与"之乎"连读发生音变有关，由于"之乎"连读作"诸"，因此"之乎"两字相连出现在句末的现象虽然也有，却比较少，"乎"在《左传》中共有642例，"之乎"出现在句末的仅有7例；大多数句末的"之乎"都作"诸"或"诸乎"，共24例。至于"之乎"和"诸乎"为什么同时存在，为什么有了"诸"还要再加"乎"，可能就是加重语气的需要，因"诸乎"比"之乎"，无论是代词或语气词，似都有所加强。

2.1.2 "诸"在叙述句中作动词的宾语。仅见1例：

（1）羿犹不悛，将归自田，家众杀而亨之，以食其子，其子不忍食诸，死于穷门。（襄4）3.937

"诸"的这种用法在《左传》中虽仅见1例，但在其他古籍中还能见到。如：

（2）王庶几改之？王如改诸，则必反予。（《孟子·公孙丑下》）[11]1.108

（3）圣人之治天下也，凝诸以礼乐。（《法言·问道》）[12]11

（4）人必其自爱也，然后人爱诸；人必其自敬也，然后人敬诸。（《法言·君子》）[13]39

2.2 "诸"作指示代词，用于名词前作定语，表示同一类对象的整

体,或其中的每一个。可理解为"众"或"各"。共7例。如:

（1）赵成子言於诸大夫曰:"秦师又至,将必辟之。"（文2）2.521

（2）晋侯以乐之半赐魏绛,曰:"子教寡人和诸戎狄以正诸华,八年之中,九合诸侯,如乐之和,无所不谐,请与子乐之。"（襄11）3.993

此句意谓"您教寡人同众戎狄部落媾和以整顿各中原国家"。

（3）胥梁带使诸丧邑者具车徒以受地,必周。（襄27）3.1126

诸丧邑者:所有丢掉城邑的国家。

（4）国之诸市,屦贱踊贵。（昭3）4.1236

国之诸市:国都的各市场上。

"诸"的这种用法一直流传至今,如"诸君"、"诸位"等。

3. 介词

"诸"作为介词相当于"於"。共6例。

（1）诸侯伐郑,次于伯牛,讨邲之役也。遂东侵郑。郑公子偃师帅师禦之,使东鄙覆诸鄑。（成3）2.812

（2）楚伐绞,军其南门。……明日,绞人争出,驱楚役徒於山中。楚人坐其北门,而覆诸山下。大败之。（桓12）1.134

（3）五人以其私卒先击吴师,吴师奔;登山以望,见楚师不继,复逐之,傅诸其军,简师会之。（襄25）3.1104

（4）遂灭崔氏,杀成与彊,而尽俘其家,其妻缢。婴复命於崔子,且御而归之。至,则无归矣。乃缢。崔明夜辟诸大墓。辛巳,崔明来奔。（襄27）3.1138

（5）公徒将杀昭子,伏诸道。（昭25）4.1466

（6）臧氏使五人以戈楯伏诸桐汝之间。（昭25）4.1468

以上例中的"诸"都不包含"之",只等于"於"。如何辨别以上例中的"诸"是兼词或介词？从兼词的用法来看,其中的"之"须有两个条件：一、"之"是动词的直接宾语,亦即动作的受事;二、"诸"后的处所是"之"所在的处所。以上6例中的动词"覆"、"傅"、"辟"、"伏"都是施事者自己的动作行为,并非使他人这样作,因此动词后都没有受事宾语。如例（4）,"崔明夜辟诸大墓",若"诸"为"之於",联系上文,则"之"应代崔子,可是崔子已经死了,避于大墓的只可能是崔明自己。如果把"诸"解为"之於"就将造成文义的混乱。因此应结合上下文仔细辨别。

这里也有这样一个问题：为什么这几例的介词不用"於"而用"诸"？可能是因为"诸"是个兼词,所以用法比较灵活；既然可相当于代词"之"加介词（於、于）,或"之"加语气词"乎",也就可以分别相当于"之"或"于"（于）、或"乎"。正如兼词"焉"既然相当於"於"加"之",就可分别相当于"於"或"之"一样。这也许是兼词的共同特点吧！也可能这共同特点是由某一兼词开始而类化及其他兼词的。至于像《礼记·郊特牲》中的例句："不知神之所在,於彼乎？於此乎？或诸远人乎？"⑭"诸"相当于"於"就更明显了。

4. 助词

"诸"作助词主要是作修饰语的词尾,《左传》中只有2例：

（1）初,献公使荀息傅奚齐。公疾,召之,曰"以是藐诸孤辱在大夫,其若之何？"（僖9）1.328

"藐"是小弱的意思,《广雅·卷二上·释诂》："眇、藐、鄙,小也。"⑮"诸",王念孙《经义述闻》卷十七有"藐诸孤"条,把"诸"解为"者",

"藐诸孤"即"藐者孤"。指出"'者'与'诸'古字通"。⑯笔者认为按照王念孙的解释,"者"在这里也不是一般用法表示"……的人"之意,实际上只含有"的(之)"意。因此不如把这个"诸"视为修饰语的词尾,有加强修饰语的作用,"藐诸"是"孤"的定语,"藐诸孤"意即"弱小的孤儿"。

(2)冬,楚公子燮灭蓼,臧文仲闻六与蓼灭,曰:"皋陶、庭坚不祀忽诸。"(文5)2.540

杨伯峻先生注:"此八字宜作一句读,昔人分为两读,误。此犹言皋陶、庭坚忽焉不祀,惟忽焉作忽诸,倒置句末,故前人多不得其解。"杨先生在这里并不是说"诸"等于"焉",而是说"忽诸"的作用与"忽焉"相当,作"不祀"的修饰语。因而我把"诸"视为修饰语"忽"的词尾,这句话的意思是:"皋陶、庭坚很快地就没有人祭祀了。"助词"诸"作为修饰语的词尾,含义和用法都比较灵活,其具体含义可根据上下文去辨别。修饰语加"诸",可用作定语,如例(1);也可修饰动词,如例(2)。

5."诸"的词组

"诸"的词组在《左传》中只见到一例,就是"譬诸":

(1)谓我敝邑,迩在晋国,譬诸草木,吾,臭味也,而何敢差池?(襄22)3.1066

先秦其他古籍中还可见到:

(2)色厉而内荏,譬诸小人,其犹穿窬之道也与?(《论语·阳货》)⑰193

(3)君子之道,孰先传焉?孰后传焉?譬诸草木,区以别矣。(《论语·子张》)⑱208

"譬诸"中的"诸"相当于"之如"（或"之若"），也是一个兼词。"譬之如"的例句：

（4）子雅、子尾怒，庆封告卢蒲嫳。卢蒲嫳曰："譬之如禽兽，吾寝处之矣。"（襄28）3.1146

"譬之若"虽在《左传》中未见，但他书中有：

（5）为人臣者，譬之若手，上以脩头，下以脩足。（《韩非子·有度》）[19]1.87

6. 小结

6.1 "诸"共329例，绝大多数用作兼词，共305例，占总数的92%。在兼词的305例中，"诸"表"之於"后接处所的最多，共194例，占兼词总数的65.5%；后接人物的次之，共87例，占28.5%；后接训告内容的2例，占0.6%。"诸"作兼词表示"之乎"的共14例，占5%。在词组"譬诸"中"诸作兼词"表"之如"，1例，占0.4%。

6.2 "诸"作代词共15例，占总数的5%。其中〔动诸乎〕7例；〔动诸〕1例；指代词用法7例。这种指代词的用法在《左传》中虽还不多，但却一直保留下来，延用至今。

6.3 "诸"作介词6例，占总数的2%。因《左传》"乎"作介词的用法极为个别，因而"诸"作介词都相当"於（于）"。其他古籍中"诸"有相当于"乎"的。如：

孝弟发诸朝廷，行乎道路，至乎州巷，放乎蒐狩，修乎军旅。（《礼记·祭义》）[20]1600

6.4 "诸"作助词2例，占1%。例虽少，用法很特别，值得进一步探讨。

[附　注]

① 《春秋左传集解》第一册,173页,注(六),上海人民出版社1977年本。
② 《左传译文》,234页,中华书局1981年本。
③ 同注①,1138页,注(三)。
④ 同注②,362页。
⑤ 同注①,1800页,注(二)。
⑥ 沈钦韩《左传补注》,14页。
⑦ 《十三经注疏》,世界书局1935年影印本。"1.170"表示"上册170页"。
⑧ 同上。
⑨ 同上。
⑩ 杨伯峻《论语译注》,中华书局1962年本。
⑪ 杨伯峻《孟子译注》,中华书局1962年本。
⑫ 《法言》,世界书局1935年"诸子集成"本。
⑬ 同上。
⑭ 《十三经注疏》下,1457页中。
⑮ 《广雅疏证》,54页,中华书局1983年本。
⑯ 《经义述闻》卷十七,20页。
⑰ 同注⑩。
⑱ 同上。
⑲ 陈奇猷《韩非子集释》,上海人民出版社1974年本。
⑳ 同注⑭。

(1986年10月修定)
(2003年6月略有修改)

《左传》的"焉"*

《左传》的"焉"共出现877次，分以下几类：1.兼词，859次；2.助词14次；3.语气词2次；4.介词1次；5.代词1次。下面分别介绍。

1. 兼词

"焉"的主要用法是作兼词，即相当于介词於(于)加代词(用p代)：〔於(于)·p〕。代词包括"之"、"此"、"是"、"安"、"何"等。[①]兼词"焉"的主要特点有三：一、绝大多数兼词位于句末，但它不属于整个句子而属于用作谓语中心成分的动词或形容词(用D代)；二、它表示与中心成分D有关的人物、处所、事件、状态等；三、它的特殊作用是，由于"焉"所包含的代词在上文已有先行词，用"焉"代替〔於(于)·宾〕可以避免重复，使句子简洁、中心突出。

讨论兼词"焉"，首先面临的问题就是：如何区别兼词"焉"与语气词"焉"？过去的语法书都没有明确交代这个问题，使人感到标准不明、难以掌握。为了弄清这个问题，我们把"焉"和它前后的中心成分都一一作了分析，考察了它们在《左传》中的全貌，最后才敢于说：在《左传》中，凡位于D前或D后的"焉"解作"於·宾（以下用b代，宾

---

* 本文发表在《古汉语研究》第一辑，中国社会科学院语言研究所古汉语室与中华书局合编，中华书局1988年。

语 b 包括代词宾语和非代词宾语。)"有助于(或无损于)理解文义的,都是兼词。凡位于"D 於 b"之后的"焉",不能再解作"於 b"的,是语气词。绝大多数"焉"是兼词。下面就是所作的调查。(由于兼词"焉"各项用法的出现次数在小结中有专门统计,因而文中一般不再介绍。同时因本文引杜预注和《左传译文》较多,为阅读方便,随文注出页数,不列入注。)

1.1 在谓语中心成分 D 后的"焉"。

本节按"焉"所在句式的不同,分为叙述句、问句、比较句、被动句四项来介绍。

1.1.1 "焉"用于叙述句。

叙述句中的"焉"主要作用有以下几个方面:

(一)表示与动作行为有关的对象(人物或国家等)。

"焉"前的动词有:礼、请、辞、问、访、告、朝、贰、假、驾、见、纳、私、讼、言、属、纾、嗾、取、求、乞、获、得、吊、反、加、服、从、道、及、立、期、猜、彻、膰、拜、贾、归、逐、毁、济、嘉、捷、尽、进、馈、弃、甘心、播扬、借助、纵寻等。

这些动词的共同特点是:它们所代表的动作行为几乎都要涉及他人,我们姑且把它们叫作涉他性动词。这类动词后面往往用"於 b"表示有关的对象。若 b 已见于上文,就可能用兼词"焉"代替"於 b"。如果把"焉"当作没有具体含义的语气词,就会影响对文义的正确理解。下面举例来说明这一点。

〔礼〕

动词"礼"在《左传》中总是用"於 b"作补语引进有关的对象。如:

(1)凡公女嫁于敌国,姊妹,则上卿送之,以礼於先君。(桓3)1.99

(2)夫子礼於贾季,我以其宠报私怨,无乃不可乎?(文6)2.553

若 b 已在上文出现过、下文可用代词指代时,就常用"焉"代"於 b"。如:

（3）郑僖公之为大子也，於成之十六年与子罕适晋，不礼焉¹。又与子丰适楚，亦不礼焉²。……及将会於鄬，子驷相，又不礼焉³。（襄7）3.953

如果把"焉"看作语气词，就看不出三个"不礼焉"有什么区别。只有把"焉"理解为"於·p"，才能看到"焉¹"——"於·p（子罕）"；"焉²"——"於·p（子丰）"；"焉³"——"於·p（子驷）"。三句应分别译作："对子罕不加礼遇"、"对子丰也不加礼遇"、"又对子驷不加礼遇"。

（4）郑伯如周，始朝桓王也。王不礼焉。周桓公言於王曰："我周之东迁，晋、郑焉依。善郑以劝来者，犹惧不蔇，况不礼焉？郑不来矣。"（隐6）1.51

焉：於·p（郑伯）。

（5）王以上卿之礼飨管仲。管仲辞曰："臣，贱有司也。有天子之二守国、高在，若节春秋来承王命，何以礼焉？"（僖12）1.342

焉：於·p（天子之二守国、高）。

对于以上"焉"字，杨伯峻先生都加注："焉字作之用，代词。"虽然他没有说"焉"等于"於·之"，但他显然是要说明这些"焉"不是语气词，而是表示了一定的对象。

〔请〕

"请"总用"於（于）b"引进有关的对象，表示"向××请求"。如：

（1）陈穆公请修好於诸侯，以无忘齐桓之德。（僖19）1.384

（2）阖庐之弟夫概王晨请於阖庐曰：……。（定4）4.1544

（3）敢请假道以请罪於虢。（僖2）1.282

当"b"已在上文出现，"於b"可用"於·p"代替时，"请於·p"就变成了"请焉"。如：

（4）冬，葬曹宣公。既葬，子臧将亡，国人皆将从之。成公乃

惧,告罪,且请焉。(成14)2.867

此例的"焉"如果是语气词,"请"的意义就不好理解。"焉"解作"於·p","p"代子臧,意思就很清楚:"请焉"就是向子臧请求的意思。正如杨伯峻先生所注:"请子臧留而不出走。"

(5)栾鍼见子重之旌,请曰:"楚人谓夫旌,子重之麾也,彼其子重也。……请摄饮焉。"(成16)2.889

"请摄饮焉",杜预注:"持饮往饮子重"(2.761页);俞樾在《群经平议》第26卷中还把这个句子专列了一条,解释道:"请使人代己往饮子重也。"他们所强调的"往饮子重"的意思,在"焉"里就已经包含了,因为"焉"相当于"於·p(子重)"。

(6)是行也,郑伯朝晋,为重币故,且请伐陈也。郑伯稽首,宣子辞。子西相,曰:"以陈国之介恃大国,而凌虐於敝邑,寡君是以请请罪焉,敢不稽首?"(襄24)3.1090

如果"焉"是语气词,"请请罪"是什么意思呢?它与上句对陈国的揭发又有什么关系呢?把"焉"解作"於·p(陈国)",问题就迎刃而解了,它把所在句与上句有机地结合起来:由于陈国仗恃大国侵凌敝邑,寡君因此请求向陈国问罪。这个"焉"作为兼词对句义的表达实有着重要作用。杜预注:"请得罪于陈也。"(3.1014页)杨伯峻先生注:"请求请罪於陈,即请伐陈也。"他们的注都表明了"焉"=於·p。

〔辞〕

(1)主人县布,菫父登之,及堞而绝之。队,则又县之。苏而复上者三,主人辞焉,乃退。(襄10)3.975

"主人辞焉"——主人辞於·p(菫父):主人向菫父辞谢。"焉"在这里表示了主人辞谢的对象。《左传》的"辞",凡表示"辞"的具体内容,大都用"动宾"式。如:

(2)宋公辞平。(桓12)1.134

《左传》的"焉"　301

（3）襄仲辞玉。（文12）2.588

凡表示"辞"的对象，大都用"辞於b"式。如：

（4）公使辞於二子曰：……（成17）2.903

（5）栾盈过于周，周西鄙掠之，辞於行人曰：……（襄21）3.1061

"辞於b"表示了辞的对象。《左传》10例"辞焉"都是"向（之）辞"之意，若把"焉"解为语气词，则句义不明。

〔问〕

（1）周内史叔兴聘于宋，宋襄公问焉曰："是何祥也？"（僖16）1.369

焉：於·p（周内史叔兴）。

（2）定王使王孙满劳楚子，楚子问鼎之大小、轻重焉。（宣3）2.669

焉：於·p（王孙满）。

（3）楚子使薳罢来聘，通嗣君也。穆叔问王子围之为政何如。……固问焉，不告。（襄30）3.1170

焉：於·p（薳罢）。

"问"在《左传》中总是用"於b"引进间接宾语，没有见到"问"的双宾式。如果"问"直接带宾语，这宾语就代表"问"的内容。如：

（4）叔向出，行人挥送之。叔向问郑故焉，且问子晳。（昭1）4.1221

此例中的"问郑故焉"表示"问郑故於p（行人挥）"；"问子晳"表示"问子晳的情况"，决不是"向子晳问"，因为"问子晳"和"问於子晳"所传递的信息是不同的。又如：

（5）将盟臧氏，季孙召外史掌恶臣而问盟首焉。（襄23）3.1083

"问盟首焉"不是"向盟首问"，而是表示问的内容是"盟首"，问的对象用"焉"表示，这句话的意思就是，向外史询问盟辞（的写法）。由以上举例可以看出，"问焉"即相当于"问於b"，与"问"引进间接宾语的句式正相一致。如：

（6）厚问定君於石子。（隐4）1.37

（7）王使问礼於左师与子产。(昭4) 4.1251

（8）王问於子泄。(哀8) 4.1647

《左传》"问於b曰"共24例，"问焉曰"共15例，"问"与"曰"之间不是"於b"便是"焉"（仅有一例为"问之曰"，"之"表示问的内容[②]），"焉"相当於"於p"甚明。

〔访〕

访於申丰曰：……。他日，又访焉。(襄23) 3.1078

焉：於·b（申丰）。对照上文"访於申丰"，"又访焉"意义甚明；下文又有"访於臧纥"，可见"访"总用"於b"引进间接宾语。

〔告〕

（1）晋侯问叔向之罪於乐王鲋。对曰："不弃其亲，其有焉。"於是祁奚老矣，闻之，乘驲而见宣子，曰："……多杀何为？"宣子说，与之乘，以言诸公而免之。不见叔向而归，叔向亦不告免焉而朝。(襄21) 3.1061

"不告免焉"：不告免於·p（祁奚）。《左传》的"告"是一个可带双宾语的动词。如：

（2）公语之故，且告之悔。(隐1) 1.15

（3）公告之故。(哀14) 4.1687

如果直接宾语在前，就总用"於（于）b"引进间接宾语。如：

（4）单子欲告急於晋。(昭22) 4.1437

（5）吴人告败于王。(哀13) 4.1677

上面例中的"告免焉"就相当这种句式，"焉"表示间接宾语。此句意谓："叔向亦不向祁奚告己被赦而趋朝。"

〔朝〕

（1）吴将伐齐，越子率其众以朝焉，王及列士皆有馈赂，吴人皆喜。(哀11) 4.1664

"朝焉"：朝於 p（吴）。《左传》凡表示"去朝见 ×"，都用"朝于（於）×"的句式，"于（於）"作为介词除引进朝见的对象外，还表示动作的去向。如：

（2）戎朝于周。（隐7）1.54

（3）杞伯於是骤朝于晋而请为昏。（成18）2.913

（4）郑伯喜於王命而惧其不朝於齐也，故逃归不盟。（僖5）1.306

"朝焉"即与"朝于（於）b"相当。又如：

（5）臧文仲言於公曰："国子为政，齐犹有礼，君其朝焉！臣闻之，服於有礼，社稷之卫也。"（僖33）1.497

"朝焉"：朝於 p（齐）。

（6）晋侯之立也，公不朝焉，又不使大夫聘，晋人止公于会。（宣7）2.692

"朝焉"：朝於 p（晋）。

〔贰〕

（1）僖负羁之妻曰："吾观晋公子之从者，皆足以相国。若以相，夫子必反其国；反其国，必得志於诸侯。得志於诸侯，而诛无礼，曹其首也。子盍蚤自贰焉！"（僖23）1.407

"自贰焉"：自贰於 p（晋公子重耳）。意即贰心向着晋公子。《左传》的"贰"后总是用"於b"表示叛向或叛离的对象。如：

（2）晋侯、秦伯围郑，以其无礼於晋，且贰於楚也。（僖30）1.479

"贰於楚"：叛向楚。

（3）为归汶阳之田故，诸侯贰於晋。晋人惧，会於蒲以寻马陵之盟。（成9）2.843

"贰於晋"：叛离晋。

《左传》有一例"贰"的"动宾"式，即"贰·宾"：

（4）天生季氏以贰鲁侯，为日久矣。（昭32）4.1600

其中的"贰"为"助"意,"贰鲁侯"即"助鲁侯"。

"贰焉"共3例,都相当于"贰於b",而不能理解为"贰之",可见语言内部是有其严格的规律的。另二例如下:

(5)以陈、蔡之密迩於楚而不敢贰焉,则敝邑之故也。(文17)2.625

"贰焉":贰於p(楚)。意即贰心向楚。

(6)徐子,吴出也,以为贰焉,故执诸申。(昭4)4.1252

"贰焉":贰於p(吴)。意即因为徐子是吴国女所生,(楚子)就认为他贰心向着吴国。有了这个"焉",就把焉所在句与上文"吴出也"有机地联结在一起了。《左传译文》译作:"楚王认为他有三心二意。"(399页)未将"焉"意译出,应在"他"后加上"对吴国"三字才更符合原文含义。

〔假〕

(1)晋侯曰:"君可以冠矣。大夫盍为冠具?"武子对曰:"君冠,必以祼享之礼行之,以金石之乐节之,以先君之祧处之。今寡君在行,未可具也,请及兄弟之国而假备焉[1]。"晋侯曰:"诺。"公还,及卫,冠于成公之庙,假钟磬焉[2],礼也。(襄9)3.971

焉[1]:於p(兄弟之国)。假备焉,向兄弟之国借用具。焉[2]:於p(卫)。假钟磬焉,向卫国借了钟磬。

(2)初,齐豹见宗鲁于公孟,为骖乘焉。将作乱,而谓之曰:"公孟之不善,子所知也;勿与乘,吾将杀之。"对曰:"吾由子事公孟,子假吾名焉,故不吾远也。……"(昭20)4.1410

焉:於p(公孟)。子假吾名焉,您在公孟面前给我宣扬名声(所以公孟不疏远我)。《左传译文》为:"您给我吹嘘。"(466页)由于译掉了"焉",意义不完整,上下不连贯。

《左传》的"假"常用"于(於)b"引进有关的对象。如:

(3)晋侯将伐曹,假道于卫。(僖28)1.451

（4）范宣子假羽毛於齐而弗归。（襄14）3.1019

"假……焉"正与"假……於（于）b"相当。

〔驾〕

（1）遂会于虢，寻宋之盟也。祁午谓赵文子曰："宋之盟，楚人得志於晋。今令尹之不信，诸侯之所闻也。子弗戒，惧又如宋。子木之信称於诸侯，犹诈晋而驾焉，况不信之尤者乎？……"文子曰："武受赐矣。然宋之盟，子木有祸人之心，武有仁人之心，是楚所以驾於晋也。……"（昭1）4.1202

"焉"：於p（晋）。"犹诈晋而驾焉"，意即"尚且欺骗晋国而驾凌在晋国之上"。与下文"是楚所以驾於晋"对比，"焉"的性质和作用就更清楚。《左传》的"驾"，直接带宾语时都表"乘（车）"、"套（车）"之意。如：

（2）齐侯欲与卫侯乘，与之宴而驾乘广。（定13）4.1589

（3）公父文伯至，命校人驾乘车。（哀3）4.1621

"驾"表"驾凌"之意时，则用"於b"引进有关的对象，"焉"解作"於之"不仅与"驾"的用法一致，而且与句义完全相符，使上下文义明确畅达。可惜杜预对"驾焉"只注"驾，犹凌也"（4.1175），《左传译文》译作"压在上面"（376页），都因为忽略了兼词"焉"而未得此句精微。准确的注应是："驾焉：驾凌於……之上。"译文则应是"驾凌於晋国之上"或"压在晋国上面"。

〔见〕

（1）元年春，王使内史叔服来会葬。公孙敖闻其能相人也，见其二子焉。（文1）2.510

焉：於p（内史叔服）。见其二子焉——（公孙敖）向内史叔服引见了他的两个儿子。《论语·微子》的"见其二子焉"同样是丈人"向子路引见了自己的两个儿子"，而不是子路"看见了他的两个儿子"。《经典释文》把这两个"见其"的"见"音"贤遍反"，以区别于看见的"见"（古电切），就是明证。《左传》表示"向 b 引见（或推荐）a"常用"见 a 於 b"句式。如：

（2）诸侯将见子臧於王而立之。（成 15）2.873

（3）初，齐豹见宗鲁於公孟。（昭 20）4.1410

"见×焉"就与这种句式相当。如：

（4）十四年春，卫侯如晋，晋侯强见孙林父焉。定公不可。（成 14）2.868

焉：於 p（卫侯：定公）。意即晋侯强迫卫侯要他接见孙林父。如果把"焉"当作语气词，则"晋侯强见孙林父"的句义不易准确掌握。兼词"焉"在这里既与上文"卫侯如晋"衔接，又与下文"定公不可"呼应，有助于句义的贯通。

（5）员如吴，言伐楚之利於州于。公子光曰："是宗为戮，而欲反其仇，不可从也。"员曰："彼将有他志，余姑为之求士，而鄙以待之。"乃见鱄设诸焉，而耕於鄙。（昭 20）4.1409

焉：於 p（公子光）。意即（伍员）就向公子光推荐了鱄设诸。把兼词"焉"的意思译出来后，全句文通意明。而《左传译文》译作"於是就推荐了鱄设诸"（466 页），向谁推荐？没有交代出来。

〔纳〕

（1）疾臣向魋，纳美珠焉，与之城鉏。（哀 11）4.1666

焉：於 p（向魋）。意即太叔（疾）向向魋献出美珠。

（2）执卫侯，归之于京师，寘诸深室。宁子职纳橐饘焉。（僖 28）1.472

焉：於 p（卫侯）。意即宁子负责把衣食送给卫侯。

"纳"在《左传》里总以"於（于）b"表示引进间接宾语。如：

（3）纳玉於王与晋侯，皆十瑴。（僖 30）1.478

（4）公使襄仲纳赂于齐侯，故盟于郪丘。（文 16）2.616

"纳……焉"即与"纳……於b"相当。

〔私〕

（1）卫宁武子来聘，公与之宴，为赋《湛露》及《彤弓》。不辞，又不答赋。使行人私焉。（文4）2.535

焉：於p（宁武子）。意即派行人私下向宁武子探问。

（2）四月，栾盈帅曲沃之甲，因魏献子以昼入绛。初，栾盈佐魏庄子於下军，献子私焉，故因之。（襄23）3.1074

焉：於p（栾盈）。意即魏献子和栾盈私下很要好。"私"在《左传》里常用"於b"引进有关的对象。如：

（3）请师於邾，邾子使私於公子豫。（隐1）1.19

（4）赵孟辞，私於子产曰："武请於冢宰矣。"（昭1）4.1209

"私焉"与"私於b"相当。若把"焉"当作语气词，"焉"所在句就扞搭难通，尽管前人常在"私焉"句下作注，如上例在"私焉"下，杜预注："私问之"（2.439页）；下例杜预注："私，相亲爱"（3.995页），句义似仍有未尽之处。只有把"焉"解作兼词，才能对句义作出完整的解释。

〔讼〕

（1）楚子反救郑，郑伯与许男讼焉。（成4）2.819

焉：於p（楚子反），"焉"若是语气词，此句不知何意？"楚子反救郑"与"郑伯与许男讼"前后两件事有什么关系？只有认清"焉"的兼词面目，才能把句义说清："郑伯与许男在子反面前争讼。"

（2）晋侯使士匄平王室，王叔与伯舆讼焉。（襄10）3.983

"焉"：於p（士匄）。此例与上例的"焉"都是兼词。意谓："王叔和伯舆在士匄面前争论是非曲直。"

〔言〕

（1）宋公兼享晋、楚之大夫，赵孟为客，子木与之言，弗能对；使叔向侍言焉，子木亦不能对也。（襄27）3.1133

焉:於p(子木)。使叔向侍言焉——使叔向在旁边帮着跟子木说话。

（2）鸡泽之会，郑乐成奔楚，遂适晋。羽颉因之，与之比而事赵文子，言伐郑之说焉。以宋之盟故，不可。（襄30）3.1178

焉:於p(赵文子)。言伐郑之说焉——向赵文子进言伐郑。"言"在《左传》里总用"於b"表示说话的对象。如：

（3）周桓公言於王曰：……（隐6）1.51

（4）员如吴，言伐楚之利於州于。（昭20）4.1409

（5）强言霸说於曹伯，曹伯从之。（哀7）4.1645

可知"言（……）焉"就与"言（……）於b"相当。

〔属〕

（1）宋穆公疾，召大司马孔父而属殇公焉。（隐3）1.28

属，嘱托。在《左传》里总用"於b"引进间接宾语。如：

（2）属寿於左公子。（桓16）1.146

（3）我若获没，必属说与何忌於夫子。（昭7）4.1296

"属……焉"与"属……於b"相当，上例的"属殇公焉"意即"嘱托殇公给他（司马孔父）"。又如：

（4）平王弱，抱而入，再拜，皆厌纽。韦龟属成然焉。（昭13）4.1350

焉:於p(平王)。意即韦龟嘱托其子蔓成然於平王。

〔纾〕

初，司城荡卒，公孙寿辞司城，请使意诸为之。既而告人曰："君无道，吾官近，惧及焉。弃官，则族无所庇。子，身之贰也，姑纾死焉。虽亡子，犹不亡族。"（文16）2.621

焉:於p(公孙寿之子，意诸)。意即姑且由意诸（代位代死）而使我晚点死去。此"焉"若不是兼词则句义很难理解。《左传译文》译作："姑且〔由他代替我〕让我晚点死去。"（159页）作者用〔〕表明是由译者加进去的内容，其实〔〕内的意思就包含在"焉"中。

〔嗾〕

晋侯饮赵盾酒,伏甲,将攻之。其右提弥明知之,趋登,曰:"臣侍君宴,过三爵,非礼也。"遂扶以下。公嗾夫獒焉,明搏而杀之。(宣2)2.660

焉:於p(赵盾)。意即晋侯使犬扑向赵盾。《左传译文》译为"晋灵公嗾使恶狗〔猛扑赵盾〕"(170页),〔〕中之意已在"焉"中,无须加〔〕。

〔甘心〕

鲍叔帅师来言曰:"子纠,亲也,请君讨之。管、召,仇也,请受而甘心焉。"(庄9)1.180

焉:於p(管、召)。杨伯峻先生注:"《吕氏春秋·赞能篇》云:於是乎使人告鲁曰:'管夷吾,寡人之仇也,愿得之而亲加手焉。'亲加手以杀之即'甘心'也。"

"甘心焉"即"甘心於彼",亦即"亲手把他杀死"的意思。

〔纵寻〕

昭公将去群公子,乐豫曰:"不可。公族,公室之枝叶也;若去之,则本根无所庇荫矣。葛藟犹能庇其本根,故君子以为比,况国君乎?此谚所谓'庇焉¹而纵寻斧焉²'者也。必不可。"(文7)2.557

杜预在这句下仅注"纵,放也",《左传译文》"这就是俗话所说'树阴遮蔽,偏偏使用斧子'……"(142页),看后仍不懂。这句话的意思究竟是什么呢?关键恐怕是在两个"焉"字上。"庇",遮蔽、掩护、庇护之意。"庇焉":庇於p——为它所遮蔽(庇护)。被动句式。"纵寻",杨伯峻先生注:"纵、寻两词因义近而连用。都可训'用'。"那么"纵寻斧焉"就是"纵寻斧於p",这个"p"与焉¹所包含的"p"代同一对象,意思是,"对它动用(挥动)斧头"。上下连起来就是:"受它庇护却向它挥动斧头"(这样的人不是傻瓜就是没良心)。"它"若换作上文的"公族",句子大意就是:"受公族的庇护却向它(公族)动用斧头。"

与上下文义正相符合。

(二)表示与动作行为有关的处所。

"焉"前的动词可分两小类:一类带有方向性,常伴有动作行为来往的处所;一类带有处所性,常伴有动作行为发生或存在的处所。两部分动词小异而大同:都常用"於(于)b"表示其所来、所住、所发生或所存在的处所。若b已见于上文,就常用"焉"代"於(于)b"。下面分别介绍。

㈠带有方向性的动词与"焉"

"焉"前带有方向性的动词有:纳、聘、迁、至、游、寻、入、返、傅、近、取、娶、略、归、从、蒲伏等。

〔纳〕

"纳"常表示送回或送入(某地或某国),以"於(于)b"引进有关的处所。如:

(1)秋,秦人纳芮伯万於芮。(桓10)1.128

(2)晋赵盾以诸侯之师八百乘纳捷菑于邾。(文14)2.604

"纳……焉"与"纳……於b"相当。如:

(3)楚子辛、郑皇辰侵城郜,同伐彭城,纳宋鱼石、向为人、鳞朱、向带、鱼府焉。(成18)2.911

"焉":於p(彭城)。"焉"句大意:"把宋国的鱼石、向为人、鳞朱、向带、鱼府送进了彭城。"因"彭城"已在上句出现,所以这句用"焉"代替了"於彭城"。

"纳"还可表示把某物放进某处,用"於b"引进有关的处所。如:

(4)石首曰:"卫懿公唯不去其旗,是以败于荧。"乃内旌於弢中。(成16)2.888

内,同"纳"。

(5)公使侍人纳公文懿子之车於池。(哀25)4.1725

若"b"已在上文出现,就用"焉"代"於b"。如:

（6）公薨之月,子产相郑伯以如晋,晋侯以我丧故,未之见也。子产使尽坏其馆之垣而纳车马焉。(襄31) 3.118

焉:於p(其馆)。"焉"句大意:"子产派人全部拆毁了宾馆的围墙而把车马放在宾馆里边。"

〔聘〕

聘,古代国与国之间遣使来往访问。常用"于、(於)b"引进有关的处所。如:

（1）东门襄仲将聘于周,遂初聘于晋。(僖30) 1.483

（2）楚子使道朔将巴客以聘於邓。(桓9) 1.125

"b"若已见于上文,就用"焉"代"於b"。如:

（3）穆伯如齐,始聘焉,礼也。(文1) 2.515

焉:於p(齐)。意即开始对齐国的聘问。或:首次对齐国聘问。

聘,又可表示有关双方的来往聘亲活动。也用"于(於)b"引进有关的处所。"焉"相当於"於b"。如:

（4）穆伯娶于莒,曰戴己,生文伯;其娣声己生惠叔。戴己卒,又聘於莒,莒人以声己辞,则为襄仲聘焉。(文7) 2.562

"聘焉",相当于上文的"聘於莒",——"就为襄仲在莒国行聘"。

〔迁〕

迁,迁移。无论是迁移到某地或从某地迁出,这一动作行为总与处所分不开,因此在"迁"的后面总用"于(於)b"引进有关的处所。如:

（1）夏,邢迁于夷仪。(僖1) 1.278

（2）冬,楚子使王子胜迁许於析。(昭19) 4.1400

若b已在上文出现,就常用"焉"代"於b"。如:

（3）晋侯围曹,门焉,多死。曹人尸诸城上,晋侯患之。听舆人之谋,称"舍於墓",师迁焉。曹人凶惧。(僖28) 1.452

焉：於p（墓）。意即师旅迁於曹人族葬之处。

（4）楚子使薳射城州屈，复茄人焉；城立皇，迁訾人焉。（昭25）4.1468

焉：於p（立皇）。意即把訾人迁到立皇。

〔至〕

至：到达，去到。常用"于（於）b"表示到达的处所。（例略）b已见于上文时，就常以"焉"代"于（於）b"。如：

（1）迫孔悝于厕，强盟之。……季子将入，遇子羔将出，曰："门已闭矣。"季子曰："吾姑至焉。"子羔曰："弗及，不践其难！"（哀15）4.1695

焉：於p（孔悝所在之处）。这个"焉"若看作语气词，"吾姑至"就不大好理解，而且不知"至"何处？更何况"至"表示"去到"、"到达"某处的意思时，后面都有"于（於）b"作补语；只有表示"来到"意时才可不后接补语，因来到的处所已很明显。如：

（2）蒲城之役，君命一宿，女即至。其后余从狄君以田渭滨，女为惠公来求杀余，命女三宿，女中宿至。虽有君命，何其速也！（僖24）1.414

而"吾姑至焉"从上下文看得很清楚，"至"不是"来"意而是"去"意，因它后面的兼词"焉"是由"至"的语法特点所决定的，而不是随心所欲可有可无的东西。这句话的意思是"我姑且到孔悝那里去一下"。正因为说话人季子说自己打算到孔悝那里去，子羔才恳切地劝阻他。

〔游〕

郑人游於乡校，以论执政。然明谓子产曰："毁乡校何如？"子产曰："何为？夫人朝夕退而游焉，以议执政之善否。……若之何毁之？"（襄31）3.1192

焉：於p（乡校）。这个"焉"很容易被视为语气词而忽略过去，王力先生主编的《古代汉语》收了《子产不毁乡校》一节，注释很详细，但没有注这个"焉"。其实"焉"在这里用得很巧：然明想要毁乡校，子产回答说，人们早晚退朝到这里来游玩，议论当政的好坏，有什么不好？有了这个"焉"，正可与然明"毁乡校"的意见相对照，对乡校的两种看法、两种态度也更鲜明。同时我们再看看上文的"游於乡校"，就更明白"游焉"与它相呼应之妙了。

〔寻〕

　　初，晋侯使士蒍为二公子筑蒲与屈，不慎，寘薪焉。夷吾诉之，公使让之。士蒍稽首而对曰："……君其修德而固宗子，何城如之？三年将寻师焉，焉用慎？"（僖5）1.304

焉：於p（城，指蒲与屈）。意即三年之后将在那里（蒲与屈）用兵。上文说晋侯派人责备士蒍在蒲与屈筑城不小心，士蒍回答说："……三年之后就要在那里用兵，哪里用得着小心？"上下文义是紧相扣合的。如果把"焉"当作语气词而撇开不管，像《左传译文》译作"三年以后就要用兵"（74页），就会使读者不明白，三年以后就要用兵，为什么现在筑蒲与屈就用不着谨慎小心？用兵与在蒲与屈筑城有什么联系呢？只有把兼词"焉"所表示的"在那里"译出，才能把原文的含义全部表达出来。可惜对这个"焉"，各注本都未加注。

〔蒲伏〕

　　晋人执季孙意如，以幕蒙之，使狄人守之。司铎射怀锦，奉壶饮水，以蒲伏焉。（昭13）4.1359

"焉"：於p（季孙意如所在之处）。鲁国的季孙意如在酷热的夏天被晋人逮住，用幕布遮蒙起来。鲁大夫司铎射捧着一壶冰水，偷偷地爬行到季孙意如那里去。简短的文字生动地写出了司铎射对季孙的关怀。如果不把兼词"焉"译出，就比原文逊色多了。

(二)带有处所性的动词与"焉"

"焉"前带处所性的动词有：会、封、加、死、冯、旋、容、舍、繫、击、老、门、私、蒐、得、无、有、摄、窴、置、执、战、存、在、载、遇、万、用、饮、祈、县、享、闻、宿、树、藏、床、察、焚、崇、铭、立、聚、见、生、取、税、沟、圉、暴、设、食、收、授、致、著、卒、作、彻、保、复、伏、得、堕、毁、为、饮至、舍爵、策勋等。

这类动词所代表的动作行为的发生或存在，往往以一定的处所为前提，因此它们后面常用"於(于)b"引进有关的处所。"焉"与"於(于)b"相当。有些动词既有方向性又有处所性，不必勉强区分，这种现象更能说明它为什么总带有表示处所的补语。下面举例说明。

〔会〕

会：会见，盟会。总以"于(於)b"表示"会"的处所，若b已见于上文，就用"焉"代。如：

(1) 十五年春，复会焉，齐始霸也。(庄15) 1.200

庄公15年一上来就是"复会"，第一次"会"在何时、何地？"焉"如果是兼词，为什么没有表明具体处所的先行词b呢？仔细寻找，原来p的先行词是"鄄"，在庄公14年传文的末句里：

(2) 冬，会于鄄，宋服故也。(庄14) 1.199

这两例的句式完全相同，都是前句表结果、后句表原因的果因倒叙复句。"会于鄄"与"(复)会焉"相对应，"焉"与"于鄄"相当。

〔封〕

晋荀偃、士匄请伐偪阳，而封宋向戌焉。(襄10) 3.974

此例的"焉"若为语气词，读者就很可能把"伐偪阳"和"封宋向戌"看成两件并列而无关的事。但由于"封"这个动词总是用"于(於)b"引进有关的处所，因此知"焉"应为兼词，与"於p(偪阳)"相当。

〔加〕

（1）秋，郑公孙黑将作乱，欲去游氏而代其位。……子产曰："……不速死，司寇将至。"七月戊寅，缢。尸诸周市之衢，加木焉。（昭2）4.1230

焉：於p（尸）。杜预注："书其罪於木，以加尸上。"他指出"加木"的处所是在"尸上"。这层意思只能由兼词"焉"来表达，因"加"总是用"于（於）b"引进有关的处所。如：

（2）楚令尹围请用牲读旧书加于牲上而已。（昭1）4.1202

（3）得梦启北首而寝於卢门之外，己为乌而集於其上，咮加於南门，尾加於桐门。（哀26）4.1730

"加焉"与"加於（于）b"相当。又如：

（4）既，乃与巴姬密埋璧於大室之庭，使五人齐，而长入拜。康王跨之，灵王肘加焉，子干、子皙皆远之。（昭13）4.1350

焉：於p（璧）。意即灵王的胳臂放在玉璧上。如果把这个"焉"当作语气词，"灵王肘加"实在难以理解。

（5）公使大史固归国子之元，寘之新箧，襚之以玄纁，加组带焉。（哀11）4.1663

焉：於p。杨伯峻先生注："组带即编丝为组之带，不知加于国书之头颅上，抑箧上，文义不明。"从上文"寘之……"、"襚之……"的"之"都承上指"国子之元"的情况看，"於p"中的"p"似也是与上文的"之"一脉相承，所指相同。

〔死〕

（1）制，岩邑也；虢叔死焉。佗邑唯命。（隐1）1.11

焉：於p（制）。意即虢叔死在那里。如果"焉"为语气词，这句话也令人费解，不知"制，岩邑也"与"虢叔死"两者之间有什么关系。"死"总以"于（於）b"引进死亡的处所，"死焉"与"死于（於）b"相当。

（2）夫火烈，民望而畏之，故鲜死焉¹；水懦弱，民狎而玩之，则多死焉²，故宽难。（昭20）4.1421

"焉¹"：於p（火）。焉²：於p（水）。

〔卒〕

吾闻之，"所乐必卒焉"。（昭15）4.1374

"焉"：於是。"是"代"所乐"。意即人所乐何事必死于此事。

〔冯〕

八年春，石言于晋魏榆。晋侯问於师旷曰："石何故言？"对曰："石不能言，或冯焉。"（昭8）4.1300

焉：於p（石）。意即有东西冯附在石头上。

〔旋〕

郈子在门台，临廷。阍以缾水沃廷，郈子望见之，怒。阍曰："夷射姑旋焉。"（定3）4.1530

焉：於p（廷）。意谓夷射姑曾在这里小便。

〔容〕

初，景公欲更晏子之宅，曰："子之宅近市，湫隘嚣尘，不可以居，请更诸爽垲者。"辞曰："君之先臣容焉，臣不足以嗣之，於臣侈矣。"（昭3）4.1237

焉：於p（晏子之宅）。意谓君王的先臣住在这里。若把"焉"视为语气词，这句话就不大好懂了。

〔舍〕

（1）巫臣请使於吴，晋侯许之。吴子寿梦说之。乃通吴於晋，以两之一卒适吴，舍偏两之一焉。（成7）2.835

焉：於p（吴）。"舍偏两之一焉"，杨伯峻先生注："是留其卒之一偏，即留十五辆於吴。"

（2）昔文公与秦伐郑，秦人窃与郑盟，而舍戍焉，於是乎有殽

之师。（襄14）3.1006

焉：於p（郑）。意即在郑国安置了戍守的兵力。"舍"总用"於（于）b"引进有关的处所，因而"舍（……）焉"与"舍（……）於（于）b"相当，也是很明显的。

（3）驷赤谓侯犯曰："且盍多舍甲於子之门以备不虞？"侯犯曰："诺。"乃多舍甲焉。（定10）4.1581

焉：於p（门）。意即於是就把很多皮甲放在门里。很明显，"舍甲焉"与上文"舍甲於子之门"相互对应。

〔繫〕

（1）齐高固入晋师，桀石以投人，禽之而乘其车，繫桑本焉，以徇齐垒，曰："欲勇者贾余馀勇！"（成2）2.791

焉：於之（车）。意即把桑树根繫在车上。若把"焉"当作语气词，繫桑本就没有着落了。

（2）齐师将兴，陈成子属孤子三日朝。设乘车两马，繫五邑焉。（哀27）4.1733

焉：於p（乘车）。意即把五个书囊繫在车上。《左传译文》译作"把册书放在五个口袋里"（598页），似有误。因为"把册书放在五个口袋里"只是对"五邑"的解释，而不能等同于"繫五邑焉"。

〔击〕

郑伯有耆酒，为窟室，而夜饮酒、击钟焉。（襄30）3.1175

焉：於p（窟室）。《左传译文》："而在夜里喝酒、奏乐。"（363页）未将"焉"意译出，似应为："而夜里在窟室中喝酒、奏乐。"

〔老〕

羽父请杀桓公，将以求大宰。公曰："为其少故也。吾将授之矣。使营裘，吾将老焉。"（隐11）1.79

焉：於p（营裘）。"吾将老焉"——我将在那里养老。有了兼词"焉"，

"营菟裘"和"吾将老"两件事就紧密地联在一起了，文义也更为明确、连贯。惜各本对"焉"无注，《左传译文》也抛掉了"焉"："我已经打算养老了。"（19页）

〔门〕

　　初，卫侯伐邯郸午於寒氏，城其西北而守之，宵熸。及晋围卫，午以徒七十人门於卫西门，杀人於门中，曰："请报寒氏之役。"涉佗曰："夫子则勇矣；然我往，必不敢启门。"亦以徒七十人旦门焉，步左右，皆至而立，如植。日中不启门，乃退。（定10）4.1578

"门焉"与上文"门於卫西门"相当，惜各本未注。《左传译文》译作"也带了七十个徒兵在早晨攻打城门"（539页），未与上文呼应，也未与全段文意扣紧。因为城西门是故事的中心环节。大意是说卫侯伐晋国的邯郸午时，攻打寒氏城的西北角；到了晋包围卫时，邯郸午为了报复，也攻打卫的西门；晋国的涉佗为了表现自己比邯郸午勇敢，也带人攻打卫的西门。因此译文应将"焉"译出："也带了七十个徒兵早晨在卫国西门攻打城门。"

〔私〕

　　师慧过朝，将私焉。（襄15）3.1023

焉：於p（朝）。意即打算在朝廷上小便。

〔蒐〕

　　夏，晋侯伐郑，为邲故也。告於诸侯，蒐焉而还。（宣14）2.754

焉：於p（郑）。意即在郑国检阅了车马然后返回。

〔得〕

　　晋人使谍於子木，请行而期焉。子木暴虐於其私邑，邑人诉之。郑人省之，得晋谍焉，遂杀子木。（哀16）4.1700

焉：於p（子木处）。意即从子木处搜得晋谍。"焉"在这里很传神，它与上文"使谍於子木"相呼应，同时又是下句"遂杀子木"的原因。

〔无〕

（1）师慧过宋朝，将私焉。其相曰："朝也。"慧曰："无人焉。"相曰："朝也，何故无人？"慧曰："必无人焉。若犹有人，岂其以千乘之相易淫乐之矇？必无人焉故也。"（襄15）3.1023

焉：於p（朝）。"无……於b"常表示在某一范围内没有某种对象。如：

（2）不可使共叔无后於郑。（庄16）1.202

（3）伯有无戾於郑，郑必有大咎。（襄28）3.1108

（4）无援於外。（昭13）4.1374

"无……焉"与"无……於b"相当。如：

（5）恃险与马，而虞邻国之难，是三殆也。……冀之北土，马之所生，无兴国焉。恃险与马，不可以为固也，从古以然。（昭4）4.1247

焉：於p（冀之北土）。"焉"所在句与上文意为："冀州的北部，是出产马的地方，而在那里并没有兴旺发达的国家。"有了这个"焉"，与上文扣得更紧，表示纵使有好马的地方，国家也不一定兴旺。

〔有〕

"有"常表示在某处所或某范围内有某事或某对象，因此它后面常有"于（於）b"引进有关的处所。如：

（1）有事于大庙。（宣8）2.696

（2）公孟有事於盖获之门外。（昭20）4.1411

（3）有淖於前。（成16）2.885

有时b为代词"此"，表示事物存在的范围或泛指性的处所，用法比较灵活。如：

（4）贼民之主，不忠；弃君之命，不信。有一於此，不如死也。（宣2）2.658

（5）韩厥献丑父，郤献子将戮之，呼曰："自今无有代其君任患

者,有一於此,将为戮乎?"(成2)2.794

"有……焉"与"有……于(於)b"用法相当。如:

(6)夫大国,难测也,惧有伏焉。吾视其辙乱,望其旗靡,故逐之。(庄10)1.183

焉:於p(泛指处所)。"惧有伏焉"——怕他们在那里有埋伏。

(7)既享,宴于季氏。有嘉树焉,宣子誉之。武子曰:"宿敢不封殖此树,以无忘《角弓》。"(昭2)4.1227

焉:於p(季氏家)。意即在那里(承上指季氏家中)见到一棵好树,宣子赞美它。《左传译文》译作"有一棵好树,韩宣子赞美它"(385页),很明显未将"焉"意译出。

(8)令尹使视郏氏,则有甲焉。(昭27)4.1485

焉:於p(郏氏家)。意即有皮甲和武器在那里。

有时"焉"表示的处所比较抽象,有"於此"之意。如:

(9)王使问礼於左师与子产。左师……献公合诸侯之礼六。子产……献伯子男会公之礼六。……王使椒举侍於后以规过,卒事不规。王问其故,对曰:"礼,吾所未见者有六焉,又何以规?"(昭4)4.1251

焉:於p(指上文左师、子产所献之礼)。

有时"焉"所表示的范围在下文。如:

(10)公曰:"然则莫如和戎乎?"对曰:"和戎有五利焉:……。"(襄4)3.939

焉:於p(见下文所列数的五个方面)。

有时"有"没带宾语,而实际上隐含有宾语。如:

(11)吴公子光请於其众,曰:"丧先王之乘舟,岂唯光之罪,众亦有焉。请藉取之以救死。"(昭17)4.1392

"众亦有焉"——大家在这件事上也有(罪)。

有时"有焉"出现在引语之后,是一种习惯用法。如:

(12)君子曰:"《诗》所谓'白圭之玷,尚可磨也;斯言之玷,不可为也',荀息有焉。"(僖9)1.330

焉:於p(此)。意谓荀息就有某些地方像这话所说的那样。此句在《史记·晋世家》中为:"其荀息之谓乎!"(6.1649)又如:

(13)《诗》曰:"于以采蘩?于沼、于沚。于以用之?公侯之事",秦穆有焉。"夙夜匪解,以事一人",孟明有焉。"诒厥孙谋,以燕翼子",子桑有焉。(文3)2.530

〔摄〕

六月,郧人藉稻,邾人袭鄅。鄅人将闭门,邾人羊罗摄其首焉,遂入之,尽俘以归。(昭18)4.1397

"摄其首焉",前人作注甚多,众说不一。杜预注:"斩得闭门者头。"(4.1434)孔颖达疏:"摄训为持也,斩得闭门者首而持其头。"③焦循《春秋左传补疏》:"摄首者,手提其头。"④俞樾《群经平议》:"此盖以手相搏,而摄持其头,非斩之也。闭门者既为所持,不能自脱,邾众遂乘间而入耳。"⑤竹添光鸿《左传会笺》:"《论语》,'千乘之国摄乎大国之间'。摄,夹摄。羊罗摄其首,亦言其首为门扇所夹摄也。盖罗先鄅人未闭门,急以己首纳於门,门扇为首所碍,不得闭,因遂入之也。"⑥前人作注虽多,却没有人理会这个"焉"字,其实它是有助于理解句义的。"焉":於p(门)。"羊罗摄其首焉",意即羊罗(趁鄅人将要闭门之机)把头伸在两扇门之间。竹添光鸿的说法与此意相近。他所引《论语》"摄乎大国之间","摄"后也是介宾结构表示处所,与"於b"的作用相当⑦,可惜他没有注意到这个"焉"字。"摄"虽有多种含义⑧,但"摄……乎b"或"摄……焉"中的"摄"含义却很有限,就是夹摄、伸入等意。

〔饮至、舍爵、策勋〕

凡公行，告于宗庙；反行，饮至、舍爵、策勋焉，礼也。（桓2）1.91
焉：於p（宗庙）。与上文"于宗庙"相对应。《左传译文》："回来，祭告宗庙，宴请臣下，互相劝酒，把功勋写在简册上，这是合於礼的。"（23页）按此译文，似乎只有"祭告宗庙"是在宗庙进行，其他几项活动在什么地方进行呢？不清楚。其实原文很清楚，饮至、舍爵、策勋都在宗庙进行。这层意思就包含在兼词"焉"之中。

（三）表示与动作行为有关的事物。

"焉"前动词有：辩、憾、及、免、疑、与、择、损、泯、断、纾、加、观、备、卒、仇、言、用、登、举、具、劝、惧、制等。

这些动词所代表的动作常及於其他事物或与其他事物有关。它们后面常用"於b"引进有关的事物；有的动词本可以带b作宾语，但为了表示强调而用"於"引进，《左传》的"於"不乏这种用法。[9]"焉"与"於b"相当。

〔辩〕

（1）封疆之削，何国蔑有？主齐盟者，谁能辩焉？（昭1）4.1207

焉：於p（封疆之削）。意即对这种事谁能治理？

（2）或谓大子："子辞，君必辩焉。"（僖4）1.298

焉：於p（指上文所说骊姬诬陷大子事）。意即国君必能对这事辨别清楚。

〔憾〕

且寡人出，伯父无里言；入，又不念寡人，寡人憾焉。（庄14）1.197

焉：於p（上面所说的事）。意即寡人对此感到遗憾。

〔及〕

（1）初，司城荡卒，公孙寿辞司城，请使意诸为之。既而告人曰："君无道，吾官近，惧及焉。"（文16）2.621

"及焉"：及於p（难）。"及於难"是《左传》里常可见到的一种习惯说法。如：

（2）晋公子重耳之及於难也，晋人伐诸蒲城。（僖23）1.404

（3）王揖而入，馈不食，寝不寐，数日，不能自克，以及於难。（昭12）4.1341

（4）弗图，必及於难。（昭15）4.1369

"及焉"相当于"及於难"，也形成一种习惯用法。

（5）郑伯如晋，子大叔相，见范献子。献子曰："若王室何？"对曰："老夫其国家不能恤，敢及王室？抑人亦有言曰：'嫠不恤其纬，而忧宗周之陨，为将及焉。'今王室实蠢蠢焉，吾小国惧矣，……吾子其早图之！"（昭24）4.1452

焉：於p（难）。意即因为（她）也会遭到祸患。

〔与〕

"与於b"常表示"参与到b中去"。如：

（1）郑伯治与於雍纠之乱者，九月，杀公子阏，刖强鉏。（庄16）1.202

（2）今我妇人，而与於乱。（襄9）3.965

（3）不与於会，亦无瞢焉。（襄14）3.1007

"与焉"的意思和用法相当于"与於b"。如：

（4）今诸侯之事我寡君不如昔者，盖言语漏泄，则职女之由。诘朝之事，尔无与焉。与，将执女。（襄14）3.1006

"尔无与焉"：尔无与於p（诘朝之事）。

（5）许男如楚，楚子止之；遂止郑伯，复田江南，许男与焉。（昭4）4.1245

"许男与焉"：许男与於p（田）。

（6）戌也骄，其亡乎！富而不骄者鲜，吾唯子之见。骄而不亡者，未之有也。戌必与焉。（定13）4.1592

焉：於 p（亡）。意即戌必与於逃亡。《左传译文》："戌必然要掉进去的。"（544 页）不知怎么得出这个意思？仔细考察下文，只有定公 14 年记载公叔戌逃亡到鲁国。一直到哀公 27 年《左传》结束，都看不出公孙戌掉进何处。

〔损〕

　　子产、子大叔相郑伯以会，子产以幄、幕九张行，子大叔以四十，既而悔之，每舍，损焉。及会，亦如之。（昭 13）4.1354

焉：於 p（幄、幕）。意即每住宿一次，就把幄幕减少一些。

〔择〕

　　（1）若以大夫之灵，获保首领以殁於地，唯是春秋窀穸之事、所以从先君於祢庙者，请为"灵"若"厉"。大夫择焉。（襄 13）3.1001

焉：於 p（"灵"或"厉"）。意即请大夫在灵或厉之间选择吧。

　　（2）子恶曰："我，贱人也；不足以辱令尹。令尹将必来辱，为惠已甚，吾无以酬之，若何？"无极曰："令尹好甲兵，子出之，吾择焉。"（昭 27）4.1485

焉：於 p（甲兵）。意即我来从中挑选。

　　（3）昭公之难，君将以文之舒鼎，成之昭兆，定之鞶鉴，苟可以纳之，择用一焉。（定 6）4.1556

焉：於 p（上述三宝）。择用，两个动词连用。择用一焉——就可从三宝中选用一件。

（四）表示与动作行为有关的状态。

当"焉"位于动宾结构"如……"后时，由"於是"引申似有"那样"意。〔如……焉〕常作为复句的一个分句，兼有提起下文的作用。如：

　　（1）为国家者，见恶，如农夫之务去草焉，芟夷蕴崇之，绝其本根，勿使能殖，则善者信矣。（隐 6）1.50

"始……焉"："如……於此"，引申有"如……那样"之意。"如……焉"

成为当时惯用的一种固定句式。

（2）夫其败也，如日月之食焉，何损於明？（宣12）2.748

（3）国人望君如望慈父母焉，盗贼之矢若伤君，是绝民望也。若之何不胄？（哀16）4.1703

1.1.2 "焉"用于比较句。

"焉"在比较句中常用在形容词谓语之后，引进比较的对象，"焉"相当"於b"，这是大家都公认的。略举数例于下：

（1）人谁无过，过而能改，善莫大焉。（宣2）2.657

焉：於p（过而能改）。意即就没有比这（过而能改）再好的事情了。

（2）奸王之位，祸孰大焉？（庄21）1.215

焉：於p（奸王之位）。意即祸患还有比这更大的吗？

（3）王闻群公子之死也，自投于车下，曰："人之爱其子也，亦如余乎？"侍者曰："甚焉，小人老而无子，知挤于沟壑矣。"（昭13）4.1346

焉：於p（子，指您）。意即（爱得）比您更厉害。

（4）子召外盗而大礼焉，何以止吾盗？……赏而去之，其或难焉。（襄21）3.1057

焉：於（泛指以前情况）。此句大意是（赏赐外盗而想去掉内盗），恐怕就比（赏赐）以前更困难了。

（5）东郭书让登，犁弥从之，曰："子让而左，我让而右，使登者绝而后下。"书左，弥先下。书与王猛息。猛曰："我先登。"书敛甲，曰："曩者之难，今又难焉！"（定9）4.1574

焉：於p（曩者之难）。杨伯峻先生注："昔汝欲我左，使我为难；今日以此骄我，又使我为难！"《左传译文》："上一次让我过不去，现在还要让我过不去！"（537页）似乎都重在"又"字而未将"焉"意译出。似应解为："刚才使我为难，现在又使我比刚才更为难！"

（6）（伯州犁）上其手，曰："夫子为王子围，寡君之贵介弟也。"下其手，曰："此子为穿封戌，方城外之县尹也。谁获子？"囚曰："颉遇王子，弱焉。"（襄26）3.1115

焉：於p（王子）。意即（我）比他（王子）弱，或（我）比他不过。

1.1.3 "焉"用于被动句。

"焉"在被动句中用于中心动词之后，表示动作行为的施动者。有时施动者已见于上文或不需明文书出，就采用"焉"代"於b"。

（1）宋公及楚人战于泓。……公伤股，门官歼焉。（僖22）1.397

焉：於p（楚军）。意即门官尽被楚军歼灭。

（2）夏，遂因氏、颌氏、工娄氏、须遂氏饩齐戍，醉而杀之，齐人歼焉。（庄17）1.205

焉：于p（遂）。杨伯峻先生注："齐人歼焉，与僖22年《传》'门官歼焉'句法相同，皆谓被杀尽也。"对照一下《春秋经》经文就很清楚："夏，齐人歼于遂。"《左传译文》大概是把"焉"当成了语气词（或代词"之"），因而把这个句子译成了主动句："齐国人把因氏他们全部歼灭。"（51页）对这个句子的理解完全错了。可见对"焉"的正确认识对于理解句义有着重要作用。《左传》的"歼"共3例，以上两例表被动，下例表主动：

（3）子服惠伯谓叔孙曰："天殆富淫人，庆封又富矣。"穆子曰："善人富谓之赏，淫人富谓之殃。天其殃之也，其将聚而歼旃。"（襄28）3.1149

旃，相当于"之"。"歼旃"意即"尽杀之"，而《左传译文》却是："将要让他们聚拢而一起被杀吧。"（352页）把这个主动句又译成了被动句。由此也可看到正确理解虚词用法的重要性。

（4）他日我曰，子为郑国，我为吾家以庇焉，其可也。今而后知不足。自今请，虽吾家，听子而行。（襄31）3.1193

焉:於p(子)。各本未注。《左传译文》:"我治理我的家族以庇护我自己。"(373页)把"庇焉"理解作"庇之",又把被动句变成了主动句。其实这个"庇焉"与文公7年"此所谓庇焉而纵寻斧焉者也"的"庇焉"一致,都是表被动。这句的正确理解应为:"您治理郑国,我治理我的家族而受到您的庇护(这就可以了)。"

(5)公之为公子也,与郑人战于狐壤,止焉。(隐11)1.79

焉:於p(郑人)。止焉:被郑人俘获。

(6)初,子驷为田洫,司氏、堵氏、侯氏、子师氏皆丧田焉,故五族聚群不逞之人因公子之徒以作乱。……杀子驷、子国、子耳。(襄10)3.980

焉:於p(子驷)。"皆丧田焉",意即"……都被他(子驷)夺去了土田。"杨伯峻先生注:"四氏损失田亩,疑为子驷所强夺,不然,不得因此杀之。"杨先生所怀疑的"为子驷所强夺"正是事实,兼词"焉"已把这层"被子驷……"的意思明确地表示出来了。而《左传译文》译作"司氏、堵氏、侯氏、子师氏都丧失了土田"(276页),由于未察"焉"的作用,因而未能表达出丧失土田与子驷的关系。

1.1.4　"焉"用于问句。

"焉"在问句中共95例,除1例外都与疑问词"何"配合,这是"焉"在问句中的一个明显的特点。这个特点是与"何"在问句中的特点一致的,"何"常与"於b"构成〔何·动·於b〕句式。如:

(1)虽及胡耉,获则取之,何有於二毛?(僖22)1.398

(2)君有二臣如此,何忧於战?(成16)2.886

(3)夫其败也,如日月之食焉,何损於明?(宣12)2.748

(4)何爱於邑?邑将焉往?(襄30)3.1180

"何动·焉"与这种句式一脉相通,"焉"就相当于"於b"。如:

(5)莫敖曰:"盍请济师於王?"对曰:"……成军以出,又何

济焉？"（桓11）1.131

"焉"与上文"於王"相对应，"又何济焉"意即"（整顿军队而出兵）又向君王请求增添什么援兵？"《左传译文》："……，又增什么兵呢？"（33页）显然把"焉"看成了语气词。《左传》的"焉"在问句中是否为表疑问的语气词？我们的回答是否定的。D后的"焉"在《左传》中共出现758次，其中用于问句的有95例，仅占12.7%；而这95例又都有疑问词"何"（一例有疑问词"安"），可见构成问句的关键在疑问词"何"（安）而不在兼词"焉"。我们可以反问一句：为什么占"焉"绝大多数（87.3%）的例句并没有成为问句而唯独有疑问词"何"（安）的一小部分才成了问句呢？另外，从"何"的用法来看，"何"共出现692次，其中除7例（1%）表示程度外，其余99%的"何"都在问句中，而在这些问句中，"何"、"焉"同时出现的只占13.8%，其他绝大多数问句中都是有"何"无"焉"，由此也可以看出"焉"的作用不在表示疑问。

（6）公语之故，且告之悔。对曰："君何患焉？若阙地及泉，隧而相见，其谁曰不然？"（隐1）1.15

焉：於p（上文所说之事）。"何患焉"相当于"何患於是"。《战国策·西周策》"何患焉"，⑩在《史记·周本纪》中即作"君何患於是"。⑪

（7）晋侯使司马女叔侯来治杞田，弗尽归也。晋悼夫人愠曰："齐也取货，先君若有知也，不尚取之。"公告叔侯。叔侯曰："杞，夏馀也，而即东夷。鲁，周公之后也，而睦於晋。以杞封鲁犹可，而何有焉？"（襄29）3.1160

杨伯峻先生注："焉，於是也。何有於是即何有於杞，谓不当心目中有杞国在也。"

（8）十年春，齐师伐我。公将战。曹刿请见。其乡人曰："肉食者谋之，又何间焉？"（庄10）1.182

焉：於p（肉食者）。意即又何必参与在肉食者之间？

（9）乐王鲋谓范宣子曰："盍反州绰、邢蒯？勇士也"。宣子曰："彼，栾氏之勇也，余何获焉？"（襄21）3.1063

焉：於p（州绰、邢蒯）。意即我能从他们得到什么？

（10）子产为政，有事伯石，赂与之邑。……子大叔曰："若四国何？"子产曰："非相违也，而相从也，四国何尤焉？"（襄30）3.1180

"焉"：於p（指子产自己或郑国）。意即四方的邻国对我们有什么可责备的？

（11）乐王鲋侍坐於范宣子。或告曰："栾氏至矣！"宣子惧。桓子曰："……既有利权，又执民柄，将何惧焉？"（襄23）3.1075

焉：於p（栾氏）。"将何惧焉"意即"对栾氏惧怕什么？"《左传》的〔惧·b〕有两种含义：使b惧和惧怕b。如：

（12）毒诸侯而惧吴、晋。（成18）2.912

"惧吴、晋"：使吴、晋恐惧。这种用法的"惧"常省略主语。

（13）是行也，吴早设备，楚无功而还，以蹶由归。楚子惧吴。（昭6）4.1272

"楚子惧吴"：楚王惧怕吴国。这种用法的"惧"句常有主语。

而〔惧·於b〕和〔惧·焉〕只有一种含义：对b惧怕。可见〔何·动·於b〕和〔何·动·焉〕排除了产生歧义的可能性，有其本身的特殊作用。

1.2 在谓语中心成分D前的"焉"。

1.2.1 "焉"单独出现在动词前：〔焉·动（宾）〕。

"焉"单独出现在D前对D起修饰作用，这类"焉"的主要特点是绝大多数出现在问句中，"焉"相当于"於"加代词"安"（或"何"），表示"从哪里"、"到哪里"、"在哪里"等意，大多是对动作去向的发问；引申出去，灵活运用，则有抽象的"哪里（能）"、"怎么（能）"等意。"焉"意的具体或抽象与动词D的性质有一定关系。下面就按动词的性质把问句中的"焉"分为两类来介绍,第三类是叙述句中的"焉"。

(一)"焉"后的动词绝大多数带有方向性,有的带有处所性。在这些动词前的"焉"多表示对动作的去向、处所的发问,含义比较具体,如"在(从、到)哪里"等。这些动词是:辟、往、在、入、归、取、逃、移、寘、执等。如:

(1)请京,使居之,谓之京城大叔。祭仲曰:"……今京不度,非制也,君将不堪。"公曰:"姜氏欲之,焉辟害?"(隐1)1.12

(2)既入焉,而示之璧,曰:"活我,吾与女璧。"己氏曰:"杀女,璧其焉往?"(哀17)4.1711

(3)季孙至,入,哭,而出,曰:"秩焉在?"公鉏曰:"羯在此矣。"(襄23)3.1080

(4)夫晋,何厌之有?既东封郑,又欲肆其西封。不阙秦,将焉取之?(僖30)1.481

(5)公梦疾为二竖子,曰:"彼,良医也,惧伤我,焉逃之?"(成10)2.849

(6)是岁也,有云如众赤鸟夹日以飞,三日。楚子问诸周大史。周大史曰:"其当王身乎!若禜之,可移於令尹、司马。"王曰:"除腹心之疾而寘诸股肱,何益?不榖不有大过,天其夭诸?有罪受罚,又焉移之?"遂弗禜。(哀6)4.1636

(7)穆嬴日抱大子以啼于朝,曰:"先君何罪?其嗣亦何罪?舍适嗣不立,而外求君,将焉寘此?"(文7)2.558

(8)及即位,为章华之宫,纳亡人以实之。无宇之阍入焉。无宇执之,有司弗与,曰:"执人於王宫,其罪大矣。"执而谒诸王。王将饮酒,无宇辞曰:"……今有司曰:'女胡执人於王宫?'将焉执之?"(昭7)4.1284

(二)"焉"后动词带有功能性,表示运用、智能等活动;在这些动词前的"焉"含义大多比较抽象、灵活,如"哪里"、"哪能"等。这些动词是:用、知、保、从事。

"焉"在动词"用"前出现较多,"焉用·宾"似乎成了当时一种习惯用语,表示"(在)哪里用得着……",灵活一些就有"有什么用"、"何用如此"……等意思。如:

(1)臧武仲如晋。雨,过御叔。御叔在其邑,将饮酒,曰:"焉用圣人? 我将饮酒,而已雨行,何以圣为?"(襄22)3.1065

"焉用圣人":(在)哪里用得着圣人。

(2)所谓盟主,讨违命也。若皆相执,焉用盟主?(昭23)4.1442

"焉用盟主":(在)哪里用得着盟主。

(3)鲁以相忍为国也,忍其外,不忍其内,焉用之?(昭1)4.1211

"焉用之":(在)哪里用得着这样(或:何必如此)。

(4)大夫请以入。公曰:"获晋侯,以厚归也;既而丧归,焉用之?"(僖15)1.359

"焉用之":(在)哪里用得上这个。亦即"有什么用"之意。

除了这个出现次数最多的"用"外,还有"知"、"保"、"从事"等:

(5)晋侯谓女叔齐曰:"鲁侯不亦善於礼乎?"对曰:"鲁侯焉知礼!"(昭5)4.1266

"鲁侯焉知礼":鲁侯(从)哪里知道礼。

(6)民保於城,城保於德。失二德者危,将焉保?(哀7)4.1642

"将焉保":(从)哪里能保?

(7)范献子谓魏献子曰:"与其戍周,不如城之……从王命以纾诸侯,晋国无忧;是之不务,而又焉从事?"(昭32)4.1518

"焉从事":於何从事。意即"从哪里从事",或"从事什么"。这句话连起来的大意是:不致力这个,却又从事什么?

以上两类"焉"共57例,其中表具体处所意的有27例,意义比较抽象的有30例,大约各占一半。在57例中反问句占绝大多数,有53

例；其中又以动词"用"出现最多，有 26 例。表询问的仅 4 例。"焉"所在句绝大部分用作复句的后一分句。

（三）"焉"在动词前而表"於是（在这里）"之意，《左传》只有 1 例：

先王居梼杌于四裔，以禦螭魅，故允姓之奸居于瓜州。伯父惠公归自秦，而诱以来，使逼我诸姬，入我郊甸，则戎焉取之。戎有中国，谁之咎也？（昭 9）4.1309

焉：於是。这句话可以有两种解释：一、"焉"表"在这里"，句义是"那么戎就在我们这里占取了国土"；二、"焉"表"於是"，有承上启下的连接作用，句义是"戎人於是就占取了这些地方"。仔细推敲上下文，似以前者为宜。因句中已有了表连接的"则"。

1.2.2 "焉"与其他词构成词组出现在动词 D 前：〔焉 X · 动（宾）〕。

"焉"与其他词构成固定词组出现在 D 前有三个特点：一、"焉"的含义更加抽象。二、全部用于反问句。三、"焉"的兼词意义有所模糊，而"焉"所含代词"何"（安）的意义较为突出。具体情况如下：

（一）〔焉用 · 动（宾）〕

"焉用"表示"哪里用"、"何用"、"何必"等意。由于复音词组限制了"焉"的意义范围，表达比较明确，因而动词的运用就比较灵活、宽泛，14 例动词无一重复。仅举数例于下：

（1）身将隐，焉用文之？（僖 24）1.419

（2）民无内忧，又无外惧，国焉用城？（昭 23）4.1448

"焉用"与 D 之间还可有其他成分如副词等。如：

（3）冬，筑郎囿，……季平子欲其速成也，叔孙昭子曰："《诗》曰：'经始勿亟，庶民子来。'焉用速成，其以剿民也？无囿犹可；无民，其可乎？"（昭 9）4.1313

（4）我盍姑亿吾鬼神，而宁吾族姓，以待其归，将焉用自播扬焉？（昭 30）4.1508

（二）〔焉得·动（宾）〕

"焉得"中的"得"有"能"意，"焉得"表示"哪能"。如：

(1) 晋、楚无信，我焉得有信？（宣 11）2.711

(2) 吾焉得死之而焉得亡之？（襄 25）3.1098

(3) 侯主社稷，临祭祀，奉民人，事鬼神，从会朝，又焉得居？（昭 7）4.1298

（三）〔焉能·动（宾）〕

"焉得"与"焉能"意思基本相同，但在大同之中有小异："焉得"多侧重于表示客观上不允许或情理上不应该；"焉能"多侧重于表示主观上能力达不到或不愿意。如：

(1) 狄人伐卫，卫懿公好鹤，鹤有乘轩者。将战，国人受甲者皆曰："使鹤！鹤实有禄位，余焉能战？"（闵 2）1.265

(2) 自郢及我九百里，焉能害我？（僖 12）1.340

(3) 臣问其诗而不知也，若问远焉，其焉能知之？（昭 12）4.1341

（四）〔焉可·动（宾）〕

"焉可"：哪里可以，哪里能够。仅 1 例：

二三子好亡而恶定，焉可同也？（昭 25）4.1466

（五）〔焉与·动（宾）〕

"焉与"：哪里能参与。仅 1 例：

吾侪小人食而听事，犹惧不给命，而不免於戾，焉与知政？（襄 30）3.1170

以上〔焉·动（宾）〕式 58 例，涉及动词 D14 个；〔焉 X·动（宾）〕式 42 例，涉及动词 40 个。前者"焉"意灵活而形式单一，就用动词的不同性质的特点去限制并区别"焉"的含义；后者"焉"在五个词组之中，各词组意义明确，就可用来修饰众多的动词。从中我们可以看到修饰成分与中心成分之间相互制约、相互影响、相互弥补的关系。这似乎是语法内部的可辨认规律在起着调节作用。

2. 助词

"焉"作助词共 14 例,又分两类:一类用作状语的后缀,一类用作结构助词。

2.1 状语的后缀。共 12 例。

2.1.1 "焉"用在单词之后组成"X 焉"。共 8 例。

(一)"X 焉"作状语:〔X 焉·D〕。

(1)夫狡焉思启封疆以利社稷者,何国蔑有?(成 8)2.840 "狡焉"表示"思启封疆"的状态。"焉"的这种用法与"然"相似,如:"今执事㈦然授兵登陴,将以谁罪?"(昭 18)4.1399"以水潦之不时,无乃廪然陨大夫之尸,以重寡君之忧,寡君敢辞。"(哀 15)4.1691"㈦然"、"廪然"都表示动作行为的状态。"焉"、"然"在用法上的这种共同现象不知是因为它们都具有作后缀的功能,或是由于它们同属古韵寒部而可以互相通转?有待进一步探讨。"焉"在《左传》中作后缀有 12 例,"然"仅 2 例;而在《韩非子》、《公羊传》、《穀梁传》中却有后缀"然"而无一例"焉"。也许这两词用作后缀有时间早晚的变化。⑫

"狡焉思启封疆以利社稷者"可理解为"狡猾奸诈地企图扩张疆土来为国家营利的人"。而《左传译文》却译作"狡猾的人想开辟疆土以利国家的"(221 页),把作状语的"狡焉"当成了主语,显然有误。"……的人"之意是由下文的"者"表示出来的。

(2)诸侯其谁不欣焉望楚而归之,视远如迩?(昭 1)4.1206 意即诸侯还有谁不是高高兴兴地望着楚国而归服你们。

(3)今君奋焉震电冯怒,虐执使臣,将以衅鼓,则吴知所备矣。(昭 5)4.1271

《左传译文》:"现在君王勃然大发雷霆。"(408 页)把"勃然"与

"奋焉"对译,甚妙。也可看出,后缀"然"还活在现代汉语里,而"焉"却已消失了。

"X焉"的"焉"有无可能是兼词呢？有。那么如何区别它们呢？办法有三：其一,认真从上下文加以辨别,兼词"焉"一般都出现在复句的后面分句中,前面有它的先行词,"於p"中的"p"大都代上文中具体对象,而后缀"焉"不一定在后面分句,它有时在单句中,有时在复句的前面分句中。它的作用是修饰动词,表示动作的状态,如果把"焉"解作"於p",其中的"p"就会对不上号。其二,后缀"焉"前的"X",少数是形容词如"狡"等；多数是描述施事者状态的动词,如"欣"、"奋"、"欢"等,它们是施事者自身的状态,与其他对象不发生关系。而兼词"焉"前的动词如前面所分析,常与一定的人物、处所、事件有关。其三,"X焉（后缀）"一般都不通过连词"而"、"以",直接附在动词前面；"X焉（兼词）"一般都通过"而"或"以"与动词相连。如前面已分析过的"庀焉而纵寻斧焉"（文7）。又如：

（4）韩厥老矣,知罃禀焉以为政。（襄9）3.966

禀,禀承。焉：於p（韩厥）。《左传译文》："韩厥老了,知罃继承他而执政。"（270页）把代词（p）与韩厥准确地对上了号。此例中在"禀焉"与动词之间有"以"连接。

（二）"X焉（后缀）"作谓语。

（1）宋其兴乎！禹、汤罪己,其兴也悖焉；桀、纣罪人,其亡也忽焉。（庄11）1.188

"其兴也悖焉"、"其亡也忽焉"按句子内部的语义关系就是"悖焉兴"、"忽焉亡"；为了强调兴之悖、亡之忽而把状语作谓语,这是由于语言内容的需要引起的句式变换。可理解为"他们的兴起是那样的旺盛","他们的灭亡是那样的迅速"。

2.1.2 "焉"用在叠音词之后组成"××焉"。共4例。

（一）"××焉"作状语：〔××焉·D〕。

（1）赵孟将死矣，其语偷，不似民主。且年未盈五十而谆谆焉如八、九十者，弗能久矣。（襄31）3.1183

（2）余一人无日忘之，闵闵焉如农夫之望岁，惧以待时。（昭32）4.1517

两例的"××焉"都用在动词"如"前，更表明它们是对状态的描绘。另如：

（3）礼之本末将於此乎在，而屑屑焉习仪以亟。言善於礼，不亦远乎？（昭5）4.1266

（二）"××焉"作谓语。仅1例：

（4）今王室实蠢蠢焉，吾小国惧矣。（昭24）4.1452

叠音词一般不用作动词，因此它后面的"焉"只能是助词，不可能是兼词。

2.2 结构助词。

"焉"作结构助词用法与"是"、"之"同，动词的宾语借助于它而前置。"焉"本身无义。共2例：

（1）我周之东迁，晋、郑焉依。（隐6）1.51

《国语·周语中》："我周之东迁，晋、郑是依。"《水经注·渭水下》引《左传》也作"晋、郑是依"，可证"焉"的作用与"是"相当。

（2）《郑书》有之曰："安定国家，必大焉先。"姑先安大，以待其所归。（襄30）3.1180

"必大焉先"即"必先大"的倒装，"大"是动词"先"的宾语而前置。对照下句"姑先安大"，"先"是副词，"安"是动词，"大"是宾语，刚好把"大焉先"的顺序乙正过来，清楚地表明"焉"作为结构助词的作用。

3. 语气词

"焉"作为语气词在《左传》中只有2例：

（1）天子有命，敢不奉承以奔告於诸侯，迟速衰序，於是焉在。（昭32）4.1518

杨伯峻先生把这个"焉"看作帮助倒装的助词,这从他的注释看得很清楚:"於是焉在,在於此也。"可是通过对《左传》"在"的用法全面考察,没有看到一例"在於是"或"在於此",只有"在此"(23 例)。既然没有顺装,就不好说此例是倒装;因此暂把它归入语气词。"焉"的用法与"於是乎在矣"(僖 27、文 6)、"将於是乎在"(襄 14)、"礼之本末将於此乎在"(昭 5)中的"乎"相当。这些例中的"乎"不是介词也不是助词,而是语气词。它与"於是"构成固定词组,通过自身带来的语音停顿和感情色彩对其中的"是"起强化作用。

(2)楚之灭蔡也,灵王迁许、胡、沈、道、房、申於荆焉。(昭 13) 4.1360

此例中的"焉"位于动宾结构"迁……"的补语"於荆"之后,不可能再相当于"於 p",看来它不从属于某个动词而是位于全句之末,这才真正是《马氏文通》所说的"用以煞句也"。[13] 这类"焉"在《左传》中虽只两例,但它却是"焉"向语气词变化的滥觞。

4. 介词

卫侯贞卜,其繇曰:"如鱼窥尾,衡流而方羊。裔焉大国,灭之,将亡。闉门塞窦,乃自后逾。"(哀 17)4.1710

"焉"前的"裔"在这里用作动词,"焉"后的"大国"作"焉"的宾语,"焉"在这里只能是介词。杨树达《词诠》在"焉"条下引了这个例句,指出,焉,介词,用法同"於"。[14] 意谓卫边于大国也。

5. 代词

子、女、玉、帛,则君有之;羽、毛、齿、革,则君地生焉。(僖 23)1.409

338　《左传》虚词研究

《左传》的"生"除此一例外都直接带宾语,构成动宾结构。在这个例句中,可能是为了变换词语使语言生动,而用兼词"焉"代"之",使兼词只相当其中的代词。同时,由于"焉"大量位于句末,虽然它是兼词也难免给人结句的印象。在这例中把"之"用在上句、"焉"用在下句,不仅使词语有所变换,而且使下句有结尾的味道。这也反映出"焉"已附带有了点语气词的作用,它在句尾的位置为它以后向语气词发展准备了条件。

6. 小结

6.1　《左传》877 例"焉"中 97%（859 例）都是兼词,只有两例（0.2%）是语气词。这大概是一个令人惊讶的结论吧!但这却是在对"焉"逐例分析后不能不承认的客观事实。在这 859 例中,很多地方前人所作注释正与兼词"焉"之意相合;部分例句比较难懂,前人未注或意见分歧,但把"焉"解作兼词后,意义立即显豁;还有部分动词如"有"、"无"、"若"后的"焉"用法似乎两可[15]:也可视为兼词,也可视为语气词;若把它们都归入兼词,解作"於p",决不会造成对句义的误解。反之,如果把"焉"都看成语气词,则有相当数量的句子不好理解,甚至会与原意相悖。如果把那部分两可的例句划入语气词,又缺乏形式上的标志,单纯从意义上分类是无法掌握的。因此我们只有实事求是地按以下标准来划分:"焉"位于D前后时,凡解作"於代（p）"有助于或不妨害对句义理解的,都归入兼词。凡在D后的"焉",在它前面已有"於·宾（b）","焉"不能再解作"於·代"的,归入语气词。[16]

6.2　兼词"焉"相当于"於（于）·p（代）"。p 包括"之"、"是"、"此"、"安"、"何"等。D 后的"焉"共 758 例,占兼词"焉"的 88.2%,p 为"之"、"是"或"此"。D 前的"焉"共 101 例,占 11.8%,其中只有

一例的 p 为"是",其他都是疑问词"安"(或"何")。兼词"焉"所在句情况如下表:

句　式	数量与百分比	D·焉	焉·D	合　计
叙述句	数　量	594	1	595
	百分比	79%	1%	69.3%
比较句	数　量	48	0	48
	百分比	6%		5.5%
被动句	数　量	16	0	16
	百分比	2.7%		2.5%
问　句	数　量	95	100	195
	百分比	12.3%	99%	22.7%
合　计		753(88.2%)	101(11.8%)	854(100%)

由表中可以清楚地看到,〔D·焉〕式有 663 例(87.7%)都不是问句,95 例(12.3%)为问句;在这些问句中,疑问的信息也不是由"焉"而是由"何"(有一例为"安")传递的。〔焉·D〕式却只有一例为叙述句,其他 100 例全是问句,因"焉"中所含的"p"为疑问词。

"焉"在句中所表示的与 D 有关的人物、处所、事件、状态等,在〔D·焉〕和〔焉·D〕两式中有明显不同。

先请看〔D·焉〕中的"焉":

"焉"所表示的内容	叙述句	比较句	被动句	问　句	合　计
人物(对象)	317	11	20	35	383(50%)
处　所	204	0	0	9	213(29%)
事、物	56	32	2	51	141(18.4%)
状　态	17	4	0	0	21(2.6%)
合　计	594	47	22	95	758

在〔D·焉〕句式中,"焉"表示最多的是与 D 有关的人物,共 383 例,占

50%;其次是处所,共 213 例,占 29%;再次是事和物,共 141 例,占 18.4%;最少是状态,21 例,占 2.6%。

〔焉·D〕中的"焉"所表示的内容,请看下表:

"焉"所表示的内容	焉·动	焉用·D	焉得·D	焉能·D	焉可·D	焉与·D	合 计
处所(具体)	28	0	0	0	0	0	28(27.7%)
处所(抽象)、能力	31	14	14	12	1	1	73(72.3%)
合 计	59	14	14	12	1	1	101

〔焉·D〕句式中,"焉"所表示的内容比较简单,一部分表示对具体处所(哪里)的发问(其中虽有极少数也可理解为对人物"谁"的发问,但因其实际含义仍是指处所,所以不再分出"人物"一项),共 28 例(其中一例是叙述句),占 101 例的 27.7%;大部分表示抽象意义上的处所,引申为"哪里"、"哪能"等,成为对能力、意愿的反问,共 73 例,占 72.3%。

"焉"所在的问句中,反问句占绝大多数。请看下表:

问 句	D·焉	焉·D	焉用·D	焉得·D	焉能·D	焉可·D	焉与·D	合 计
反 问	95	54	14	14	12	1	1	191(98%)
询 问	0	4	0	0	0	0	0	4(2%)
合 计	95	54	14	14	12	1	1	195

反问句共 191 例,占 98%;询问句仅 4 例,占 2%。〔D·焉〕(即"何动焉")的全部以及〔焉用(得、能、可、与)·D〕的全部都是反问句,只有〔焉·D〕式中有少数询问句。

6.3 值得注意的是,"焉"作为兼词的用法并不是一成不变的,由

《左传》到《史记》就发生了很大的变化。有些"焉"为其他的语法格式所代替:

- 大子在戚,孔姬使之焉。(哀 15) 4.1694
- 大子在宿,悝母使良夫於太子。(《史记·卫康叔世家》) 5.1599

(以下出处略去"史记"二字)

- 改馆晋侯,馈七牢焉。(僖 15) 1.367
- 於是秦缪公更舍晋惠公,馈之七牢。(《晋世家》) 5.1654

- 乃馈盘飧,寘璧焉。(僖 23) 1.407
- 负羁乃私遗重耳食,置璧其下。(《晋世家》) 5.1658

- 侍者曰:"甚焉。"(昭 13) 4.1346
- 侍者曰:"甚是。"(《楚世家》) 5.1707

甚是——甚於是。《史记》常省略"於"。

有的"焉"消失了:

- 楚子问鼎之大小轻重焉。(宣 3) 2.669
- 楚王问鼎小大轻重。(《楚世家》) 5.1700

- 过卫,卫文公不礼焉。(僖 23) 1.406
- 过卫,卫文公不礼。(《晋世家》) 5.1657

有的"焉"依然保存:

- 同恶相求,如市贾焉,何难?(昭 13) 4.1350
- 同恶相求,如市贾焉,何为不就?(《楚世家》) 5.1710

- 举有力焉,能投盖于稷门。(庄 32) 1.252
- 举有力焉,遂杀之。(《鲁周公世家》) 5.1533

有的"焉"变成了"矣"、"耳"、"乎"等语气词:

- 书曰:"其有焉!"(成 17) 2.901
- 栾书曰:"其殆有矣!"(《晋世家》) 5.1680

> 大福不再,祇取辱焉。(昭 13)4.1347
> 大福不再,祇取辱耳。(《楚世家》)5.1707

> 陈小而远,无援,将何安焉?(文 6)2.551
> 陈小而远,无援,将何可乎?(《晋世家》)5.1671

看来随着语言的发展、表达方式的日益丰富,"焉"的兼词用法逐渐为其他格式所代替,保留下来的"焉"有不少逐步变化为语气词,因为它在句末的位置就是转变为语气词的有利因素。后人习惯了它的语气词用法,就习惯地用看语气词的眼光去看《左传》时期的"焉",自然就免不了误差。正如王引之在《经传释词》"焉"条下所说:"后人读周、秦之书,但知'焉'为绝句之词,而不知其更有他义,於是或破其句,或倒其文,而《礼记》、《国语》、《公羊》、《老子》、《楚辞》、《山海经》诸书,皆不可读矣。"[17]

[附　注]

① 马建忠说:"'焉'代'於是'者,指事也,代'於此'者,指地也,代'於之'者,指人也。"(《马氏文通校注》上册,54 页,中华书局 1961 年本)本文的目的不在讨论"於(于)"后的代词何时为"是"、何时为"此"或"之",而着重在讨论"焉"等于"於(于)+代",因此对"代"不细作分析,都用 p 代。

② 这个例子在成公 9 年:晋侯观於军府,见钟仪。问之曰:"南冠而絷者,谁也?"有司对曰:"郑人所献楚囚也。"(2.844)"之"指钟仪,是晋侯询问的内容而不是向钟仪询问。

③ 《十三经注疏》,2086 页,世界书局 1935 年影印本。

④ 卷 5,12 页。

⑤ 卷 27,21 页。

⑥ 卷 24,3 页。

⑦ 请参看本书《〈左传〉的介词"于"和"於"》。

⑧ 摄,有引持、牵曳、摄取、吸引、收敛、整顿、夹摄、代理、保养等多种含义。

⑨ 见宣公 13 年、宣公 14 年的记载,杨伯峻《春秋左传注》2 册,752—753 页。

⑩　第一册,52页,上海古籍出版社1978年本。
⑪　第一册,163页,中华书局1973年本。
⑫　后缀"焉"与后缀"然"的比数:《尚书》,1∶0;《左传》,12∶2;《论语》,1∶5;《孟子》,2∶27;《韩非子》,0∶21;《公羊传》、《穀梁传》,0∶12。看来"焉"、"然"用作后缀,似有时间早晚的不同。
⑬　《马氏文通校注》上册,54页。
⑭　《词诠》,391页,中华书局1965年本。
⑮　这部分动词如:如、有、若等,还有〔何动焉〕中的部分动词。
⑯　拙文写成后看到《中国语文》1985年第1期俞敏先生的文章《〈尚书·洪范〉"土爰稼墙"解》,他认为先秦的"焉"应解作"於是",我很同意他的看法。对于"于焉"连用的现象,俞先生说:"按说'焉'既可以当'在那里'讲,前头就不必再加'于'了。不过语言里为强调起见,不怕重复。"那么对"D於是焉"中的"於是"和"焉"也可用同一道理来解释。但我在这里还是把这类"焉"归入语气词了,因为这似乎可以作为"焉"变化为语气词的萌芽。
⑰　《经传释词》卷二,55页,中华书局1956年本。
本书引杜预注,均用《春秋左传集解》,共五册,上海人民出版社1977年本。

按:本文对《左传译文》的一些译法提出商榷,绝无贬低此书之意。此书总的说来翻译水平较高,语意通达,文笔流畅,对研读《左传》的人们是不可缺少的参考书。

（1984年12月）

（2003年5月略有修改）

《左传》的介词"为"

《左传》的"为"共1537例,其中介词243例,语气词2例,副词1例,动词1291例。在语音上须要指出的是:"为"作为虚词,其语气词、副词都音wéi;而介词"为"有两个读音,部分读wéi,部分读wèi。

语气词2例:
(1)是之不忧,而何以田为?(襄17)3.1030
(2)我将饮酒,而已雨行,何以圣为?(襄22)3.1065

副词1例:
乌呼!为无望也夫!其死於此乎!(昭27)4.1487
"为"有"将"意。

本文专讨论介词"为"。首先要说明的是介词"为"的两个读音:其引进动作行为为之而发的对象、目的和原因的,读作wèi;引进被动行为的施动者读作wéi。

1. 介词短语"为·宾"的作用

1.1 "为·b(代'为'的宾语)"表示动作行为的对象,包括动作受益的对象或动作为之而发的对象。共105例。如:
(1)将为子除馆於西河。(昭13)4.1362
(2)秦哀公为之赋《无衣》。(定4)4.1548

1.2 "为·b"表示动作的目的。常单独作一个分句。共7例。如:

（1）臣君者，岂为其口实，社稷是养。（襄25）3.1098

"为·b"有时倒装为"b·之·为"以示强调，且与顺装句并列：

（2）我，楚国之为，岂为一人？（襄29）3.1152

（3）我，一人之为，非为楚也。（襄29）3.1152

上例"楚国之为"是"为楚国"的倒装，下例"一人之为"是"为一人"的倒装。

有时"为·b"和"非为·b"并列成句，不倒装，都带语气词"也"：

（4）吾为君也，非为身也。（定5）4.1553

1.3 表示动作行为的原因。共96例。

（1）夫司寇行戮，君为之不举。（庄20）1.215

（2）古之治民者，劝赏而畏刑，恤民不倦。赏以春夏，刑以秋冬。是以将赏，为之加膳，加膳则饫赐，此以知其劝赏也。将刑，为之不举，不举则彻乐，此以知其畏刑也。（襄26）3.1121

（3）不为利谄，不为威惕。（哀16）4.1702

（4）孟孙为成之病，不围马焉。（哀14）4.1689

表示原因的"为·b"常单独作为一个表原因的分句：

（5）为仆人之未次，请除馆於舟道。（哀21）4.1718

有时在"为·b"后加"也"，位于复句之首：

（6）为吾子之将行也，郑之有原圃，犹秦之有具囿也，吾子取其麋鹿以闲敝邑，若何？（僖33）1.496

（7）公孙虿为少姜之有宠也，以其子更公女，而嫁公子。（昭3）4.1241

有时"为·b·也"单独用作复句中表原因的主句。如：

（8）城小榖，为管仲也。（庄32）1.251

有时以"为b故（也）"表示原因，如："为·b·故"在主语和谓语动词之间：

（9）蔡哀侯为莘故绝息妫以语楚子。（庄14）1.198

（10）楚为众舒叛故伐舒蓼，灭之。（宣8）2.696

"为b故"可以在〔主·谓〕之前。如：

（11）为郊战故，公会吴子伐齐。（哀11）4.1661

也可以在复句中用作表原因的主分句。如：

（12）郑伯以璧假许田，为周公、祊故也。（桓1）1.82

（13）吴告败于晋，会于向，为吴谋楚故也。（襄14）3.1005

有时"为b（故）也"单独成句。如：

（14）公曰："子为晋君也。"（襄21）3.1063

（15）荀偃瘅疽，生疡於头。济河，及著雍，病，目出。……二月甲寅，卒，而视，不可含。宣子盥而抚之，曰："事吴，敢不如事主！"犹视。栾怀子曰："其为未卒事於齐故也乎？"（襄19）3.1046

（16）羽父请杀桓公，将以求大宰。公曰："为其少故也。吾将授之矣。"（隐11）1.79

1.4 "为·b"引进被动行为的施动者。共6例。如：

（1）今伐其师，楚必救之。战而不克。为诸侯笑。（襄10）3.982

（2）我克则进，奔则亦视之，乃可以免。不然，必为吴禽。（襄25）3.1104

（3）止，将为三军获。（襄18）3.1038

（4）夫大国之人，不可不慎也，几为之笑，而不陵我？（昭16）4.1377

（5）宾孟适郊，见雄鸡自断其尾。问之，侍者曰："自惮其牺也。"遽归告王，且曰："鸡其惮为人用乎！人异於是。"（昭22）4.1434

（6）齐陈恒弑其君壬于舒州。孔丘三日齐，而请伐齐三。公曰："鲁为齐弱久矣！子之伐之，将若之何？"（哀14）4.1689

在《左传》中，没有发现被动句的"为……所……"式。这种句式在《史记》中却是所在多有。如：

（7）吾闻先即制人，后则为人所制。(《项羽本纪》) 1.297

（8）是以兵破士北，为秦所禽灭。(《张释之冯唐列传》) 9.2758

（9）今足下虽自以与汉王为厚交，为之尽力用兵，终为之所禽矣。(《淮阴侯列传》) 8.2622

究竟"为b·动"是怎么发展到"为b所动"式的，还有待进一步探讨。

2. 省略了b的〔为·动〕式

"为"省略了宾语的用例较多，共 29 例，占介词"为"总数的 12%。主要用法是：

2.1 〔为·动〕表被动。共 15 例。

2.1.1 〔为·戮〕[9]、〔以为戮〕[3]

（1）公子达曰："高伯其为戮乎！复恶已甚矣。"（桓 18）1.150

（2）韩厥献丑父，郤献子将戮之，呼曰："自今无有代其君任患者，有一於此，将为戮乎。"（成 2）2.794

（3）使士会，士会辞，曰："晋人，虎狼也。若背其言，臣死，妻子为戮，无益於君，不可悔也。"（文 13）2.596

在这些用例中，"为"的宾语都表泛指，而"为之动"中的"之"所指代的对象几乎在上文都有先行词，用"为之戮"显然不合适。这里强调的是"被杀"的行动而不是"被谁杀"，因此"为"的宾语不宜出现。《左传》中"为戮"有十余例，都是强调"被杀"之意。此外，还有 3 例"以为戮"：

（4）桓、庄之族何罪？而以为戮，不唯偪乎？（僖 5）1.309

（5）得臣将死，二臣止之，曰："君其将以为戮。"（僖 28）1.468

（6）孟明稽首曰："君之惠，不以纍臣衅鼓，使归就戮于秦，寡君之以为戮，死且不朽。"（僖 33）1.500

"为戮"连用,已成为一种惯用格式,在这些例中的"为戮"有"被杀"、"(被)处死"之意。在"以为戮"中,"以"的宾语省略,前一例的宾语承上指"桓、庄之族",第二例"以"的宾语指得臣,第三例"以"的宾语指说话人自己。"以为戮"意即"拿(或'使')……去(被)处死"之意。

2.1.2 〔为·禽〕[2]

(1)失礼违命,宜其为禽也。(宣2)2.651

(2)左司马戌及息而还,败吴师于雍澨,伤。初,司马臣阖庐,故耻为禽焉,谓其臣曰:"谁能免吾首?"(定4)4.1546

"焉"表"於·之","耻为禽焉"相当于"耻为禽於彼(阖庐)"。"为禽"本是一个表被动的词组,"为"后暗含的宾语即被动行为的施动者,可是还用"焉"表示被动行为的施动者,这是一种很特殊的用法。可能是因为当时"为·动(戮、禽……)"主要表示一种泛指的被动行为,因此若需表示被动行为的施动者,而这一施动者又已在上文出现过时,就借助於"焉"。

2.1.3 〔为·笑〕[1]

晋荀偃、士匄请伐逼阳,而封向戌焉。荀䓨曰:"城小而固,胜之不武,弗胜为笑。"(襄10)3.974

这例中的"为笑","为"后暗含的宾语也是表泛指,意即打不赢会被人笑话。

2.2 〔为·动〕表示"为……做某事"。共17例。

2.2.1 〔为·赋〕[5]

(1)卫庄公娶于齐东宫得臣之妹,曰庄姜,美而无子,卫人所为赋《硕人》也。(隐3)1.31

(2)卫宁武子来聘,公与之宴,为赋《湛露》及《彤弓》。(文4)2.535

(3)先蔑之使也,荀林父止之,……弗听。为赋《板》之三章,又弗听。(文7)2.561

（4）叔孙与庆封食，不敬。为赋《相鼠》，亦不知也。(襄27) 3.1127

（5）夏，宋华定来聘，通嗣君也。享之，为赋《蓼萧》，弗知，又不答赋。(昭12) 4.1332

以上诸例中，后面四例的"为赋"很明显都是承上省略了"为"的宾语"之"。"为赋"不像"为戮"、"为禽"、"为笑"等表被动的词组都是泛指某种被动行为，"为赋"表示为某一具体对象而"赋"。可见表示"为……做某事"的〔为·动〕与表被动行为的〔为·动〕虽然形式上相同，实际上是有异的。

值得注意的是第一例"卫人所为赋《硕人》"，这里若换成"卫人为之赋《硕人》"就大不一样。"卫人所为赋《硕人》"意谓"卫人为之赋《硕人》的那个人"，而"卫人为之赋《硕人》"却没有这个意思。因此若把"所"视为代词，认为"所为"＝"为所"＝为·代，是不能表达"所"句的特点的。"所"作为结构助词，与介词"为"结合成"所为"，表示施事者为之……的人；"所为"加"动"→〔所为·动〕，就表示施事者为之发出动作的人。〔所为赋……〕的内部结构是〔所为·赋……〕而不是〔所·为赋〕。因此第（1）例与下面其他几例是不同的。

2.2.2 〔以（……）为·请〕[10]

（1）滕侯、薛侯来朝，争长。薛侯曰："我先封。"滕侯曰："我，周之卜正也；薛，庶姓也，我不可以后之。"公使羽父请於薛侯曰："君与滕君辱在寡人，周谚有之曰：'山有木，工则度之；宾有礼，主则择之。'周之宗盟，异姓为後。寡人若朝于薛，不敢与诸任齿。君若辱贶寡人，则愿以滕君为请。"(隐11) 1.72

（2）穆伯生二子於莒，而求复。文伯以为请。(文14) 2.606

（3）文伯卒，立惠叔。穆伯请重赂以求复。惠叔以为请，许之。(文14) 2.606

（4）齐人或为孟氏谋，曰："鲁，尔亲也，饰棺置诸堂阜，鲁必取

之。"从之。卞人以告。惠叔犹毁以为请,立於朝以待命。(文15)2.610

(5)夏,卫侯既归,晋侯使郤犨送孙林父而见之。卫侯欲辞。定姜曰:"不可。是先君宗卿之嗣也,大国又以为请。不许,将亡。"(成14)2.868

(6)魏绛至,授仆人书,将伏剑。……公跣而出,曰:"寡人之言,亲爱也;吾子之讨,军礼也。寡人有弟,弗能教训,使干大命,寡人之过也。子无重寡人之过,敢以为请。"(襄3)3.930

"为请"前都有介词"以",形成"以为请"式。例(1)"则愿以滕君为请","以"后的宾语没有省略,可知"以"的宾语主要是请求的内容,"滕君"即指滕君的要求。"为请"即"为之请",承上省略了宾语。"以为请"可理解作"以(某件事情、某个问题)为(某人)请求"。由于上下文义清楚,所以省去介词的宾语。它也已成为当时一种惯用格式。

2.2.3 〔为·降〕[1]

越围吴,赵孟降於丧食。楚隆曰:"三年之丧,亲昵之极也,主又降之,无乃有故乎?"赵孟曰:"黄池之役先主与吴王有质,曰:'好恶同之。'今越围吴,嗣子不废旧业而敌之,非晋之所能及也,吾是以为降。"(哀20)4.1716

从上文看出,"为降"省略了"为"的宾语"之","之"代"吴",意即为吴降低了饮食的等级。

2.2.4 〔为复〕[1]

卫献公使子鲜为复,辞。(襄26)3.1112

意谓使子鲜为己谋复君位。

3. "为"所在的句式

在以上分析的基础上,可概括出介词"为"所在句有以下句式:

3.1 〔为·名·动(宾)〕共 60 例。

"为"的宾语为名词或其短语,"为名"与谓语动词紧相接。如:

(1)杞孝公卒,晋悼夫人丧之。平公不彻乐,非礼也。礼,为邻国阙。(襄 23)4.1072

(2)子产为丰施归州田於韩宣子。(昭 7)4.1290

(3)卫侯为夫人南子召宋朝。(定 14)4.1597

3.2 〔为·代(之、是、此、己……)动(宾)〕共 65 例。

"为"的宾语为代词"之"、"是"、"此"、"己"等。"之"最多,共 52 例。如:

(1)郑共叔之乱,公孙滑出奔卫,卫人为之伐郑,取廪延。(隐 1)1.18

(2)宋人或得玉,献诸子罕。……子罕寘诸其里,使玉人为之攻之,富而后使复其所。(襄 16)3.1024

(3)请观於周乐。使工为之歌《周南》、《召南》。(襄 29)3.1161

(4)公与桓子莒之旁邑,辞。穆孟姬为之请高唐,陈氏始大。(昭 10)4.1318

"是"作介词"为"的宾语,共 4 例:

(5)德、刑、政、事、典、礼不易,不可敌也,不为是征。(宣 12)2.722

(6)夫三子者曰:"若绝旧好,宁归死焉。"为是犯难而来。(宣 17)2.773

(7)既已告於君,故与叔向语而称之。景公为是省於刑。(昭 3)4.1238

(8)晋侯饮酒,乐。膳宰屠蒯趋入,请佐公使尊,……曰:"臣实司味,二御失官,而君弗命,臣之罪也。"公说,彻酒。初,公欲废知氏而立其外嬖,为是悛而止。(昭 9)4.1312

"为是悛而止"意谓因为膳宰屠蒯的劝谏就改变想法而没有办。"悛而止"是并列的两个动词由"而"连接。

宾语为"此",1例:

（9）郑游吉如晋,送少姜之葬。梁丙与张趯见之。梁丙曰:"甚矣哉,子之为此来也!"（昭3）2.1232

从"之"、"是"、"此"用法比较来看,"之"用以指代人,"是"、"此"指代事情。

宾语为"余",1例;"我",2例:①

（10）逆为余请,豹与余车,余有私焉。（哀14）4.1686

（11）吴子使舒鸠氏诱楚人,曰:"以师临我,我伐桐,为我使之无忌。"（定2）4.1529

宾语为"己",3例:

（12）若为己死而为己亡,非其私昵,谁敢任之？（襄25）3.1098

（13）季孙为己树六槚於蒲圃东门之外。（襄4）3.934

表示为自己,除"为己"外,还有"自为"2例②:

（14）穆伯如莒涖盟,且为仲逆。及鄢陵,登城见之,美,自为娶之。（文7）2.562

从"自"和"己"的用法看,"己"在"为"之后,"自"在"为"之前。这种区别值得注意。

3.3 〔岂为b,名·是·动〕¹、〔为b₁,非为b₂〕²、〔b₁·之·为,非为b₂〕⁴,共7例。

这类句式的特点是,前后两句并列,前句表否定,后句表肯定,如1.2的例（1）"岂为其口实,社稷是养"。前句只出现"为b",谓语动词不出现,这样更有利于突出动作行为的目的。有时"为b₁"和"非为b₂"并列成句,如1.2的例（4）的"吾为君也,非为身也"。有时为了强调"为b₁",又把b₁倒置在"为"前,变换成〔b₁·之·为·非（或"岂"）为b₂（也）〕,如1.2的例（3）"我一人之为,非为楚也",例（2）的"我楚国之为,岂为一人？"这种句式只见于表示目的。

3.4 〔为b（故）（也），（主）谓〕共61例。

见1.3的例（1）—（7）、（9）—（10）。

3.5 〔主谓，为b（故）也〕共17例。

见1.3的例（8）、（12）、（13）。"为b（故）"末尾一定有"也"。

3.6 〔（其）为b（故）也（乎）〕单独成句。共3例。

见1.3的例（14）—（16）。

3.7 〔为·动〕共29例。

见2的各例。

4. 小结

4.1 在以上各式中，〔为·名·动〕和〔为·代·动〕共125例，占介词"为"总数243例的51%，"为b"和"动"之间连接紧密。仅有1例例外：

（1）为楚师既败而惧。（僖28）1.462

在"为b"和"惧"之间有"而"连接。因"为"的宾语是"楚师既败"主谓短语，"败"、"惧"两个动词恰恰连在一起，用"而"就可以把作为介词宾语中一个成分的"败"和谓语动词"惧"隔开。但又要注意与下面的用例区别：

（2）伍举娶於王子牟。王子牟为申公而亡。（襄26）3.1119

为什么这例中出现了"而"？原来句中的"为"不是介词，是动词，《经典释文》："为，如字。"[③]动词"为"在这里表示"作为"的意思。意谓王子牟作申公时曾经逃亡，不是王子牟为了申公而逃亡。在"王子牟"下，杨伯峻先生注："王子牟曾为申公，故下文又曰申公子牟。"在"为申公而亡"下，杜预注："获罪出奔。"再看下文有"椒举娶於申公子牟，子牟得戾而亡"（3.1123），清楚地表明申公和子牟是一人，且曾逃亡；

与上文恰相呼应。很明显"王子牟为申公而亡"中的"为"是动词不是介词,连词"而"在这里就起着区别"为"的词性的作用。而《左传译文》却把这句译为:"王子牟为了申公而逃亡。"[④] 显然把历史事实都搞错了。由此可见语法内部有严格的规律,"为申公亡"和"为申公而亡"是大不一样的。亦可见研究语法格式的变化与意义的关系,不仅有益于正确理解古文,而且对辨别历史事实也有很好的参考作用。

4.2 "为b(故)(也)"作为一个短语出现在谓语动词前后,有77例之多,占介词"为"的32%。这类用例有的是因为b的结构比较复杂,或文字比较冗长。如:

b 为"动宾":

(1)为归汶阳之田故,诸侯贰於晋。(成9)2.842

b 为"主·之·谓"或其他:

(2)为吾子之将行也,郑之有原圃,犹秦之有具囿也,吾子取其麋鹿,以闲敝邑,若何?(僖33)1.496

(3)为执事朝夕之命敝邑,敝邑褊小,阙而为罪,寡君是以愿借助焉。(襄4)3.935

b 为"主谓":

(4)齐侯为楚伐郑之故,请会于诸侯。(庄32)1.251

大多数的b并不冗长;结构也不复杂,多是名词或其短语,在"为b"后加"故"或"也"。这有两方面的原因:一是表原因的用例多,加"故",明确表示"为b"的作用,可以与"为b"的其他用法区别开来,这是语言内部要求表达明确的规律在起作用的表现。二是《左传》中惯用这种句式来解释《春秋经》记载某项事实的原因。如:

(5)三十二年春,城小穀。(《春秋经·庄公32年》)1.250

(6)三十二年春,城小穀,为管仲也。(庄32)1.251

"为管仲也"是解释"城小穀"的原因。

（7）十有五年春,季孙行父如晋。(《春秋经·文公15年》)2.607

（8）十五年春,季文子如晋,为单伯与子叔姬故也。(文15)2.608
"为单伯与子叔姬故也"是解释季孙行父如晋的原因。

这种句式从一个小小的侧面反映了《左传》与《春秋经》的关系,证明了《左传》的部分内容确具有解经的特点。

4.3 在〔为·b·动〕和〔为·动〕中都有部分表示被动的例句,值得注意。其中动词有"戮"、"禽"、"笑"、"获"、"用"、"弱"等。王力先生在《汉语史稿》第四十八节《被动句的发展》中,谈到被动式的作用在古代汉语里基本上是表示不幸或者不愉快的事情[5],从《左传》的情况看,确是如此。

[附　注]

① 另一例为:逆叔姬,为我也。(成9)2.842
② 另一例为:再拜受龟,使为以纳请,遂自为也。(襄23)3.1083
③ "为申公而亡"的"为"为动词,《经典释文》:"为,如字。"见《十三经注疏》下册,1991页,世界书局1935年影印本。
④ 《左传译文》,336页,中华书局1981年本。
⑤ 《汉语史稿》中册,433页,中华书局1980年本。

（1986年10月修定）

（2003年5月略有修改）

《左传》的"夫"

《左传》的单音词"夫"共出现161次,分为助词、语气词、代词、名词。①还有部分词组。至于复音词如"大夫"、"夫人"中的"夫"以及专名中的"夫"如"浑良夫"等,不在本文讨论范围之内,也未列入本文统计数。

1. 助词

"夫"作助词总出现在句首,它的基本特点是标志被论述的人、事、物或动作行为。从意义上看,"夫"所标志的范围是在单句、复句或语段中论述的对象。从形式上看,在单句中,"夫"所标志的对象大多是主语,受谓语的评论;在复句或语段中,"夫"所标志的分句接受其他分句的评论。"夫"所在句的情况大致有以下几种:

1.1 〔夫名(者),谓语(也)〕

1.1.1 〔夫名,谓语也〕

主语前有"夫",谓语后有"也",分别把主、谓两部分标志出来。如:

(1)夫许,大岳之胤也。(隐11)1.75

(2)夫民,神之主也。(桓6)1.111

(3)夫山、泽、林、盐,国之宝也。(成6)2.829

有时谓语后为"者也":

（4）夫武,禁暴、戢兵、保大、定功、安民、和众、丰财者也。
（宣12）2.745

1.1.2 〔夫名,所以动(也)〕

（1）夫礼,所以整民也。（庄23）1.226

（2）夫享,所以昭德也。（定10）4.1579

（3）夫舞,所以节八音而行八风,故自八以下。（隐5）1.46

在这样的例句中,"夫·名"是主题主语,"所以……（也）"是谓语;主语和谓语的标志都很明显。

1.1.3 〔夫(数)名者,谓语(也)〕

（1）若犹不弃,而惠徼周公之福,使寡君得事晋君,则夫二人者,鲁国社稷之臣也。若朝亡之,鲁必夕亡。（成16）2.893

（2）子展、子鲜闻之,见臧纥,与之言,道。臧孙说,谓其人曰:"卫君必入。夫二人者,或辀之,或推之。欲无入,得乎?"
（襄14）3.1015

这两例中的"者"都是语气词,在这里与"夫"配合,对主题主语起标志作用,并对主语表示强调。

1.2 〔夫动(者)·谓语(也、矣)〕

1.2.1 〔夫·动词结构·者,谓语(也、矣)〕

主语为"者"字结构,后面为谓语,主、谓界限也很清楚。如：

（1）夫能固位者,必度於本末,而后立衷焉。（庄6）1.168

（2）夫堕子者,得其志矣。（哀12）4.1672

（3）夫狡焉思启封疆以利社稷者,何国蔑有?（成8）2.840

有时"者"字结构由两个以上的动词结构并列组成。如：

（4）夫谋而鲜过、惠训不倦者,叔向有焉,社稷之固也。（襄21）3.1060

（5）夫宠而不骄,骄而能降,降而不憾,憾而能眕者,鲜矣。
（隐3）1.32

1.2.2 〔夫·动词结构,……(也)〕

(1)夫学,殖也。(昭18)4.1398

(2)夫恃才与众,亡之道也。(宣15)2.763

有时"夫"所管的一段较长时,用连词"而"或"与"等把各部分连接起来,在评语部分常有"必"、"皆"、"也"等虚词作为标志。如:

(3)夫以信召人,而以僭济之,必莫之与也。(襄27)3.1132

(4)夫弗及而忧,与可忧而乐,与忧而弗害,皆取忧之道也。(昭1)4.1204

有时"夫"所管的两个动词结构虽无连词连接,但评论部分有副词"必"等作为标志。如:

(5)夫以疆取,不义而克,必以为道。(昭1)4.1208

有时评论部分有"则"标志。如:

(6)《诗》曰:"靡不有初,鲜克有终。"夫如是,则能补过者鲜矣。(宣2)2.657

1.2.3 〔夫·其动也,谓语〕

林父之事君也,进思尽忠,退思补过,社稷之卫也,若之何杀之?夫其败也,如日月之食焉,何损於明?(宣12)2.748

此例的主语,有"夫"、"也"作为标志。"其败"承上文指"林父之败"。

1.2.4 〔夫·动词结构,所谓……也〕

"夫"作为主题语的标志,"所谓"作为评论的标志,句末还有语气词"也"。如:

夫有勋而不废,有绩而载,奉之以土田,抚之以彝器,旌之以车服,明之以文章,子孙不忘,所谓福也。(昭15)4.1372—1373

1.3 〔夫·(分)句,……〕

"夫"运用在复句或语段中,标志主题(分)句。

1.3.1 〔夫·主谓句,……〕

（1）夫州吁弑其君而虐用其民，於是乎不务令德而欲以乱成，必不免矣。(隐4) 1.36

这例中的"夫"是管到"州吁"还是一直管到"欲以乱成"？这个例句可分两层来分析：

夫州吁弑其君而虐用其民，於是乎不务令德而欲以乱成，必不免矣。

① |_____| |____|
② |___||_____| |____|

在①层里，"夫州吁……而欲以乱成"是主题分句，"必不免矣"是评论分句。在②层里，"夫州吁"是主题主语，后面的部分是表评论的谓语。至于主题分句究竟管到哪里，也可以从形式和意义两方面去辨别：从意义上，由"弑其君"到"欲以乱成"都是对是对州吁行为的评述，应为一体，"必不免矣"是对后果的推论，另为一意。从形式上，表后果的论述有"必"、"矣"作为标志，有对以上所述总加评论之意。又如：

夫州吁，阻兵而安忍。阻兵，无众；安忍，无亲。众叛、亲离，难以济矣。(隐4) 1.36

①|_____| |_____|
② |_____| |_____|
　　　　　　　偏正　　　　　　（因、果）

第①层里，"夫州吁"是主题主语，"阻兵而安忍"是对主语的评论。"夫州吁，阻兵而安忍"又是整个语段中的主题句，由"阻兵，无众"到"难以济矣"是对主题句的评论。第②层，在这个评论部分内部又由复句构成，"阻兵，无众；安忍，无亲"是两个偏正复句组成的并列复句，表示后面复句的原因；"众叛、亲离，难以济矣"是用一个因果复句表示前面复句的结果。

这类例句又如：

（2）沈尹戌言於子常曰："夫左尹与中廄尹，莫知其罪，而子杀之，以兴谤讟，至于今不已。戌也惑之：仁者杀人以掩谤，犹弗为也；今吾子杀人以兴谤，而弗图，不亦异乎！"（昭27）4.1488

由"夫左尹与中廄尹"到"至于今不已"是一个主题复句，由"戌也惑之"到"不亦异乎"是一个评论复句。

（3）夫鄢将师矫子之命以灭三族。三族，国之良也，而不愆位。吴新有君，疆场日骇。楚国若有大事，子其危哉！（昭27）4.1488

"夫鄢将师矫子之命以灭三族"是主题句，后面的部分是表评论的一组句子。这个主题句用于语段之中。

1.3.2 有时在叙述事实之后，"夫"出现在反问句之首，以反问的形式提出问题，接着进行判断或评论。如：

（1）周公杀管叔而蔡蔡叔。夫岂不爱？王室故也。（昭1）4.1213

（2）三代之令王，皆数百年保天之禄。夫岂无辟王？赖前哲以免也。（成8）2.839

有时论述在前，作为主题的问题在后。这类例子极少见：

（3）纣作淫虐，文王惠和，殷是以陨，周是以兴；夫岂争诸侯？（昭4）4.1247

此例大意是：殷纣淫乱暴虐，文王仁慈和蔼，殷朝因此灭亡，周朝因此兴起；难道只在于争夺诸侯？

2. 语气词

"夫"作语气词用于句末，配合文义表示推测、判断或感叹。

2.1 表示对情况的推测、判断或感叹语气。

（1）楚师及宋，公衡逃归。臧宣叔曰："衡父不忍数年之不宴，以弃鲁国，国将若之何？谁居？后之人必有任是夫！国弃矣！"（成2）2.808

（2）初，王儋季卒，其子括将见王，而叹。单公子愆旗为灵王御士，过诸廷，闻其叹，而言曰："乌乎！必有此夫！"（襄30）3.1173

（3）昔贾大夫恶，娶妻而美，三年不言不笑。御以如皋，射雉，获之，其妻始笑而言。贾大夫曰："才之不可以已。我不能射，女遂不言不笑夫！"（昭28）4.1496

有时用于表示说话人对自己情况的推测和感叹：

（4）及惠公在秦，曰："先君若从史苏之占，吾不及此夫！"（僖15）1.365

（5）越子使舌庸来聘，……盟于平阳，三子皆从。康子病之，言及子贡，曰："若在此，吾不及此夫！"（昭27）4.1731

2.2 表示感叹语气，其中也含有判断之意。如：

（1）立穆公，其子飨之，命以义夫！（隐3）1.30

（2）叔向曰："辞之不可以已也如是夫！"（襄31）3.1189

（3）冬，邾黑肱以滥来奔。贱而书名，重地故也。君子曰："名之不可不慎也如是夫！"（昭31）4.1512

此例《十三经注疏》断为："名之不可不慎也如是。夫有所有名，而不如其已。"② "夫"若属下句，并不形成主题主语与评论语的关系，而上句为感叹句，"夫"作为语气词是合适的，因此宜上属；且这样与例（2）的断句也取得一致。

（4）齐侯至自田，晏子侍于遄台，子犹驰而造焉。公曰："唯据与我和夫！"（昭20）4.1419

3. 代词

3.1 作人称代词，大多在动词谓语前作主语，都表第三人称，与

"彼"相当。"夫"的先行词在上文也不难找到。因此单独出现在谓语前作主语的代词"夫"与不能单独作句子成分的助词"夫"是易于辨认的。如：

（1）秋，楚客聘於晋，过宋。大子知之，请野享之，公使往。伊戾请从之。公曰："夫不恶女乎？"（襄26）3.1118

（2）声子通使於晋，还如楚。令尹子木与之语，问晋故焉，且曰："晋大夫与楚孰贤？"对曰："晋卿不如楚，其大夫则贤，皆卿材也。如杞梓、皮革，自楚往也。虽楚有材，晋实用之。"子木曰："夫独无族姻乎？"对曰："虽有，而用楚材实多。"（襄26）3.1120

（3）夫大国之人，不可不慎也。几为之笑，而不陵我？我皆有礼，夫犹鄙我。国而无礼，何以求荣？（昭16）4.1377

（4）彼好专利而妄，夫见君之入也，将先道焉。（哀25）4.1726

"夫"与上文的"彼"互用。

（5）初，范氏之臣王生恶张柳朔，言诸昭子，使为柏人。昭子曰："夫非而雠乎？"对曰："私雠不及公，好不废过，恶不去善，义之经也，臣敢违之？"（哀5）4.1630

3.2 作指示代词，用在名词或名词短语前作定语，或起强调作用，或表近指或远指，可根据上下文义加以辨别和理解，不必过于拘泥。

3.2.1 〔夫·名词（或名词短语）〕常用作动词或介词的宾语。如：

（1）子犯请击之。公曰："不可。微夫人之力，不及此。"（僖30）1.482

意谓如果没有此人的力量我到不了今天。"夫人"，指秦伯。"夫"在这里表近指，并有强调之意。

（2）子产为丰施归州田於韩宣子，曰："日君以夫公孙段为能任其事，而赐之州田。今无禄早世，不获久享君德，其子弗敢有，不敢以闻於君，私致诸子。"（昭7）4.1291

"夫"在这里表示远指。

（3）穀曰："我请使焉而观之。"遂见公於夷仪。反，曰："君淹恤在外十二年矣，而无忧色，亦无宽言，犹夫人也。若不已，死无日矣。"（襄26）3.1112

"夫"表示"那"，有强调之意，意谓仍然是那样的人。

（4）齐公子元不顺懿公之为政也，终不曰"公"，曰"夫己氏"。（文14）2.606

杨伯峻先生注："夫己氏犹'彼其之子'，亦即今日之'那个人'。""'己'读如《诗·王风·扬之水》之'彼其之子'之'其'。"

（5）寿余曰："请东人之能与夫二三有司言者，吾与之先。"（文13）2.596

以上诸例中的"夫"都用在表人的名词或名词短语之前，有时用在表事物或动物的名前。如：

（6）栾鍼见子重之旌，请曰："楚人谓夫旌，子重之麾也，彼其子重也。"（成16）2.889

（7）宣子私觐於子产以玉与马，曰："子命起舍夫玉，是赐我玉而免吾死也，敢不藉手以拜！"（昭16）4.1382

（8）晋侯饮赵盾酒，伏甲，将攻之。其右提弥明知之，趋登，曰："臣侍君宴，过三爵，非礼也。"遂扶以下。公嗾夫獒焉，明搏而杀之。盾曰："弃人用犬，虽猛何为！"（宣2）2.660

3.2.2 〔夫·名〕有时作句子主语。如：

（9）敝邑之众，夫妇男女，不遑启处以相救也。飘焉倾覆，无所控告，民死亡者，非其父母，即其子弟。夫人愁痛，不知所庇。（襄8）3.959

"夫"在这里表泛指，"夫人"有"人人"、"众人"之意。杜预注："夫人，犹人人也。"[3] 王引之《经传释词》："夫，犹凡也，众也。"[4]

（10）吕、郤畏逼，将焚公宫而弑晋侯。寺人披请见。公使让之，且辞焉，曰："蒲城之役，君命一宿，女即至。其后余从狄君以田渭滨，女为惠公来求杀余，命女三宿，女中宿至。虽有君命，何其速也？夫袪犹在，女其行乎！"（僖24）1.414

从上文可以看出，"夫"在这里表远指，"夫袪"指"那袪"，意即谓过去被寺人披攻伐时砍断的袖。（见僖公4年："重耳……踰垣而走，披斩其袪。"（1.305）杨伯峻先生注："二十四年传'夫袪犹在'，则所剩之袪也。"）

4. "夫"的词组

4.1〔若夫〕共3例。表示"至于"、"至若"。常用于语段中某句之首，承接上文，表示一个议题已经说完，转而提出另一个议题。如：

（1）鸟兽之肉不登於俎，皮革、齿牙、骨角、毛羽不登於器，则公不射，古之制也。若夫山林、川泽之实，器用之资，皁隶之事，官司之守，非君所及也。（隐5）1.44

（2）大上有立德，其次有立功，其次有立言。虽久不废，此之谓不朽。若夫保姓受氏，以守宗祊，世不绝祀，无国无之。禄之大者，不可谓不朽。（襄24）3.1088

（3）君若以社稷之故，私降昵宴，群臣弗敢知。若夫宋国之法，死生之度，先君有命矣，群臣以死守之，弗敢失队。（昭25）4.1467

4.2〔且夫〕共7例。表示在前面论述的基础上作进一步议论。如：

（1）夫宠而不骄，骄而能降，降而不憾，憾而能眕者，鲜矣。且夫贱妨贵，少陵长，远间亲，新间旧，小加大，淫破义，所谓六逆也；君义、臣行、父慈、子孝、兄爱、弟敬，所谓六顺也。去顺效逆，所以速祸也。君人者，将祸是务去，而速之，无乃不可乎？（隐3）1.32

（2）君若绥之以德，加之以训，辞，而帅诸侯以讨郑，郑将覆亡

之不暇,岂敢不惧?若揔其罪人以临之,郑有辞矣,何惧?且夫合诸侯以崇德也。会而列奸,何以示后嗣?(僖7)1.318

(3)季武子以所得於齐之兵作林钟而铭鲁功焉。臧武仲谓季孙曰:"非礼也。夫铭,天子令德,诸侯言时计功,大夫称伐。今称伐,则下等也;计功,则借人也;言时,则妨民多矣,何以为铭?且夫大伐小,取其所得,以作彝器,铭其功烈,以示子孙,昭明德而惩无礼也。今将借人之力以救其死,若之何铭之?"(襄19)3.1047

4.3 〔夫唯〕仅1例。"夫""唯"连用,加强所论述的主题。

《商书》曰:"无偏无党,王道荡荡",其祁奚之谓矣。解狐得举,祁午得位,伯华得官,建一官而三物成,能举善也。夫唯善,故能举其类。(襄3)3.927

4.4 〔也夫〕19例。加强判断和感叹的语气。

乌呼!天祸卫国也夫!吾不获鱄也使主社稷。(成14)2.870

4.5 〔矣夫〕仅1例。在感叹之中加强肯定的语气。

归以语范文子,文子曰:"无礼,必食言,吾死无日矣夫!"(成12)2.858

5. 小结

"夫"在《左传》中共161例,其中助词最多,共81例,占50%;代词,25例,占16%;语气词29例,占18%;词组13例,占8%。此外还有名词13例,占8%。

"夫"作助词,特点是用于句首,在单句中作主题主语的标志;在复句中作主题分句的标志;在语段中作主题句的标志。它所标志的部分一般都是被评论的主题。

"夫"作代词一般都是第三人称,相当于"彼",可作主语或定语。

作指示代词时常用作定语,除表远指、近指或泛指外,还常表示强调,带有一定的感情色彩。是褒是贬要随上下文义而定。

[附　注]

① "夫"作名词有"丈夫"、"男子汉"之意。如:
　（1）夫和而义,妻柔而正。（昭26）4.1480
　（2）子灵之妻杀三夫、一君、一子。（昭28）4.1492
　（3）且成师以出,闻强敌而退,非夫也。（宣12）2.726
　（4）一夫不可狃,况国乎？（僖15）1.355
② 《十三经注疏》下册,2126页,世界书局1935年影印本。
③ 《春秋左传注》第三册,844页,注（二五）,上海人民出版社1977年本。
④ 《经传释词》卷十,239页,中华书局1956年本。

（1986年12月修定）

（2003年5月有所修改）

《左传》的语气副词"其"*

《左传》的"其"共出现 2470 次，其中代词"其"1846 次，副词"其"624 次（另有 3 例引自其他古籍，未计算在内）。本文专门讨论副词"其"。由于副词"其"的主要作用是伴随上下文义表达各种语气，因此我们把它称为语气副词。本文谈以下几点：

1. "其"在句中的位置及其作用
2. "其"与固定格式连用
3. "其"与其他虚词连用
4. "其"……"其"……
5. "其"的几个特点

1. "其"在句中的位置及其作用

"其"在句中的位置有以下三种情况：（各类用法出现的次数大都写在各种格式的右上角。）

1.1 "其"出现在主语和谓语之间：〔主语·其·谓语〕[204]。

1.1.1 当主语分别为一、二、三人称时，"其"表达语气的侧重点有所不同。

---

* 本文曾在北京市语言学会首届年会的分组会上宣读，并被选入该届年会的论文集《语言学和语言教学》，安徽教育出版社 1984 年。

主语为第三人称时,"其"多配合文义表示推测、判断、疑问或反问等语气。共172例。如：

(1) 城上有乌,齐师其遁。(襄18) 3.1038

(2) 楚人谓夫旌,子重之麾也,彼其子重也。(成16) 2.889

(3) 子反入见申叔时曰："师其何如？"(成16) 2.880

(4) 不以人子,吾子其可得乎？(宣12) 2.743

主语为第二人称时,"其"多配合文义表示劝诫、命令或请求等语气。共81例。如：

(5) 逮吴之未定,君其取分焉。(定4) 4.1548

(6) 今弃疾在外,郑丹在内,君其少戒！(昭11) 4.1328

(7) 赵孟欲一献,子其从之！(昭1) 4.1208

有时也表推测或疑问。如：

(8) 子其不得死乎！好善而不能择人。(襄29) 3.1161

(9) 赵孟曰："吾子其曷归？"对曰："鍼惧选於寡君,是以在此,将待嗣君。"(昭1) 4.1215

这一类中的否定句较多。如：

(10) 君其无谓邾小。(僖22) 1.395

(11) 君其不行。(昭7) 4.1287

当主语为第一人称时,"其"多配合文义表达主观愿望、决心或判断等语气。共11例。如：

(12) 取我衣冠而褚之,取我田畴而伍之。孰杀子产,吾其与之！(襄30) 3.1182

(13) 有人而校,罪莫大焉。吾其奔也！(僖23) 1.404

(14) 微禹,吾其鱼乎！(昭1) 4.1210

有时也表疑问或反问。如：

(15) 问於卜偃曰："吾其济乎？"对曰："克之。"(僖5) 1.310

（16）夫许，大岳之胤也，天而既厌周德矣，吾其能与许争乎？（隐11）1.75

1.1.2 "其"前主语绝大多数为名词或名词短语。131例。如：

（1）晋其庸可冀乎！（僖15）1.367

（2）若赵孟死，为政者其韩子乎！（襄31）3.1183

有26例的主语为代词：吾[12]、女[3]、此[3]、是[3]、彼[2]、谁[2]、尔[1]。如：

（3）子产而死，谁其嗣之？（襄30）3.1182

（4）是其《卫风》乎？（襄29）3.1162

（5）国将讨焉，尔其居乎？（襄22）3.1069

1.2 "其"出现在主语之前：〔"其·主语·谓语〕[31]。

其中27例的主语是疑问代词"谁"，"其"大多配合文义表示反问语气。如：

（1）若阙地及泉，隧而相见，其谁曰不然？（隐1）1.15

（2）人恃所庇，其谁致死？（成16）2.881

有1例的主语是疑问代词"孰"：

（3）莒子曰："辟陋在夷，其孰以我为虞？"（成8）2.840

有3例的主语是名词或名词短语：

（4）反先王则不义，何以为盟主？其晋实有阙。（成2）2.798

（5）若果行此，其郑国实赖之，岂唯二三臣？（襄31）3.1192

（6）小国之仰大国也，如百谷之仰膏雨焉。若常膏之，其天下辑睦，岂唯敝邑？（襄19）3.1047

主语为疑问代词时，"其"大都配合全句表达反问语气；主语为名词或名词短语时，则表达一种肯定语气。

1.3 "其"出现在无主句的谓语前头：〔其·谓语·乎（也、矣、焉、……）〕[178]。

这类例句中，约有75%句末有语气词"乎"、"也"、"矣"等。"其"

与这些语气词是什么关系呢？总起来看，"其"一般都在这些语气词原有用法的基础上增加一种比较委婉或比较客气、庄重的语气。（"其"与句末语气词的这种配合关系在有主语的句子中也是如此，我们只是放在这里加以讨论。）

1.3.1 〔其…乎〕[95]

"其"与语气词"乎"相配合。表示推测与判断：

（1）公曰："何时？"对曰："……其九月、十月之交乎！"（僖 5）1.311

（2）宋其兴乎！……言惧而名礼，其庶乎！（庄 11）1.188

表示反问。在这类句子中，"其"与"岂"意相近，但语气较缓和。如：

（3）虽欲救之，其将能乎？（隐 6）1.50

表示疑问。"乎"表疑问语气，"其"使语气较为委婉。下文常有回答。如：

（4）王曰："……我若求之，其与我乎？"对曰："与君王哉！……"（昭 12）4.1340

1.3.2 〔其……也〕[27]

"其"与语气词"也"配合。大多表示比较肯定的判断语气。如：

（1）少长有礼，其可用也。（僖 28）1.461

（2）天方授楚，楚之赢，其诱我也。（桓 6）1.111

有时在判断之中带有疑问或反问。如：

（3）吾子何爱於一环，其以取憎於大国也？（昭 16）4.1378

（4）盟以信礼也，有如卫君，其敢不唯礼是事而受此盟也？（定 8）4.1566

1.3.3 〔其……矣〕[11]

"其"与语气词"矣"相配合。所在句表推测判断时大都比较肯定。如：

筚门闺窦之人而皆陵其上,其难为上矣!(襄 10)3.983

1.3.4 〔其……哉(诸、欤)〕[10]

表示推测或反问等。如:

(1)天其殃之也,其将聚而歼旃。(襄 28)3.1149

(2)赵孟谓叔向曰:"令君自以为王矣,何如?"对曰:"王弱,令尹强,其可哉!"(昭 1)4.1208

(3)吾为君也,非为身也。君既定矣,又何求?且吾尤子旗,其又为诸?(定 5)4.1553

1.3.5 〔其·谓语〕[35]

以上各项,句末均有语气词;还有大约25%的例句,句末没有语气词。这类句子多用于对话中,"其"配合文义表命令、劝诫或祈使等语气。如:

(1)大夫无辱,其复职位!(成 17)2.903

(2)公如晋,将如乾侯。子家子曰:"有求於人,而即其安,人孰矜之?其造於竟。"弗听。(昭 28)4.1490

(3)将会,卫子行敬子言於灵公曰:"会同难,啧有烦言,莫之治也。其使祝佗从!"公曰:"善!"乃使子鱼。(定 4)4.1535

有时表推测、判断。如:

(4)大国若安定之,其朝夕在庭,何辱命焉?(襄 22)3.1067

有时表假设。如:

(5)其济,君之灵也;不济,则以死继之。(僖 9)1.328

(6)其然,将具敝车而行。(襄 23)3.1078

1.3.6 "其"出现在谓语前头,常有人把它视为代词作主语。这些例句若个别地、孤立地拿过来看,"其"似乎可以理解为代词作主语,但若把这类例句都放在一起加以比较、观察,就不难发现它们是属于语气副词这一大类。

首先，在〔主语·"其"·谓语〕这项例句中，"其"前有主语，可证"其"非主语。也许有人会说"其"是代词，复指前面的成分，跟主语是同位语，那么，对于〔"其"·主语·谓语〕这种句式中的"其"又当作何解释呢？

至于〔"其"·谓语〕中的"其"，看起来像主语，但用上下文检验，就会发现问题。如："一之谓甚，其可再乎！"（僖5）"欲加之罪，其无辞乎！"（僖10）"天之所置，其可废乎！"（僖28）例中的"其"与"岂"同义，表示反问的语气。若把"其"视为代词作主语，不知这主语究竟指谁？而且在意义上也将含混不清，不知是反问还是疑问。

有些例句，若把"其"视为代词主语，根本无法解释。如："姬以告王，王问诸屈巫，对曰：'其信'。"（成2）"若以君命赐之，其已。"（昭13）例中的"其"在句中本是表达一种推测或判断语气，若说它是代词，则令人莫名其妙。

有的例句，两个〔"其"·谓语〕连用，如："事毕而出，言於卫侯曰：'郑有礼，其数世之福也，其无大国之讨乎！'"（襄31）"其"若是主语，所代的对象是否相同？能否解释得通？只要我们稍加分析就会发现，把这些"其"解作主语是很难办的。

再者，在〔"其"·谓语〕式中，"其"前可以出现否定副词，如："鬼犹求食，若敖氏之鬼不其馁而？"（宣4）"纳而不定，废而不立，以德为怨，秦不其然。"（僖15）如果"其"是主语，这个"不"是绝对不可能出现的。

从以上各点看来，〔"其"·谓语·（语气词）〕中的"其"与〔主语·"其"·谓语〕和〔"其"·主语·谓语〕中的"其"是同样性质，都是表语气的副词。我们再作以下比较：

（1）今吾使人於周，求鼎以为分，王其与我乎？（昭12）4.1339

（2）今郑人贪赖其田，而不我与。我若求之，其与我乎？（昭12）

4.1340

在这类疑问句中,"其"与"乎"配合,表示一种婉转的疑问语气。"其"是表达语气所需要,而主语则或可省略。第二例若补上主语则应是:"郑其与我乎?"又如:

(3)美哉,渊乎!……是其《卫风》乎!（襄29）3.1162

(4)美哉,泱泱乎!……其大公乎!（襄29）3.1162

在这对例句中,表语气的副词"其"与句末的"乎"配合,表示推测语气,主语代词"是"则可有可无。

试再比较:

(5)吾子孙其覆亡之不暇,而况能禋祀许乎?（隐11）1.75

(6)郑将覆亡之不暇,岂敢不惧?（僖7）1.318

这两例的主语"吾子孙"与"郑"相对应,谓语都是"覆亡之不暇","其"与"将"相对应;很明显,"其"是副词,在这里表示推测的语气,其语法作用与"将"相当。又如:

(7)将唯命是从,岂其爱鼎?（昭12）4.1339

(8)将唯命是从,岂敢爱鼎?（《史记·楚世家》）5.1075

《左传》的"其"在《史记》里变成了"敢",由此也可看出"其"的副词性质。

最后,前辈学者的有关看法也能给我们启发:对于出现在无主句谓语前的"其",像"其始播百谷"（《诗·豳风·七月》）中的"其",王引之说:"其,犹'将'也。"[①] 又如"其克从先王之烈"（《尚书·盘庚》）,王引之:"其,犹'尚'也。"[②] 又如"欲加之罪,其无辞乎"（僖10）,王引之:"其,宁也。"[③] 又如"楚之嬴,其诱我也"（《左传·桓6》）,王引之:"其,犹'乃'也。"[④] 杨树达:"其,时间副词,将也"[⑤] 又如"郑伯效尤,其亦将有咎"（《左传·庄21》）,杨伯峻先生《春秋左传注》:"其,语气副词,表示不肯定。"[⑥] 又如"其将来辞,何辱命焉"（《左传·襄

3》），杨伯峻先生注："其，表示不肯定之副词，较'或者'为轻。"⑦

因此我们认为，〔"其"·谓语·（语气词）〕中的"其"是表语气的副词。

2. "其"与固定格式连用

2.1 "其"出现在固定格式之前：〔"其"·固定格式〕[68]。

这些固定格式一般都是作为复句后面的一个分句。其中相当一部分是表示反问，"其"起着使语气较为缓和、委婉的作用。

2.1.1 〔其·若之何〕[8]

今天子不忍小忿，以弃郑亲，其若之何？（僖24）1.424

2.1.2 〔其·若……何〕[6]

吾子布大命於诸侯，而曰必质其母以为信，其若王命何？（成2）2.797

2.1.3 〔其·何……之有〕[9]

今民各有心，而鬼神乏主，君虽独丰，其何福之有？（桓6）1.112

2.1.4 〔其·何……之……〕[5]

（1）若让之以一矢，祸之大者，其何福之为？（成12）2.857

（2）不然，其何劳之敢惮？（襄28）3.1143

（3）虢多凉德，其何土之能得？（庄32）1.253

2.1.5 〔其·何……如之〕[2]

君若犹辱镇抚宋国，而以偪阳光启寡君，群臣安矣，其何贶如之！（襄10）3.976

2.1.6 〔其·何以……〕[7]

祸其在此乎！君欲已甚，其何以堪之？（僖21）1.391

2.1.7 〔其·谓……何〕[1]

君实有臣而杀之，其谓君何？（成17）2.901

还有一部分〔其·固定格式〕。"其"伴随上下文表示推测或判断语气。如：

2.1.8 〔其……之谓·(语气词)〕[30]

石碏,纯臣也,恶州吁而厚与焉。"大义灭亲",其是之谓乎！(隐4)1.38

2.2 "其"出现在固定格式之后:〔若之何·其……〕[4]。

〔"其"若之何〕常单独成句,表示"怎么办"一类意思；〔若之何·"其"〕常用于谓语之前,表示"为什么"一类意思。"其"助表委婉语气。如：

(1)此车一人殿之,可以集事；若之何其以病败君之大事也？(成2)2.792

(2)辞之不可以已也如是夫！子产有辞,诸侯赖之；若之何其释辞也？(襄31)3.1189

有人把这个"其"视为代词,其实在古汉语里,"若之何其"可单独成句：

(3)今尔无指告,予颠隮,若之何其？(《尚书·微子》)177

可知这个"其"不宜视为代词,它主要是表示语气。

3. "其"与其他虚词的连用

"其"与其他虚词连用,共69例,大都出现在分句之首,在复句中起连接作用。"其"的基本用法仍是伴随上下文表达一种比较缓和的语气。

3.1 "若其"[9]

常用于复句中条件分句之首,表示假设。如：

(1)战也。战而捷,必得诸侯；若其不捷,表里山河,必无害也。(僖28)1.459

(2)若有其人,耻之可也；若其未有,君亦图之。(昭5)4.1268

有人认为这个"其"是代词。我们知道,《左传》中代词"其"运用的特点是,"其"字前面必须有先行词。而与"若其不捷"相对应的假设句"战而捷",与"若其未有"相对应的"若有其人"都没有什么名词主语作"其"的先行词,为什么后句突然出了个代词"其"作主语? 如果说这两例中表假设的两个从句都共承上文的先行词,那么,在前面的假设句里理应先出现代词"其",在后面的假设句则可省去"其";为什么这些句子偏偏反其道而行之?

"其"作为虚词与"若"连用,常出现在有一正一反两种假设的复句中,"其"有助于烘托这种在正反对照中推测假设的语气。这样去理解"其"的用法,在各例中都文通理顺;如果把它视为代词,不仅在语法解释上引起混乱,而且对句义的理解也觉牵强。

3.2 "与其"[10]

常用于比较复句的从句之首,与主句的"不如"、"不犹"、"宁其"、"宁"等配合呼应。如:

(1) 与其戍周,不如城之。(昭 32) 4.1518

(2) 与其专罪,六人同之,不犹愈乎?(宣 12) 2.728

(3) 与其失善,宁其利淫。(襄 26) 3.1120

(4) 与其害於民,宁我独死。(定 13) 4.1590

值得注意的是,有时"与其"引入的分句后置,形成倒文,有时省去后一分句。《左传》共有四例。如:

(5) 不如逃之,无使罪至。为吴太伯,不亦可乎? 犹有令名,与其及也。(闵 1) 1.259

杨伯峻先生《春秋左传注》:"此两句是因补充而倒说,顺说之当为'与其及也,不如逃之,无使罪至。……'"

(6) 孝而安民,子其图之! 与其危身以速罪也。(闵 2) 1.272

杨注:"此句为倒装句法,正说宜是:'与其危身以速罪也,不如孝而安民,子其图之。'"

（7）子不如易于齐,与其死也。（定10）4.1581

杨注:"此倒装句,本应作'与其死也,不如易于齐'。"

（8）人谓叔向曰:"子离（同'罹'）於罪,其为不知乎?"叔向曰:"与其死亡若何?"（襄21）3.1059

杨注:"言虽受囚,而胜于死亡。"此句的完整意思似应为:"与其死亡,宁其离於罪。"

3.3 "从其"[1]

"从"同"纵"。用于复句的从句中,表示让步。如:

从其有皮,丹漆若何?（宣2）2.654

3.4 "其或者"[3]

出现在表假设的从句中。如:

天其或者正训楚也,祸之适吴,其何日之有?（哀1）4.1608

以上几种"其"与虚词的连用都出现在从句中,还有不少出现在复句的主句中。如:

3.5 "岂其"[10]

用于表反诘的主句中:

胗又无子,公室无度。幸而得死,岂其获祀?（昭3）4.1237

3.6 "何其"[4]

用于表程度或结果的主句中:

虽有君命,何其速也!（僖24）1.414

3.7 "况其"[3]

用于表示推论的主句中:

寡君有甲车四千乘在,虽以无道行之,必可畏也;况其率道,其何敌之有?（昭13）4.1357

3.8 "殆其"[1]

表示对未来结果的推测,"其"有"将"意:

国不忌君,君不顾亲,能无卑乎? 殆其失国。(昭 11) 4.1327

3.9 "其庸"[3]

表示反问。"其"用如"岂",但比"岂"的语气缓和("其"用如"岂"时,大都有这个特点,下面不再重复)。"庸"亦用作表反问的副词。如:

晋未可媮也。……其朝多君子,其庸可媮乎!(襄 30)3.1173

3.10 "其况"[2]

表示反问。"其"用如"岂"。如:

寡人有弟,不能和协,而使糊其口于四方,其况能久有许乎?(隐 11)1.74

3.11 "其敢"[5]

表示反问,"其"用如"岂"。如:

臣承其祀,其敢辱君?(文 15)2.609

3.12 "其亦"[5]

有时表示反问,"其"用如"岂"。如:

天祸鲁国,君淹恤在外,君亦不使一个辱在寡人,而即安於甥舅,其亦使逆君?(昭 28)4.1491

杨注:"其犹岂,言君既安于齐,岂亦使我逆君乎。"

有时表示推测语气:

居者为社稷之守,行者为羁绁之仆,其亦可也。何必罪居者?(僖 24)1.416

3.13 "其或"[3]

表示推测或判断:

彼其发短而心甚长,其或寝处我矣。(昭 3)4.1243

3.14 "其或者"[5]

表示推测或判断,语气比"其或"更缓和些:

晋公子有三焉,天其或者将建诸?(僖 23)1.408

3.15 "其抑亦"[1]

"抑亦",表转折;"其抑亦"在转折之中有推测语气:

不知天将以为虐乎,使蔫丧吴国而封大异姓乎,其抑亦将卒以祚吴乎?其终不远矣!(昭30)4.1508

3.16 "其无乃"[4]

表示推测,有"恐怕……"之意:

今天或者大警晋也,而又杀林父以重楚胜,其无乃久不竞乎?(宣12)2.748

4. 〔其……其……〕[11]

"其"与"其"在两个表假设的从句中互相呼应,"其"在推测之中含有假设之意,共10次。这种用法的"其"有的语法书称之为连词。如:

(1)其俘诸江南以实海滨,亦唯命;其蔫以赐诸侯,使臣妾之,亦唯命。(宣12)2.719

(2)其以嘉服见,则丧礼未毕;其以丧服见,是受重吊也,大夫将若之何?(昭10)4.1319

(3)不敢输币,亦不敢暴露。其输之,则君之府实也,非荐陈之,不敢输也;其暴露之,则恐燥湿之不时而朽蠹,以重敝邑之罪。(襄31)3.1187

5. "其"的几个特点

总上所述,语气副词"其"有以下几个特点:

5.1 "其"大约有95%出现在主谓之间或谓语之前,5%在主语之前。"其"配合上下文可以表示推测、判断、决心、愿望、命令、劝诫、祈使、反诘、疑问、假设等多种语气。其中表推测、判断的用法最多,共297例,占48%;表反诘的用法次之,共162例,占25.4%;表命令、劝诫、祈使又次之,共77例,占12%;表疑问,44例,占7%;表假设34例,占6%;表决心、愿望,10例,占1.6%。值得注意的是,各种语气之间有时很难截然区分,特别是推测判断语气常或多或少地蕴含在多种语气之中.成为"其"的基本用法。

5.2 这种表推测判断的基本特征使"其"在表达各种语气时都带有比较委婉、缓和的味道。特别在外交场合或君臣、上下、同辈之间表示尊敬、礼貌的场合用得更多。这也可说是古人"语言美"的一种表现吧。如"其"用于第二人称的例句共81个,其中用在表示尊称的"君"、"子"、"吾子"后的共75例,占93%;用于"尔"、"女"后的仅6例,占7%。如:

(1)难不已,将自毙,君其待之。(闵1)1.257

(2)王送知䓨,曰:"子其怨我乎?"(成3)2.813

(3)后子见赵孟,赵孟曰:"吾子其曷归?"(昭1)4.1215

(4)父不可弃,名不可废,尔其勉之!(昭20)4.1408

(5)城糜之役,女知寡人之及此,女其怨寡人乎?(昭8)4.1304

5.3 由于"其"所表示的基本语气是推测判断,因此它经常有承接上文或呼应下文的作用。主要是承接上文——在叙述情况之后,对事态发展的可能性或后果作出判断;有时是呼应下文——先提出推测或假设,接着说明原因或根据。这就决定了"其"大量出现在复句中,形成《左传》复句的一个特色。出现在复句中的"其"共481例,占"其"总数的77.6%。其中用于主句中的有416例,占复句中"其"的86%;用于从句中的"其"有65例,约占14%。即使"其"出现在单句中，它所在句也大都与上下文紧相呼应，有的则处于一定的语段之中，成为语段的标志之一。

5.4 "其"用法灵活，可以广泛地与其他虚词或固定词组连用，大大丰富了《左传》复句的表现手段，反映出《左传》时期汉语复句的形式标志已达到较高的发展水平。

[附　注]

① 《经传释词》卷五，155页，中华书局1956年本。
② 同上，115页。
③ 同上，119页。
④ 同上，118页。
⑤ 《词诠》，160页，中华书局1965年本。
⑥ 《春秋左传注》一册，217页，中华书局1981年本。
⑦ 同上，三册，929页。

（1986年12月修定）

（2003年5月略有修改）

《左传》的语气词"也"*

《左传》的"也"共出现3564次,是语气词中出现次数最多的一个,约占《左传》语气词总次数(5191次)的68%。它的主要作用是表示语音停顿,同时根据它在句中的位置,配合上下文义表示各种语气。

"也"在句中的位置可分为两大类:一类位于单句或复句之末;一类位于句中成分之后或偏正复句的从句之后。两类"也"由于位置不同,作用也有所不同。本文就按这两大类来谈。

1. 在单句或复句之末的"也"(共 2917 例)

"也"无论是在单句之末或复句后面分句之末,都是位于谓语的后面。因此下面就按谓语的性质分类,看"也"在不同的谓语后边,各有什么作用和特点。在各类谓语的次项分类中都有一项〔分句·谓·也〕,以显示"也"在单、复句中用法之别。

1.1 在名词谓语之末。共 1162 例。

"也"在名词谓语之末,有以下几种句式(右上角为出现次数):

1.1.1 〔(夫)主(名、代)(者)·名谓·也〕[424]

---

* 本文曾发表在北京大学中文系主编的《语言学论丛》第十六辑(1986年);2000年收入拙著《古汉语语法研究论文集》。这次《〈左传〉虚词研究》修订本出版,特意将本篇作为《左传》语气词的代表收入本书,因为"也"是《左传》语气词中出现次数最多,用法最为复杂多样的一个。收入时有删改。

这类句式的特点是名谓前有名词、名词性短语或代词作主语,名谓对本句主语的身份、特点、性质等表示判断或解释等。

（一）〔（夫）主〈名或名词性短语〉·名谓·也〕³¹⁷

㊀〔主〈名或名词性短语〉·名谓·也〕²⁹⁹

这种句式是古汉语里标准的判断句,名谓主要对主语的身份、性质等作出判断,"也"伴随文义表判断语气。如:

（1）子然、子孔,宋子之子也。士子孔,圭妫之子也。（襄19）3.1050

（2）二华,戴族也。司城,庄族也。（成15）2.874

（3）魋先谋公,请以鞌易薄。公曰:"不可。薄,宗邑也。"（哀14）4.1686

（4）礼,人之干也。（昭7）4.1295

有时句中的名词谓语不止一个。如:

（5）昔成季友,桓之季也,文姜之爱子也。（昭32）4.1520

由于判断句所作的判断常常是为下文的推论服务的,因此"也"在表示判断和结句语气的同时往往还兼有与下文呼应的作用。如:

（6）言,身之文也。身将隐,焉用文之?（僖24）1.419

（7）晋,吾仇敌也。苟得志焉,无恤其他。（昭5）4.1267

（8）吾子,楚国之望也。今与王言如响,国其若之何?（昭12）4.1340

有时用"初"（昔）……及……"等互相关联的词语与"也"配合呼应,上下文之间的联系就更明显。如:

（9）初,州县,栾豹之邑也。及栾氏亡,范宣子、赵文子、韩宣子皆欲之。（昭3）4.1239

㊁〔夫·主〈名或名词性短语〉·名谓·也〕¹⁸

此式有"夫"在主语前,"也"在名谓后。"夫"对主语有强调作用,

并标志被判断的对象;"也"则对判断谓语有标志作用并表示判断和结句语气,且常兼有引出下文的作用。如:

(1)夫许,大岳之胤也。天而既厌周德矣,吾其能与许争乎?(隐11)1.75

(2)夫战,勇气也。一鼓作气,再而衰,三而竭。(庄10)1.183

(3)夫君,神之主而民之望也。若困民之主,匮神乏祀,百姓绝望,社稷无主,将安用之?(襄14)3.1016

有时在主语之后,三个名谓连用。如:

(4)对曰:"吉也闻诸先大夫子产曰:'夫礼,天之经也,地之义也,民之行也。'天地之经,而民实则之。"(昭25)4.1457

有时此式数句连用,一层引出一层。如:

(5)泠州鸠曰:"王其以心疾死乎!夫乐,天子之职也。夫音,乐之舆也。而钟,音之器也。天子省风以作乐,器以钟之,舆以行之。……王心弗堪,其能久乎!"(昭21)4.1424

有时"且夫"用于句首,与"也"配合,使句子要引出下文进一步论证的语气更为加强:

(6)且夫祝,社稷之常隶也。社稷不动,祝不出竟,官之制也。(定4)4.1535

(二)〔主〈代〉·名谓·也〕[82]

㈠以人称代词"我、余、吾、子、女、彼"等为主语的名词谓语句几乎都是判断句,"也"随文义表判断语气。如:

(1)我,小人也。衣服附在吾身,我知而慎之;大官大邑所以庇身也,我远而慢之。(襄31)3.1193

(2)余,而所嫁妇人之父也。(宣15)2.764

(3)吾,臭味也。而何敢差池?(襄22)3.1066

(4)子,国卿也。陨子,辱矣。(成2)2.787

（5）女，敝族也。国多大宠，不仁人间之，不亦难乎？（襄21）3.1051

（6）彼，虎狼也。见我在子之侧，杀我无日矣。（哀6）4.1634

有时这种句式用于各自争地位、争功劳的对话中，"也"的判断语气更为明显。如：

（7）既战，简子曰："吾伏弢呕血，鼓音不衰，今日我上也。"大子曰："吾救主于车，退敌于下。我，右之上也。"邮良曰："我两靷将绝，吾能止之。我，御之上也。"（哀2）4.1618

有时还加上与对别人的判断对比，来加强自我判断语气。如：

（8）我，周之卜正也。薛，庶姓也。我不可以后之。（隐11）1.71

（9）邾、滕，人之私也。我，列国也。何故视之？（襄27）3.1132

有时正反两种判断并列，来加强正面判断，"也"的语气作用也很明显。如：

（10）彼，国政也，非私难也。（昭1）4.1213

（二）以"此、是、其余"等代词或词组为主语的名谓句，大都是判断句。如：

（1）叔向曰："齐其何如？"晏子曰："此季世也。"（昭3）4.1234

（2）齐庄公朝，指殖绰、郭最曰："是寡人之雄也。"（襄21）3.1063

（3）是家之祸也，非子之过也。（襄23）3.1083

（4）文子曰："其余皆数世之主也。"（襄27）3.1135

（三）当主语为代词"是、此"等，名谓为"疑问词（何、谁）+名"时，"也"伴随文义表疑问语气。如：

（1）是何故也？（庄32）1.251

（2）是何物也？祸福何为？（昭21）4.1426

（3）此何礼也？（哀7）4.1641

（4）此谁之命也？（哀6）4.1637

（三）〔主（……者）·名谓·也〕[23]

此类句式中有"者"与句末的"也"配合,"者"有两种情况:

㈠〔名者,……也〕[7]

（1）六官者,皆桓族也。(成15) 2.874

（2）夫二人者,鲁国社稷之臣也。(成16) 2.893

这类例中的主语都是名词或其短语,"者"是语气词,主要对主语起强调和标志作用,并有引出下文的语气。

㈡〔动(数)者,……也〕[16]

（1）校者,吾雠也。(僖5) 1.305

（2）能补过者,君子也。(昭7) 4.1296

（3）……;三者,礼之大节也。(襄26) 3.1120

这类例中的主语是动词、动词短语或数词加"者"构成的名词性短语。"者"是结构助词兼有表示强调、引出下文的作用。

1.1.2 〔(副)名谓·也〕[42]

这种句式都出现在对话中。它不像上述判断句的名词谓语大都是对本句主语的身份、特点、性质的判断;而是用来判断或解释上文所描述的是某一对象或事物。因此这类名谓大多是专名或指人、事、物的名词短语。这种句式常出现在一个语段的后部,"也"除伴随文义表示判断或解释等语气外,还常有句末结束的语气,与其他一些判断句中的"也"常兼有引出下文的语气不大相同。

（一）表示判断的语气

（1）齐侯游于姑棼,遂田于贝丘,见大豕。从者曰:"公子彭生也。"(庄8) 1.175

（2）以其棺尸崔杼于市,国人犹知之,皆曰:"崔子也。"(襄28) 3.1151

（3）以赂求共仲于莒,莒人归之。及密,使公子鱼请。不许,哭而往。共仲曰:"奚斯之声也。"乃缢。(闵2) 1.262

（4）弥庸见姑蔑之旗，曰："吾父之旗也。"（哀13）4.1676

有时名谓前有"乃"、"必"等副词，加强判断语气。如：

（5）昔叔向适郑，鬷蔑恶，欲观叔向，从使之收器者而往，立于堂下，一言而善。叔向将饮酒，闻之，曰："必鬷明也。"（昭28）4.1496

（6）齐侯赏犁弥，犁弥辞，曰："有先登者，臣从之，晰帻而衣狸制。"公使视东郭书，曰："乃夫子也。吾贶子。"（定9）4.1575

有时在判断之中还有感叹语气。如：

（7）医至，曰："疾不可为也，在肓之上，膏之下，攻之不可，达之不及，药不至焉，不可为也。"公曰："良医也！"厚为之礼而归之。（成10）2.850

（8）晋侯闻子产之言，曰："博物君子也！"（昭1）4.1221

（二）表示解释或说明的语气

常用于第一人称表示对自己身份或与自己有关的人或事的说明。如：

（1）既而与为公介，倒戟以御公徒而免之。问何故，对曰："翳桑之饿人也。"（宣2）2.662

（2）晋侯观于军府，见钟仪。……问其族，对曰："泠人也。"（成9）2.844

（3）息妫将归，过蔡。蔡侯曰："吾姨也。"止而见之，弗宾。（庄10）1.184

有少数例句不用于第一人称，而是对第三者身份的说明。如：

（4）问之曰："南冠而絷者，谁也？"有司对曰："郑人所献楚囚也。"（成9）2.844

或是对客观事物的说明。如：

（5）师慧过宋朝，将私焉。其相曰："朝也。"（襄15）3.1023

（三）表疑问语气

名词谓语由疑问代词"谁"加"之"加名词组成。疑问之意主要由

"谁"表达,"也"伴随其意。如:

  吾以剑过朝,公若必曰:"谁之剑也?"(定10)4.1580

1.1.3 〔分句,名谓·也〕[688]

  这类句式的特点是名谓前为一个或一个以上的动词(少数为形容词)谓语句。可以把它分析为复句:由动词谓语分句和名词谓语分句组成;也可分析为单句:前面都是主语,后面是名词谓语。我们视它为前者。这也就是说,有大量的"也"出现在复句的最后一个分句之末,除伴随文义表示各种语气外,还常表示语音上的顿住,标志复句的结束。

  (一)表示判断或解释语气[667]

  ㊀伴随文义表示对前面所说人物、行为、状态的判断(或说明)语气[121]

  (1)其左善射,其右有辞,君子也。(宣12)2.735

  (2)晋卿不如楚,其大夫则贤,皆卿材也。(襄26)3.1120

  (3)叔孙绞而婉,宋左师简而礼,乐王鲋字而敬,子与子家持之,皆保世之主也。(昭1)4.1204

以上数例表示对前面所说人物的判断。有时表示对前面所说行为的判断。如:

  (4)凡侯伯,救患、分灾、讨罪,礼也。(僖1)1.278

  (5)夫弗及而忧,与可忧而乐,与忧而弗害,皆取忧之道也。(昭1)4.1204

  (6)天子经略,诸侯正封,古之制也。(昭7)4.1284

有时表示对前面所说状态的判断。如:

  (7)齐大,非吾耦也。(桓6)1.113

有时是对前面句中的一个成分作出判断或说明。如:

  (8)公及邾仪父盟于蔑——邾子克也。(隐1)1.9

"邾子克也"是对"邾仪父"的判断或说明。

(9)灵王之丧,我先君简公在楚,我先大夫印段实往,——敝邑之少卿也。(昭30)4.1507

"敝邑之少卿也"是对"印段"的判断或说明。

㈡ 表示对动作行为原因的解释语气[546]

《左传》这类复句很多,大都用于对《春秋经》的写法加以解释。如:

(1)书曰"宋人杀其大夫",不称名,众也。(文7)2.558

(2)夏,阳虎归宝玉、大弓,书曰"得",器用也。凡获器用曰得。(定9)4.1572

还有的是对《春秋经》中所记载的行为加以解释,常以"故也"连用。如:

(3)冬,公如晋,平丘之会故也。(昭15)4.1371

(4)十三年春,齐师伐莒,莒恃晋而不事齐故也。(宣13)2.751

(5)夏,诸侯伐郑,以其逃首止之盟故也。(僖6)1.313

(二)表示历数的语气[9]

有时〔分句,名谓也〕这类复句并列,表示历数的语气;同时在互相呼应之中,透露出语义未尽的味道,因而在并列的复句之后,常有结论性的语句。如:

(1)复言,非信也。期死,非勇也。子必悔之。(哀16)4.1700

(2)舍大臣而与小臣谋,一罪也。先君有冢卿以为师保,而蔑之,二罪也。余以巾栉事先君,而暴妾使余,三罪也。告亡而已,无告无罪!(襄14)3.1013

(3)生不能用,死而诔之,非礼也;称一人,非名也。君两失之。(哀16)4.1699

(三)"也"与疑问词"何"、"谁"、"岂"配合,表疑问或反问语气[12]

(1)今梦黄熊入于寝门,其何厉鬼也?(昭7)4.1289

(2)君三泣臣矣,敢问谁之罪也?(襄22)3.1069

（3）国亡君死，二三子之耻也,岂专孤之罪也？（昭21）4.1428

1.2 在动词谓语之末。共1455例。

"也"出现在动词谓语之末,占本类（出现在单句或复句之末的"也"）总数的49.9%,在各项用法中居第一位。由于它绝大多数都出现在复句之末,因此下面着重分析它所表达的各种语气,只在必要时指出它所在的句式的特点。

1.2.1 配合文义表示对人、事、物的特点、作用等的判断语气[518]

"也"除了在名词谓语判断句中表判断语气外,还可在动词谓语、形容词谓语等各种谓语之末配合文义表判断语气。只不过在名词谓语判断句中,名谓主要是对主语的身份、性质等作出判断；而在其他句式中,谓语则可对主语所代表的人、事、物的特点、作用、意义、目的等各方面作出判断。

（1）礼,无毁人以自成也。（昭12）4.1332

（2）夫学,殖也。（昭18）4.1398

（3）骄而不亡者,未之有也。（定13）4.1592

像以上例中出现在单句中的"动谓·也"是很少数。还有部分"也"用在"是·动谓·也"句式中,这种句式又多作复句之末或复句之中的一个分句,"是"用以复指上文有关的事实。如：

（4）今男女同贽,是无别也。（庄24）1.230

（5）虢必亡矣。亡下阳不惧,而又有功,是天夺之鉴而益其疾也。（僖2）1.283

（6）谚曰："民之多幸,国之不幸也",是无善人之谓也。（宣16）2.769

（7）今吾子以好来辱,而谓敝邑强夺商人,是教敝邑背盟誓也；毋乃不可乎！（昭16）4.1380

其他绝大多数的"动谓·也"都出现在复句之末。如：

（8）天方授楚，楚之嬴，其诱我也。（桓6）1.111

（9）晋侯背大主而忌小怨，民弗与也。（僖10）1.336

（10）诸侯归晋之德只，非归其尸盟也。（襄27）3.1133

（11）闻免父之命，不可以莫之奔也；亲戚为戮，不可以莫之报也。（昭20）4.1408

有部分"动谓·也"在复句之中，情况与上面"是·动谓·也"相同：大都是先与前面的从句构成偏正复句，再与后面的分句构成偏正复句。如：

（12）客容猛，非祭也；其伐戎乎！（昭17）4.1389

  |————————|偏正|————|

  |————|偏正|————|

（13）夫以信召人，而以僭济之，必莫之与也；安能害我？（襄27）3.1132

  |————————————|偏正|————|

  |————————|偏正|————|

有少数"动谓·也"单独出现在对话之中。如：

（14）董叔曰："天道多在西北。南师不时，必无功。"叔向曰："在其君之德也。"（襄19）3.1043

（15）公曰："然而著之何？"对曰："不可为也。"（昭20）4.1417

1.2.2 表示对动作行为原因、意义等的解释语气[547]

表示对动作行为原因的解释，大多是对《春秋经》经文或《诗经》诗句等所作的解释，"也"前的动词谓语常为"动宾"，结构简短，其中动词常为"讨"、"谋"、"赏"、"报"、"寻"等。如：

（1）会于戚，讨曹成公也。（成15）2.872

（2）齐侯、卫侯次于蘧挐，谋救宋也。（定15）4.1601

（3）晋作六军，韩厥、赵括、巩穿、荀骓、赵旃皆为卿，赏鞌之

功也。(成3)2.815

有时"也"前为简单的主谓句。如:

(4)莒人来讨,不设备。戊辰,叔弓败诸蚡泉,莒未陈也。(昭5)4.1270

有时"也"前为单个动词"时"或"不时"。如:

(5)冬,筑郎囿。书,时也。(昭9)4.1312

(6)夏,城中丘。书,不时也。(隐7)1.54

有时"也"前为〔X·之谓〕句式,X是动词"谓"的宾语而前置。如:

(7)公曰:"《诗》所谓'彼日而食,于何不臧'者,何也?"对曰:"不善政之谓也。"(昭7)4.1288

有时"也"前的句子作动词"言"的宾语。如:

(8)《卫诗》曰:"威仪棣棣,不可选也",言君臣、上下、父子、兄弟、内外、大小皆有威仪也。(襄31)3.1194

1.2.3 表示陈述语气[155]

陈述语气与判断语气是相互对称的。"也"和"矣"的重要区别就在于"也"大都用于叙述静态事物、表示对事物的各种判断的句子中;而"矣"则多用于叙述动态事物、表达事物已经怎样或将会怎样的句子中。陈述语气往往有时态配合,"矣"所在句的动词前常有"将"、"遂"、"既"等表时间的副词或"其"、"已"、"尽"、"皆"等与时态有关的副词。值得注意的是"也"所在句也有一部分表示陈述,虽然它们在"也"的总例句中只占4%,但毕竟还有一百多例,说明"也"和"矣"的这一区别并不是绝对的,只是就其总的趋势而言。"也"所在句表陈述的例子如:

(1)晋人为孙氏故,召诸侯,将以讨卫也。(襄26)3.1114

(2)子恶闻之,遂自杀也。(昭27)4.1486

(3)曩者志入而已,今则怯也。(襄24)3.1092

（4）初，楚伍参与蔡大师子朝友，其子伍举与声子相善也。（襄26）3.1119

有时虽无时间副词配合，但从上下文不难看出是对往事的叙述。如：

（5）宋华弱与乐辔少相狎，长相优，又相谤也。（襄6）3.946

（6）晋灵公不君，厚敛以彫墙，从台上弹人，而观其辟丸也。（宣2）2.655

在表示否定的陈述句中，用"也"的情况更多些：

（7）及食大夫鼋，召子公而弗与也，子公怒，染指于鼎，尝之而出。（宣4）2.678

（8）幸而不亡，犹可说也；不幸而亡，君虽忧之，亦无及也。（昭18）4.1399

杨伯峻先生注："也"作"矣"用。

（9）孔文子之将攻大叔也，访于仲尼。仲尼曰："胡簋之事，则尝学之矣；甲兵之事，未之闻也。"（哀11）4.1667

此例中的"也"与"矣"互相呼应。

1.2.4 表示历数的语气[72]

"也"出现在并列句中，它除含有各句原有的判断、解释、陈述等语气外，还伴随文义表示各分句之间相互呼应和关联。"也"所在的这种并列句以动词谓语为最多。如：

（1）见有礼于其君者，事之，如孝子之养父母也；见无礼于其君者，诛之，如鹰鹯之逐鸟雀也。（文18）2.633

（2）楚囚，君子也。言称先职，不背本也；乐操土风，不忘旧也。称大子，抑无私也；名其二卿，尊君也。（成9）2.845

（3）今君在国，女用兵焉，不畏威也；奸国之纪，不听政也；子晰，上大夫，女，嬖大夫，而弗下之，不尊贵也；幼而不忌，不事长也；兵其从兄，不养亲也。（昭1）4.1213

1.2.5　表示命令、劝诫、祈使或决心、意愿等语气[98]

表示命令、劝诫、祈使等语气：

（1）邾子曰："命在养民。死之短长，时也。民苟利矣，迁也！吉莫如之。"（文13）2.598

（2）八年之中，九合诸侯，诸侯无慝，君之灵也，二三子之劳也，臣何力之有焉？抑臣愿君安其乐而思其终也。（襄11）3.993

（3）姜曰："行也！怀与安，实败名。"（僖23）1.406

表示自己的决心、打算等语气：

（4）赂吾以天下，吾滋不从也。（昭26）4.1475

（5）蒲城人欲战，重耳不可，曰："保君父之命而享其生禄，于是乎得人。有人而校，罪莫大焉。吾其奔也！"（僖23）1.404

有时用于誓词中，表示语气的坚决：

（6）王子虎盟诸侯于王庭，要言曰："皆奖王室，无相害也！有渝此盟，明神殛之。"（僖28）1.466

（7）遂置姜氏于城颍，而誓之曰："不及黄泉，无相见也！"（隐1）1.14

1.2.6　表示感叹语气[21]

（1）善哉！吾得闻此数也！（昭3）4.1233

（2）苍葛呼曰："德以柔中国，刑以威四夷，宜吾不敢服也！"（僖25）1.434

（3）蹇叔哭之，曰："孟子！吾见师之出而不见其入也！"（僖32）1.490

1.2.7　表示反问、疑问语气[39]

"也"与疑问词（或词组）配合，大多出现在主从复句的主分句中，少数单独成句。

（一）"若之何……也"[5]

（1）此车一人殿之，可以集事，若之何其以病败君之大事也？（成2）2.792

（2）子产有辞，诸侯赖之，若之何其释辞也？（襄31）3.1189

（二）"岂……也"[2]

大国不以礼命于诸侯，苟不以礼，岂可量也？（哀7）4.1641

（三）"若何……也"[1]

史赵见子大叔，曰："甚哉其相蒙也！可吊也，而又贺之。"子大叔曰："若何吊也？其非唯我贺，将天下实贺。"（昭8）4.1302

（四）"何……也"[6]、"何谓也"[1]

（1）吾过，子姑告我，何疾我也？（襄22）3.1070

（2）是二氏者，吾亦闻之，而不知其故，是何谓也？（昭29）4.1500

（五）"胡可……也"[8]

雍姬知之，谓其母曰："父与夫孰亲？"其母曰："人尽夫也，父一而已，胡可比也？"（桓15）1.143

（六）"焉可……也"[3]

二三子好亡而恶定，焉可同也？（昭25）4.1466

（七）"孰可……也"[1]

公曰："诺。孰可使也？"（襄26）3.1125

（八）"谁……也"[1]

王曰："言出于余口，入于尔耳，谁告建也？"（昭20）4.1408

（九）"无乃……也"[1]

今豆有加，下臣弗堪，无乃戾也？（昭6）4.1277

（十）"难……也"[1]（难，奈何之合音。）

忠为令德，其子弗能任，罪犹及之，难不慎也？（昭11）4.1320

（十一）"敢问……何……也"[1]

在这类问句中，"也"前有"敢问"和"何"两重疑问标志：

寡君之疾病，卜人曰："实沈、台骀为祟"，史莫之知，敢问此何

神也?（昭1）4.1217

（十二）"其……也"[6]

（1）余不能治余县,又焉用州,其以徼祸也?（昭3）4.1240

（2）吾子何爱于一环,其以取憎于大国也?（昭16）4.1378

（十三）无标志的问句[4]

"也"的疑问语气主要通过上下文辨别:

（1）华元逃归,立于门外,告而入。见叔牂,曰:"子之马然也?"（宣2）2.653

（2）晏子立于崔氏之门外,其人曰:"死乎?"曰:"独吾君也乎哉?吾死也?"曰:"行乎?"曰:"吾罪也乎哉?吾亡也?"（襄25）3.1098

（3）女忘君之为孺子牛而折其齿乎?而背之也?（哀6）4.1638

（十四）"也"用在选择问句中,与"邪"配合呼应[1]

不知天之弃鲁耶?抑鲁君有罪于鬼神故及此也?（昭26）4.1471

1.3 在形容词谓语之后。共84例。

1.3.1 表示对人、事、言行等的判断语气[64]

大都是对其性质或状态的判断。如:

（1）颍考叔,纯孝也。（隐1）1.15

（2）远图者,忠也。（襄28）3.1152

（3）二子之言,义也。（昭3）4.1240

（4）不背本,仁也;不忘旧,信也;无私,忠也;尊君,敏也。（成9）2844

（5）违强陵弱,非勇也;乘人之约,非仁也;灭宗废祀,非孝也;动无令名,非知也。（定4）4.1547

（6）德之休明,虽小,重也;其奸回昏乱,虽大,轻也。（宣3）2.671

1.3.2 表示对事物原因、内容的解释或说明语气[9]

表示对原因的解释。如:

（1）仍叔之子来聘,弱也。（桓5）1.106

这句意思是说,《春秋经》之所以记载为"仍叔之子"而不记他的名字,是由于他年轻。

（2）公卑杞，杞不共也。（僖27）1.443

表示对内容的解释。如：

（3）卜徒父筮之，吉："涉河，侯车败。"诘之，对曰："乃大吉也。"（僖15）1.353

1.3.3 表示感叹语气[7]

（一）与"何其"配合，表示程度之甚。如：

（1）二三子何其戚也！（僖15）1.357

（2）虽有君命，何其速也！（僖24）1.414

（二）"何……也"，表示感叹。如：

（3）诸侯贰，则晋国坏；晋国贰，则子之家坏，何没没也！（襄24）3.1089

（三）有时以"主·之·形·也"句式表示感叹。如：

（4）胜闻之，曰："令尹之狂也！得死，乃非我。"（哀16）4.1701

1.3.4 表反问或疑问语气[2]

都与"何"配合。如：

（1）吾侪偷食，朝不谋夕，何其长也？（昭1）4.1210

（2）公宴于五梧，武伯为祝，恶郭重，曰："何肥也？"（哀25）4.1727

1.4 在助动词"可"之后。共42例。

"也"在助动词"可"后组成"可也"，大多表示判断语气。如：

（1）晋、楚不务德而兵争，与其来者可也。（宣11）2.711

（2）晋车千乘在中牟，卫侯将如五氏，卜过之，龟焦。卫侯曰："可也！卫车当其半，寡人当其半，敌矣。"（定9）4.1575

1.5 在数词谓语之后。共31例。

1.5.1 表示判断语气[3]

（1）史赵曰："亥有二首六身，下二如身，是其日数也。"士文

伯曰："然则二万六千六百有六旬也。"（襄30）3.1171

（2）舜有大功二十而为天子,今行父虽未获一吉人,去一凶矣。于舜之功,二十之一也,庶几免于戾乎！（文18）2.642

1.5.2　用于并列句表历数的语气[28]

（1）臣不佞,不能负羁绁以从扞牧圉,臣之罪一也。有出者,有居者,臣不能贰,通外内之言以事君,臣之罪二也。有二罪,敢忘其死？（襄26）3.1113

（2）取国有五难：有宠而无人,一也；有人而无主,二也；有主而无谋,三也；有谋而无民,四也；有民而无德,五也。……有楚国者,其弃疾乎！……获神,一也；有民,二也；令德,三也；宠贵,四也；居常,五也。有五利以去五难,谁能害之？（昭13）4.1351

1.6　在代词谓语之后。共13例。

1.6.1　"何也"[12]

大多表疑问语气。如：

（1）吾子置食之间三叹,何也？（昭28）4.1497

（2）吾犹衰绖,而子击钟,何也？（定9）4.1571

有时表示反问。如：

（3）魏子谓成鱄："吾与戊也县,人其以我为党乎？"对曰："何也！戊之为人也,远不忘君,近不逼同,……虽与之县,不亦可乎！"（昭28）4.1494

"何也！"表示"为什么！""怎么会！",实即以反问的形式表示不可能。

1.6.2　"谁也"[1]

表疑问语气：

南冠而絷者,谁也？（成9）2.844

1.7　在介宾短语充当的谓语之后。共71例。

这类〔介宾·也〕大都位于复句的后面,表示动作行为的原因、目

的或条件。"也"除伴随文义表示解释、说明等语气外,还有停顿和结句语气。具体情况如下:

"以……也"[45]

(1)及文子卒,卫侯始恶于公叔戍,以其富也。(定13)4.1592

(2)庄叔会诸侯之师伐沈,以其服于楚也。(文3)2.528

"为……也"[13]

(3)城小穀,为管仲也。(庄32)1.251

(4)臣之不敢爱死,为两君之在此堂也。(成3)2.816

"因……也"[8]

(5)叔弓帅师疆郓田,因莒乱也。(昭1)4.1217

(6)郑灭许,因楚败也。(定6)4.1555

"由……也"[5]

(7)国家之败,由官邪也。(桓2)1.89

(8)立武由己,非由人也。(成6)2.826

1.8 "也"与其他虚词连用出现在句末。共59例。

"也"与其他虚词连用大致有两个特点:一、其他虚词位于"也"之后;二、给句子增添判断气氛,丰富并加强句子的语气。

1.8.1 也已[19]

常用于对动作行为的结果或前途表示判断的语气。"已"作语气词有"了"、"罢了"之意,"也已"连用加强判断的肯定语气。如:

(1)及楚杀子玉,公喜而后可知也。曰:"莫余毒也已!"(宣12)2.748

(2)郑伯其死乎!自弃也已!(成6)2.826

(3)昔吾主范氏,今子主赵氏,又有纳焉,以杨楯贾祸,弗可为也已!(定6)4.1559

1.8.2 也夫[21]

常用于对行为、事物的性质或原因等表示判断的语气。"也夫"连

用,加强这种语气。如:

(1)子臧之服,不称也夫!(僖 24)1.427

(2)莒展之不立,弃人也夫!(昭 1)4.1297

判断某种行为为何人所作,仅 1 例:

(3)使我杀适立庶以失大援者,仲也夫!(宣 18)2.778

有时表示解释语气。如:

(4)《诗》云:"乐只君子,邦家之基",有令德也夫!"上帝临女,无贰尔心",有令名也夫!(襄 24)3.1089

1.8.3 也哉[6]

"也哉"用于感叹句末,表示一种强烈的感情色彩。如:

(1)九世之卿族,一举而灭之,可哀也哉!(襄 25)3.1109

(2)为之歌《齐》,曰:"美哉,泱泱乎!大风也哉!"(襄 29)3.1162

1.8.4 也乎[8]

句中常有其他虚词如"其"、"其或者"、"其无乃"等与"也乎"配合。

在判断之中表示感叹:

(1)礼,其人之急也乎!(昭 3)4.1239

配合上文,表示不肯定的判断语气:

(2)晋为盟主,其或者未之祀也乎!(昭 7)4.1290

把判断作为问题提出,既有判断语气又有疑问语气:

(3)荀偃……卒,而视,不可含。……栾怀子曰:"其为未卒事于齐故也乎?"(襄 19)3.1046

把判断作为反问提出,既有判断语气又有反问语气:

(4)《诗》曰:"孝子不匮,永锡尔类。"若以不孝令于诸侯,其无乃非德类也乎?"(成 2)2.797

1.8.5 也乎哉[2]

把判断作为反问提出,在反问之中夹着感叹。

晏子立于崔氏之门外，其人曰："死乎？"曰："独吾君也乎哉？吾死也？"曰："行乎？"曰："吾罪也乎哉？吾亡也？"（襄25）3.1098

2. 在句中成分或从句后的"也"（共645例）

当"也"不在单句或复句之末，而位于句中成分或从句之后时，它的主要作用是：一、增加语音停顿或表示强调语气；二、表示提示，以待下文对所提示的对象进行判断、解释或叙述。下面分别介绍：

2.1 在主语之后。共69例。

2.1.1 主语指第三者

（一）主语为专名

（1）祁奚请老，晋侯问嗣焉。……对曰："午也可。"于是羊舌职死矣，晋侯曰："孰可以代之？"对曰："赤也可。"（襄3）3.927

（2）宣子患之，谓叔向曰："子能归季孙乎？"对曰："不能。鲋也能。"（昭13）4.1362

（3）王曰："……史黯何以得为君子？"对曰："黯也进不见恶，退无谤言。"（哀21）4.1717

有时在专名前用"唯"，使强调的语气更为加重：

（4）公囚大子。大子曰："唯佐也能免我。"（襄26）3.1118

有时在强调之中还有假设语气，从上下文可以辨别：

（5）初，楚司马子良生子越椒。……子文以为大慼。及将死，聚其族，曰："椒也知政，乃速行矣，无及于难。"（宣4）2.679

"椒也知政"，大意是，椒若一旦掌握政权。

当〔主·也·谓〕并列出现时，"也"在表历数的同时还有提示语气。如：

（6）王使内史叔服来会葬。公孙敖闻其能相人也，见其二子

焉。叔服曰："榖也食子,难也收子。"(文1)2.510

（7）孔子闻卫乱,曰："柴也其来,由也死矣。"(哀15)4.1696

有时此式与〔主·谓〕式并列使用。如:

（8）宣子问其罪于叔向。叔向曰:"三人同罪,施生戮死可也。雍子自知其罪,而赂以买直;鲋也鬻狱;邢侯专杀,其罪一也。"(昭14)4.1366

此例中的雍子、鲋、邢侯三人同罪,而叔向历数三人罪过时,只有"鲋"后加"也",显然不是专门强调他,而是因为"雍子"、"邢侯"都是双音节,为与"雍子"、"邢侯"对称,由音节上的需要而加上的。

（二）主语为普通名词

主语为普通名词时,为表示强调具体的一个,名词前常有"是"、"此"、"其"等代词作定语与"也"配合。如:

（9）是子也熊虎之状而豺狼之声,弗杀,必灭若敖氏矣。(宣4)2.679

（10）是夫也将不唯卫国之败,其必始于未亡人。(成14)2.870

（11）此子也才,吾受子之赐;不才,吾唯子之怨。(文7)2.559

（12）周公及武公娶于薛,孝、惠娶于商,自桓以下娶于齐,此礼也则有。若以妾为夫人,则固无其礼也。(哀24)4.1723

（13）公入而赋:"大隧之中,其乐也融融。"姜出而赋:"大隧之外,其乐也洩洩。"遂为母子如初。(隐1)1.15

2.1.2 主语为第一人身自称

说话人自称时常在自己的名字中取后一字加"也",未见在"吾"、"余"、"我"后加"也"的用法。如:

（1）秦伯之弟鍼如晋修成,叔向命召行人子员。行人子朱曰:"朱也当御。"三云,叔向不应。(襄26)3.1111

（2）然明曰:"蔑也今而后知吾子之信可事也。"(襄31)3.1192

（3）司马子鱼……令曰:"鲂也以其属死之,楚师继之,尚大克

之！"（昭17）4.1392

有时国君自称"孤"时也可加"也"：

（4）乃及楚平，使王子伯骈告于晋，曰："……民知穷困，而受盟于楚。孤也与其二三臣不能禁止，不敢不告。"（襄8）3.958

2.1.3 主语为第二人称

用于直呼对方，在专名后加"也"。如：

（1）子禄御公子城，庄堇为右。干犫御吕封人华豹，张匄为右。相遇，城还。华豹曰："城也！"城怒，而反之。（昭21）4.1429

（2）师退，冉猛伪伤足而先。其兄会乃呼曰："猛也殿！"（定8）4.1564

个别例子在第二人称代词"女"和普通名词"夫"组成的名词短语后加"也"。如：

（3）华亥……见于左师，左师曰："女夫也必亡！"（昭6）4.1278

2.2 在动词宾语之后。共14例。

2.2.1 宾语为专名

（1）乌呼！天祸卫国也夫！吾不获鱄也使主社稷。（成14）2.870

（2）公见弃也而视之，尤。（襄26）3.1118

以上例句从上下文可以看出"鱄也"、"弃也"的"也"有强调语气。有时"也"用在并列的两个专名之后。如：

（3）是岁也，狄伐鲁，叔孙庄叔于是乎败狄于鹹，获长狄侨如及虺也、豹也而皆以名其子。（襄30）3.1171

"虺也"、"豹也"并列，表示历数，由连词"及"与长狄侨如连接，作"获"的宾语。"也"不仅表示语音停顿和历数语气，而且把"虺"和"豹"区别开来，使人一看而知其为两人。

（4）魏子谓成鱄："吾与戌也县，人其以我为党乎？"对曰："何也！……"（昭28）4.1494

"戊"是动词"与"的间接宾语,"县"是直接宾语。在"戊"后加"也"有强调之意,且对两个宾语有标志、区别作用。

2.2.2　宾语为名词短语

名词短语多为"是(此)·名"结构。如:

(1)今弃是度也,而为刑鼎,民在鼎矣,何以尊贵?(昭29)4.1504

(2)先君奉此子也而属诸子,曰:……(文7)2.559

仅有一例为"名·之·名"短语:

(3)憖使吾君闻胜与臧之死也以为快。(昭28)4.1492

2.3　在兼语之后。共2例。

(1)吾子其奉许叔以抚柔此民也,吾将使获也佐吾子。(隐11)1.74

"吾将使获也"不成句,不能断开,因此知"也"附属于兼语"获",表示对兼语的强调。

(2)以鲁国之密迩仇雠,臣是以不获从君,克免于大行,又谓重也肥?(哀25)4.1727

2.4　在介宾短语之后。

2.4.1　"与……也"[1]

阚止知之,先待诸外。公子曰:"事未可知,反,与壬也处。"(哀6)4.1637

2.4.2　"以……也"[5]

楚令尹子元欲蛊文夫人,为馆于其宫侧而振万焉。夫人闻人,泣曰:"先君以是舞也,习戒备也。今令尹不寻诸仇雠,而于未亡人之侧,不亦异乎!"(庄28)1.241

"先君以是舞也"的"也"表示语音停顿,既有对"是舞"强调之意,又似有因哭泣而说话断断续续的味道,丰富了语言的表达力。

2.4.3　"于……也"[8]

(1)仲尼谓子产"于是行也,足以为国基矣"。(昭13)4.1360

（2）政在季氏，于此君也四公矣。（昭32）4.1520

2.4.4 "因……也"[3]

曹人凶惧，为其所得者，棺而出之。因其凶也而攻之。（僖28）1.453

2.4.5 "为……也"[1]

为此役也，子若以君命赐之，其已。（昭13）4.1354

2.4.6 "及……也"[1]

赵简子……旦占诸史墨，曰："吾梦如是，今而日食，何也？"对曰："六年及此月也，吴其入郢乎！"（昭31）4.1513

在29例〔介·宾·也〕中，宾语为专名的，仅1例，即"与壬也处"；其他介词宾语都是由"是"或"此"加普通名词组成。"也"在介宾之后，一方面通过语音停顿表示对宾语的强调，同时也有提示并引出下文的语气。

2.5 用在句首表时间或事件的名词、名词短语之后。共36例。

2.5.1 与表时间的词构成"古也"、"今也"。共2例。

（1）仲尼曰："古也有志：'克己复礼，仁也。'信善哉！"（昭12）4.1341

（2）乐作，午言曰："今也得栾孺子何如？"（襄23）3.1073

2.5.2 用在表时间或事件的名词短语之后。共34例。

（1）是岁也，郑驷偃卒。（昭19）4.1403

（2）是夜也，赵简子梦童子嬴而转以歌。（昭31）4.1513

（3）此役也，报栎之败也。（襄14）3.1009

（4）此行也，晋师必败。（宣12）2.730

名词短语都由"是"或"此"加名词组成，"也"与"是"、"此"配合，表示强调，并提起下文。

2.6 用在表示范围或条件的〔主·之·於·宾〕结构之后。共3例。

（1）中行伯之於晋也，其位在三；孙子之於卫也，位为上卿，将谁先？（成3）2.814

（2）鲁之於晋也，职贡不乏，玩好时至，……如是可矣，何必瘠鲁以肥杞？（襄29）3.1160

还有一例〔主·之·於·宾〕无"也"：

郑有礼，其数世之福也，其无大国之讨乎！……礼之於政，如热之有濯也。濯以救热，何患之有？（襄31）3.1191

以上几例比较，(1)、(2)例的"也"不仅有提起下文的语气而且有加强语气之意；无"也"的"礼之於政"与下文连接较紧，在语感上与(1)、(2)例有所区别，朗读起来这种区别就更明显。

2.7 用在〔主·之·谓〕结构之后。共190例。

（1）宋殇公之即位也，公子冯出奔郑。（隐4）1.36

（2）於郑子国之来聘也，四月，晏弱城东阳，而遂围莱。（襄6）3.831

（3）王闻群公子之死也，自投于车下。（昭13）4.1346

（4）礼之可以为国也久矣！（昭26）4.1480

此式在本书《〈左传〉的〔主·"之"·谓〕式》一文中有详细介绍，这里不必多说，只提一点：〔主·之·谓·也〕与〔主·之·谓〕有什么不同？二者虽都可以作句中主语，动及介的宾语，复句中表原因、条件、时间等的从句，但一个明显的区别是，〔主·之·谓〕式常可与其他动词谓语句并列组成复句。如：

（5）我之不共，鲁故之以。（昭13）4.1357

（6）发命之不衷，出令之不信，刑之颇类，狱之放纷，会朝之不敬，使命之不听，取陵于大国，罢民而无功，罪及而弗知，侨之耻也。（昭16）4.1377

而"也"式却极少见这种用法，其主要作用是作从句。这可能是"也"起作用的结果，它给该式增添了从属下文、引出下文的语气。

2.8 用在〔其·动〕之后。共81例。

（1）周之有懿德也，犹曰"莫如兄弟"，故封建之；其怀柔天下也，犹惧有外侮，扞御侮者，莫如亲亲，故以亲屏周。（僖24）1.425

（2）栾书怨郤至，以其不从己而败楚师也，欲废之。（成17）2.900

（3）仲尼闻魏子之举也，以为义，曰："近不失亲，远不失举，可谓义矣。"又闻其命贾辛也，以为忠。（昭28）4.1496

（4）楚昭王知大道矣！其不失国也宜哉！（哀6）4.1636

2.9 从句后的"也"。共240例。

2.9.1 从句后的"也"在配合文义表达各种语气的同时，常有提起下文的作用。如：

（1）穿曰："我不知谋，将独出。"乃以其属出。宣子曰："秦获穿也，获一卿矣。秦以胜归，我何以报？"乃皆出战，交绥。（文12）2.591
"秦获穿也"，表假设：秦如果获穿。

（2）君若早自图也，可以无辱。（昭13）4.1348

（3）虽无益也，将焉辟之？（僖9）1.329

2.9.2 有时名谓句和动谓句联合组成复句，"名谓·也"作表假设的从句，"也"表假设语气。如：

（1）季孙有疾，命正常曰："无死！南孺子之子，男也，则以告而立之；女也，则肥也可。"（哀3）4.1623

有时"名谓"为"所·动"结构。如：

（2）君子违，不适仇国。未臣而有伐之，奔命焉，死之可也。所托也，则隐。（哀8）4.1647
"所托也，则隐"，大意是，如果有这样的嘱托，就要避开。

有时从句是一个主谓判断句，这种判断常是为推论服务的，因此名谓后的"也"既表判断语气又有提起下文的作用。如：

（3）鲍叔帅师来言曰："子纠，亲也，请君讨之。管、召，雠也，请受而甘心焉。"（庄10）1.180

（4）疾与亡君，皆君之子也，召之而择材焉可也。（哀17）4.1705

以上例中，从句与下文为顺承关系；有时下文表转折，常用"而"连接。如：

（5）男女之别，国之大节也，而由夫人乱之，无乃不可乎？（庄24）1.230

（6）吴，周之胄裔也，而弃在海滨，不与姬通。（昭30）4.1508

有时下文表反问。如：

（7）彼，栾氏之勇也，余何获焉？（襄21）3.1063

（8）然吾子，主也，至敢不从？（成12）2.858

有时两个表判断的从句并列。如：

（9）邾、滕，人之私也；我，列国也，何故视之？（襄27）3.1132

（10）邯郸午，荀寅之甥也；荀寅，范吉射之姻也，而相与睦，故不与围邯郸，将作乱。（定13）4.1590

2.10 "也"与其他虚词连用在句子成分或从句之末。

"也"与其他虚词连用在句子或复句后面分句之末的共59例，而在句子成分或从句之末的仅4例。

2.10.1 "也者"[1]

礼也者，小事大、大字小之谓。（昭30）4.1506

"也者"与"者也"不同："者也"都用在句末，而"也者"在主语后面；用在句末或动谓后的"者也"，往往不是语气词的连用，而应拆开分析，"者"一般都是结构助词，它与前面的动词结构组成"者"字结构，再加语气词"也"。而"也者"则是语气词连用，表示对主语的强调，同时标志主语是被下文解释、说明的对象。关于"者也"与"也者"的区别，在本书《〈左传〉的"者"》中专门作了比较，这里从略。

2.10.2 "也已"[2]

（1）晋侯其无后乎！王赐之命，而惰于受瑞。先自弃也已，其

何继之有？（僖11）1.338

(2) 夫先自败也已，安能败我？（哀1）4.1609

"也已"连用在从句之末，在表判断语气的同时还有提起下文的作用；同时还有些感叹的意味。

2.10.3 "也夫"[19]

君欲楚也夫，故作其宫。（襄31）3.1185

"也夫"连用，在从句之末，在表判断语气的同时还有提起下文的作用；似还有些委婉的语态。

3. 小结

3.1 "也"的基本作用是表示语音停顿，同时根据不同的上下文和它在句中的不同位置，表达不同的语气。其特点是：一、它可以伴随文义表示判断、解释、陈述、感叹、疑问、反问等多种语气；二、在各种语气中最基本的是判断语气（见附表3）；三、仅次于判断语气的是解释和说明语气（见附表3），这反映出《左传》的特点之一——常对《春秋经》的经文或所记载的活动作出解说。

3.2 位于各类谓语之末的"也"共2917例（见附表1）。其中约有40%的"也"位于名词谓语之后；60%的"也"位于其他谓语之后（其中约有50%在动词谓语之后，10%在形容词谓语和其他谓语之后）。这是非常值得注意的事实，因有的学者把"也"视为名词谓语的标志，这至少不符合《左传》的语言实际。的确，"也"的基本作用是配合文义表示判断、说明语气（见附表3），它常用于名词谓语判断句之末；但判断句并不全等于名词谓语句，大量其他谓语都可用作判断句谓语或用来表示判断。

3.3 "也"大量出现在复句中:共 2753 例,占总数的 77.4%(见附表 4)。有三种情况:一、在从句之末,有表示停顿、引出下文的作用;二、在复句之末,在表结句的同时有判断、解释等语气;三、在复杂复句之中,"也"先在一个主从复句中位于复句之末,然后这个复句再作后面分句的从句。这类"也"大都表判断语气,因为判断一般都是有的放矢——为下文的推论作准备,因此表判断语气的"也"在具有结句语气的同时往往兼有呼应、引出下文的作用。因而"也"所在句常成为复杂复句(或语段)中的一个中间环节,具有承上启下的作用。

3.4 位于句子成分和从句之后的"也"共 645 例,占总数的 18%。它的基本作用是表示语义未完、提起下文,同时还常表示强调。当它在主语、宾语、兼语之后时,强调的作用尤其明显,因为"也"的前面如若不是专名就是指示代词"是"或"此"加上普通名词,本身就已有强调的意思,再加上"也"的作用,使原来没有停顿的地方有了停顿,就更引人注意了。"也"的这种用法是古汉语里一种很生动的表现手法,它可以随意添加在说话人想要强调的对象后面,显示出说话人的主观倾向和感情色彩,给死的语言以生命,使书面语言带上声色。对语气词的这种巧妙的运用,今天仍值得借鉴。

参考文献

《马氏文通校注》上册,412—434 页,中华书局 1954 年本。
《词诠》,372—377 页,中华书局 1965 年本。
吕叔湘《中国文法要略》,274 页,商务印书馆 1990 年本。
吕叔湘《文言虚字》,90—98 页,上海教育出版社 1962 年本。
杨伯峻《古汉语虚词》,233—243 页,中华书局 1982 年本。
王力先生主编《古代汉语》上册第一分册,220—227 页,中华书局 1962 年本。
郭锡良等《古代汉语》上册,344—345 页,北京出版社 1981 年本。

何乐士等《文言虚词浅释》,327—333 页,北京出版社 1979 年本。
钟华、王娅《古代汉语中的判断句》,《中学语文》(河南师大) 1980 年 2 期。
杨晓敏《古代汉语中的语气词》,《新疆教育》1980 年 1 期。

附:《左传》的"也"各项用法统计表

表1　各类谓语之末的"也"

分　类	数　量	百分比
名词谓语之末	1162	40%
动词谓语之末	1455	49.9%
形容词谓语之末	84	3%
助动词谓语之末	42	1.3%
数词谓语之末	31	1%
代词谓语之末	13	0.4%
介宾谓语之末	71	2.4%
与其他虚词连用的句末	59	2%
共　计	2917	100%

表2　句中成分和从句之后的"也"

分　类	数　量	百分比
主语之后	69	10.7%
宾语之后	14	2.2%
兼语之后	2	0.3%
介宾短语之后	29	4.2%
句首名词短语之后	36	5.6%
〔主·之·於·宾〕之后	3	0.4%
〔主·之·谓〕之后	190	28%
〔其·动〕之后	81	12%
从句之后	246	36%
与其他虚词连用在成分或从句后	4	0.6%
共　计	645	100%

表3　句末"也"各种语气统计

分　类	数　量	百分比
判断语气	1355	46.8%
解释、说明语气	1089	37%
陈述语气	155	5.3%
历数语气	109	3.7%
命令、劝诫、祈使等语气	98	3.4%
疑问、询问语气	69	2.4%
感叹语气	42	1.4%
共　计	2917	100%

表4　单、复句中的"也"

分　类		数　量	百分比
单句之末		811	22.6%
复句之末	从句之末	436	77.4%
	复句之末	2317	
	小　计	2753	
共　计		3564	100%

（1985年完稿）

（1999年修改）

（2003年再修改）

《左传》的连词"而"*

连词"而"在《左传》中共出现3041次,是《左传》连词中出现最多的一个。其中在单句中共2408次,占79%;在复句中共418次,占14%;词组215例,占7%。①

本文把《左传》的"而"分为两大类:单句中的"而"和复句中的"而"。单句划分的主要原则是主语的单一与否:如果"而"连接的前后两项(A 与 B)都属于同一主语的动作或状态,则为单句。如果 A 和 B 分别为两个主语的动作或状态则为复句。有些单句可能有人认为是分句,本文不作这方面的争议,关键是看"而"在句内的 A 和 B 之间发生的连接作用。复句中的"而"则是看它在分句与分句之间所起的连接作用。调查结果表明,"而"大部分用于单句,即连接同一主语发出的两项动作;少部分用于复句,即"而"前后两项的主语分别为二。调查结果还表明,"而"连接的前后两项大约有 30% 为并列关系;70% 为顺承关系。本文先从微观上对各类"而"进行描述,然后从宏观上对"而"的特点和作用作出概括。

本文分四个部分:
1."而"在单句中的特点和作用
2."而"在复句中的特点和作用

---

* 本文曾发表在伍云姬先生主编的《汉语方言共时与历时语法研讨论文集》(暨南大学出版社,1999 年)中。这次作为《左传》连词的一个代表收入本书,有较多删改。

3."而"的复合词组

4.小结

1."而"在单句中的特点和作用

"而"在单句中的主要作用是把存在着内部联系的谓语动词(或用作谓语的形容词、名词)A和B联系起来,组成具有两个谓语动词的复杂谓语。其次,它也把主语、状语等成分与谓语连接起来。"而"的用法灵活,运用的范围很宽,A与B之间有多种关系。下面我们按照"而"连接的各种成分逐一介绍。

1.1 〔动(A)·而·动(B)〕共2003例。

"而"连接的A、B两项都是谓语动词,它们都是同一主语发出的动作,主语大都出现在句首;部分例句的主语承前省略,从上下文中不难辨认。需要注意的是部分〔动·而·动〕的前后主语不统一,形似单句而实为复句,这在下节中讨论,此处从略。

1.1.1 〔A.而(表示顺承)·B〕共1409例。

我们的这里所说的"顺承",包括的范围较宽,凡是并列以外的关系都归入这类,因为这样更有利于从大的方面掌握"而"的特点。"顺承"之下包含的具体内容有四:

(一)A、B为连动。共709例。本文的连动指的是A与B在时间上的先后相承。如:

(1)六月甲子,傅瑕杀郑子及其二子,而纳厉公。(庄14)196

(2)滑人叛郑而服于卫。(僖20)387

(3)将行,谋于桑下。蚕妾在其上,以告姜氏。姜氏杀之,而谓公子曰:"子有四方之志,其闻之者,吾杀之矣。"(僖23)406

以上例中的前后两事既是紧密相连的又是先后相承的,必须先完成A才能进行B。如果去掉"而",变成"傅瑕杀郑子及其二子,纳厉公"、"滑人叛郑,服于卫"、"姜氏杀之,谓公子曰",就不如有"而"来得流畅而明确。本来是互有内部联系的两个动作行为,都为一个主语发出,用"而"连接起来能够恰如其分地表达它们之间语法和语义上的关系。

有时"而"前面的动作不止一项,但"而"的存在意味着前面的诸项动作总属于A,完成了它们才能有B。如：

（4）季孙至,入,哭,而出。(襄23) 3.1080

（5）柳闻之,乃坎,用书,而告公曰：……(昭6) 4.1277

有时"而"后的动作不止一项,也是同样道理。如：

（6）陈无宇济水,而戕舟发梁。(襄28) 3.1147

以上例中的"而"都有"而后"之意。当然,这并不意味着有时间上相承关系的"而"都必须解作"而后",有时可不作解。

表顺承的"而"和表转折的"而"除了靠上下文加以辨别外,还可以从"而"与其他虚词的配合去辨认。如这类表时间上先后相承的"而",就常与"乃"、"始"、"既"、"又"、"且"、"遂"等虚词配合。如：

"乃……而……"

（7）乃出豹而闭之。(襄23) 3.1075

（8）杀囚,衣之王服,而流诸汉,乃取而葬之,以靖国人。(昭13) 4.1348

"始……而……"

（9）晋侯始入而教其民,二年,欲用之。(僖27) 1.447

"既……而……"

（10）既合而来奔。(宣2) 2.653

（11）既谋而行,武城黑谓子常曰：……(定4) 4.1543

"故……而……"

（12）陈厉公，蔡出也，故蔡人杀五父而立之。（庄22）1.222

（13）赵婴子使其徒先具舟于河，故败而先济。（宣12）2.737

"而……又……"

（14）潞子婴儿之夫人，晋景公之姊也。酆舒为政而杀之，又伤潞子之目。（宣15）2.762

"而……且……"

（15）子金教之言曰："朝国人而以君命赏，且告之曰：'孤虽归，辱社稷矣，其卜贰圉也。'"（僖15）1.360

"遂……而……"

（16）十九年春，遂城而居之。（僖19）1.381

"而遂……"

（17）四月，晏弱城东阳，而遂围莱。（襄6）3.947

（二）A 表动作行为进行时的状态、方式、时间等。在这类〔A 而 B〕中，A 和 B 的字数除少数外，大多不对等。共 342 例。

㈠A 表示动作行为进行时的状态或方式。共 322 例。其中少数（约20%）〔A 而 B〕中的 A、B 字数对等。

（1）夫人见其色，啼而走。（定14）4.1597

（2）将及楚师，而后从之乘，皆踊转而鼓琴。（襄24）3.1092

多数（约60%）〔A 而 B〕是 A 的字数多于 B。如：

（3）公怒曰："彭生敢见！"射之，豕人立而啼。（庄8）1.175

（4）郑人俘酅魁垒，赂之以知政，闭其口而死。（哀27）4.1736

（5）（申包胥）立，依于庭墙而哭。（定4）4.1548

（6）左并辔右援枹而鼓。（成2）2.792

（7）越子为左右句卒，使夜或左或右鼓譟而进；吴师分以御之。（哀17）4.1707

还有少数（约20%）〔A 而 B〕是 B 的字数多于 A。如：

（8）左师闻之，聒而与之语。（襄26）3.118

（9）辛有适伊川，见被发而祭于野者。（僖22）1.393

（二）A 表示动作行为进行的时间。A 虽为动词或动词短语，却表示 B 的时间。共 16 例。如：

（1）祭之，之明日而亡。（成5）2.822

（2）荀偃令曰："鸡鸣而驾，塞井夷灶，唯余马首是瞻。"（襄14）3.1009

（三）B 表 A 的结果。共 318 例。

（1）舜有大功二十而为天子。（文18）2.642

（2）恃陋而不备，罪之大者也。（成9）2.845

（3）出谷戍，释宋围，一战而霸，文之教也。（僖27）1.447

常用〔A 而不（弗）B〕表示未得到某种结果。如：

（4）范宣子假羽毛于齐而弗归，齐人始贰。（襄14）3.1019

（5）或求名而不得，或欲盖而名章。（昭31）4.1512

值得注意的是，这种表动作及其结果的〔A 而 B〕式孕育着动补式。如：

（6）郤至奉豕，寺人孟张夺之，郤至射而杀之。（成17）4.901

此例在《史记·晋世家》中就变为："郤至杀豕奉进，宦官夺之。郤至射杀宦者。"（5.1680）在《左传》里，〔动·补〕和〔A 而 B〕两种表结果的句式虽都出现，但前者很少而后者颇多，发展到汉以后，〔动·补〕式就大大增多了。[②]

（四）B 表 A 的目的。共 40 例。

这类〔A 而 B〕的特点是句中有"欲"、"将"等助动词或有"使"、"请"、"求"、"诱"、"图"等动词，表示一定的主观意图。如：

（1）公摄位而欲求好于邾，故为蔑之盟。（隐1）1.10

（2）壬辰，将享季氏于蒲圃而杀之。（定8）4.1568

（3）既，夫人将使公田孟诸而杀之。（文16）2.621

（4）雍氏宗，有宠于宋庄公，故诱祭仲而执之曰："不立突，将死。"亦执厉公而求赂焉。（桓11）1.132

此例中的前一个"而"所连接的"诱祭仲"表示"执之"的方法，"执之"表示"诱"的结果；后一个"而"所连接的"求赂"则表示"执厉公"的目的。

有时形成〔A 而 B_1 而 B_2〕句式，B_1 表示第一目的，B_2 表示第二目的。如：

（5）郑良霄、大宰石㚟犹在楚，石㚟言于子囊曰："……今楚实不竞，行人何罪？……使归而废其使，怨其君以疾其大夫，而相牵引也，不犹愈乎？"楚人归之。（襄14）3.1003

第一个"而"后的"废其使，怨其君以疾其大夫"表示第一目的。第二个"而"后的"相牵引也"表示第二目的。

1.1.2 〔A·而（表示并列）·B〕共 594 例。

并列有两种：一是 A 与 B 在意义上互相转折；一是 A 与 B 在意义上互相配合。

（一）A、B 的意义互相转折。共 311 例。

"而"有"但"、"反"、"却"等含义，从上下文不难辨别。这类格式在形式上的主要特点是 A 或 B 中有否定词前后正反相对；或者是 A 和 B 中有互成反义的词语。

㈠〔A 而·不（无、弗、勿、未）B〕

这类格式中的 B 带有否定副词"不"、"弗"、"未"、"勿"等，或有表否定的动词"无"。

〔A·而·不 B〕这类例子出现最多。如：

（1）过而不悛，亡之本也。（襄7）3.953

（2）子其不得死乎！好善而不能择人。（襄29）3.1161

（3）狄人间宋之盟以侵晋而不设备。秋，晋人败狄于交刚。（成12）2.856

〔A·而·无B〕这类例句的A中,动词常为"有",以与"无"对照。如:

（4）取国有五难:有宠而无人,一也;有人而无主,二也;有主而无谋,三也;有谋而无民,四也;有民而无德,五也。(昭13)4.1351

〔A·而·弗B〕

（5）季氏甚得其民,淮夷与之,有十年之备,有刘、楚之援,有天之赞,有民之助,有坚守之心,有列国之权,而弗敢宣也,事君如在国。(昭4)4.1487

此例的A甚长,除去头上的两个分句"季氏甚得其民"、"淮夷与之",共有六个并列的由"有"组成的动宾结构。

〔A·而·勿B〕

（6）潘崇曰:"享江芈而勿敬也。"(文1)2.514

〔A·而·未B〕

（7）日过分而未至,三辰有灾。(昭17)4.1384

㈡〔不(未、无、弗、勿、匪)A·而B〕

这类句式的A中带有否定副词"不"、"未"、"弗"、"勿"、"匪"或表否定的动词"无"。

其中以〔不A·而B〕出现最多。

（1）秦不哀吾丧而伐吾同姓,秦则无礼,何施之为?(僖33)1.497

（2）臣不心竞而力争,不务德而争善,私欲已侈,能无卑乎!(襄26)3.1111

意谓不在心里竞争为忠而用强力来争夺,不致力于德行而争执各自是非。

（3）民不见德而唯戮是闻,其何后之有?(僖33)1.403

〔未A·而B〕

（4）人之爱人,求利之也;今吾子爱人则以政,犹未能操刀而

使割也,其伤实多。(襄31)3.1192

（5）且年未盈五十而谆谆焉如八九十者,弗能久矣。(襄31)3.1183

〔无A·而·B〕

（6）无功而受名,臣不敢。(成2)2.807

〔弗A·而B〕

（7）夫弗及而忧,与可忧而乐,与忧而弗害,皆取忧之道也,忧必及之。(昭1)4.1204

〔勿A·而·B〕

（8）齐侯欲勿许而难为不协,乃盟于耏外。(襄3)3.926

〔匪A·而·B〕

（9）上天降灾,使我两君匪以玉帛相见,而以兴戎。(僖15)1.358

（三）A或B中常有互成反义的词形成对照,在意义上互相逆转。如：

（1）人谁无过？过而能改,善莫大焉。(宣2)2.657

（2）得一夫而失一国,与恶而弃好,非谋也。(庄12)1.192

（3）夫以信召人而以僭济之,必莫之与也。(襄27)3.1132

（4）舍大臣而与小臣谋,一罪也。(襄14)3.1013

（二）A、B的意义相互配合。共283例。

A与B互相配合呼应,意义连贯而不逆转。如：

（1）越十年生聚而十年教训。(哀1)4.1606

值得注意的是,这类句式中,"而"前后字数相同者较多。从字数分配和结构上看,大致有以下几种情况：

〔A而B〕共为三字。A、B各为一个单音节动词。如：

（2）信以行义,义以成命,小国所望而怀也。(成8)2.837

（3）是夜也,赵简子梦童子嬴而转以歌。(昭31)4.1513

"嬴而转"表示童子"歌"时的状态。

〔A而B〕共为四字。如：

（4）君有君之威仪，其臣畏而爱之，则而象之，故能有其国家，令闻长世。（襄31）3.1194

（5）君令而不违，臣共而不贰。（昭26）4.1480

〔A而B〕共为五字。这种句式比较多见。因A与B大多均为二字。A与B大多为动宾结构。如：

（6）吾见申叔，夫子所谓生死而肉骨也。（襄22）3.1070

（7）吴将亡矣，弃天而背本。（哀7）4.1641

有时A与B一为动宾，一为偏正。如：

（8）好学而不贰。（昭13）4.1352

有时A只有一字，B有三字。如：

（9）从而不失仪，敬而不失威。（昭5）4.1267

〔A而B〕共为六字。这类用法较少。如：

（10）君其忍之！安民而宥宗卿，不亦可乎！（成14）2.869

（11）晋楚不务备而务争，与其来者可也。（宣11）2.711

〔A而B〕共为七字。这类用法较多，因"而"前后大多均为三字。如：

（12）臣亟闻其言矣，说礼乐而敦《诗》、《书》。（僖27）1.445

（13）乐伯左射马而右射人，角不能进。（宣12）2.735

（14）有死命而无二心，不亦可乎？（昭15）4.1371

〔A而B〕共为八字。例较少见。如：

（15）宋元公无信多私而恶华、向。（昭20）4.1409

（16）譬于禽兽，臣食其肉而寝处其皮矣。（襄20）3.1603

〔A而B〕共为九字。例较多，因A、B大多各为四字。有时A、B都为主谓式，有时为动宾或动补等。

（17）是以上下有礼而谗慝黜远。（襄13）3.1000

（18）今楚内弃其民而外绝其好，渎齐盟而食话言，好时以动

而疲民以逞。(成16)2.881

(19)吾闻抚民者,节用于内而树德于外。(昭19)4.1405

〔A而B〕为十字以上。如:

(20)楚子杀斗成然而灭养氏之族。(昭14)4.1366

(21)共俭以行礼而慈惠以布政。(成12)2.858

(22)休公徒之怒而启叔孙氏之心。(昭27)4.1486

总的来看,〔A而B〕的五、七、九字式出现较多,因为"而"前后的A、B字数大多相等,结构相称,文字精练,音节铿锵;读起来朗朗上口,汉语的对称美和节奏感都得到充分体现。这一特点在"而"的其他例句中带有共同性。其中五字句和七字句比九字句更为常见。

1.1.3 〔A$_也$·而·B〕与〔A$_矣$·而·B〕共32例。

A后有语气词"也"或"矣",例虽不多,却值得注意。它表示"而"作为连词与A、B的连接程度不是相等的,它与A连接较松,主要是把B跟A连接起来。因此在A和"而"之间可以断开,还可以加语气词"也"和"矣"。同时,这也是"而"跟连词"以"的重要区别之一,"以"与A之间没有见到"也"、"矣"的出现。

(一)〔A$_也$·而·B〕共21例。

A与B在意义上互相逆转。如:

(1)二三子莫之如也,而在其上;不亦难乎?(昭15)4.1396

(2)母弟辰曰:"子分室以与猎也,而独卑魋;亦有颇焉。"(定10)4.1582

A与B在意义上互相顺承。如:

(3)师及齐师战于炊鼻,齐子渊捷从泄声子,……声子射其马,斩鞅,殪。改驾。人以为鬷戾也而助之。(昭26)4.1472

(二)〔A$_矣$·而·B〕共11例。

A、B大多互相逆转,"矣"在加重叙述语气的同时还有感叹语气,

带有感情色彩,使A、B间的转折更为明显。如:

(1)相三君矣,而无私积;可不谓忠乎?(襄5)3.944

(2)君淹恤在外十二年矣,而无忧色,亦无宽言;犹夫人也。(襄26)3.1112

1.2 〔形(A)·而形(B)〕或〔形(A)而动(B)〕、〔动(A)·而·形(B)〕共149例。

"而"连接的A、B都是形容词,或其中之一是形容词。

1.2.1 〔形(A)·而·形(B)〕共69例。

〔形·而·形〕都为并列关系,以三字句和四字句最多。

(一)三字句,"而"前后都是单音节形容词。A与B大都是在意义上互相配合呼应的,大多是对主语形象或性质的描绘。如:

(1)宋华父督见孔父之妻于路,目逆而送之,曰:"美而艳。"(桓1)1.83

(2)父慈而教[3],妻柔而正,姑慈而从,妇听而婉,礼之善物也。(昭26)4.1480

少数A、B互相转折,从正反两方面去描绘主语。如:

(3)生佐,恶而婉。(襄26)3.1118

(4)吴王勇而轻。(襄25)3.1108

(二)四字句

常见的有〔A·而·不B〕式,有时为〔不A·而·B〕式。如:

(1)富而不骄者鲜,吾唯子之见。(定13)4.1592

(2)不义而强,其毙必速。(昭1)4.1208

有时A、B中不出现"不"。如:

(3)子大叔美秀而文。(襄31)3.1191

(三)五字以上

(1)神,聪明正直而壹者也。(庄32)1.252

（2）以随之辟小而密迩于楚，楚实存之。（定4）4.1547

1.2.2 〔形（A）·而·动（B）〕或〔动（A）·而·形（B）〕共80例。

（一）〔形（A）·而·动（B）〕

在并列式中，"动（B）"常具有与"形（A）"同样的功能，即对主语的特征进行描绘。如：

（1）官之奇之为人也，懦而不能强谏。（僖2）1.282

（2）秦师轻而无礼，必败。（僖33）1.494

（3）生叔虎，美而有勇力。（襄21）3.1061

在非并列式中，有时A表原因，B表结果。如：

（4）我则不德而徼怨于楚，我曲楚直，不可谓老。（宣12）2.731

有时A表示B进行时的状态。如：

（5）壬申，至于貍脤而占之曰："余恐死，故不敢占也。今众繁而从余三年矣，无伤也。"（成17）2.899

（二）〔动（A）·而·形（B）〕"B"的字数常多于A，当〔A而B〕共为四字时，B常为"不·形"。

A、B并列，共同说明主语的特征。如：

（1）辩而不德，必加于戮。（襄29）3.1166

（2）言之无文，行而不远。（襄25）3.1106

（3）古人有言曰："死而不朽"，何谓也？（襄24）3.1087

（三）在〔形·而·动〕〔动·而·形〕中，A与B常并列使用；同时这种并列的〔形·而·动〕与〔动·而·形〕又常和〔形·而·形〕并列使用。如：

为之歌《颂》，曰："至矣哉！直而不倨，曲而不屈，迩而不偪，远而不携，迁而不淫，复而不厌，哀而不愁，乐而不荒，用而不匮，广而不宣，施而不费，取而不贪，处而不底，行而不流。"（襄29）3.1164

从中可以看出，在古汉语中，动词和形容词可具有同等作用，比如在形和动的并列式中,动词就跟形容词的作用相当。还有一点值得注意的是,无论〔形而动〕或〔动而形〕都具有和〔形而形〕共同的特点,即都是用作对主语的描述或说明,它们所在的主语是主题主语而不是施事或受事主语。

1.3 〔名·而·动〕共171例。

"而"的前面为名词,后面为动词。有以下几种情况:

1.3.1 〔名(主语)·而·动〕共99例。

(一)名为施事主语。94例。

㊀ "而"在主谓之间配合文义加强顺承的语气,并对主语起强调作用。如:

(1)天而既厌周德矣,吾其能与许争乎?(隐11)1.75

(2)诸侯方睦于晋,臣请尝之。若可,君而继之。不可,收师而退,可以无害。(襄18)3.1041

(3)大夫为政,犹以众克,况明君而善用其众乎?(成2)2.809

㊁ "而"配合文义表示假设之意。

这类〔主·而·谓〕常出现在从句中,后面的分句常以反问的形式表示结果。如:

(1)我有子弟,子产诲之。我有田畴,子产殖之。子产而死,谁其嗣之?(襄30)3.1182

(2)且先君而有知也,毋宁夫人,而焉用老臣?(襄29)3.1160

意谓先君如果有知的话,宁使夫人自为之,何必用我老臣?

以上例中"而"表示假设之意,从上下文都不难辨别。有时复句中有两个表假设的从句,前面一个往往用连词"若",后面一个则用〔主·而·谓〕式。如:

(3)若属有谗人交斗其间,鬼神而助之,以兴其凶怒,悔之何及?(昭16)4.1378

（4）后世若少惰，陈氏而不亡，则国其国也已。（昭26）4.1480

此例意谓，您的后代如果稍稍怠惰，陈氏又如果不灭亡，那么国家就会变成他陈氏的国家了。

〔三〕"而"配合文义表示转折之意。

这类〔主·而·谓〕都出现在主从复句的从句中，其主语着重在表示施事的身份或职务，其谓语则刻意表示主语所作的与自己身份或职务不相称的行为。这类句式一般都可以理解为"作为A，却如何如何"。后面的主句常常是表示反问、感叹或判断，都是针对从句的内容而发，表示不以为然或判断其后果不佳。

这类〔主·而·谓〕中主语的特点是，它们大都是足以表现施事者身份的普通名词；而且在谓语之中常有与主语形成对照的词语，使转折之意更加突出。如：

（1）国君而雠匹夫，惧者甚众矣。（僖24）1.416

（2）此行也，晋师必败。且君而逃臣，若社稷何？（宣12）2.730

此两例的主语"国君"、"君"分别与谓语中的宾语"匹夫"、"臣"相对照，使转折之意更加明显。

（3）陷君于败，败而不死，又使失刑，非人臣也。臣而不臣，行将焉入？（僖15）1.367

此例用〔A·而·不A〕的句式使主语和谓语正反相照。名词A前加副词"不"，A活用作动词。

以上诸例的主语A都有"作为A"之意，可与下面的句式相比较：

（4）孙子必亡，为臣而君，过而不悛，亡之本也。（襄7）3.953

（5）为盟主而犯此二者，无乃不可乎？（昭5）4.1270

例中用"为臣"、"为盟主"等动词短语来突出主语的身份（两句的主语都承上省略了），"为臣"、"为盟主"即"作为臣属"、"作为盟主"之意。这类例句的作用与〔主·而·谓〕式有共同之处。可以参照着来理解这类〔主·而·谓〕式的含义。

这类〔主而谓〕中的主语还有一个特点,即它们常由偏正短语充当;短语中的定语使主语的身份和特征更为具体,从而使主谓之间的转折关系更加明显。如:

(6) 辟邪之人而皆及执政,是先王无刑罚也。(昭 16) 4.1378

"辟邪"表示"人"的特征,意谓奸邪不正的人反而都来过问执政的事。主语"辟邪之人"与谓语"执政"形成鲜明对照。

(7) 家臣而欲张公室,罪莫大焉。(昭 14) 4.1364

"家臣"与"张公室"形成鲜明对照。

(8) 晋侯使吕相绝秦,曰:"……文公躬擐甲胄,跋履山川,逾越险阻,征东之诸侯。虞、夏、商、周之胤而朝诸秦,则亦既报旧德矣。"(成 13) 2.862

这例的主语结构中由专有名词"虞"、"夏"、"商"、"周"作"胤"的定语,使主语的身份更加明确、主谓之间的转折关系更加清楚。意谓(作为)虞、夏、商、周的后代,而文公却使他们来向秦国朝见,也就已经报答了过去的恩德了。

有时为了使主语的身份更加明确,主语还有名词谓语来加强。如:

(9) 子,晋大子而辱于秦;子之欲归,不亦宜乎?(僖22) 1.394

"晋大子"为主语"子"的名词谓语,它与动词谓语"辱于秦"并列,相互转折,来说明主语。

(10) 吾,一妇人而事二夫,纵弗能死,其又奚言?(庄14) 1.199

"一妇人"为"吾"的名词谓语,与动词谓语"事二夫"相对照。

像以上例中的"晋大子"、"一妇人",是否可视为主语的同位语呢? 同位语的作用是与主语并列,而这些成分却是与动词谓语并列,共同去说明主语。试与下面的例子比较,就可看得更清楚:

(11) 夫子华,既为大子而求介于大国,以弱其国,亦必不免。(僖 7) 1.319

"晋大子"、"一妇人"等成分的实际作用与"既为大子"相当,都是用来说明主语的身份的,只不过前二者是名词谓语,"既为大子"是动词谓语的形式而已。因此把"晋大子"等视为谓语的一部分似更符合实际。

如果在这些名词谓语后加"也",就成了下面这样的句式:

(12)杞,夏余也,而即东夷;鲁,周公之后也,而睦于晋。(襄29)3.1160

通过以上几种句式的比较,可以看到它们在意义上的内在联系,同时也更能认识"晋大子"、"一妇人"这类成分在句中作为谓语的性质。

(二)〔名(主语)·而·谓〕中的主语为受事。仅5例。如:

(1)若上之所为而民亦为之,乃其所也,又可禁乎?(襄21)3.1057

"上之所为"为动词"为"的受事,作该句的主语。

(2)天地之经而民实则之。(昭25)4.1457

1.3.2 〔名(时间词语)·而·谓〕共71例。

前面表示时间的状语由"而"与后面的动词谓语连接。大致情况如下:

(一)表示对过去或现在的时间的泛指。常用"古"、"今"等词。如:

(1)饮酒乐。公曰:"古而无死,其乐若何?"晏子对曰:"古而无死,则古之乐也,君何得焉?"(昭20)4.1420

此例中的"而"从上下文看,除表连接外,似还有假设之意。

(2)吴,周之胄裔也,而弃在海滨,不与姬通,今而始大,比于诸华。(昭30)4.1508

(二)表示延续的时间。如:

(1)子产曰:"政如农功,日夜思之,思其始而成其终。朝夕而行之,行无越思,如农之有畔,其过鲜矣。"(襄25)3.1108

让我们比较此例中的"日夜思之"与"朝夕而行之","日夜"与

"思之"之间无"而"连接,可见这个"而"并非语法结构上的必需。但有了它,如"朝夕而行之",在语感上不仅不使人感到时间和动作行为割裂,反而感到时间词与动作行为紧相连接。同时在时间词后加了一个音节,朗读时对时间词似乎也加重了语气。

(2)晋人获秦谍,杀诸绛市,六日而苏。(宣8)2.696

(三)表示动作发生的时间。

(1)凡马,日中而出,日中而入。(庄29)1.244

(2)齐侯使连称、管至父戍葵丘,瓜时而往。(庄8)1.174

1.3.3 〔名(表距离的词)·而·谓〕1例。

楚子围蔡,报柏举也。里而栽,广丈,高倍。(哀1)4.1604

1.3.4 〔名(表衣物的词)·而·谓〕1例。

晋侯观于军府,见钟仪。问之曰:"南冠而絷者,谁也?"(成9)2.844

"南冠"表示状态,意即戴着南冠。

1.4 〔数词·而·动〕数词表示次数或序数。共3例。

(1)夫战,勇气也。一鼓作气,再而衰,三而竭。彼竭我盈,故克之。(庄10)1.183

"再"常用作副词,在这里用来表示序数,与上下文的"一"、"三"对应,表示第二遍击鼓。

(2)郑人囚而献诸楚,楚子厚赂之,使反其言,不许,三而许之。(宣15)2.759

"三"表示次数。

1.5 〔介宾(也)·而·动〕与〔动·而·介宾〕共50例。有以下几种情况:

1.5.1 〔及·b而D〕(b代表介词的宾语,D代表谓语动词)共17例。

"而"前的"及·宾"大多引进处所或时间。

（1）师遂济泾，及侯丽而还。（成13）2.866
（2）晋师三日馆、谷，及癸酉而还。（僖28）1.462

"及·宾"引进有关的人物时，未见用"而"连接。如：

（3）公及邾仪父盟于蔑。（隐1）1.7
（4）师及齐师战于郊。（哀11）4.1659

1.5.2 〔因·b而D〕共8例。

"因·b"表示动作行为凭借的条件。如：

（1）公子铎因蒲馀侯而与之谋。（昭14）1366

"因·b"后若用连词"以"与D连接，D大多表目的；如用"而"连接时，D大多表结果。如：

（2）其必因郑而归王子与襄老之尸以求之。（成2）2.804

此例中"而D"表示"因郑"的直接结果，"以D"表示目的。如果说这两者都可表目的，在用法上也有区别，"而D"是第一层目的，"以D"才是最终的目的。

"而"在"因·b"与"D"之间还可表示转折。如：

（3）因人之力而敝之，不仁。（僖30）1.482

"因·A"后带语气词"也"：

（4）因其兇也而攻之。（僖28）1.453

这两种用法也是连词"以"所没有的。看来"因·B"与D之间虽然连词"以"出现比"而"多，但"而"的用法却比"以"灵活多样。

1.5.3 〔以b·而D〕共4例。

（1）伯有之乱，以大国之事而未尔讨也。（昭2）4.1230

此例的"以b"表原因，D表结果，"而"配合文义起顺接的作用。

（2）晋侯享公，公请属鄫。晋侯不许。孟献子曰："以寡君之密迩于仇雠，而愿固事君，无失官命。"（襄4）3.935

此例的"以b"引进条件，D表态度，"而"配合文义起转折作用。

意谓尽管寡君紧挨着仇敌,但还是愿意坚决事奉君王。

1.5.4 〔自b·而D〕1 例。

"自b"与D之间绝大多数都无连词连接,仅1例有"而":

郤克伤于矢,流血及屦,未绝鼓音,曰:"余病矣!"张侯曰:"自始合,而矢贯余手及肘,余折以御。左轮朱殷,岂敢言病?吾子忍之!"(成2)2.792

从上下文看出,"而"在这里把"自始合"和"矢贯余手及肘"紧密地连在一起,使说话的气势更加连贯,强调从战事一开始我就受了伤。

1.5.5 〔当b·而·D〕共5例。

"当"作介词时,大都有"而"与D连接。如:

(1)当璧而拜者,神所立也。(昭13)4.1350

(2)不可以当吾世而失诸侯,必伐郑。(成16)2.880

上例"当璧"表示"拜"的对象和方向,"正对着璧而拜","而"表顺承。下例"当吾世"表示时间,揣摩其上下文,"而"有转折义,即谓不可以当我们这一辈执政的时候却失去了诸侯。

1.5.6 〔从b·而D〕共7例。

"从b"与D之间大都不用连词,但有少数用"而"或"以"。用"以"时,B多表目的。如:

(1)二子皆图国者也,而欲纳鲁君,鞅之愿也,请从二子以围鲁。无成,死之。(昭27)4.1487

用"而"时,B多表结果。如:

(2)子,晋大子,而辱于秦。子之欲归,不亦宜乎?寡君之使婢子侍执巾栉,以固子也。从子而归,弃君命也。不敢从,亦不敢言。(僖22)1.394

1.5.7 〔循b·而D〕共3例。

循海而归。(僖4)1.293

介词"循"的三例,都由"而"与B连接。

1.5.8 〔夹b·而D〕共3例。

与楚师夹颍而军。(襄10)3.982

介词"夹"共5例,有1例由"以"连接,另1例不用连词。

1.5.9 〔代b而D〕仅1例。

良夫代执火者而言。(哀17)4.1705

1.5.10 〔动(,)而·介宾〕仅1例。

今令尹不寻诸仇雠,而于未亡人之侧,不亦异乎!(庄28)1.241

按上下文义可以看出,"而"后承上省略了"寻(之)"。上文的"寻诸"相当"寻之于"。

1.6 〔名(A)而·名(B)〕与〔动·而·名〕。

1.6.1 〔名(A)·而·名(B)〕"而"在名词(或其短语)之间。《左传》共出现13例,仅占连词"而"总数的0.04%,但用法很生动。"而"前后的字数常对等。

(一)A、B为意义互相配合的并列关系。如:

(1)夫君,神之主而民之望也。(襄14)3.1016

〔A而B〕常用于表示人物的相貌或声态。如:

(2)且是人也,蜂目而豺声,忍人也。(文1)2.514

(3)是子也,熊虎之状而豺狼之声。(宣4)2.679

有时A、B后都有"也",以加重语气。如:

(4)知罃之父,成公之嬖也而中行伯之季弟也,新佐中军而善郑皇戌,甚爱此子。(成2)2.804

(二)A、B为意义相转折的并列关系。如:

白狄及君同州,君之仇雠而我之昏姻也。(成13)2.864

1.6.2 〔动·而·名〕仅1例。

帅师者,受命于庙,受脤于社,有常服矣。不获而尨,命可知

也。(闵2)1.271

"不获而龙",意谓"现在得不到(规定的常服)却(得到)杂色的衣服"。

1.7 〔(非)名(代)·而·疑问代词(谁、何)〕共5例。

"而"在名词(或代词)与疑问代词之间,形成一种固定的表示选择的问句:〔非·名(或代)·而·谁(何)〕。

1.7.1 〔非·名(或代)·而·谁〕共3例。

(1)主晋祀者,非君而谁?(僖24)1.418

(2)楚国,第我死,令尹、司马,非胜而谁?(僖24)1.701

(3)子为正卿,亡不越竟,反不讨贼,非子而谁?(宣12)2.663

当这种固定句式中的疑问代词为"谁"时,"而"前的"名"(或代)指的大都是人,如上例;当其中的疑问代词为"何"时,前面的"名"指的大多是事或物,见下文。

1.7.2 〔非名·而·何〕共2例。

(1)王曰:"叔氏,而忘诸乎!叔父唐叔,成王之母弟也,其反无分乎?……文公受之,以有南阳之田,抚征东夏,非分而何?"(昭15)4.1372

"分",在这里指分得的赏赐。

(2)国胜君亡,非祸而何?(哀1)4.1607

在以上两种〔非甲而乙〕的选择问句中,说话人的倾向性很明显在"甲"。这种句式语义明确、生动有力,一直流传至今,如:"不是你又是谁?""侵略者的下场,不是失败又是什么?"

1.8 〔疑问词语·而·动〕与〔动·而·疑问词语〕共9例。

1.8.1 〔疑问词语·而·动〕共8例。

这类句式中的疑问词语往往是表示疑问的固定词组,"若何"、"若之何"等。如:

（1）秦人欲战，秦伯谓士会曰："若何而战？"（文12）2.590

（2）公曰："若之何而去之？"（闵1）1.257

有时疑问词语为疑问词"几"与其他词组成。如：

（3）子荡射子罕之门曰："几日而不我从？"（襄6）3.947

（4）几千人而国不亡？（昭10）4.1319

"而"在这些句子中对状语和谓语既有区别作用又对状语有强调作用。

1.8.2 〔动·而·疑问词语〕仅1例。

牛谓叔孙："见仲而何？"（昭4）4.1258

意谓："使仲壬见（昭公），怎么样？"

2."而"在复句中的特点和作用

"而"在复句中的特点有二：一是标志分句主语的转换，二是配合文义表示分句之间的关系。

2.1 "而"标志分句主语的转换。

2.1.1 当"而"在复句中连接分句时，后一分句的主语常紧接在"而"后。如：

（1）今吴不如过，而越大于少康。（哀1）4.1606

（2）天实置之，而二三子以为己力，不亦诬乎？（僖24）1.418

2.1.2 如果后面的分句因为无主语而不易辨认时，"而"就是辨认分句的一个重要标志，隐含的主语位置就在"而"后。也就是说，如果"而"后隐含着另一个主语，则是复句；如果"而"前后动词同一主语则是单句。《左传》中"而"所在复句共418例，其中"而"后分句隐含主语的复句共285例，"而"后分句有主语的复句共133例，可见"而"常标志着复句中主语的转换，而且"而"后主语常隐含；因此在阅读古文时要引起注意。"而"后隐含主语的例句比较多,可能是因为这类复句中两个分句的主语常为互相对待的双方,在一定的语境中,有了前一个主语,就能知道另一个。因而这类复句常省后一个主语,甚或两个都省,只留下谓语以表达最主要的意思,使语言简练而紧凑。

"而"后面的分句隐含主语。如:

(1)宋为乘丘之役故,侵我。公禦之。宋师未陈而( )薄之,败诸鄑。(庄11)1.186

"而"后隐含主语"公"。

(2)人夺女妻而( )不怒,一抶女,庸何伤?(文18)2.630

"而"后隐含主语"女"。

(3)臣偪而( )不讨,不可谓刑。(成17)2.903

"而"后的主语虽未见于上文,但一看自明,应为"君"。

"而"前后分句都无主语的例子。如:

(4)王曰:"而敢来,何也?"对曰:"( )使而( )失命,( )召而( )不来,是再奸也。"(昭20)4.1408

从上下文可以看出,上例两个复句中"而"前面分句主语均为"王",后面分句主语都是"臣"。

2.2 "而"配合文义表示分句之间的各种关系。

"而"在复句中配合文义表示的分句之间的关系概括来说不外顺承、并列、转折等。最要注意的是,复句中的"而",其前后分句的主语无论出现与否,都是不同的。

2.2.1 "而"在连接分句时表示顺承之意。

有时"而"前面分句表原因,后面分句表结果。如:

(1)崔成有疾而废之,而立明。(襄27)3.1137

此例中,"崔成有疾而废之"与"而立明"互为因果,"崔成有疾"与"废之"又互为因果。

有时"而"前表示条件或状态。如:

(2)战于繻葛,命二拒曰:"旝动而鼓。"(桓5)1.106

(3)楚子伏甲而飨蔡侯于申,醉而执之。(昭11)4.1323

有时"而"后的分句表示更进一层。如:

(4)继文之业而信宣于诸侯,今为可矣。(僖25)1.431

有时"而"后面的分句表示状态。如:

(5)周子有兄而无慧,不能辨菽麦,故不可立。(成18)2.907

(6)君使子展廷劳于东门之外,而傲。(襄28)3.1142

这类表状态的分句,其暗含的主语往往是前面分句中的宾语。如上例"无慧"是对"兄"的描绘,而"兄"是"有"的宾语;下例"傲"是对子展的描绘,子展是"使"的宾语。

2.2.2 "而"在连接分句时表示并列或转折之意。

"而"前后分句互相并列而意义相互配合。如:

(1)币重而言甘,诱我也。(僖10)1.336

前后分句互相并列而意义相互转折。如:

(2)公聚朽蠹而三老冻馁。(昭3)4.1235

(3)将盟,齐人加于载书曰:"齐师出竟而不以甲车三百乘从我者,有如此盟!"(定10)4.1578

此例意谓:"齐军出境如果(鲁国)不派三百辆甲车跟随我们,有盟誓为证!"

2.2.3 "而"用在选择问句中作选择连词。仅1例:

毋宁使人谓子"子实生我"而谓"子浚我以生"乎?(襄24)3.1090

意谓:"您是宁可让人对您说'您确实养活了我',还是说'您榨取我来养活自己'呢?"

我们在上面介绍了"而"在复句中的两个主要特点,即它标志着分句主语的转换;它配合文义表示分句之间的各种关系。

2.3 "而"与"矣"、"乎"、"也"、"焉"。

下面要谈的是"而"与语气词"矣"、"乎"、"也"以及与兼词"焉"的配合。

2.3.1 〔A 矣,而 B〕

（1）楚子使医视之,复曰："瘠则甚矣,而血气未动。"（襄21）3.1058

（2）姜族弱矣,而妫将始昌。（昭4）4.1244

2.3.2 〔A 乎,而 B〕

栾氏所得,其唯魏氏乎,而可强取也。（襄23）3.1075

2.3.3 〔A 也,而 B〕此例的 A 为动词谓语。

夏六月庚申,(楚子)卒。䵣拳葬诸夕室,亦自杀也,而葬于绖皇。（庄19）1.211

2.3.4 〔A 焉(,)而 B〕"焉"作为兼词,表示"于之"之意,绝大多数用于句末。出现在"而"前极少见,"焉"（于之）的存在,表示了动作所及的对象,从而也加强了"而"转折的气势。仅3例：

（1）陈不服于楚,必亡。大国行礼焉,而不服；在大犹有咎,而况小乎?（襄4）3.932

（2）上所不为而民或为之,是以加刑罚焉,而莫敢不惩。（襄21）3.1057

（3）此谚所谓"庇焉而纵寻斧焉"者也,必不可。（文7）2.557

在以上例句中,2.3.1 数例的"而"都表示转折,前面分句的语气词在加强 A 的语气的同时,使"而"的转折显得更有力量。2.3.2 的语气词"乎"和 2.3.3 的语气词"也"配合上下文都有加强语气的作用。

3. "而"的复音词组

用于 A、B 前后两项之间,表示顺承或转折等关系。

3.1 表示 A、B 前后两项互相顺承的词组。

3.1.1 〔A 而后 B〕共 106 例。

（一）表示 B 发生的时间在 A 之后。如：

(1)息民五年而后用师,礼也。(昭 14)4.1365

(2)闻其杀齐管修也而后入。(哀 16)4.1703

（二）"而后"表示两事的顺序有先后。如：

侨闻学而后入政,未闻以政学者也。(襄 31)3.1193

（三）A 表示 B 的条件。"而后"有"才"意。如：

夫民,让事、乐和、爱亲、哀丧,而后可用也。(庄 27)1.236

（四）A 表示 B 的原因，B 表示结果。

不十年侈,其恶不远。远恶而后弃;善亦如之,德远而后兴。(昭 4)4.1252

3.1.2 "而又"共 9 例。

"而又"表示在 A 之上又加上 B。如：

(1)过而不改,而又久之,……何利之有焉?(宣 17)2.773

A 与 B 在意义上互相并列。如：

(2)民无内忧而又无外惧,国焉用城?(昭 23)4.1448

注意有时"又"表示动作行为的重复。如：

(3)吴师败楚师于雍澨,秦师又败吴师。吴师居麇,子期将焚之……,焚之,而又战,吴师败。(定 5)4.1552

此例中的"又"表示"战"的重复,与上面几例的"又"不同。上面"而又"是词组,这里"而"把"焚之"和"又战"连接起来。而/又≠而又。

3.1.3 "而亦"共 4 例。

"而亦"与"而又"的第一项用法相近,表示在 A 之上又加一层之意。如：

不畏寇盗,而亦不患燥湿。(襄 31)3.1188

3.1.4 "而遂"共 6 例。

"而遂"表示 A 与 B 的连续,有"(接着)就"一类意思。如:

郑伯因栎人杀檀伯,而遂居栎。(桓 15)1.144

3.1.5 "而况"共 17 例。

"而况"常表示 B 比 A 更甚,用反问的形式出现,有"更何况"之意。如:

(1)臣之罪甚多矣,臣犹知之,而况君乎?(僖 24)1.412

(2)吾子孙其覆亡之不暇,而况能禋祀许乎?(隐 11)1.75

3.1.6 "既而"共 36 例。

"既而"表示 A 与 B 有时间上的先后关系或内在的联系。如:

(1)……既而大叔命西鄙、北鄙贰于己。(隐 1)1.12

(2)子晳怒,既而橐甲以见子南,欲杀之而取其妻。(昭 1)4.1212

上例"既而"用在语段之中,表示前后两事之间的连接。下例"既而"表示前后动作在时间上的连接。

3.1.7 "今而后"共 4 例。

"今而后"表示从今以后,多用在动词"知"或"闻"前,表示一个认识的起点。如:

(1)公曰:"善哉!寡人今而后闻此礼之上也!"(昭 26)4.1481

(2)吾今而后知礼之可以为国也。(昭 26)4.1480

3.1.8 "乃今而后"仅 1 例。

"乃今而后"表示"从今以后才……"之意。如:

吾乃今而后知有卜筮。(襄 7)3.950

3.2 表示 A、B 前后两项互相转折的词组。共 19 例。

3.2.1 "而又"共 16 例。

"而又"表转折,意谓"却又"、"反而又"一类意思。如:

彼告不叛,且请受盟,而又伐之,伐无罪也。(襄 24)3.1092

3.2.2 "而或"共2例。表示"却或"之意。

自今日既盟之后,郑国而不唯晋命是听,而或有异志者,有如此盟!(襄9)3.969

3.2.3 "而无乃"仅1例。

"而无乃"是表示转折的委婉说法,意谓"却莫不是"、"却乃"。

小国无罪,恃实其罪。将恃大国之安靖已,而无乃包藏祸心以图之?(昭1)4.1200

3.3 表示范围有限。

3.3.1 "而已"共40例。如:

(1)人尽夫也,父一而已,胡可比也?(桓15)1.143

(2)子之佐十一人,其不欲战者三人而已。(成6)830

(3)楚之良在其中军王族而已。(成16)2.885

4. 小结

4.1 在以上分析统计的基础上,把"而"在单句中连接前后成分列表于下:

分类	动而动	形而形	形而动	动而形	名(主语)而动	名而动	数而动	介宾而动	动而介宾	名而名	非名而代	疑词而动	合计
数量	2003	69	59	21	99	73	2	49	1	15	5	9	2408
百分比	83%	2.9%	2.5%	0.9%	4.1%	3%	0.08%	2%	0.04%	0.6%	0.3%	0.5%	100%

从上表中可以看到:

4.1.1 "而"所连接的前后成分以〔动而动〕占绝大多数,共2003

次，占"而"总数2408次的83%。可见"而"的最重要作用是连接谓语动词。

4.1.2 "而"连接其他成分如A为形、名、数、介宾、疑问词语；B为形、名、代、介宾等，共405例，占17%。表明"而"的连接能力强，用法灵活，几乎可以把任何具有内在联系的两个成分连在一起。

"而"连接的前后成分绝大多数词性相同：前后都是动词的占83%，前后都是形容词的占2.9%，前后都是名词的占0.6%，这三项加在一起共占86.5%。这当然是"而"所连接前后成分的主要特点。另一方面，也要看到"而"连接的前后成分也有词性不同的，如〔形而动〕、〔动而形〕、〔名而动〕、〔数而动〕、〔介宾·而·动〕、〔动·而·介宾〕、〔非名·而·代〕、〔疑问词语·而·动〕等，共336例，约占13.5%。

4.2 "而"在〔动而动〕中连接的前后成分有各种关系：

4.2.1 "而"在单句中的作用有几个大项：第一，表示A、B之间的连动关系，共709例，占35%；第二，表示A、B并列，共594例，占30%；第三，A表示B的方式状态；共322例，占16%；第四，A表原因、条件等，B表结果，共306例，占15.4%。在这几项中，A、B并列的用例占30%，虽然不算少但也仅占三分之一左右，若把"而"视为只表并列关系的连词，或者主要表并列关系，都是不符合《左传》"而"的实际情况的。第一、三、四项合计1337例，占66.4%，它们主要表示动作的先后或动作及其原因、条件、状态、方式等，也就是客观地反映或描述动作行为的实际情况，把有时间先后或内在联系的动作行为自然地联系起来。这是"而"在用法上的主要特点。这个特点与"以"相比是很不相同的，"以"大多连接动作行为及其目的，所在句有较强的主观倾向性。"而"连接的表目的的B仅40例，只占2%。由此也可看出"而"、"以"两个连词在用法上的明显区别。

4.2.2 A、B并列的用例占30%，这项用法很有特色。A、B并列时常以对偶句的形式出现，A、B字数大多均等，音节铿锵；这些句子多是作者抒发感情的地方，或议论或描写，常为文中神来之笔，有的甚至是不朽之佳句。"而"在其中的连接作用很值得品味。

4.2.3 在"而"表并列的用法中，A、B相互转折的共311例，占〔动而动〕的15%，其他各种用法在意义上都是互相配合、顺承的。可见"而"表转折的用法虽然很重要，但在它全部用法中占的比例并不很大。

4.3 "而"在复句中往往是分句转换的标志。"而"所在复句共418例，占"而"总数3041例的13.5%。其中"而"后明接B分句主语的共133例，占418例的32%；"而"后隐含B分句主语的285例，占68%，这是阅读古文时需要留神的。之所以产生这种隐含主语的情况，一是语言习惯和言语经济的规律造成承上省略；一是为在语言上紧凑、精练、表达有力而形成一种前后都无主语的紧缩复句，字数大都在四字左右。

4.4 "而"在复句中的用法表明"而"不仅可以连接分句与分句，甚至可以连接语段，这些作用值得注意。而连词"以"则主要用于单句之内连接词或短语，不像"而"运用的范围那样宽泛。

4.5 〔主·而·谓〕实质上与〔名谓·而·动谓〕式的作用相似，是一种有很强表现力的主题句。谓语是对主语的描述或评论。"而"大多表示转折。这种句式拥有大同小异的几种形式：〔主·而·谓〕、〔主·名谓而动谓〕、〔主·名谓也·而·动谓〕、〔主·名谓也·而·(主语)动谓也〕、〔(主语)，为……而……〕等，它们是古汉语里值得注意的一组句式，它们总是作为复句中的一个分句而出现。

4.6 "而"的两大类用法：转折和顺承，它们意义对立却都用一个"而"表示，容易引起误解；随着语言的发展，《左传》已出现不少意义具体而明确的复音词组，列表如下：

表示顺承：

而后	既而	而已	而况	而又	而遂	而亦	今而后	乃今而后	合计
106	36	34	17	9	6	4	4	1	217

表示转折：

而又	而或	而无乃	合计
16	2	1	19

[附　　注]

① 《左传》中代词"而"有40例，请参看拙文《〈左传〉的人称代词》一文，载《古汉语研究论文集》第二集，北京出版社1984年本。

② 请参看拙文《从〈左传〉和〈史记〉的比较看〈史记〉的动补式》，载《古汉语语法研究论文集》，商务印书馆2000年本。

③ "父慈而教"的"教"虽是动词，在这里也起形容词的作用，表示善于教诲之意。

（1986年完稿）

（1998年修改）

（2003年再修改）

《左传》的"皆"*①

《左传》的副词"皆"共330例,是一个表总括的范围副词。

"皆"在句中位于主语(主语时有省略)之后、谓语之前,作状语;表示它所指向的对象(包括人、事、物或动作行为)为复数,并全都具有谓语所显示的特点。常表"全都"之意。

本文从两方面来讨论:一、"皆"的指向和作用。二、"皆"的词性。它是副词或是代词?

1."皆"的指向和作用

"皆"所指向的句子成分有主语、宾语或谓语。"皆"的指向和它的作用密不可分地联在一起。

绝大多数的"皆"指向主语(或与主语有关的对象),表示它们是复数,且全都与谓语有关;共263例,约占"皆"总数(330)的80%。这是"皆"在用法上的主要特征。考察其他一些先秦古籍,也大致如此。

少部分"皆"指向宾语,表示宾语包含的对象是复数,动作行为覆盖宾语的全部;共42例,约占其总数的12%。

---

* "皆"是古汉语副词中比较重要的一个,它的意义指向和词性,学术界讨论较多。《左传》的"皆"出现次数较多,用法多样,有一定代表性。本文原为拙著《〈左传〉范围副词》(岳麓书社,1944年)中的一篇,原本分为四个问题讨论。现趁《〈左传〉虚词研究》修订本出版之机,特意将该文的主要部分(一、"皆"的意义指向和作用;二、"皆"的词性)收入本书,请大家批评指正。收入时有删改。

还有一少部分"皆"指向谓语。它们或出现在复句的结尾分句中，指向前面分句所说的动作行为，表示动作行为的所有次数或全部范围；或出现在连动式（或动词的并列式）中，表示前一动作行为的总范围；还有1例"皆"指向后面的名词谓语。这部分共约19例，约占"皆"总数的6%。这也是引人注目的一个特征。关于这点，过去的学者好像还未谈到。

按照"皆"指向的句子成分在句中的位置，总起来可分两大类：第一类句子成分位于"皆"之前，包括主语和其他；第二类句子成分位于"皆"之后，包括宾语和其他。下面的1.1和1.2属第一类，1.3和1.4属第二类。

1.1 "皆"指向主语。

"皆"表示它所指向的主语为复数，且全都与谓语有关。这类句子按谓语的不同又可分为以下几类：

为了叙述的方便，在下面先介绍主语为名词或名词短语的例子，然后介绍主语为代词的例子。

1.1.1 "皆"在动词谓语句中指向主语。共204例。

"皆"在句中位于主语之后、动词谓语之前；表示主语为复数，而且这些复数主语都具有同一动作行为。大致有以下几种句式：

A."皆"句的主语以及动词的宾语都为名词或名词短语。共101例。

A.1〔主语（名或名词短语）·"皆"·动词·宾语（名词或名词短语）〕

"皆"前的主语为名词或名词短语，"皆"后的动词都带有宾语，这些宾语也都由名词或名词短语组成。也就是说，句中的主语和宾语是两个已知数，这样就较易辨别它们是单数还是复数，从而也就不难认清"皆"的指向。共58例。如：

（1）齐、陈、郑皆有赂，故遂相宋公。（桓2）1.85

此例中的"齐"、"陈"、"郑"并列作主语，很明显是复数主语；动词的宾语"赂"是一个不可数名词。"皆"指向前面的主语。

（2）申公巫臣曰："师人多寒。"王巡三军，拊而勉之，三军之士皆如挟纩。遂傅於萧。（宣12）2.749

此例的主语"三军之士"一望而知是复数主语，而动词宾语"纩"是不可数名词，"皆"指向主语。

（3）郑之罕、宋之乐，……二者其皆得国乎！民之归也。（襄29）3.1157

此例的主语"二者"指上文的"郑之罕"、"宋之乐"，自然是复数主语，而动词的宾语"国"为单数，"皆"指向主语无疑。可见"皆"指向的复数对象，既可包含很多个体如"三军之士"，也可以只有两个，如此例的"二者"。

（4）秦大夫及左右皆言於秦伯曰："是败也，孟明之罪也，必杀之。"秦伯曰："是孤之罪也。……夫子何罪？"复使为政。（文1）2.516

（5）宣子与诸大夫皆患穆嬴。（文7）2.559

例（4）、（5）的"皆"不可能指向动词后面的单数对象"秦伯"或"穆嬴"，肯定是指向句首的主语"秦大夫及左右"、"宣子与诸大夫"。

有少数宾语虽不是名词短语，但很易于辨别"皆"是指向主语的。如：

（6）叶公在蔡，方城之外皆曰："可以入矣！"（哀16）4.1703

此例"皆"句动词"曰"的宾语是"可以入矣"。"皆"句的主语是一个处所名词短语"方城之外"，用它来代表方城之外的众人，这是一种很生动的表现方法。

通过以上对复数主语种种表现方法的分析以及对宾语的分析，可以证明我们说"皆"在这些例子中指向主语是有充分依据的。

A.2〔……，"皆"·动词·宾语（名词或名词短语）〕

这类句式跟上项基本一致，只是"皆"前的复数主语承上文而省略。好在这类例句的宾语不是代词"之"，不必到上文去寻找它的先行词以辨认它的单复数。需要解决的只有一个未知数（主语），从上文较易辨别。共43例。如：

（1）陈灵公与孔宁、仪行父通於夏姬，皆衷其衵服以戏于朝。（宣9）2.702

此例中"皆"句的主语应为上句的主语"陈灵公与孔宁、仪行父"，承上文而省略。

（2）使视二子，则皆将饮酒。（昭10）4.1315

此例中"皆"句的主语是上句中动词"视"的宾语——"二子"，承上文而省略。

（3）宋人或得玉，献诸子罕。子罕弗受。……曰："我以不贪为宝，尔以玉为宝。若以与我，皆丧宝也。不若人有其宝。"（襄15）3.1024

此例"皆"前的主语应为上文的"我"与"尔"，它们分别为上文中两个句子的主语。

从以上几例可以看到，"皆"句中未出现的主语在上文可能是句子的主语，也可能是宾语，还可能分别是两个句子的主语，等等。

可见"皆"句中承前省略的主语，它们在上文不一定是主语，所担任的句子成分可以相当灵活。

还有些"皆"句中的主语虽未出现，但很难说是省略。如：

（4）王子虎盟诸侯于王庭，要言曰："皆奖王室，无相害也！……"（僖28）1.466

此例"皆"前的主语应是"尔"（指上文的"诸侯"），但因为是面对面的盟誓，不说主语，彼此双方也都很清楚。只要有个"皆"表示（全体主语）都必须有同样的动作行为就够了。

还有的无主句的主语是因为表泛指而不必出现。如：

（5）子产为政，有事伯石，赂与之邑。……子产曰："无欲实难。

皆得其欲,以从其事,而要其成。……何爱於邑?邑将焉往?"(襄30)3.1180

此例的"无欲实难"是一个无主句,因主语是泛指一般的人而可不出现,其下句"皆得其欲"的主语跟它是一致的。

"皆"在这些无主句里都有着很重要的作用,因为人们在辨认宾语为单数后就可以确认:未出现的主语是复数。

B."皆"句的主语(或与主语有关的其他对象)为名词或名词短语,"皆"后谓语为不及物动词或未带宾语的及物动词。共73例。

B.1〔主语(名词或名词短语)·"皆"·不及物动词〕

由于"皆"句动词后没有宾语,"皆"很明显只表示主语的复数性质。共43例。如:

(1)今兹周王及楚子皆将死。(襄28)3.1144

(2)郑人皆喜,唯子产不顺。(襄8)3.956

(3)曹、许之大夫皆至。(襄27)3.1131

(4)成子怒曰:"多陵人者皆不在,智伯其能久乎!"(哀27)4.1734

B.2〔……,"皆"·不及物动词〕

句子的结构和上面B.1基本一致,只是句子的主语(或其他对象)承上省略(或无主语),需要在上文去寻找。共30例。如:

(1)一人门于句鼆,一人门于戾丘,皆死。(文15)2.612

"皆"句主语为前面两句的主语"一人"和"一人"。

(2)公为与其嬖僮汪锜乘,皆死,皆殡。(哀11)4.1660

"皆死"、"皆殡"所指向的对象都是上句主语"公为"和介词"与"的宾语"其嬖僮汪锜"。

(3)亦以徒七十人旦门焉,……皆至而立,如植。(定10)4.1579

"皆"句主语为上文介词"以"的宾语"徒七十人"。

C."皆"句主语(或与主语有关的其他对象)为名词或名词短语,

动词的宾语都是代词"之"。共 13 例。

C.1〔主语（名词或名词短语）·"皆"·动词·宾语（之）〕

在这种句式中，动词的宾语都是"之"，需要到上文去寻找它所指代的对象。通过查找上文，得知"之"所代的对象都是单数，所以"皆"的复数指向并不难判断。共 6 例。如：

（1）宋华耦来盟，其官皆从之。（文 15）2.608

从上文可以看出，"皆"句的"之"指代华耦，因而"皆"的指向不可能是"之"，只能是"其官"；"其官"这个名词短语孤立来看，可能是复数，也可能是单数，但由于有"皆"的指向，"其官"就一定是复数了。

（2）初，州县，栾豹之邑也。及栾氏亡，范宣子、赵文子、韩宣子皆欲之。（昭 3）4.1239

"皆"句的"之"指代的对象是上文的"州县"，"皆"句的主语是三个并列的人名。

C.2〔……，"皆"·动词·宾语（之）〕

这类句式与 C.1 基本一致，只是"皆"前的主语没有出现，所以"之"所指代的对象和句子的主语都需在上文寻找。经过查找，这类句子中"之"代的对象都是单数，因而可知"皆"指向主语。共 7 例。如：

（1）士皆坐列，曰："颜高之弓六钧。"皆取而传观之。（定 8）4.1563

从上文看得很清楚，"皆取而传观之"句的主语是上句的主语"士"，他们"取而传观"的是上句所说的"颜高之弓"。由于"之"所代的"颜高之弓"是单数，"皆"的复数指向肯定是朝着主语。

（2）郑徐吾犯之妹美，公孙楚聘之矣，公孙黑又使强委禽焉。……犯请于二子，请使女择焉，皆许之。（昭 1）4.1212

"皆"句的主语是上文介词"于"的宾语"二子"，"之"所代的是徐吾犯或是"请使女择焉"这件事。

D."皆"句的主语是受事主语。共 7 例。

以上 A、B、C 三类句子的主语绝大多数都是施事主语,少数是存在主语。D 类例子的特点是:"皆"后的谓语动词是及物动词,但却没带宾语;它的逻辑上的宾语就是句子的主语。我们把这类主语叫作受事主语。受事主语在语义关系上虽然是动作的受事者而不是动作的发出者,但在句子结构上,它却不是动词的宾语而是句子的主语。因此我把这类指向受事主语的"皆"单列一类。

D.1〔主语(名词或名词短语)·"皆"·及物动词(也)〕共 5 例。在这种句式中,"皆"指向本句的主语。如:

(1)四德皆失,何以守国?(僖 14)1.348

(2)九功之德皆可歌也,谓之"九歌"。(文 7)2.564

D.2〔……,"皆"·及物动词(也)〕共 2 例。在这种句式中,"皆"的指向不在本句而在上文。如:

(1)盈生六年而武子卒,彘裘亦幼,皆未可立也。(襄 14)3.1016
此例的"皆"指向前面两句的主语"盈"和"彘裘"。

(2)秦子、梁子以公旗辟于下道,是以皆止。(庄 9)1.179
此例的"皆"指向上句的主语"秦子、梁子"。

E."皆"在兼语句中朝前指向兼语。共 10 例。

(1)子产拜,使五卿皆拜。(昭 16)4.1381
"皆"指向兼语"五卿"。

有时兼语位于句首作主语:

(2)二三君子请皆赋。(昭 16)4.1380
此例的兼语虽跑到句首作了主语,但这个句子仍然是兼语句式,因为"二三君子"不是动词"请"的施事而是受事。"皆"所表示的复数范围朝前指向"二三君子"。

有的兼语省略,在上文也未见到先行词:

(3)彼兵多矣,请皆用剑。(昭 21)4.1428

此例的"皆"指向"请"的宾语、"用剑"的主语,也就是本句的兼语。可是兼语在本句没有出现,在上文也找不到先行词,这可能因为是在对话中,根据具体的语言环境容易理解是指听话的对方,不会发生误会,所以省略了。

F. 通过以上分析我们看到:(1)"皆"指向主语的例子共263例,其中在动词谓语句中指向主语的例子最多,共204例,占了76%。

(2)在这204例中,"皆"句有主语的共122例,占60%;主语未出现的共82例,占40%。如果"皆"是代词,在这么多有主语的例子里与名词(或名词短语)主语并列,这是不可能的。

(3)在这204例中,动词的宾语为名词或其短语的例子共101例,谓语动词为不及物动词(或未带宾语的及物动词),共76例;这两项合计177例,占93%;也就是说,当"皆"在动词谓语句中指向主语时,宾语绝大多数为名词语,它们所代的对象大多为单数或中性(无须确定单复)。还有部分动词后没有宾语。只有7%(14例)的宾语为代词,而这些代词所代对象都是单数。

这些现象似乎表明在语言内部有一种自我调节,它尽可能使语言易于为人们正确理解。

1.1.2 "皆"在名词谓语句中指向主语。共38例。

名词谓语句是指以名词或名词短语作谓语的句子。"皆"都位于主语之后(有些主语承前而省)、名词谓语之前,表示它所指向的复数主语全都具有名词谓语所显示的特点。"皆"在名词谓语句中配合上下文大多有"都(是)"之意。根据主语的位置分以下两种句式:

A.〔主语(名词或名词短语)·"皆"·名词谓语(也)〕共23例。在这类句子中,"皆"指向本句的主语。

(1)韩赋七邑,皆成县也。羊舌四族,皆强家也。(昭5)4.1269
(2)疾与亡君,皆君之子也。(哀16)4.1705

以上两例中，"皆"前的主语或有数词标志其多，如"七邑"、"四族"；或有连词"与"显示主语不是单数，如"疾与亡君"。"皆"有"全都是"之意，似乎兼有系词的味道。不过，系词句的主语和谓语是等同关系，"皆"句的主谓语关系却要灵活得多。如：

（3）夏四月，光伏甲于堀室而享王。王使甲坐於道及其门。门、阶、户、席，皆王亲也。（昭27）4.1484

"皆"句的主语是"门、阶、户、席"，谓语是"王亲也"，它们之间显然不是等同的关系。如果句中没有"皆"，句子变成："门、阶、户、席，王亲也。"

这就可能认为"门、阶、户、席"是王的亲兵，岂不大大违背了事理？但若在名词谓语前加以"皆"，就不会出现这种误解。由此可见"皆"的灵活而特殊的作用。它虽然有时兼有系词的作用，但它究竟不是系词。

（4）群公子皆鄙，唯二姬之子在绛。（庄28）1.240

此例中的"群公子"和"鄙"也不是等同关系，"皆"不表"都是"意而表"都在"意，亦可见"皆"配合上下文，作为状语用法之灵活。

B.〔……，"皆"·名词谓语（也）〕共15例。

在这种句式中，"皆"句主语承上文而省，"皆"指向的对象需在上文寻找。如：

（1）晋卿不如楚，其大夫则贤，皆卿材也。如杞、梓、皮革，自楚往也。虽楚有材，晋实用之。（襄26）3.1120

此例"皆"句的主语是上句的主语"其大夫"。

（2）秦伯任好卒，以子车氏之三子奄息、仲行、鍼虎为殉，皆秦之良也。秦人哀之，为之赋《黄鸟》。（文6）2.546

此例"皆"句的主语是上句介词"以"的宾语。

综上所述，"皆"在名词谓语句中都指向前面的对象，共出现38例，占"皆"总数的12%。

1.1.3 "皆"位于数量词谓语前,指向主语。共7例。

"皆"在数量词作谓语的句子中,也位于主语之后、谓语之前。数量词谓语本来也可作为名词谓语的一种,但为了更好地了解"皆"的特点,我们把它单列一项。

有的"皆"前有主语:

(1)今我大城陈、蔡、不羹,赋皆千乘。……(昭12)4.1340

在这里需要注意的是,"皆"句虽有主语"赋",但"皆"所表示的复数范围并不是指向它,而是指向上句的"陈、蔡、不羹"。"赋皆千乘"是一个主谓谓语,"赋"是主题主语,"皆千乘"是谓语;这个主谓谓语句的主语承上文而省略,就是上句的"陈、蔡、不羹"。

有的例子"皆"前无主语,需在上文寻找:

(2)楚侵及阳桥,孟孙请往赂之以执斫、执针、织纴,皆百人,……,以请盟,楚人许平。(成2)2.807

"皆"句的主语是上句介词"以"的宾语。"皆"不是表示这三种人一共一百人,而是表示这三种人中的每一种都是一百人。与上例"皆"的用法相同。也可译作"各一百人"。

(3)齐侯伐莱,莱人使正舆子赂夙沙卫以索马牛,皆百匹,齐师乃还。(襄2)3.920

大意:齐侯攻打莱国,莱国人派正舆子把精选的马和牛各一百匹赠给夙沙卫,齐军就退兵回去了。

此例"皆"句主语是上句介词"以"的宾语,"皆"的用法也与上例同。

(4)纳玉於王与晋侯,皆十珏。(僖30)1.478

大意:(僖公)把玉献给周天子和晋侯,(每人的玉)都是十对。

此例"皆"前的主语似应为"王与晋侯之玉"(或"每人之玉"),

"皆"有"都是"之意。或者,"皆"前的主语为"王与晋侯","皆"有"(每人)都有"之意。如果从文字上看,主语应是"王与晋侯",它们与名词谓语"十珏"很明显不是等同关系。

有时"皆"所指的对象在上文表现得不是很清楚。如:

(5)子干奔晋,从车五乘,叔向使与秦公子同食,皆百人之饩。(昭1)4.1224

大意:子干逃亡到晋国,跟从的车子有五辆,叔向让他和秦公子食禄相同,都是一百人的口粮。

此例中"皆"前的主语似应是"子干与秦公子之食",但上文并未这样明确写出。"皆"主要表示"每人都(是)"或"每人都(有)"之意。

由此可以看到,当"皆"出现在数量词谓语前时,"皆"有"每人(或每种)都有(或都是)"之意,也就是有"各"义。"皆"的用法在这类句子里往往显得更为灵活。

1.1.4 "皆"在形容词谓语句中指向主语或其他对象。

形容词谓语句是指以形容词或其短语作谓语的句子。"皆"在这类句中共3例。其中2例的"皆"句都有主语:

(1)文子曰:"吾先君之亟战也,有故。秦、狄、齐、楚皆强,不尽力,子孙将弱。……"(成16)2.882

(2)君侈而多良,大夫皆富,政将在家。(襄29)3.1167

还有一例的主语在上文:

(3)士庄子曰:"高子相大子以会诸侯,将社稷是卫,而皆不敬,弃社稷也,其将不免乎!"(襄10)3.974

此例中"皆"句的主语没有出现,若从上文看,主语是"高子",宾语是"大子",而"皆"明明标志主语是复数主体。那么"皆"句的主语究竟是谁?过去的学者已注意到这个问题。杜预注:"厚与光俱不敬。"(1.867)杨伯峻注:"高厚与太子光执事皆不严肃。"(3.974)可知"皆"

所表示的复数范围既包括句首的主语也含有句中的宾语。这个事实又一次证明,"皆"句的主语若在上文,这些复数主语的组成往往可以表现得相当灵活。所以我们说"皆"指向主语(或与主语有关的对象)。

1.1.5 "皆"句的主语为代词。共9例。

上面讨论的例子,"皆"所指向的对象无论在本句与否,都由名词或其短语构成。下面要讨论的例句"皆"所指向的主语为代词,且都位于"皆"句之首。

(1)(王)曰:"……四国皆有分,我独无有。"对曰:"……齐,王舅也;晋及鲁卫,王母弟也。楚是以无分,而彼皆有。"(昭12)4.1339

此例"皆"句的"彼"代上文的齐、晋、鲁、卫四国。我们把此例中的两个"皆"句比较于下:

A. 四国皆有分。——〔主语(四国)·"皆"·动宾(有分)〕

B. 彼皆有。——〔主语(彼)·"皆"·动词(有)〕

两例的主语分别为"四国"和"彼"。两句的动词谓语分别为"有分"和"有"。"皆"在两例中都位于主、谓之间。很明显,它是在副词的位置上。虽然它在两例中所表示的复数范围都指向主语,但它本身却不是主语。从句子结构看,"皆"和动词的关系比它和主语的关系要紧密得多:"皆"句的主语常常省略,需到上文去寻找;而"皆"却从来不能离开动词单独活动,更没有省略动词之说。

(2)吴子问於伍员曰:"……伐楚何如?"对曰:"楚执政众而乖,莫适任患。若为三师以肆焉,一师至,彼必皆出。彼出则归,彼归则出,楚必道敝。"(昭30)4.1509

此例的"彼必皆出","彼"的单复数在上文没有明确交待,但由于有"皆"指向主语,可知主语"彼"是复数,代楚军的全体。

(3)姜怒,公子偃、公子鉏趋过,指之曰:"女不可,是皆君也。"(成16)2.891

此例的代词"是"代上文的"公子偃"、"公子鉏"。

（4）叔孙使告之曰："……若公子宋主社稷，则群臣之愿也。凡从君出而可以入者，将唯子是听。子家氏未有后，季孙愿与子从政。此皆季孙之愿也。"（定1）4.1525

此例"皆"句的主语是代词"此"。代词所代的对象往往可以是单数也可以是复数，因为它本身没有明显的单复数标志。但有了"皆"与之配合，就使读者敢于肯定这个代词所代的对象是复数。所以在"皆"句下，杨伯峻注："立公子宋，一事；从昭公出者谁可以入，由子家子决定，二事；愿与子家子从政，使子家氏有后于鲁，三事。"（4.1525）这里是过去历代注家所未作注的，足见杨伯峻充分注意到了"皆"的语法特点。

另一方面我们也看到，虽然由于"皆"的配合使"此"的复数性质十分明确，但"皆"并不等于"此"。"此"可以省略，但无论它出现与否，它只能是在"皆"前主语的位置上。而"皆"绝不能与"此"换位，你绝不能说"皆此季孙之愿也"。

1.2 "皆"指向前面的动词谓语。共19例。

这类句子与1.1共同之处是，"皆"的范围指向都是朝前的。不同的是，1.1的"皆"朝前指向主语或其他有关的对象；1.2的"皆"朝前指向上文有关的动词谓语，表示这些动作行为全都与"皆"句的谓语有关。"皆"所指向的动词谓语有的在它前面的分句中；有的就在本句，位于"皆"前。下面就分这两类介绍：

1.2.1 "皆"所指向的动词谓语在它前面的分句中。共15例。

A.〔动谓，动谓，"皆"·动谓〕共5例。

在这类句子里，"皆"所指向的动作行为在前面的分句中；"皆"后为动词谓语。

（1）宋人之弑昭公也，晋荀林父以诸侯之师伐宋，宋及晋平，宋文公受盟于晋。又会诸侯于扈，将为鲁讨齐，皆取赂而还。郑穆

公曰:"晋不足与也。"遂受盟于楚。(宣1)2.648

此例乍一看,可能理解为晋和诸侯都取赂而还,"皆"句的主语是晋和诸侯。但若仔细阅读上下文并考察历史事实(请参看杜预的注〈1.535〉,杨伯峻的注〈2.648〉)[②],就会知道"皆"句的主语是"晋","皆"所表示的复数范围不是指向单数的"晋",而是指向动作行为(盟会)的次数。正因为晋国两次都接受了别国的财货,所以郑国才说"晋不足与也"(意谓"晋国不值得亲附")而去投靠楚国。

(2)子我归,属徒,攻闱与大门,皆不胜,乃出。(哀14)4.1685

此例的"皆"显然是指攻打闱(小门)和攻打大门的两次行动。

B.〔动谓,动谓,……"皆"·名谓也。〕共10例。

在这类句子里,"皆"后是名词谓语。

这类句子是一种判断复句,前面分句中所述的动作行为都在两项以上,"皆"句表示对所有这些动作行为的判断,"皆"所表示的复数范围就指向这些动作行为。

(1)哀乐而乐哀,皆丧心也。(昭25)4.1456

(2)夫弗及而忧,与可忧而乐,与忧而弗害,皆取忧之道也。(昭1)4.1204

(3)韩之战,惠公不振旅;箕之役,先轸不反命;邲之师,荀伯不复从。皆晋之耻也。(成16)2.882

例(1)的"皆"句前,是一个由"而"连接的并列结构,"皆"所表示的范围包括"哀乐"和"乐哀"这两个动宾结构所代表的动作行为。例(2)和例(3)的"皆"句前都有三个分句,"皆"所表示的复数范围包括前面三个分句所代表的动作行为。

因而我们知道,这类判断复句中的"皆"总是指向上文两个以上的动作行为。根据这一规律,我们可以弄懂个别奇怪的句子。如:

(4)二十四年春,刻其桷,皆非礼也。(庄24)1.229

此例的"皆"句前,动作行为只有一项:"刻其桷"。为什么在判断分句中用了"皆"?同时,代词"其"一般都有先行词,这个"其"却未见先行词,那么"刻其桷"究竟是刻谁的桷(方形的椽子)?仔细寻找,原来在上一年的末句,还有一项动作行为:

(5)秋,丹桓宫之楹。(庄23)1.227

若把它们合在一起,就是:"(二十三年)秋,丹桓宫之楹。二十四年春,刻其桷,皆非礼也。"这样我们就知道"皆"所表示的范围包括"丹桓宫之楹"和"刻其桷"两项动作行为。同时我们也明白了"刻其桷"的"其"相当于"桓宫之"。怪不得杜预在这例的"皆"下注曰:"并非丹楹,故曰'皆'。"(1.189)并:同时,一起。非在这里用作动词,批评,认为……不对。这个注的意思是说,"同时认为把柱子涂上红漆也是不对的,所以说'皆'"。杨伯峻也在"皆"句下作注:"此句本紧接上年'秋,丹桓宫楹'而来,为后人所割裂,分为两截。……自天子以至大夫士,皆不雕刻桷,亦不红漆柱,则此丹楹、刻桷均非制,故《传》云'皆非礼也'。"(1.229)他们都是以"皆"的语法特点为线索指出了"皆"所指向的两项动作行为,并指出这两个句子被割裂在两年里的事实。从这里多少可以看到研究并掌握语法特点的实际作用与意义。

1.2.2 "皆"所指向的动词谓语就在本句之中。共4例。句式如下:
〔(主语)·……动谓·"皆"·动谓〕

在这类句子里,"皆"位于连动式谓语的第二动词之前,它所表的复数范围指向连动式的第一动谓,表示第一动谓的多次行动全都具有第二动谓所代表的结果。此式中的第一动谓大都由数词加动词构成,如"七遇"、"三战"等。

(1)使庐戢梨侵庸,及庸方城,庸人逐之。……师叔曰:"……姑又与之遇以骄之。彼骄我怒,而后可克。……"又与之遇,七遇皆北。……庸人曰:"楚不足与战矣!"遂不设备,楚子……遂灭庸。(文

16）2.619

"七遇皆北"是一个连动式，"七遇"和"皆北"的主语都是"楚"，"皆"所表示的复数范围不可能指向单数的"楚"，而是指向动作行为"七遇"。"皆北"表示（楚）七次接战全都败走。

（2）左司马戌……败吴师于雍澨，伤。……三战皆伤，曰："吾不可用也已。"（定4）4.1546

"三战皆伤"是一个连动式，主语是左司马戌，承上文而省略。"皆"所表示的复数范围自然不是指向左司马戌，而是指向动作行为"三战"。与上例的"皆"用法同。

（3）简子巡列，曰："毕万，匹夫也，七战皆获，有马百乘，死於牖下。群子勉之！死不在寇。"（哀2）4.1616

此例"皆"的特点和作用与上两例同。"七战皆获"的主语是毕万，"毕万七战皆获"或"七战毕万皆获"，意义基本不变。"皆"所示的复数范围很明显不是指向毕万，而是指向"七战"。

（4）平王弱，抱而入，再拜皆厌纽。（昭13）4.1350

"皆"句的主语是上文的"平王"，但"皆"不是指向"平王"而是"皆"前面的"再拜"，表示平王两次下拜全都"厌纽"。

1.3 "皆"指向宾语。

在这类用例中，"皆"所表示的复数范围朝后指向动词（或介词）的宾语；表示动作行为施及（或覆盖）宾语的全体。共42例。"皆"仍位于主语（常有主语承上文而省略）之后、谓语之前。怎么知道"皆"是指向宾语呢？

请看以下的例证和分析：

1.3.1 "皆"指向动词的宾语。共35例。

A. 动词的宾语为代词"之"。共29例。

A.1〔主语（名词或其短语）·"皆"·动词谓语·宾语（之）〕共10例。

在这类例句中，"皆"前都有主语，不需要到上文去寻找，主语的单、复数很容易辨别。但动词的宾语是代词，它所代的对象究竟是单数或复数？必须在上文里寻求答案。

（1）公使子蟜、子伯、子皮与孙子盟于丘宫，孙子皆杀之。（襄14）3.1012

此例中"皆"句的主语是"孙子"，很明显是单数，不可能是"皆"的指向。而动词"杀"的宾语"之"所代的对象是上文"使"的宾语"子蟜、子伯、子皮"，"皆"所表示的复数范围正是指向他们。

（2）宋人请猛获于卫，……亦请南宫万于陈……宋人皆醢之。（庄12）1.192

此例的情况稍为复杂：首先，"皆"有无可能指向主语"宋人"？《左传》中"皆"前主语为名词短语〔国名·人〕的共3例，其中1例表复数：

郑人皆喜，唯子产不顺。（襄8）3.956

此例的动词"喜"没有宾语，"皆"很明显表示主语"郑人"是复数。

其余两例的动词都带有宾语"之"，"皆"都表"之"所代对象是复数。两例之一就是上面的"宋人皆醢之"。作者若想强调"宋人"是复数，很可能把"皆"用在第一句："宋人皆请猛获于卫"，这样不致引起任何歧义。但作者在"宋人"第一次出现时就没用"皆"来显示它的单、复数，似可看出在"宋人皆醢之"中，"皆"也不是为"宋人"而出现的。同时从上下文看，如果宾语"之"是单数，主语"宋人"是复数，句子的意思就是宋国的人全都去"醢"一个人，这是根本不可能的。因此"皆"不可能是指向主语。

"皆"既不可能指向主语，那就只能是指向宾语"之"，这就为我们判断宾语的单、复数提供了先决条件，"皆"的作用在这里充分体现出来。接下来的问题是："之"所代的复数对象是谁？他们在哪里？"皆"

的上文虽然很长，但我们根据"皆"所提供的复数线索，再按照上文所述历史事实，知道猛获和南宫万都参与了宋万谋杀宋闵公的活动，别的同党都被抓获，只有他们两个在逃："猛获奔卫，南宫万奔陈"。接下来本段一开头就有"宋人请猛获于卫"，然后又有"亦请南宫万于陈"，那就可以判定"之"所指代的对象就是孟获和南宫万两人。

杜预曾为此例的"皆"作注："并醢猛获，故言'皆'。"（1.158）意思是说，同时被宋人"醢"的，(除了南宫万)还有猛获，所以用"皆"。可见他也充分注意到这个"皆"所提供的复数信息。

还有一例是：

（3）无极曰："奢之子材，若在吴，必忧楚国，盍以免其父召之？……"王使召之，曰："来，吾免而父。"棠君尚谓其弟员曰："尔适吴，我将归死。……我能死，尔能报。……"伍尚归。奢闻员不来，曰："楚君、大夫其旴食乎！"楚人皆杀之。（昭20）4.1408

此例的"楚人皆杀之"与上例的"宋人皆醢之"是同样的结构，根据"皆"所提供的复数线索，我们需辨别它是指向"楚人"还是指向"之"。细读上文，"楚人"这里不是表示复数，因不可能是全楚国的人都去杀一两个对象。"皆"应指向"之"，而"之"所代的对象是上文的伍奢（伍员之父）和伍尚（伍奢之长子），事实上他们父子都被楚王所杀。因此可以肯定"皆"所表示的复数范围是指向动词"杀"的宾语"之"。

现在我们把这三个句子放在一块：

（1）郑人皆喜。——〔主语（国名十人）·"皆"·动词〕

（2）宋人皆醢之。

　　　　＞〔主语（国名十人）·"皆"·动宾（之）〕

（3）楚人皆杀之。

"皆"前面主语的结构都相同，所不同的是：例（1）的动词"喜"没带宾语，"皆"表示主语"郑人"是复数；例（2）和（3）的动词都有宾语

"之","皆"表示宾语是复数。这两种句式只有一字之差（无"之"和有"之"），但"皆"的复数指向却完全不同，这是我们需要特别注意的。

还有一例的"皆"出现在双宾式之前，这就还须考虑"皆"是指向哪个宾语：

（4）厉王入，……使谓原繁曰："……纳我而无二心者，吾皆许之上大夫之事。"（庄 14）1.197

此例"皆"句的主语"吾"代上文的"厉王"，很清楚是单数。"皆"只可能指向宾语，但动词"许"有两个宾语："之"和"上大夫之事"，"皆"指向哪一个？"上大夫之事"在这里表示一种官职，应为单数；"之"代前面的"者"字结构"纳我而无二心者"。"者"字结构一般说来可表复数，也可表单数，需要根据上下文义和有关的语法标志去判断。"皆"在本句就是一个重要的语法标志，由于"上大夫之事"为单数，"皆"所显示的复数范围只可能是指向宾语"之"所代的对象："纳我而无二心者"。

A.2〔……，"皆"·动·宾（之）〕共 19 例。

在这类例子中，"皆"句的主语没有出现，动词的宾语是代词，因而主语和宾语两个未知数都需到上文去寻找。

（1）晋侯许赂中大夫，既而皆背之。（僖 15）1.352

此例"皆"句的主语承上文而省略，就是前句的主语"晋侯"，他显然不是复数，"皆"只可能是指向宾语"之"，"之"所代的对象就是前句的宾语"中大夫"。

（2）莫敖缢于荒谷。群帅囚于冶父以听刑。楚子曰："孤之罪也。"皆免之。（桓 13）1.138

"皆免之"的主语承上句而省，很明显就是上句的主语"楚子"。因而"皆"所表示的复数范围只可能是指向宾语"之"（代"群帅"）。

（3）崔氏之乱，丧群公子，故鉏在鲁，叔孙还在燕，贾在句渎之

丘。及庆氏亡，皆召之。(襄28)3.1150

"皆召之"的主语，上文虽没有出现，但"召"这个动词在《左传》里一般都用于上对下特别是国君对臣属的关系之中；再看此例的下文有"公以为忠，故有宠"，可以判断"皆"句的主语探下文而省，就是"公"（即齐侯）。同时也就知道"皆"所表示的复数范围肯定不是指向他，而是指向宾语"之"，"之"所代的对象就是"群公子"，包括上文的鉏、叔孙还、贾等人。用一个"之"作宾语，省掉了许多文字；同时有一个"皆"作为复数的标志，使我们知道"之"所代的不只是一个人。

有时情况稍复杂一点，请看下面的例子：

（4）故楚令尹子重为阳桥之役以救齐。……彭名御戎，蔡景公为左，许灵公为右。二君弱，皆强冠之。(成2)2.807

"皆强冠之"句的主语是谁？肯定不是"二君"，因他们不可能自己给自己举行冠礼。若从这里的上下文语言环境和当时的礼仪规则来看，主持冠礼的人似应是楚君。但楚君在上文并没有出现，那么也许是令尹子重？不论是谁，反正礼仪的主持人只有一个，"皆"不可能指向他。

"皆"既然不是指向主语，只可能是指向宾语"之"，"之"所代的就是"蔡"、"许"二君，"皆"句意谓给尚未成年的蔡、许二君都勉强举行了冠礼。

（5）介葛卢闻牛鸣，曰："是生三牺，皆用之矣。其音云。"问之而信。(僖29)1.477

"皆用之矣"句的主语不会是上句的主语"是"，因为"是"指上文鸣叫的那只牛，它不是复数。此句的主语在上文根本没出现，也许因为它在这里是个表泛指的主语，而且在句中不是语义的重点。从上下文可以判断，此句的"皆"不是指向未出现的主语，而是指向宾语"之"，强调"之"所代的"三牺"（三头小牛）全都用作祭祀了。

B. "皆"所指向的宾语"之"在句中没有出现，承上文而省略。共2例。

（1）虢公、晋侯朝王。王飨礼，命之宥，皆赐玉五珏，马三匹。（庄18）1.207

（2）逄大夫与其二子乘，谓其二子无顾。顾曰："赵傁在后。"怒之，使下，指木曰："尸女於是！"授赵旃绥，以免。明日，以表尸之，皆重获在木下。（宣12）2.742

这两例"皆"句的主语都承前省略，例（1）主语为"王"，即周天子；例（2）主语为赵旃，都是单数，因而"皆"所表示的复数范围只有一种可能，就是指向动词的宾语。可是，两例中动词的宾语都没有出现。宾语应为"之"，都承上文的"之"而省略了。但我们按照"皆"只指向复数对象的语法特点，以及上下文语言环境，是不难找出这个隐藏的复数宾语来的。它们是："皆赐（之，代上文的虢公、晋侯）玉……"、"皆重获（之，代二子）在木下"。

C. 仅有3例"皆"所指向的宾语不是代词，而是名词短语。如：

（1）齐侯、卫侯……使师伐晋。将济河，诸大夫皆曰不可，邴意兹曰："可。……"乃伐河内。齐侯皆敛诸大夫之轩，唯邴意兹乘轩。（定13）4.1589

"皆"句的主语是"齐侯"，因而"皆"所表示的复数范围指向宾语是很清楚的。但宾语不是代词"之"，而是由五个字组成的名词短语"诸大夫之轩"，它清楚地显示宾语是复数，与"皆"的语法特征一致。

（2）（穆子）……旦而皆召其徒，……皆召其徒使视之。（昭4）4.1256

"皆"所表示的复数范围指向宾语"其徒"。

从以上分析我们看到，当"皆"所表示的复数范围指向宾语时，大约90%的宾语都是代词。

为什么"皆"指向主语时，动词后的宾语大多是名词短语；指向宾语时，动词的宾语绝大多数都是代词"之"？这可能是因为当"皆"指向主语时，宾语大多为单数，用名词短语来表示，一般并不显得冗长，且可一目了然。当"皆"指向宾语时，由于它所指向的对象是复数，在组成上往往字数较多或结构较复杂，如果放在动词之后，就会使动宾结构过于冗长，且可能使动词和宾语相互之间的字数比例失调。《左传》的动词大约80%是单音节，它们常以代词"之"作宾语。特别是当动词的宾语为复数对象，字数较多、结构较复杂时，若把它安置在上文，用一个代词"之"放在动词后来代替它，必要时再用一个标志复数的"皆"位于动词之前来显示它，没有比这更简单明了的办法了。这可能就是"皆"句的复数宾语绝大多数都是"之"的一个原因吧！

D. "皆"指向兼语句中的宾语。仅1例：

> 君命大臣，始祸者死，……今三臣始祸，而独逐䩦，刑已不钧矣。请皆逐之。（定13）4.1591

"请皆逐之"的兼语是隐含的"您"（或"君"），"皆"不可能是指向他，而是指向"逐"的宾语"之"，也就是上文的"三臣"。

1.3.2 "皆"所表示的复数范围指向介词的宾语。共7例。

A. 指向介词"於"的宾语。共2例：

> 邾庶其以漆、闾丘来奔，季武子以公姑姊妻之，皆有赐於其从者。（襄21）3.1056

"皆"句的主语承上文而省略，即"季武子"，"皆"指向介词"於"的宾语"其从者"，因而我们知道"其从者"为复数。

B. "皆"指向兼词"焉"所含的宾语。共4例。

（1）夏四月，郑六卿饯宣子於郊，……宣子皆献马焉。（昭16）4.1380

兼词"焉"等于"於+之"，"皆"指向其中的"之"，"之"所代的对象是上文的"郑六卿"。

（2）邾庶其以漆、闾丘来奔，季武子以公姑姊妻之，皆有赐於其从者。……武仲曰："……庶其窃邑於邾以来，子以姬氏妻之，而与之邑；其从者皆有赐焉。"（襄21）3.1056

这例中有"皆有赐於其从者"和"其从者皆有赐焉",正可作个比较。若将施事主语补出,则是:

A.(季武子)皆有赐於其从者。

B.其从者(季武子)皆有赐焉。

两句的施事主语都是同一人,因而"皆"肯定不是指向他。A句的"皆"很明显指向后面介词"於"的宾语"其从者"。B句在对话中,为了表示强调把"其从者"挪到句首作了受事主语。"皆"指向"焉"所包含的宾语"之","之"所代的对象仍是"其从者"。B句的"皆有赐焉"与A句的结构和意义基本上一致,A句的"其从者"在上文没出现过,所以直接作了介词"於"的宾语;B句的"其从者"位于句首,所以后面用"之"复指。B句的"焉"就相当A句的"於其从者"。两句的施事主语"季武子"都承上省略了。

C."皆"指向介词"以"的宾语。仅1例。

是岁也,狄伐鲁,叔孙庄叔於是乎败狄于咸,获长狄侨如及虺也、豹也,而皆以名其子。(襄30)3.1171

此例的"皆"位于介词"以"前。"皆"句的主语"叔孙庄叔"承上文而省略,"皆"所表示的复数范围不可能是指向他,而是指向介词"以"的宾语。可是,"以"的宾语(之)却隐而未现,这是值得注意的语法现象。《左传》介词中,宾语(之)省略得最多的就是"以"。《左传》未省略宾语的〔以宾动〕式共826例,省略宾语的共209例。大约每五个有介词"以"在动词前的句子中,就有一例省略了"以"的宾语(之)。(请参看本书《〈左传〉中介词"以"宾语的省略》一文。)此例"以"的宾语"之"就省略了,它代的对象就是上文的"侨如"、"虺"、"豹"。由于"皆"的存在,使我们知道"以"的宾语(之)是复数。

1.4 "皆"指向本句的名词谓语。

"皆"所表示的复数范围指向名词谓语。仅1例:

子产为政,有事伯石,赂与之邑。子大叔曰:"国皆其国也,奚独赂焉?"(襄30)3.1180

"国皆其国也"是一个很特别的例子,这"特别"表现在:一、代词"其"没有先行词,只表示泛指"他的"或"他们的";二、"皆"在名词谓语句中指向后,仅此一例。

在这个句子里,主语"国"很明显是单数,"皆"不可能是指向它,只可能是指向后。在它的后面,代词"其"由于没有先行词单复数难以确定。但有了"皆"作为标志就使我们知道"其"应是复数,"其国"表示"他们的国家"或"大家的国家"。

1.5 "皆"和"尽"连用。仅1例:

初,作中军,三分公室,而各有其一。季氏尽征之,叔孙氏臣其子弟,孟氏取其半焉。及其舍之也,四分公室,季氏择二,二子各一,皆尽征之,而贡於公。(昭5)4.1261

"皆尽"虽只有一例,但很有意思。它可能体现了"皆"和"尽"在用法上的异同。共同之处是,它们都必须位于动词前面,都表示与动作行为有关的对象的全部;不同的是,"皆"所表示的复数范围指向施事主语(季氏、叔孙氏、孟氏),表示他们全都发出同一动作行为:"征"。而"尽"所显示的复数范围则指向动词"征"的宾语"之"(指代各家所分到的公室军队),表示"征"这个动作行为施及宾语的全体。此例的主语和宾语都是复数,分别用"皆"和"尽"标志它们的复数范围,就避免了任何误会。

在秦汉其他古籍中,"皆"、"尽"连用的例子十分罕见,大约唐、宋以后,时可见到"皆尽"或"尽皆"的例子,但已很难看出二者之间的区别了。如《敦煌变文》中的例子:

(1)令百人尽皆昏沉。(《八相变》)1.339

（2）三宝到门,尽皆陵辱。(《目莲缘起》)2.701

例(1)的"尽皆"指向前面的"百人",例(2)的"尽皆"指向后面"陵辱"的宾语(之),这个"之"可能因为上下文每句都是四字而省略了,它指代前句的"三宝"。可以看出,无论指向主语或宾语,"尽皆"的作用和意义是一致的。它们已由两个词的连用形成一个复音词,其作用不在于表现"尽"与"皆"的个性,而是突出它们的共性,表示"全都"。

2. "皆"的词性:副词?代词?

关于"皆"的词性,前人意见分歧较大,概括说就是两种:是代词?还是副词?这个问题关系到词类划分的标准,也关系到对"皆"的作用与意义的理解,值得讨论。

2.1 前人的意见。

2.1.1 认为"皆"是代词。

A. 马建忠认为"皆"是"约指代字"的一种:"后乎名代诸字而以之重指者,则与所指名代之字同次,盖重指者必与所指相同也。"(《马氏文通》153页)③他举例说明:"《孟子·告子下》'人皆可以为尧舜,有诸?'——'人',名也,'皆',约指代字,后乎名而重指之,同在主次,而为'可'之起词。"(同上)他认为"皆"位于名词"人"之后而重又指向他,因而"皆"和"人"都在主语的层次上,是"可"的施事者。

B. 认为"皆"是主语表数词(或主语数量词)。何莫邪(Christoph Harbsmeier)认为"皆"是主语表数词(The Subject Quantifier)。若主语无须表数时也可给宾语表数。④

2.1.2 认为"皆"是副词。

A. 认为"皆"是"代名副词"。

这种意见可以杨树达为代表,请参看《词诠》。⑤

B. 认为"皆"是"表数副字"。

这种意见可以陈承泽为代表,请参看《国文法草创》。[6] 他把副字分为限制、修饰、疑问三类,三类之下又分小类。"皆"属于限制副字中的表数副字。

还可参看杨伯峻《中国文法通解》。[7]

杨树达在《高等国文法》中曾把"皆"列入表数副词在以后出版的《词诠》中,改为代名副词。[8]

C. 认为"皆"是表总括的副词。

这种意见可以周法高为代表,请参看《中国古代文法:称代编》。[9]

他指出,"皆、悉、尽……"等副词有与普通副词不同的特点。它们有时和主语有关,有时和宾语有关。"在现代汉语中,副词'都'也有这两种用法,可是语序不同,例如'众皆说之'='大家都喜欢他','皆坑田荣降卒'='把田荣的降卒都坑死了'。"

D. 认为"皆"是副词。

赵元任在《中国语法与逻辑札记》(*Notes on Chinese Grammar and Logic*)中说:"在中国语中,没有和'all'相当的普通形容词或代名词。如果要说到一类中的某一分子,副词'都'或'全',或文言中和它们相当的'皆',放在主语和动词之间,此乃副词常见的地位。"[10]

赵元任在《中国话的文法》副词一节说:"……'皆薛居州也!'的'皆'就像口语里的'都',总当副词用。"[11]

2.2 我的初步看法:"皆"是一个表总括的范围副词。

2.2.1 让我们先把古汉语代词的特点与"皆"作个比较。

A. 代词的特点是代替名词,它所代的名词一般都不同时在本句中出现;当然,也免不了有少数例外,如代词作为同位语与名词主语同时出现在句中等。

可是"皆"与它所指向的名词主语同时出现在句中的例子约占

"皆"总数的60%！如果"皆"是代词,这实在是一种非常反常的现象。

如果按马建忠的说法,代词"皆"一定和它所指代的名词为同位(153页),也就是说,因为它所指代的是主语,所以它与主语同位。可是"皆"例中有40%句首的名词主语省略,需要到上文去寻找,"皆"岂不是单独作了主语？它的同位语到哪里去了？同时,从以上讨论的例子中已可见到,它所指的对象在上文并不都是主语,有不少是动词或介词的宾语,"皆"既然指向它们,是不是应该与它们同位呢？

再者,主语和同位语中,如果一个是代词,一个是名词,可以是代词在前,构成〔代·名〕式；也可以是名词在前,构成〔名·代〕式。在前的是主语,在后的是主语的同位语。同位语必须紧接主语之后,两者之间不得插入其他成分。如果名词在后作同位语,它的主要作用是对代词主语加以说明；如果代词在后作同位语,它的主要作用是对名词主语复指和强调。《左传》中这两种情况都有。如：

（1）唯尔有神裁之。（襄18）3.1037

（2）小白余敢贪天子之命,无下拜？（僖9）1.327

例（1）的代词主语"尔"在名词主语"有神"前,例（2）的代词主语"余"则在名词主语"小白"之后。《左传》里代词和名词作为同位主语的句子只有三例,尚且有以上两种情况；如果"皆"真的是代词,为什么它和名词主语同时出现的例子有168例之多,却没有一例的"皆"出现在名词主语之前？如果说"皆"这个代词的主要特点就是位于名词主语之后作同位语,对名词主语起复指和强调作用；那为什么有40%的"皆"句没有名词主语呢？为什么还有部分"皆"例的主语也是代词呢？

同时,同位语和主语之间不应被其他成分隔开,而"皆"和它所复指的主语之间却出现了其他成分（请看下文的论述）。

B. 代词在句中可以独立运用,如作主语,作宾语。代词作主语时,一定位于句首。在绝大多数情况下,它的前后不可以也不需要再补出其他的主语。

而"皆"却不能单独作主语。在它的60%例子中,它是和名词主语或代词主语同时出现的;至于其他40%的例子,也都是承上文省略了主语(名词主语或代词主语)的句子。

C.代词作宾语时,一般都位于动词或介词之后;只有在部分疑问句、否定句和极少数表肯定的固定格式中,代词才在一定条件下位于动词之前。如:

(1)晋不我救。(襄9)3.971

(2)公子谁恃?(僖9)1.330

(3)尔贡包茅不入,王祭不共,无以缩酒,寡人是征;昭王南征而不复,寡人是问。(僖4)1.290

大意是:"你应进贡的包茅没有贡入,天子的祭祀不能供给,没有东西可拿来洒酒请神,寡人来追查此事;昭王南征楚国而没能归去,寡人来责问此事。"

特别值得注意的是,这些句中的代词宾语移动到动词前面以后,动词后面一定再没有别的成分作宾语。

但"皆"作为"宾语"时,它却从来都不肯到动词或介词后面去!如果说"皆"是代词,为什么它在肯定句中也都跑到动词的前面?更奇怪的是,在动词或介词之后,往往还有一个代词在那里作宾语!为什么在同一句子中会有两个代词替代同一对象作动词的宾语?

总而言之,不论是指向主语或是指向宾语,"皆"总是位于动词前面。说它是主语吧,它有时却指向宾语;说它是为了表示强调而前置的宾语吧,动词(或介词)后却仍有宾语;说它正在复指宾语、是宾语的同位语吧,哪有同位语跟它复指的对象都是代词的先例?又哪有同位语跟它复指的对象离得老远、一在动词前一在动词后的呢?

究竟是什么因素决定"皆"的位置,使它总是坚守在动词谓语(或其他谓语）前？看来还是它的副词本性在起作用。正因为它不是代词，所以它不能任意跑到代词的位置上去。我一直没能找到任何一例"皆"位于动词后作宾语的句子。

D. 代词虽然代替名词，但它跟名词的作用不完全相同。名词一般来说，可以在句中作主语，也可以作宾语和兼语；而代词不全如此，它们有时只具备名词的部分功能。如"其"，《左传》中共2470例，其中代词"其"1846例，主要用于名词前作定语表示领位（其中有少数表指示作用），还有少数用作子句或分句的主语以及兼语式中的兼语，无一例用作动词的宾语或单句的主语。又如"之"，共7156例，其中代词"之"4037例；这些代词"之"除21例在兼语式中作兼语、2例用在名词前作定语起指示作用外，其他全都用作动词或介词的宾语，无一例作主语。⑫

因而我们是否可以设想，"皆"也是一个不具备代词全部功能的代词，它主要用来复指或代替主语，其次是复指宾语？

作为一个代词，即使不具备代词的全部功能，至少在它所具备的那一部分功能上，应该充分体现出代词的特点。你看代词"其"，主要用作定语表示领位，它就老老实实地待在定语的位置上——名词或名词短语的前面。你再看代词"之"，主要用作宾语，它就安安分分地守在宾语的位置上——动词（或介词）的后面。只在否定句中有所例外。这些位置都无可争辩地体现了古汉语代词的特点。

可是"皆"呢？它所占据的位置真的是代词的位置吗？请看下面2.2.3关于"皆"位置的讨论吧。

E. 代词可作定语，表示领位或起指示作用。古今汉语所有的代词都有这一作用，这是汉语代词的特点。但我们却找不出任何一个"皆"用作定语的例子。

F. 根据以上各点，我认为"皆"虽然在指向主语和宾语方面具有代词的某些特点，特别在主语承前省略或无主句中，它含有"（他们）全都"之意,代词的味道似乎更浓一点儿,但它并不具备作为代词的充分条件。这个所谓的"他们"也是在理解句义时加进去的。

2.2.2 让我们再看看副词的特点,然后拿"皆"作个对照。

副词的特点:

A. 副词的位置以及副词在句中所担任的句子成分。

在动词谓语句中的副词绝大多数都出现在谓语动词之前作修饰语,只有很少数也可用于动词之后。在其他谓语句中出现的副词一般都位于谓语中心词之前。副词总是依附于谓语。

副词一般不作谓语中心词,但在具体的上下文里,谓语中心词省略时,有的副词也可以单独用作谓语。

副词不能脱离谓语而独立用作句子的主语或宾语。也不能作定语。

B. 副词的作用和意义:

副词主要对谓语起修饰作用,表示行为或状态的各种特征。副词一般不能直接修饰名词,但却可以直接修饰名词谓语。从这个意义上说,副词是谓语的一个重要标志。

我们说副词主要修饰谓语,意味着它除修饰谓语外还有一些作用,那就是说,它和主语、宾语(尤其是主语)也有一定关系。比如说,在多数情况下它都不是泛泛地表示任何时间,而是表示与具体主语动作行为有关的时间。它也不是泛泛地表示任何状态或范围,而是表示具体主语在动作行为时的状态、范围,等等。

有时它也表示与动作行为有关的宾语的范围。

副词的含义大多比较具体,但又比较灵活。说它含义比较具体主要是与其他虚词如连词、介词、助词、语气词等相比而言。说它含义比较灵活主要是与实词如动词、名词、形容词相比而言。

2.2.3 "皆"与副词特点的比较。

A. "皆"的位置。"皆"究竟是在副词位置上,还是在代词位置上?

A.1 我们在前面已说过如果"皆"是代词作主语,它前面一般不应同时再有它所指代的名词主语,但"皆"却有 60% 的例子前有名词主语,这是很反常的。

如果"皆"是代词主语,就不能在它的前面再补出一个代词作主语,可是省略主语的"皆"例大多可以在"皆"前补出代词主语。有些例子根本不用您去给它补,在"皆"前早已有了一个代词主语!(请参看上文 1.1.5 "'皆'句的主语为代词",共有 9 例。)

"皆"总是处于谓语中心词前的位置上。如果谓语动词前无其他修饰成分,它总是位于主语之后、谓语动词之前。如果还有其他修饰成分(如助动词"将"、其他副词"必"、"乃"等),"皆"可能位于其他修饰成分之后,也可能位于其他修饰成分之前。

"皆"所在句大约有 40% 的主语省略,但没有一例的"皆"与谓语脱离。它也从不在主语前或动词后出现。它所占据的位置实在是副词的典型位置。

A.2 根据"皆"在句中的作用和意义以及它的位置,我认为它在句中不是主语,也不是宾语,它是对谓语起修饰作用的状语。"皆"句的结构一般是这样:

〔主语(或省略)/状语("皆")·动词谓语(或其他谓语)〕

我们用这个句式可以分析"皆"所有的例句。

A.3 但如果"皆"是代词,我们怎样解释下列这些位置上的"皆"?(以下例中"皆"下面括号内的说明和问话都表示假设"皆"为代词。)

A.3.1 "皆"位于部分副词之后。如:

(1)〔彼　·　必　·　皆　·　出〕

(代词主语)(副词作状语)(代词主语的同位词?)(动词)

(昭 30) 4.1509

在此式中,"皆"若是代词,它就应是主语的同位语,但代词主语

"彼"和它的同位语"皆"又怎么可能被副词"必"隔开?

(2)〔乃　　　·　　　皆　　·　　出战〕(文12)2.591
　　(副词作状语)(代词主语?)(连动)

此式的句首没有出现主语,"皆"既然是代词,就应该是主语,可它为什么不在句首却在副词"乃"后面呢?这可不是代词的位置啊!

其他的例子如:

(3)今兹君与叔孙其皆死乎!(昭25)4.1456

(4)自是至今亦皆循之。(襄28)3.1144

"皆"在例(3)中出现在副词"其"后,在例(4)中出现在副词"亦"后,这都是代词主语不可能有的位置。

A.3.2 "皆"位于助动词"将"或"将"和其他副词之后。如:

(1)〔将　　·　　皆　　·　　必·有车辙马迹焉〕
　(助动词作状语)(代词主语?)(副词作状语)(动宾结构)

(昭12)4.1341

此式的句首也没有主语,"皆"如果真是代词主语,就该位于"将"前,因为代词不可以接受助动词的修饰。

(2)〔钧　·　将　·　皆　　·　　死〕
　　(副词)(助动词)(代词主语?)(谓语动词)

(昭28)4.1491

此式的句首也没有主语,"皆"如果是代词主语为什么不在句首,却偏要去做它做不到的事情——接受副词"钧"和助动词"将"的修饰呢?

A.3.3 "皆"位于助动词"敢"和否定副词"不"的后面。如:

〔群臣之子　·　敢·　不　·　皆　·
(名词短语作主语)(助动词)(否定副词)(代词作主语的同位语?)

负羁絏以从?〕(定8)4.1567
　(动词谓语)

此式已有名词短语"群臣之子"作主语,"皆"若为代词就应是主语的同位语。可是,您看它在哪里?不仅在助动词"敢"的后面,而且在否定副词"不"的后面!这哪里是同位语的位置呢?代词除了作为否定句中动词的宾语有时位于否定副词之后、动词之前以外,是绝不会出现在否定副词之后的。"皆"在这里也不可能是否定句中的前置宾语,因为上下文义很清楚地表明动词"从"的宾语(承上文而省略)是单数:"卫公子"。

A.3.4 "皆"位于介宾结构之后、动词之前。如:

〔与之 · 皆 · 死〕(襄 25)3.1098
(介宾结构作状语)(代词主语?)(动词)

此式的"皆"更为奇怪,句首主语的位置明明空在那儿,它不到句首去作主语,却偏要占据介宾结构之后、动词前的这个位置!而这个位置恰恰属于副词。如:"与之偕隐"、"与之同归"……等,其中"偕"、"同"等都是副词,代词是不可能出现在这里的。

A.3.5 "皆"位于"以(宾)为"之后、动词结构之前。如:

〔而 · 以(宾) · 为 · 皆 · 有罪〕
(连词)(介词省略宾语)(动词)(代词主语?宾语)(动宾)

(昭 25)4.1465

此式的"皆"更有趣了:它要是代词作施事主语,它就该到句首或连词"而"后、介词"以"前头去,可是它不去;它要是代词作宾语,就该到介词"以"的后面去,而它也不去。它所在的位置又是副词的位置——"皆有罪"是动词"为"的宾语,"皆"是动宾结构"有罪"的状语。在《左传》里,"以为"连用表示"认为"的用法还没有出现,所以"认为"的对象(皆有罪)不可能在"以为"之后出现,而只能作为介词"以"的宾语出现在"以"后面。⑬

A.3.6 "皆"位于主语为代词的句子中。

（1）〔是　·　皆　·　然　·　矣〕
　　（代词主语）（主语的同位语？）（谓语）（语气词）

（襄26）3.1123

如果"皆"是代词，它就是代词主语"是"的同位语。但是，代词作代词的同位语，再以"然"作句子的谓语，这样的例子实在罕见。我们知道，在本例"皆"的位置上，即在代词主语和谓语"然"之间，倒是副词经常出现的位置。如：

a. 君必不然。（僖26）1.440
b. 君臣亦然。（昭20）4.1419
c. 践土固然。（定1）4.1523

以上例中的"必"、"不"、"亦"、"固"都是副词。在《左传》里，没有看到其他代词出现在主语和谓语"然"之间。因此出现在这个位置上的"皆"也只能是副词而不是代词。

《韩非子》里还有这么一个例子：

（2）此皆俱进俱退，皆应皆对，一辞同轨以移主心者也。（《八奸》）1.151[14]

大意：这些都是（君主进，就）都跟进、（君主退，就）都后退、（君主命，就）都应诺、（君主问，就）都答对，众口一辞、亦步亦趋以取得君主欢心的人。

例中的"此"是主语，第一个"皆"后的成分（由"俱"到"者也"）是个长长的名词谓语（"者"字结构）。"皆"是什么？如果它是代词，与它同样作用的"俱"似也应是代词，那么在"此皆俱进俱退，皆应皆对"里就有六个代词指代同一对象，这是可能的吗？

A.3.7 "皆"位于指向宾语的句式中。如：

(1)〔弥与纥・吾・
　　　　　（代词作施事主语）
　　　　　　　　　　皆　　　・　　爱　・　之〕
（代词作受事主语同位语？或宾语前置作主语？）（动词）（代词宾语）
（襄23）3.1078

此例的"弥与纥"在逻辑上是动词"爱"的受事宾语,由于位于句首作了主题主语,在动词后还有代词"之"复指它。句子中"吾皆爱之"是主谓结构作谓语。"皆"在句中指向"爱"的宾语,表示施事者对宾语的全体都爱。如果它是代词作宾语而前置,为什么在"爱"后面还有一个代词？在同一句子里,出现两个代词宾语指代同一对象,的确是很奇怪的事。如果说它是主题主语的同位语,它就该在"吾"的前面。看来它所占据的确实不是代词而是副词的位置。

(2)〔　　　　皆　　　/免　　　之〕（桓13）1.138
　（代词宾语前置作主语？）（谓语动词）（代词宾语）

此式的"皆"虽然位于句首却指向宾语"之"（代"群帅"）,句子的施事主语是上句的主语"楚子"。那么"皆"是什么？是前置宾语吗？动词后面为啥还有代词宾语？是复指宾语的同位语吗？为什么一在动词头,一在动词尾呢？

A.3.8 "皆"位于指向动作行为的句式中。如：

(1)〔（韩厥）・　皆　　　・肘之。〕（成2）2.793
　　　　　（代词主语？）　　（动宾）

此例的"皆"如果是代词,代施事主语韩厥（单数）？不可能。代受事宾语"之"所代的綦毋张？也不可能。"皆"究竟代什么？我们最好拿以下三个例子作比较：

　　　a.（犯请于二子,）皆许之。

b.（楚子）皆免之。

　　c.（韩厥）皆肘之。

　如果"皆"是副词，这三例都是〔副·动宾〕结构，只是"皆"所表示的复数范围指向的对象有所不同而已。

　如果"皆"是代词，问题就复杂了。

　孤立地看，三个例子完全一样。但在具体的语言环境里，我们就会看到，a例的"皆"指向主语；b例的"皆"指向宾语；c例的"皆"既不指向主语，也不指向宾语。我们都知道，代词的特点是代替名词。如果"皆"是代词，在c例里，真弄不清它究竟代的是哪个名词？我们也都知道，代词在句中可作主语、宾语、定语以及名词主语或宾语的同位语，而c例里的"皆"却好像跟这些成分都对不上号！该怎么来分析这个"皆"？看来只有把它视作副词才对。因为它表示无论綦毋张想站在左边或右边，韩厥都拿胳臂肘儿碰他，要他站在自己后面。"皆"指向"肘"所代表的动作行为。

　　（2）〔（毕万，匹夫也，）七战·　皆·　　　获〕
　　　　　　　　　　　　（动词谓语）（前置宾语？）（谓语动词）

（哀2）4.1616

　此式的"皆"很明显不能指向单数主语"毕万"。如果它是代词主语，更不能出现在连动式的两个动词之间。它是指向"七战"的。"皆"是代词的说法在这里遇到的困难更大。

　看来我们不得不承认"皆"总是在副词的位置上了。

　B."皆"的作用与含义。

　B.1 前面已经说过，"皆"的作用有两个要点：其一，它总是表示主语、宾语或动作行为的复数范围；其二，它总是表示它所指的复数范围与动词谓语（或其他谓语）的关系，对谓语起修饰作用。而这后面一点尤为重要。

代词只表示所代的对象,不表示这一对象与动词的关系。"皆"却不只是表示有关的对象,它的主要作用是表示它所指向的复数对象与动词谓语(或与其他谓语)的关系。"皆"表示它所指向的复数对象全都与谓语有关。因而它的作用与代词相比确有很大不同。

"皆"不能在句中单独作主语、宾语,也不能作它们的同位语。它也从不用作定语。

B.2 从含义来看,"皆"主要表示"(全)都"而不是"他们(都)"。

如果解为"他们(都)",对于一些省略了主语的句子来说,这"他们"是可有可无,并不是"皆"的固定而必要的内容;对于大多数已有主语的例句来说,若把"皆"解作"他们",就显得多余了。只有把它解作"全都",才能适用于所有的例子,才可对主语和谓语都起到加强作用。请看几个其他秦汉古籍中的例子:

(1)四海之内皆兄弟也。(《论语·颜渊》)125

(2)人皆可以为尧舜。(《孟子·告子下》)276

(3)主所言,皆曰善;主所为,皆曰可,……如此者谀臣也。(《说苑·臣术》)38

(4)夜闻汉军四面皆楚歌,项王乃大惊曰:"汉皆已得楚乎?是何楚人之多也!"(《史记·项羽本纪》)1.333

在这几个世代相传、脍炙人口的句子里,"皆"都起着重要的作用,如果我们仔细品味,将会感到它强调的是"全都"之意。这"全都"既可表复数对象的全体,如例(1)的"四海之内",(2)的"人",(4)的"四面"。也可表某一行为或对象的全部范围,如例(3)的"皆曰善"、"皆曰可",动词"曰"的施事主语未出现,但肯定不是上句的"主",而是下文的"谀臣"。"皆"不是表示说话的人很多,而是表示凡是"主所言"、"主所为",谀臣全都说"好"。又如例(4)的"汉皆已得楚乎",这个"皆"虽然指向楚,但楚只有一个,不可能是复数,"皆"所指的应是楚的全部范围。若把"皆"当作代词,真难说它代的是什么?

可见把"皆"视为副词,可适用于各种情况。若把它当作代词,就有很多难以解决的矛盾。

B.3 如果我们再看看"皆……独(唯)……"的例子,"皆"的副词作用就更明显:

(1)人皆有兄弟,我独无。(《论语·颜渊》)124

(2)郑人皆喜,唯子产不顺。(襄8)3.956

(3)举世皆浊我独清,众人皆醉我独醒。(《楚辞·渔父》)116

在以上例中与"皆"相对应的"独"、"唯"都是副词。如果把"皆"视为代词,那么这些副词以及其他具有同类作用的词如:尽、具、悉、遍、都、咸、毕等,就都得归入代词。《马氏文通》就把这些词都列入"约指代字"了。正如刘复在《中国文法讲话》中所说:"马氏所认为约指代词的,尤其漫无限制,几乎把名词、静词、动词、副词都可以拉进去。"(166页)

当然,"皆"有时也与无指代词"莫"相呼应。如:

(4)人皆知以食愈饥,莫知以学愈愚。(《说苑·建本》)68

我们已讨论了"皆"在很多方面具有副词的特点,不至于因为这一用法而改变它的主要特性。因为在这个例子里,"莫"不只是与"皆"而是与"人皆"相呼应。

B.4 "皆"一方面有比较具体的含义:"(全)都";另一方面又相当灵活。比如说吧,在动词谓语和形容词谓语前时,它一般都表"全都"之意。在名词谓语前时,如果前面是主题主语,名词谓语对主语有判断作用,那么"皆"除表"全都"外,还兼有系词"是"的含义;如果前面是存在主语,"皆"除表"全都"以外,还有"在"或"有"意。在数量词谓语前时,"皆"还有"各"意。总之,"皆"的含义随着谓语的不同而有所变化,很明朗地显示出它与谓语的密切关系,以及它作为副词在意义表达上的灵活性。

B.5 从后来发展出的词组看：

秦汉以后，随着汉语的复音词日益发展，"皆"与其他虚词也构成一些连用的词组，如：皆悉、悉皆、皆俱、都皆、皆大、皆各、皆莫、一皆、咸皆、亦皆、皆亦、总皆、皆总、皆并、并皆、便皆等。

这些连用的词组在句中全都用作副词。如：

（1）於是上皆并逮捕赵王、贯高等。(《史记·张耳陈馀列传》) 8.2584

（2）南中诸郡并皆叛乱。(《三国志·蜀书·诸葛亮传》) 4.918

（3）尔时大地诸山大海皆悉震动。(《大藏经》) 12.365

（4）尔时大众悉皆遥见彼佛大众。(《大藏经》) 12.370

（5）其一株上有七八根生者，悉皆砍去，唯留一根粗直好者。(《齐民要术·种榆白杨》) 4.7

（6）其所欲语言，便皆豫相知意。(《无量清静平等觉经》) 1.283b

（7）变律改经，一皆惩革。(《文选·新刻漏铭》) 777

（8）吉凶成败，各以数至，咸皆不求而自合，不介而自亲矣。(《文选·运命论》) 731

（9）自惟亦皆不如今日之贤能也。(《文选·与山巨源绝交书》) 602

（10）女聘男婚，总皆周备。(《敦煌变文集·父母恩重》) 2.687

（11）雀儿及燕子，皆总立王前。(《敦煌变文集·燕子赋》) 1.264

（12）诸生无量清静佛国者，都皆於是七宝水池莲花中化生。(《无量清静平等觉经》) 1.284a

（13）尔时一切阎浮提人皆大欢喜。(《大藏经》) 12.241b

从以上例子可以清楚看到，这些词组都在副词的位置上，用作句中状语，表示"全都"之意。特别像"一皆"、"亦皆"、"并皆"、"总皆"、"便皆"、"都皆"等，"皆"若为代词，不仅不能与这些词连用，更不可能位于这些副词之后。

C. 鉴别(古)汉语一个词的词类,是否主要应依据三个条件:它的作用和含义,它所担任的句子成分,它在句中的位置。

根据以上三条,拿"皆"与古汉语的代词和副词的特征反复比较,我认为与其把它看作具有副词某些特点的代词,不如把它视为具有某些代词特点的副词。把"皆"看作表总括的范围副词,可能比较符合它的真实面貌,特提出讨论。

[附　注]

① 皆 jiē 中古音:古偕切,见皆开二平蟹。
上古音:见母,脂部。
部首:比(白)　笔画:9

② 杜预注:"文十五年、十七年,二扈之盟,皆受赂。"杨伯峻注:"受宋赂,文十七年《传》未言,此旁出补叙之文。"又,"此先叙十七年事而后叙十五年事者,盖以宋事为主也。"

③ 马建忠归入"约指代词"的有:皆、尽、悉、遍、都、咸、一、两、具等。《马氏文通读本》,153 页。

④ 何莫邪(Christoph Harbsmeier)在他的著作 Aspects of Classical Chinese Syntax 的第二章第二节 "The Subject Quantifiers jie 皆 and ge 各" 详细讨论了"皆"给主语或宾语表数的问题,78—87 页。

⑤ 杨树达《词诠》:"皆,代名副词。《诗·大雅·绵传》云:'皆,俱也。'《说文》四篇上《白部》云:'皆,俱词也。'" 140、141 页。

⑥ 陈承泽《国文法草创》在"限制副词"内分出"表数者"一类:惟、只、祗、皆、又、再等,43、44 页。

⑦ 杨伯峻在该书第七章第二节列举了大量表数副词,如:皆、尽、举、具、咸、悉、都等等,129—144 页。

⑧ 杨树达《高等国文法》把"皆"列入表数副词,176、177 页。在《词诠》中把"皆"、"悉"等归入"代名副词",而把"尽"仍归入"表数副词",140、141 页。

⑨ 周法高在《中国古代语法:称代篇》第六章"称数"之十二"总括之词"下列有"副词'皆'、'悉'之类",逐个讨论了它们指向主语或指向宾语的用法,并说明这类词《马氏文通》都归入"约指代词",352—362 页。

⑩　赵元任的这段译文转引自周法高《中国古代语法：称代篇》第六章"称数"之十二"总括之词"（注一），342页。

⑪　赵元任在《中国话的文法》（丁邦新译本）中没有专谈"皆"的词性，但他在谈副词"都"时拿"皆"比照，从上下文可以清楚看出他认为"皆"是副词，382页。

⑫　关于"其"、"之"作代词的用法请参看本书《先秦〔动·之·名〕双宾式中的"之"是否等于"其"》、《〈左传〉的"之"》。

⑬　请参看本书《〈左传〉的介词"以"》。

⑭　此例转引自周法高《中国古代语法：称代篇》第六章，352页。

（1993年完稿于苏黎世）

（2003年修改）

"弗"的历史演变*

我在1994年写了《〈左传〉否定副词"不"与"弗"的比较》一文①,对"不"、"弗"在《〈左传〉》和秦汉某些古籍中的用法作了一些调查分析,并对丁声树先生(1936)提出的〔弗=不+之〕的结论②谈了自己的初步看法。但这篇文章却未能结束我对"弗"的思考。这段时间以来下面几个问题常在我脑中盘旋:"弗"早期在甲骨文、金文中的情况究竟是怎么样的? 到秦汉以后又是如何演变的?〔弗=不+之〕在甲骨文、金文时期和秦汉以后究竟是否适用? 这一结论在秦汉时期的准确性究应如何判断? 汉代著名学者何休说过:"弗者,不

---

* 本文曾于1998年6月在巴黎第三届国际古汉语语法研讨会上宣讲,后收入第三届国际古汉语语法研讨会的《古汉语语法论文集》(2001)。从文章题目看,并不限于《左传》,而实际上《左传》的"弗"出现最多,是文章的重要依据;同时文章的思路是由《左传》"不"与"弗"的比较进而进一步探讨"弗"的历史演变。本文的产生与作者对《左传》虚词特别是"不"与"弗"的研究与思考实有不可分的联系,因而此次收入本书,作为否定词的一个代表。

本文提纲在巴黎第三届国际古汉语语法研讨会上报告后,先后得到郭锡良、陈克炯、魏培泉、罗端等先生的宝贵意见,在修改过程中又曾先后与赵诚、沈培、刘利、赵大明、大西克也等先生交换意见,受益良多,特表谢忱。本文在调查一百余种文献资料的过程中,得到诸多友人的大力帮助,在此要特别感谢魏培泉、邵永海、李铎、张猛、栾贵明、何莫邪、艾皓德、陈平、王绍新、殷国光等先生热诚而及时地为我提供各种电脑资料。还要多谢我的老伴张秦杨为我查找尚需人工搜索的资料。没有他们的无私援助,我一定会遇到多得多的困难,一定会花费多得多的时间。现将调查整理的"弗"的例外全部资料附于文后,盼能为大家的研究提供一点方便,更希望得到核正或补充。

之深也。"他认为"弗"的主要作用是表示对"不"的强调,究竟对不对? 这些问题一直困扰着我,使我欲罢不能。我知道,只有作进一步全面、科学的调查分析,才能从困惑之中得到解脱,因此我仍在继续探索。现在,我愿把这段时期的一点收获与大家共享,更盼诸位帮我看看这些想法能否成立。本文先分期介绍"弗"的演变情况,同时结合各历史阶段审视〔弗=不+之〕能否成立;最后讨论"弗"的主要特点和演变规律。关于"不"、"弗"特点,在《〈左传〉否定副词"不"与"弗"的比较》中已详细讨论,本文只在必要时概略介绍,避免重复。

根据调查的结果看,"弗"的历史演变大致可分为五个时期:一、殷周时期;二、春秋战国秦汉时期;三、魏晋南北朝时期;四、隋唐——明清时期;五、现代。

第一时期:殷周时期

这一时期的主要语料为甲骨文、金文和《尚书》。我们先分别来谈,然后概括他们的共同特点。

1. 甲骨文中的"弗"。主要特点表现在以下几点:

1.1 从数量上看,"不"与"弗"相比,大体是二比一。[③]

1.2 从用法上看,"弗"绝大多数用于及物动词前,只有极少数用于不及物动词前。"不"主要修饰不及物动词,还可修饰形容词和部分及物动词,运用的范围比较宽。我调查了四个常用的不及物动词受"弗"、"不"修饰的情况,发现二者出现频率相差很大,"弗"仅占"弗"、"不"总数的2.6%,而"不"则占97.4%。请看表1。

表1

用字	来	风	往	雨	共 计	百分比
弗	5	0	4	1	10	2.6%
不	155	112	2	105	374	97.4%
共 计	160	112	6	106	384	100%

另据我对数百例"弗"的统计,用于及物动词前的"弗"有341例,而不及物动词前的"弗"仅10例,形容词前的"弗"只有个别例子。大致可知,"弗"和"不"分工比较明显。

1.3 "弗"用于及物动词前时,动词带宾语的例子约占40%。

在341例〔弗·及物动词〕中,带宾语的有137例,不带宾语的204例。可知"弗"在早期修饰及物动词虽然是以不带宾语的例子占大多数,约占60%;然而带宾语的数量确也不少,约占40%,值得注意。

1.4 尤其须要留意的是,"弗"例所带宾语绝大多数都是名词或其短语。

从调查的情况看,〔弗·及物动词〕(以下缩写为〔弗·动〕)所带宾语绝大多数都是名词或其短语(见表二)[④],这是不容忽视的事实。因为按〔弗＝不＋之〕的结论,名词宾语(或其他非代词性的宾语)是它最为忌讳的,是绝对不应该出现的。这些名词宾语绝大多数都是代表人物或处所的普通名词或专有名词。如:羌、方、王、戌、土方、妇好、小子、羌戎等。还有少数代表非人之物或自然现象等,如:马、牛、羊、禾、雨、年等。

2. 金文中的"弗"

金文中的"弗"与甲骨文相比,大同而小异。主要特点表现在:

2.1 "弗"的数量仍比较多,与"不"相比大致还是2(不):1。[⑤]只是"弗"的数量与"不"比起来有所下降。

2.2 在用法上,"弗"仍主要用于修饰及物动词,但与"不"相对照,所占百分比有所下降,由96.6%下降到92%;而修饰不及物动词和形容词的比例则有所上升,由 3.4% 上升为 8% 左右。"不"修饰及物动词的比例有所上升,修饰不及物动词和形容词有所下降。但总的来说,仍保持其主要修饰不及物动词的特点。

2.3 "弗"修饰及物动词时,动词带宾语的比例仍保持在 40% 左右。

2.4 〔弗动〕后的宾语绝大多数仍为名词或其短语,但用得更为灵活;而且还发现有的宾语是动宾短语。如有的名词宾语是兼语式中的兼语:

(1) 女毋敢弗帅先王作明井(刑)。(牧簋)

"先王"是"弗帅"的宾语,又是"作明井"的主语。

还有的"弗"管了后面的两个谓语动词:

(2) 我弗具付鬲从其且,射分田邑,则殊。(鬲攸从鼎)

此句大意是,我如果不尽付鬲从(人名)之租,(不)答谢分给田邑,就处死。动词"付"带的是双宾语:"鬲从"和"其且";动词"射"的宾语是动宾短语"分田邑"。

3.《尚书》中的"弗"

3.1 《尚书》中"不"479 例,"弗"108 例,二者比例由金文的 2∶1 变化至 4∶1。"不"的势力范围进一步扩大,但"弗"占的比例也还不小。

3.2 "弗"仍然主要修饰及物动词,带宾语的比例与甲骨文、金文基本一致而略有下降,约占 38%。宾语绝大多数仍是名词或其短语(见表 2)。如:

(1) 今商王受,弗敬上天,降灾下民。(泰誓上)204

(2) 汝曷弗念我古后之闻?(盘庚中)164

少数宾语为动词。如:

(3) 惟予冲人弗及知。(金縢)252

有一例宾语为代词"朕":

(4) 汝曷弗告朕而胥动以浮言,恐沈于众?(盘庚上)159

3.3 用在不及物动词和形容词前的"弗"共12例,约占"弗"总数的10%,较甲骨文、金文又有所增长,值得注意。如:

(1)我旧云刻子、王子弗出,我乃颠陨。(微子)

(2)迪高后丕乃崇降弗祥。(盘庚中)168

4. 殷周时期"弗"的特点。总起来看,殷周时期,甲骨文、金文和《尚书》中的"弗"具有共同的特点:一、"弗"的数量较大,与"不"的数量比较接近;二、"不"用法比较宽泛,主要修饰不及物动词和形容词;但也可修饰及物动词,且此数量逐渐上升。"弗"绝大多数修饰及物动词;但修饰不及物动词和形容词的数量,却保持不断增长的趋势。三、〔弗·动〕带宾语的用例相当多,约占"弗"例的40%。四、尤其不能忽视的是,这些宾语的绝大多数都是名词性或动词性宾语;只有极少数是代词宾语。见表2。

表2

文献	名词宾语	动词宾语	代词宾语	共 计
甲骨文	134(98%)		3(2%)	137
金文	23(82%)	5(18%)		28
尚书	28(76%)	8(21%)	1(3%)	37
总计	185(92%)	13(6%)	4(2%)	202

由统计看出,在202例宾语中,名词宾语185例,动词宾语13例,两项共计198例,占宾语总数的98%;而代词宾语仅有4例,只占2%。因此我们不能不承认,由于〔弗·动〕带宾语的数量多达40%左右;由于这些宾语绝大多数都是名词、动词或其短语,〔弗=不+之〕的结论在甲骨文、金文和《尚书》中都是明显不能成立的。周法高先生在《中国古代语法:造句编》(1956)中曾说到这一结论不适用于甲骨文、金文、《尚书》。黄景欣先生(1958)也指出过这点。⑥事实证明他们的意见是正确的。但在他们所举的理由中,都没有明确指出〔弗·动〕带宾

语的总数量及百分比,更未明确指出宾语中绝大多数为名词、动词或其短语。

第二时期:春秋战国秦汉时期

这一时期我们简称为春秋两汉时期。本时期包含的文献上起《诗经》下到《汉书》、《论衡》。这个时期延续的时间长,包含的文献多。"弗"在这一时期有重大变化,最值得注意的有三:一是"弗"大量减少,"不"、"弗"比例由上一时期的1(2、3、4):1(弗)变化至10:1,20:1,甚至90:1。二是"弗"虽仍主要修饰及物动词,但动词后带宾语的比例明显下降,由上一时期的40%降至平均8%—10%左右。

由于这一时期〔弗·动〕带宾语的比例大量减少,丁声树先生〔弗＝不+之〕的结论正是在这一时期文献的基础上提出的。支持这一说法的学者也都是以这一时期的文献作为依据,大家似乎认为,不管怎么说,〔弗＝不+之〕的结论对于秦汉时期的大部分甚至全部古籍还是适用的。那么,这一阶段的情况究竟如何呢?显然成了问题的关键。看来确有必要对这一时期的文献进行尽可能全面的调查。我们今天有电脑资料库,有较多的引得和许多研究成果,比起前辈的研究条件真有天壤之别。他们在当时的条件下尚作了许多调查,我们更不应满足于用一两种或少数几种文献代表一个漫长的历史阶段。因此我决定对这个时期"弗"的情况在力所能及的范围内作进一步调查。下面就把近期的调查[⑦]分几个问题来谈:

1. 首先需要介绍一下〔弗＝不+之〕的几种例外。

所谓例外就是指的与〔弗＝不+之〕这一结论相矛盾的例子。这一时期的传世文献我们调查了《诗经》、《左传》、《论语》、《孟子》、《庄子》、《韩非子》、《史记》、《论衡》等六十余种。从调查的情况看，应作为例外的有以下五种情况：

1.1 〔弗·动〕之间或其后有代词宾语，形成〔弗之动〕或〔弗动之〕。如：

（1）东方有莒之国者，……不敬事于大，大国亦弗之从而爱利。《墨子·非攻中》

（2）虽与之俱学，弗若之矣。《孟子·告子上》265

"弗"既等于"不+之"，在〔弗·动〕之间或其后都不该再有"之"或其他代词宾语，若有就应属于例外。

1.2 〔弗·动〕之后带有名词宾语或动词宾语或其他非代词宾语。如：

（1）夫人情莫不爱其子，今弗爱其子，安能爱君？《韩非子·难一》800

（2）齐侯弗及盟。《穀梁传·文公16年》

（3）君弗如急北兵趋赵以秦、魏，收周最以为后行。《战国策·东周》19

例（1）的宾语为名词短语"其子"；例（2）为动词"盟"；例（3）为复句"急北兵趋赵以秦魏，收周最以为后行"。"弗"既然等于"不+之"，〔弗·动〕之后连代词宾语都不应出现，当然更不该有任何其他非代词宾语；如有，毫无疑问属于例外。

1.3 "弗"修饰的是不及物动词。如：

（1）齐君弱吾君，归弗来矣。《左传·昭12》4.1333

（2）子之先生死矣，弗活矣！《庄子·徐无鬼》

以上例子对于"弗＝不+之"的结论都是不相容的例外。因为动词是不及物的，不能带宾语"之"。如果认为带有宾语"之"，句义就会与原文相背，或不可理解。当然，这里就存在着对动词是及物与否的辨别问题；还有"弗"所修饰的不及物动词可能表示使动用法的问题。对于这些问题我们都结合上下文义并参照有关的研究成果和各种注本认真加以分辨,直到自己认为较有把握,或者能够提出个人的看法为止。

1.4 "弗"修饰的是形容词(不包括表意动用法的形容词)。这类用法与〔弗=不+之〕也是明显对立,因为形容词不能带有宾语,只能作为例外处理。如下面例中的"久"和"宜":

(1)楚王将死矣。……弗能久矣。《左传·昭25》4.1468

(2)非才下也,时弗宜也。《淮南子·齐俗》521

1.5 〔弗·动〕前有受事主语(也就是"动"在逻辑上的受事宾语),形成〔受事主语·弗·动〕句式。在这类句子里动词不能再带宾语"之",因而也就成为〔弗=不+之〕的例外。如:

(1)言弗敢出,有盟可也。《左传·襄28》3.1146

(2)其心以为不然者,天门弗开矣。《庄子·天运》

例(1)的"言"、例(2)的"天门"为受事主语。下例转引自魏培泉《庄子语法研究》,作者并有说明:"如果'天门'是受事,那么既作主语,其后习惯上不留下代词宾语;假如把'开'当作内动词(即不及物动词),自然不需宾语。"[8]

关于"弗·动"前有受事主语,是否算例外的问题,存有争议。我认为这类例子有两大类:一类在动词后有代词"之"复指受事主语,一类没有代词"之"。"天门弗开"就属于后一类。

以上五种情况,本文都作为"弗=不+之"的例外处理,在附表中分别作出了统计;文后还附上了所调查各书的全部例外,以便大家核实、更正、讨论或参考。对于没有把握的例子,不作为例外收入。

2. 对春秋—两汉时期传世文献的调查。

2.1 对这一时期的传世文献,本文共调查了63种,"弗"共2680例,其中例外有350例,平均约占"弗"总数的13%左右。如果我们到此打住,说明自己的观点,再附上所有属于例外的例子,似乎也就可以作出交代了。但是,既然我们的平均数是在逐书调查的基础上得到的,我们就有可能也应该在此基础上对调查对象进行科学的再分类,而不应该仅仅满足于平均数。因为平均数有可能掩盖事物内部的层次与差异,甚至可能使人忽略多数个体的实情。因而我们决定继续前进,根据例外的多少作出如下的再分类:第一类,〔弗=不+之〕的公式在本类中没有遇到例外。共 5 种(括号内为该书"弗"的总数):《论语》(5),《荀子》(2),《老子》(2),《列女传》(2)、《盐铁论》(1)。第二类,"弗"的例外在 1%—5% 之间。只有《周易》一种,"弗" 14 例中有 1 例外,占 4.5%。第三类,"弗"的例外在 5.1%—10% 之间。共有 12 种书,这 11 种书的"弗"共 1005 例,各种例外共 75 例,平均约占 7.5%。见下面表 3。

表 3

"弗"的结构	诗经	左传	国语	墨子	韩非子	礼记	尉缭子	韩诗外传	新书	论衡	文子	周易	共计
〔弗之动〕	0	0	1	2	0	5	0	0	0	0	0	0	8
〔弗动之〕	0	3	0	0	1	2	1	0	1	1	0	0	9
〔弗动b(名)〕	1	3	3	0	2	2	0	1	0	0	0	0	12
〔弗动b(动)〕	0	1	1	2	1	1	0	1	6	0	0	0	13
〔弗不及物〕	0	8	3	1	0	1	0	0	0	0	1	1	14
〔弗形〕〔弗副〕	2	7	0	0	0	0	0	0	0	0	0	0	9
〔受事·弗动〕	0	1	0	0	4	2	0	2	0	1	0	0	10
例外数	3	23	8	5	8	13	1	4	7	2	1	1	75
弗总数	30	362	87	58	83	192	12	41	96	30	14	14	1005
例外占百分比	10	6.4	9.2	8.6	9.6	6.8	8.3	9.8	7.3	6.7	7.1	7.1	7.5

第四类,"弗"的例外在 10.1%—20% 之间。共 15 种。见下面表 4。

494 《左传》虚词研究

表 4

"弗"的结构	孟子	史记	战国策	庄子	淮南子	穀梁传	风俗通义	晏子春秋	吕氏春秋	汉书	鹖冠子	申鉴	春秋繁露	公羊传	孔子家语	15种书共计
[弗之动]	0	0	1	0	0	0	0	0	0	1	1	1	0	0	4	8
[弗动之]	1	5	3	1	5	0	0	0	1	1	1	0	2	0	4	24
[弗动b(名)]	0	13	5	0	1	5	0	1	0	8	2	0	8	0	1	44
[弗动b(动)]	0	6	1	0	2	2	0	0	7	2	0	0	4	2	2	28
[弗不及物]	3	2	1	2	3	0	0	0	4	2	2	0	2	0	2	23
[弗形]	0	1	0	1	1	0	1	0	0	5	0	1	0	0	1	11
[受事·弗动]	1	9	1	1	24	0	0	0	9	6	5	0	1	0	0	57
例外数	5	36	12	5	36	7	1	1	18	23	11	2	17	2	14	190
弗总数	38	317	118	35	269	58	7	7	147	180	64	12	76	11	80	1417
例外占百分比	13.2	11.2	10.2	14	13.4	12.1	14	14	12.3	12.8	17	16.7	22.4	18	17.5	13.4

以上15种书的"弗"共1417例,各种例外共195例,约占"弗"总数的13.7%,只有两种书的例外为10.2%(《战国策》)和11.4%(《史记》),其余都在12%以上,三分之一(5种)在15%以上。

"弗"的历史演变　　495

第五类,"弗"的例外在 20.1%—40% 之间。共 10 种书。见下面表 5。

表 5

"弗"的结构	大戴礼记	逸周书	新序	仪礼	说苑	周礼	中论	潜夫论	列子	楚辞	共计
〔弗之动〕	1	0	0	0	0	2	0	4	0	0	7
〔弗动之〕	0	0	0	0	0	0	1	1	1	0	3
〔弗动 b(名)〕	0	9	1	0	1	2	1	2	3	0	19
〔弗动 b(动)〕	0	2	0	0	1	0	1	4	3	0	11
〔弗不及物〕	1	2	0	1	2	0	0	0	6	1	13
〔弗形〕	0	0	0	0	0	0	0	0	2	3	5
〔受事·弗动〕	5	0	0	0	2	0	1	0	1	0	9
例外数	7	13	1	1	6	4	3	9	15	5	64
弗总数	33	54	4	4	23	15	11	39	3	14	250
例外占百分比	21	24	25	25	26	26.7	27	23	28.5	35.7	27

以上 10 种书的"弗"共 250 例,各种例外共 67 例,平均约占"弗"总数的 27%,这类古籍的共同特点是"弗"的总数下降,例外的百分比上升。

第六类,"弗"的例外在 40.1%—100% 之间。共 3 种书。见下面表 6。

表 6

"弗"的结构	吴越春秋	管子	商君书	共　计
〔弗之动〕	0	0	2	2
〔弗动 b(名)〕	0	0	0	0
〔弗动 b(动)〕	0	0	0	0
〔受事·弗动〕	1	3	0	4
例外数	1	3	2	6
弗总数	2	5	2	9
例外占百分比	50	60	100	66.7

以上 3 种书的"弗"共 9 例,各种例外共 6 例,约占"弗"总数的 66.7%。

第七类,在这类古籍中没有发现"弗"的例子。共 18 种:《孙子兵法》《吴子》《司马法》《六韬》《孝经》《山海经》《新语》《鬼谷子》《法言》《汉官六种》《白虎通》《穆天子传》《燕丹子》《文始真经》《焦氏易林》《京氏易传》《鹖子》《太玄经》。

2.2 让我们对以上七类古籍的情况作一综述。第一类:"弗"无例外。共 5 种书。"弗"共 12 例。第二类:"弗"例外在 5% 以下,无。第三类:"弗"例外在 5.1%—10% 之间。共 12 种书。"弗"共 1005 例,例外 75 例。第四类:"弗"例外在 10.1%—20% 之间。共 15 种书。"弗"共 1417 例,例外 195 例。第五类:"弗"例外在 20.1%—40% 之间。共 10 种书。"弗"共 250 例,例外 64 例。第六类:"弗"例外在 40.1%—100% 之间。共 3 种书。"弗"共 9 例,例外 6 例。第七类:无"弗"。共 18 种书。

以上这七类情况又可概括为四大项:甲,在所调查春秋两汉的 63 种文献中,〔弗＝不＋之〕的结论未遇到例外的只有 5 种,仅占 8%。乙,"弗"的例外在 5.1%—10% 之间,共 12 种,约占 19%。丙,例外在 10.1%—100% 的四、五、六类共 28 种,约占 44.4%。丁,18 种书没有"弗",约占 28.6%。看来〔弗＝不＋之〕的结论至少对于所调查的春秋两汉时期近半数的传世文献(丙项,占 44.4%)是显然不适用的。

说到这里有个问题需要提出讨论:上述乙项("弗"的例外在 6%—10% 之间)能否列入"适用于〔弗＝不＋之〕的结论"?一般不成文的看法似乎认为,作为一个科学规律的例外,不应超过 5%。我们认为 5% 这一量化的界限是适宜的,因而就应把乙项归入"不适用于〔弗＝不＋之〕"的行列,这样 44.4% 再加上一个 19%,等于 63.4%,成为明显的多数。(退一步说,即使把乙项与甲项放在一起,视为适用于这一公式,总共也才 17 种,仅占所调查古籍的 27%。)

3. 关于出土文献中的"弗"。

关于出土文献中的"弗",需用专篇文章讨论,这里还不能详说。

"弗"的历史演变　497

仅以目前初步调查的19种资料来看,大致也可分为七类:

第一类,〔弗=不+之〕的结论在本类中没有遇到例外。共有3种:银雀山汉墓竹简《孙子兵法》,马王堆汉墓帛书《老子》乙本的附古佚书《称》,《侯马盟书》。共有"弗"例53个。

第二类,"弗"的例外在1%—5%之间。共2种:《银雀山汉简》:"弗"例74例;其中例外2例(〔弗动宾(名)〕、〔受事·弗动〕),例外占2.7%。《战国纵横家书》:"弗"例25例;其中例外1例(〔弗动宾(名)〕),例外占4%。两书共99例;例外3例,约占3%。

第三类,"弗"的例外在5.1%—10%之间。共6种。见表7。

表7

"弗"的结构	甲本老子	卷后古佚书	乙本老子	云梦秦简	春秋事语	帛书周易
〔弗之动〕	0	0	1	0	0	0
〔弗动之〕	2	3	2	1	1	0
〔弗动b(名)〕	0	0	0	4	1	0
〔弗不及物〕	0	0	0	0	0	1
例外数	2	3	3	5	2	1
弗总数	37	43	40	77	22	12
例外占百分比	5.4	7	7.5	6.5	9	8.3

以上6种书,"弗"例共231例;例外16例,约占6.9%。

第四类,"弗"例外在10.1%—20%之间。共2种:《帛书经法》,"弗"例7例;例外1例(〔弗动宾(名)〕),占14.3%。《帛书五行》,"弗"例35例;例外5例(〔弗动之〕3例,〔弗动宾(名)〕1例,〔弗动宾(动)〕1例),占14.3%。两书共42例;例外6例,占14.3%。

第五类,"弗"的例外在20.1%—40%之间。共3种。"弗"45例;例外10例,占22.2%。请看表8。

498　《左传》虚词研究

表 8

"弗"的结构	卷前古佚书	帛书五十二病方	道原
〔弗动b（名）〕	7	0	2
〔弗不及物〕	0	1	0
例外数	7	1	2
弗总数	33	4	8
例外占百分比	21.2	25	25

第六类，"弗"例外在 40.1%—100% 之间。共 2 种：《马王堆帛书：医书（二）》，"弗"13 例；例外 9 例（〔弗动宾（名）〕2 例，〔受事·弗动〕7 例），占 77%。《张家山汉简：引书》，"弗"1 例；例外 1 例（〔弗动宾（动）〕），占 100%。两书"弗"共 14 例，例外 10 例，占 71.4%。

第七类，本类出土文献中无"弗"。仅 1 种：《张家山汉简：脉书》。

3.1　以上七类也可概括为四大项：甲，无例外和有 5% 以下的例外，共 5 种，约占 21%。乙，例外在 5.1%—10% 之间，共 6 种，约占 37%。丙，例外在 20.1%—100% 之间，共 7 种，约占 37%。丁，无"弗"，约占 5%。

我们看到，即使在出土文献中也只有 21% 的古籍（甲项）适合这一公式。（退一步说，如果把甲、乙两项放在一起，则共占 58% 左右，超过半数。也就是说，"弗 = 不 + 之"的结论基本上适用于出土文献。但例外在 6%—10% 之间，对于"弗 = 不 + 之"的公式来说究嫌太多，是应予排除的。）当然，我们应该看到，出土文献中"弗"的运用频率比较高，与传世文献相比，反映出传世文献有较多的变动，这是我们须特别注意的。但另一方面也必须看到，出土文献中"弗"的运用频率比较高，并不等于"弗"的例外有明显减少。就"弗"的例外所占的百分比来说，传世文献 63 种，"弗"共约 2680 例，例外共约 350 例，平均约占"弗"总数的 12.7%。出土文献 19 种，"弗"共约 431 例，例外共约 45 例，平均约占 10.4%。两者之间的差异并不是太大，这也是我们须要特别注意的。不过传世文献的大多数(约62%)例外在10%以上;出土文献的大多数(89%)例外在10%以下(注意其中例外在5.1%—10%之间的共6种;无例外和有5%以下例外的仅有5种),这是两者的一个明显差别。

第三时期:魏晋南北朝时期

1. 先请看对部分古籍的调查结果。列于表9。

表9

"弗"的结构	后汉书	魏书	吴书	蜀书	世说新语	世说古注	搜神记	齐民要术
〔弗动之〕	0	0	1	1	1	2	0	0
〔弗之动〕	1	1	1	0	0	0	0	0
〔弗动b(名)〕	1	9	0	0	0	1	0	1
〔弗动b(动)〕	0	6	0	0	0	0	0	0
〔弗不及物〕	1	0	0	0	0	1	0	0
〔弗形〕	0	2	1	0	0	0	0	0
〔受事·弗动〕	2	4	1	3	0	0	0	0
例外数	5	22	4	4	1	4	0	1
弗总数	28	64	11	6	2	10	4	1
例外占百分比	17.9	34.4	36.4	67	50	40	0	100

2. 这一时期"弗"的特点。主要表现在以下几方面:

2.1 "弗"与"不"在数量上相差悬殊。

就以《史记》和《后汉书》相比而言,《史记》"弗"例317例,而《后汉书》仅为28例。两书"弗"的比例约为11∶1。这是"弗"在它的历史演变过程中第二次大削减。第一次是由西周至春秋之际,具体体现在《诗经》中,已如前述。第二次就明显地表现在《后汉书》中。这可能有两方面的影响,主要是随着口语化的发展,"不"的各种功能迅猛增长,大有取而代"弗"的趋势。再就是社会政治因素对语言的影响。如汉武帝刘彻给皇太子(后嗣位为汉昭帝)取名为刘弗陵(后改为刘弗),刘弗死后,朝廷上下为了避讳,均以"不"代"弗"。诸如此类的社会政治原因形成"弗"的陡降。⑨此后"弗"在诸书中的数量一直趋减。因而我们以《后汉书》作为二、三时期的分界线。

2.2 "弗"仍然主要修饰及物动词,但例外明显增加。这一时期"弗"的例外由春秋两汉时期平均为12%增长到32%左右,几乎接近第一时期的平均数(40%)。因而"弗=不+之"的结论在这一时期也就根本谈不上了。

2.3 在例外中,带宾语的数量仍占大多数,约占例外总数的63%,其他例外约占37%。

2.4 值得注意的是:一、在〔弗·动〕所带宾语中,名词宾语和动词宾语仍占多数(约占宾语的69%),但比第二时期的74%有所下降。二、宾语中代词所占比例持续上升。由第二时期的26%逐渐上升到31%。三、其他几项例外在全部例外中的比例由第二时期的32%上升至37%。

这些重要的变化一方面反映了"弗"在大量被淘汰的同时还保有它存在的价值,仍顽强地求生存,求发展;同时更反映出"弗"在功能上的变化及其规律性的特点,我们将在最后专门讨论这个问题。

第四时期:隋唐—明清时期

1. 在讨论之前,还是让我们先看看调查的资料。列于表10。

1.1 经过对部分史书中"弗"的调查(书名下的括号表示调查的第几册),从表10可以看出在史书中始终保留了一些"弗",反映出"弗"在一定的文体中还有它独特的作用,有它值得保留的价值。同时也反映了文言书面语与口语的脱节。我们更要注意到,尽管在史书中"弗"一直有所保留,但比之二、三时期已有很大变化:第二、三时期的例外中,大部分是带宾语的例子。而在这一时期中,带宾语和不带宾语的例外各占50%左右,这是十分重要的变化。它标志"弗"的作用在发生本质性的改变;修饰及物动词过去一直是它占优势的语法功能,而现在几乎要与其他几项功能平分秋色了。可以看出,"弗"在自己修饰及物动词这一主要功能受到"不"日益严重的威胁下,转而在其他方面加强自己所能显示的特有的价值。所以我们不能仅仅满足于观察它数量的消长,还必须透过数量的消长剖析它实质性的变化和真正的价值所在,这样才能明了它为什么能在这么长的历史过程中,在"不"的强大压力下,始终能占有一席之地。

表 10

"弗"的结构	新唐书(1)	宋史(1)(12)	资治通鉴(1)(8)	元史(1)(11)	明史(1)(17)	清史(2)(30)	共计
〔弗动之〕	0	0	1	2	0	0	3
〔弗之动〕	0	0	1	0	0	0	1
〔弗动b(名)〕	2	2	1	0	0	2	7
〔弗动b(动)〕	1	2	0	1	0	0	4
〔弗不及物〕	0	1	0	1	3	0	5
〔弗形〕	0	1	0	4	3	1	9
〔受事·弗动〕	0	0	1	0	0	0	1
例外数	3	6	4	8	6	3	30
弗总数	7	17	29	30	21	8	128
例外占百分比	42.9	35.3	13.8	26.7	27.6	37.5	23.4

1.2 我们对这一时期的部分文人作品也作了些调查,见下面表 11。

表 11

"弗"的结构	全唐诗	朱子语类	关汉卿戏曲	水浒传	三国演义	西游记	金瓶梅	红楼梦	儿女英雄传	儒林外史	共计
〔弗动之〕	0	0	0	0	0	0	0	0	0	0	
〔弗之动〕	0	0	0	0	0	0	1	0	0	0	1
〔弗动b（名）〕	0	0	0	0	0	0	0	0	0	0	
〔弗动b（动）〕	0	0	0	0	0	0	0	0	0	0	
〔弗不及物〕	11	0	0	0	0	0	0	0	0	0	11
〔弗形〕	1	0	0	0	0	0	0	0	0	0	1
〔受事·弗动〕	3	0	0	0	0	0	0	0	1	0	4
例外数	15	0	0	0	0	0	1	0	1	0	17
弗总数	32	0	0	0	1	0	1	0	1	1	36
例外占百分比	49.6										47.2

从以上调查可以看出，在文人作品中虽还有少量的"弗"，但比史书少得多。以《全唐诗》为例，共有"不"31206例，"弗"仅32例。而在《新唐书》中"弗"就有146例。表明史书保留更多的古代语言成分，同时反映出"诗"更接近口语。还要注意的是，在"弗"的17个例外中，带宾语的例子只见到一个，而〔弗·不及物〕有11例，〔弗·形〕有1例，〔受事·动〕有4例，三项加起来有16例之多！足见"弗"的功能已发生根本性的变化。

我们还调查了一些民间文学作品或口语性较强的宗教文学作品，如《敦煌变文集》、《祖堂集》、一些宋代话本等，都没有见到"弗"。可见在这一时期特别是唐宋阶段，书面语与口语明显分离，在口语中"弗"几乎已经销声匿迹了。

在这一时期的元明清阶段，除史书这种特殊的文体外，书面语与口语似乎又有逐渐统一的趋势，在部分文人的作品如《三国演义》、《金瓶梅》、《儿女英雄传》等书中，又可以见到个别"弗"的用例，[⑩] 主要是模仿古人的说法或引用已有的格言等。这些作品在民间广泛流传,它们既有口语化的特点,又对口语有重要影响。可能这也是"弗"得以流传下来的一个重要原因。

2. 这一时期"弗"的主要特点有二。

第一,这一时期"弗"在数量上急剧下降,书面语和口语分家的现象比较严重。在书面语特别是口语中还保有少量的"弗",在部分文人作品中还有个别用例,这可能与作者个人的言语习惯、风格爱好、方言用语等因素有关。而在反映口语的民间文学作品和其他类似作品中,"弗"已很难见到。

第二,"弗"在功能上发生根本性变化。它的主要作用由修饰及物动词转向主要表示强调。为了实现表示强调的目的可以不受限制地修饰不及物动词、形容词,或用于受事主语句中,因而"弗"修饰及物动词的数量已变为极少数。

第五时期:现代

1. 现代汉语的书面语和口语趋于一致,"弗"在普通话里只保留个别成语,如"自叹弗如"。[11]

2. "弗"保留在部分方言中,如吴方言、闽方言等。在这些方言中"不"、"弗"不分,"不"发音为"弗"。"弗"作为保留在方言中的古语成分,再现于这些地区作家的作品之中。如鲁迅先生作品中就不止一例。他编写的民歌有这样的句子:"做个公民实在弗容易,大家切莫耶耶乎!""弗"后面是形容词,运用得自由自在!而北方地区的作家的作品里,就很难见到"弗"。

结 语

1. "弗=不+之"所面临的问题。

1.1 "弗=不+之"很难成立。综观"弗"的历史演变,在各个历史阶段"弗=不+之"遇到的例外都过多,这一结论确实很难成立。

如上文所示,"弗"的演变可分为五个历史时期。"弗=不+之"在第二时期遇到的例外比其他各时期都少,因此争论的焦点集中在第二时期。

在撰写此文的过程中,我们共调查了 115 种资料(其中甲骨文、金文各算一种)。"弗"例共有 3908 例,例外共计 683 例,约占"弗"例的 17.5%。现列一总表于下。

表 12

时　　期	书的种数	"弗"的总数	例外数	例外数占百分比
第一时期	3	487	205	42.1%
第二时期(传世)	62	2718	367	13.5%
（出土）	19	447	38	8.5%
第三时期	8	126	41	32.5%
第四时期	20	164	47	28.7%
第五时期	3	6	3	50%
共　　计	115	3948	701	17.6%

从调查结果可以看到,第一、三、四、五时期,"弗"的例外所占百分比分别为 42.1%,32.1%,28.7%,50%;由于例外太多,〔弗=不+之〕的公式明显不适用。问题的关键就在第二时期。第二时期的文献可分为传世文献和出土文献两大类,过去的讨论主要针对这一时期的传世文献。丁声树先生"弗=不+之"结论的提出以及黄景欣先生的批评文章,用例大多是以这一时期的传世文献为依据,[12]因此我们必须首先把传世文献的情况弄清楚,本文的主要目的也在于此。我们调查了第二时期的部分传世文献(63 种),结果表明,"弗"例外平均约占 12.7%(其中大多数传世文献的例外在 5% 以上),我们认为"弗=不+之"对于第二时期的传世文献也是不适用的,至少在我们所调查的范

围内是如此。至于第二时期的出土文献,我们初步调查了19种资料[13],大致情况是:"弗"的例外平均约占10.4%。其中例外在6%—100%者共14种,占74%;无例外和例外在5%以下者仅5种,占26%,从这一初步的调查结果看来,"弗=不+之"的公式对于出土文献也是难以适用的。

1.2 关于"弗"所带的名词宾语及其他。

我们认为无论传世文献或出土文献,"弗"的例外在5%以上者,都不应归入适用于"弗=不+之"之列,这不仅是因为例外超过5%,对于任何一个严格的科学结论来说几乎都已到了最大限度;更因为"弗"之例外的特殊情况:所带宾语以名词宾语和动词宾语占大多数,这与"弗=不+之"的结论绝不相容。因为宾语是"之"已经与这一结论尖锐抵触,而其中大多数竟然是名词或动词,那就更与这一结论水火不相容了。请看下面的总表,表13。

表13

时　期	名词宾语	动词宾语	代词宾语	共　计
第一时期	185	13	4	202
第二时期(传世)	79	63	30	172
（出土）	20	2	14	36
第三时期	12	6	8	26
第四时期	7	4	5	16
共　计	303	88	61	452

在452例宾语中,名词宾语共303例,约占宾语总数的67%;动词宾语共88例,约占总数的19.5%;两项共占86.5%;而代词宾语61例,仅占总数的13.5%！仅是这一项统计就足以造成对〔弗=不+之〕的严重威胁了,这绝不是危言耸听。

"弗"例的宾语以名词为主,自甲骨文以来就是如此。代词宾语虽然由甲骨文时期到唐宋元明,是逐步上升的趋势,但最高也没有超过40%。这样一个重要的事实,过去却没有受到足够重视;或者在举出的例外中虽然夹有名词作宾语的例句,却没有单独作为一个问题提出。很可能由于当时讨论的注意力集中在宾语和代词"之"的有无,还来不及讨论更多的问题吧!今天是郑重提出这一问题的时候了。

2. "弗"的特点究竟是什么?

"弗"的特点概括起来有二:一是从语法功能上看,它主要用于修饰及物动词,动词宾语大多承前省略;由此使它在一定历史时期具有标志及物动词的功能。二是从语义上看,它主要表示强调:对否定意义的强调,对所修饰动词或形容词的强调。下面我们分别来谈:

2.1 从语法功能上看,"弗"主要用于修饰及物动词其次也可修饰少量不及物动词、形容词等。

"弗"主要用于修饰及物动词,所修饰的动词大多省略宾语。这是丁声树先生最先揭示出的"弗"的本质特点。虽然丁先生"弗＝不＋之"的结论难以成立,却丝毫不能低估他对"弗"特点的重大发现以及他对"弗"研究的巨大贡献。如果我们不把"弗＝不＋之"作为代表"弗"本质特点的公式而指出"弗"的特点是"主要修饰及物动词,所修饰的动词大多省略宾语",那就可能保留了丁先生结论的合理内核而抛弃了其中不合理的部分。

我们在上面作的调查和统计数字告诉我们,几个时期"弗"的例外数平均在17.5%左右,也就是说,大约82.5%的"弗"是修饰及物动词而且动词未带宾语。这一事实无可争辩地证明丁先生结论的核心部分基本正确。

需要强调的是,"弗"有修饰及物动词的功能,绝不等于它有代替及物动词的功能。动词之后省略宾语与否主要是及物动词的功能;及物动词位于后续句时受否定副词"不"、"弗"、"勿"等修饰时反映出的特点；还有其他因素如上下文语境的制约等。

2.2 从语义上看，"弗"主要表示强调。

"弗"主要表示强调，这是我们老祖宗何休的重大发现。他早在近两千余年以前的汉代就说过："弗者，不之深也。"[14] 也就是说，弗是对于"不"的加强。"强调"的说法往往会被人们认为是主观臆测、胡说八道、不可捉摸。今天我们经过大量的调查分析，证明何休的这一发现是不可磨灭的客观真理，"弗"的强调功能是客观存在，是可以捉摸的。[15]

在第一时期，"弗"的强调作用不太明显，因为"弗"的数量和"不"差不多，相比之下显示不出什么强调功能。自第二时期以后，"弗"的数量大减，"弗"的强调作用就日趋明显了。主要表现在以下几方面：

2.2.1 在〔（主）弗·动〕式中，"弗"主要对否定意义表示强调的同时，也对它所修饰的动词起强调作用。何休所说"弗者，不之深也"，是对"弗"强调作用的总概括，但"弗"的强调作用不可能孤立地表示，一定得通过它所修饰的动词来表现。我们把"弗"后的及物动词按意义大致分为三类：第一类动词多反映人们的主观决定、态度或意愿。如：许、听、从、欲、与、争，等等。"弗"修饰这类动词时大多表示对主观意愿否定态度的强调。例如：

（1）冉有请从之三，季孙弗许。（左传·哀3）4.1660

（2）吴公子庆忌骤谏吴子曰："不改，必亡。"弗听。（左传·哀20）4.1715

（3）与晏子邶殿其鄙六十，弗受。子尾曰："富，人之所欲也。何独弗欲？"（左传·襄28）3.1150

第二类动词多表示人们实际能力所能达到的程度。如：及、堪、克、敌，等等。"弗"的修饰常表示对客观上不可能性的强调。如"弗及"强调不能达到，"弗堪"强调不能承受等。例如：

（4）史墨……对曰："六年及此月也，吴其入郢乎！终亦弗克。"（左传·昭3）4.1514

（5）令尹为王，……民弗堪也，将何以终，……弗可久矣！"（左传·昭1）4.1679

第三类动词多表示动作行为是一种结果或对客观事态的反应。往往给人"已过去"或"已终结"的认识。如：得、置、为、违、盗、知、闻，等等。"弗"的修饰常表示事态的终结或事态的短暂性和不持续性。如"弗违"强调没有违背，"弗闻"强调没有听说等。例如：

（6）其官丞置啬夫，过三月弗置啬夫，令、丞为不从令。（《云梦秦简·内史杂》）7

（7）令曰为之，弗为，是谓废令也。（《云梦秦简·四》）32

（8）何谓臧（赃）人？赃人者，甲把其衣钱昵藏乙室，即告亡，欲令乙为盗之，而实弗盗之谓也。（《云梦秦简·四》）34

2.2.2 "弗"在带宾语句式中的强调作用。

"弗"例带宾语的句式共有四种：〔弗之动〕、〔弗动之〕、〔弗动宾（名）〕、〔弗动宾（动）〕。"弗"在这些句式中都在表否定的同时表示对宾语的强调。有时为了表示强调，宾语部分甚至重复出现，与上句动词的宾语完全一样。

2.2.3 "弗"用在形容词和不及物动词前时，在强调否定的同时，还表示对形容词和不及物动词的强调。

3. "弗"的演变规律。

"弗"的两大特点在各个历史时期有变化有消长，在相互交错之中构成"弗"的演变规律。掌握"弗"两大特点的此起彼伏，对"弗"的发展变化就可一目了然。第一时期主导是"弗"的修饰和标志及物动词的作用，由于"弗"和"不"的数量差别不是太大，"弗"表强调的功能并不突出。两条线在第二时期都处于发展中的关键期：一方面，在修饰和标志及物动词方面,带宾语的例子突然大减,是例外最少、修饰和标志及物动词的作用最为明显的时期;另一方面,在表示强调方面,"弗"的数量突然大减,也是它的强调作用展现光芒的时期。因此何休发现"弗"的强调作用是在这个时期,丁声树发现"弗"的修饰和标志及物动词的作用也是以这一时期的文献为依据。第三时期以后,总的趋势是"弗"的修饰和标志及物动词的作用逐渐下降,而其表示强调的功能则逐步上升。不过从"弗"的全局来看,它是日益减少,到了现代汉语里,除了极少数含"弗"的成语和作家的方言习惯用语外,几乎都已被"不"取代了。

3.1 "弗"的例外在甲骨文、金文时期和魏晋、唐宋以后都在40%左右,是不是历史的重复?

甲骨文、全文时期与魏晋唐宋以后"弗"的例外都高达40%左右,这并非历史的重复再现,也不是时光倒流,而是因为"弗"的功能发生了实质性的变化。甲、金文时期,"弗"的主要作用是修饰及物动词;"不"主要修饰不及物动词,但也修饰其他成分,用法比较宽泛。魏晋以后,"不"的口语化程度迅速增长,作用更加扩展,在否定词中遥遥领先,形成对"弗"的强大威胁。"弗"的数量大降,与"不"相差悬殊,与此同时"弗"的作用已由修饰及物动词变化为主要表示强调,它修饰非及物动词的比例日渐上升,以至于超过它所修饰的及物动词。

3.2 究应如何看待"弗"的例外?

首先,什么是例外?例外一般是指在规律性的现象之外出现的少于5%的非规律现象。"弗"的所谓"例外"在五个历史时期分别为:42%—12.7%(或10.7%)—32.5%—28.7%—50%,这能叫作"例外"吗?除第二时期还可商榷外,对于其他四个时期,都不能视为例外,而是正常的语言现象。如果"弗"果真相当于"不+之",它就不应该有这些变化。如果我们跳出"弗=不+之"的圈圈,不光想如何去解释"弗=不+之"或"弗≈不+之",而是在正视这些语言现象的基础上去思考"弗"的作用,我们就会发现实际语言中的"弗"并不是真的那么约束自己只出现在及物动词前面,也不是与动词的宾语誓不两立。从第二时期开始,它的主要作用就是强调,这一作用随着与"不"的竞争而日益明显。在第一时期,由于"不"、"弗"数量相差不太多,"弗"的主要作用是修饰及物动词,和"不"有着分工的不同,"不"主要修饰不及物动词。如果说"弗"在第一时期有点表强调的意思,那是在"弗·动宾"句式上,因为这类句式约占40%,是少数。第二时期以后,随着"不"的迅速增长,"弗"的数量大减,其表示强调的功能就更为突显。强调作用主要表现在三方面:㈠ 表示对上文所述动作行为的否定。在句法上的表现是多位于后续句,句子的宾语(或主语)等承前省略形成"弗·动",句子精干短小,连同主语通常只有三四字。"弗"否定的是动词,强调的是对动词所代表的动作行为的否定。㈡ 表示对动作行为和宾语的强调,在句法上的表现是"弗·动"后有宾语,形成"弗·动·宾"。宾语可以是代词"之",也可以是其他要强调的成分,如名词,动词等等。㈢ 表示对不及物动词和非动词成分如形容词、副词的强调,在句法上的表现是〔弗·不及物动〕、〔弗·形〕或〔弗·副(动)〕。

随着"不"在动词范围内对"弗"的威胁日增,"弗"的数量进一步削减,它的表强调的功能也进一步向非动词成分扩展。它对修饰对象的选择性日益减弱,对非动词性成分的包容性更为加强。换句话说,它可以根据说话表示强调的需要位于可以接受"弗"修饰的任何成分前面。即使这样也无法挽回它被"不"替代的总趋势。

[附　注]

①　见《古汉语语法研究论文集》,商务印书馆2000年本。我在文章中一方面肯定丁声树先生发现了"弗"的主要特点是修饰及物动词且在大多数情况下动词后不带宾语；另一方面,认为"弗＝不＋之"的公式是难以成立的,因为各种例外大约有10%左右,而且例外的情况很特别。

②　丁声树先生提出的〔弗＝不＋之〕的结论见他的著名论文《释否定词"弗"、"不"》,载《中央研究院历史语言研究所集刊》外编第一种《庆祝蔡元培先生六十五岁论文集》(1936年,下册967—996页)。严格地说,丁先生本人并没有明确提出"弗＝不＋之",他的原话是(991—992页)："总结起来,'弗'、'不'两字在古代文法上的分别如下：

一、'弗'字只用在省去宾语的外动词或省宾语的介词之上。

二、内动词、带有宾语的外动词、带有宾语的介词,上面只用'不'字而不用'弗'字。

三、状词(形容词、副词)之上也只用'不'字而不用'弗'字。

由这种情况看来,'弗'字似乎是一个含有'代名词性的宾语'的否定词,略与'不之'二字相当；'不'字则只是一个单纯的否定词"。(991—992页)还有一处(987页)说："'弗'字是一个含有'代名词词性的宾语'的否定词,'不'字只是一个单纯的否定词。"

③　我调查了近400例甲骨文的例子,其中"不"与"弗"的比例大致如此。我又向沈培先生请教,他告诉我,"不"大约是"弗"的两倍。

④　在137例宾语中,134例(约占98%)都是名词宾语,仅有3例为代词宾语：其中2例为"我",1例为"之"；这个"之"究竟是不是代词尚有争议。

⑤　根据管燮初先生《西周金文语法研究》对208篇铭文的统计,不：50；弗：28。

⑥　黄景欣《秦汉以前古汉语中的否定词"弗"、"不"研究》,《语言研究》1958年第3期。他说："和甲骨文一样,虽然金文中也有不带宾语的'弗＋及物动词'的现象,……但'弗'加及物动词后面仍然可以带有宾语,而且这种现象要比不带宾语的多得多。"他在这里没举出总的统计数,不知他说"多得多"是根据什么。从我们的统计看,带宾语的约占40%,如果有误,期望给以指正。

⑦　我之所以把这篇文章的调查报告称为"近期的调查",因为调查并未结束,尤其是关于出土文献的调查,还在进行之中。

⑧　见魏培泉《庄子语法研究》,354页,台湾师范大学国文研究所硕士论文,1982年。又,魏先生在《"弗"、"勿"拼合说新证》(2001年)一文中对此

例再作讨论。

⑨ 日本学者大西克也在《论上古汉语否定词"弗"、"不"分用说》(载《日本中国学会报第四十集》)中就曾指出这个问题。

⑩ 举例如下：
（1）奉主之命,虽赴汤蹈火,弗敢辞也。(《三国演义》60回)
（2）亘古及今,仁人君子,弗合忘之。(《金瓶梅》第一回)
（3）树木譬如名节,非素修弗能成。(《儒林外史》49回)
（4）动静弗违。(《儿女英雄传》11回)

⑪ 出自《论语·公冶长》："子曰：'弗如也,吾与汝弗如也。'"

⑫ 丁声树的文章举出秦汉时期传世文献中的例子近150例,黄景欣的文章举出近200例。本文附表中的例外共339例。

⑬ 所谓"一种",指有自己的题目,相对独立成篇者。

⑭ 见《十三经注疏·公羊传》桓公10年、僖公26年何休注："弗者,不之深者也。"2260页上。

⑮ 关于讨论"弗"的强调作用和形式标志的文章,请参看何乐士《〈左传〉否定副词"不"、"弗"的比较》,见《古汉语语法研究论文集》,商务印书馆2000年本。又,何莫邪《马王堆汉墓帛书中的"弗"》(何乐士译),《古汉语研究》1992年第3期。

附："弗"的例外

——限于所调查的春秋战国秦汉时期的(共339例)传世文献

说明：

1. 所调查的第一类古籍(5种)未列入,因为这类没有发现例外。这5种古籍是:《论语》、《荀子》、《老子》、《列女传》、《盐铁论》。

2. 第二类古籍的例外应在1%—5%之间,在所调查的传世文献中没有发现。因而下面从"第三类古籍的例外"开始。

3. 本资料不包括出土文献,因调查尚未结束。

[第三类]

第三类古籍"弗"的例外在6%—10%之间。共12种古籍。

"弗"的历史演变　513

（一）《诗经》共3例（金启华《诗经全译》，江苏古籍出版社1984年版）

　　1.女虽湛乐从,弗念厥绍。（大雅·抑）725

"弗念"后带名词宾语"厥绍"。

　　2—3.弗躬弗亲,庶民弗信。（小雅·节南山）442

"躬"在《诗经》中只用作名词和副词,"亲"只作副词,二者都无动词用法（见向熹《诗经词典》）。我将这二例视为"弗"用在副词前。另有2例,因有分歧意见,未收入：克禋克祀,以弗无子。（大雅·生民）（弗,与"祓"通。又,与"不"同。// 宁适不来,微我弗顾。（小雅·伐木）"我"为前置宾语。又,"我"为施事主语。

（二）《左传》共23例（杨伯峻《春秋左传注》（修订本），中华书局1990年版）

　　1.无德而贪,其在周易丰之离,弗过之矣。（宣6）2.690

　　2.子晳,上大夫,女,嬖大夫,而弗下之,不尊贵也。（昭1）4.1213

　　3.岁在豕韦,弗过此矣。（昭11）4.1323

　　4.始吾敬子,今子,鲁囚也,吾弗敬子矣。（庄11）1.189

以上4例"弗动"的宾语为代词"之"、"此"和"子"。

　　5.（晋）士魴御之,少秦师而弗设备。（襄11）3.995

　　6.齐侯乃弗与田。（襄23）3.1085

以上2例"弗动"的宾语为"备"和"田"。

　　7.叔向曰："齐其何如？"晏子曰："此季世也,吾弗知齐其为陈氏矣！"（昭3）4.1234

此例"弗知"的宾语为一个句子。杨伯峻注曰："此犹云'我不保齐其为陈氏也'。'弗知',古人成语,犹今人云'不保'。"

　　8.吾一妇人,而事二夫,纵弗能死,其又奚言？（庄14）1.199

　　9.且子惧不孝,无惧弗得立。（闵2）1.268

10. 齐侯其不免乎！多行无礼，弗能在矣。（文 15）2.614

11. 清丘之盟，晋以卫之救陈也，讨焉。使人弗去，曰："……"（宣 13）2.752

12. 自今晋国不四五年弗得宁矣。（襄 8）3.956

13. 姜曰："我则取恶，能无咎乎？必死于此，弗得出矣。"（襄 9）3.966

14. 秦后子有宠于桓，如二君於景，其母曰："弗去，惧选。"（昭 1）4.1214

15. 齐君弱吾君，归弗来矣。（昭 12）4.1333

以上 8 例"弗"用在不及物动词前。

16. 君固无勇，而又闻是，弗能久矣。（襄 18）3.1037

17. 君自弃也，弗能久矣。（襄 22）3.1068

18. 且年未盈五十而谆谆焉如八、九十者，弗能久矣。（襄 31）3.1183

19. 令尹……弗可久已矣。（昭 1）4.1208

20. 无礼而好陵人，怙富而卑其上，弗能久矣。（昭 1）4.1221

21. 楚王……弗能久矣。（昭 11）4.1323

22. 楚王将死矣。……弗能久矣。（昭 23）4.1468

以上 7 例"弗"用在形容词前。

23. 言弗敢出，有盟可也。（襄 28）4.1146

此例的"言"为受事主语。

(三)《周易》共 1 例（周振甫《周易译注》，中华书局 1991 年版）

《象》曰："雷在天上，《大壮》。君子以非礼弗履。"（大壮〈卦三十四〉）121

此例的"履"为不及物动词。周注：雷在天上，指刑在朝廷，故君子畏惧，非礼不行。

（四）《墨子》共 5 例（哈佛燕京学社引得编纂处《墨子引得》，页码标志按王焕镳《墨子校释》，浙江文艺出版社 1984 年版）

  1. 东方有莒之国者，……不敬事于大国，亦弗之从而爱利。（非攻中）141

  2. 今绰也禄厚而谲夫子，……绰非弗之知也，禄胜义也。（鲁问）398

以上 2 例的宾语为"之"，在"弗"与"动"之间。

  3. 今至大为攻国，则弗知非，从而誉之谓之义。（非攻上）134

  4. 今至大为不义攻国，则弗知非，从而誉之谓之义。（非攻上）135

以上 2 例"弗动"的宾语为动词"非"。

  5. 哀公迎孔子，席不端弗坐。（非儒下）325

"弗"在不及物动词前。

（五）《韩非子》共 8 例（例句引文参照周钟灵等《韩非子索引》，中华书局 1982 年版。页码标志按陈奇猷《韩非子集释》，上海人民出版社 1974 年版）

  1. 弗知之者，异于义而同于俗。（奸劫弑臣）752

引"弗动"宾语为"之"。

  2. 令曰："中程者赏，弗中程者诛。"（难一）796

陈奇猷注：程，度量之总名。

  3. 夫人情莫不爱其子，今弗爱其子，安能爱君？（难一）800

以上 3 例"弗动"的宾语为名词"程"、"其子"。另有 1 例：故国之君王虽说吾义，吾弗入贡而臣。（显学）"弗入贡"的"贡"可有名词和动词两种解释，未计算在内。

  4. 今大臣执柄独断而上弗知收，是人主不明也。（孤愤）208

此例"弗知"的宾语为动词"收"。

  5. 人之情莫不爱其子，今蒸其子以为膳于君，其子弗爱，又安

能爱君乎？（十过）745

　　6. 李子之奸弗蚤禁，……是遂过也。（难二）831

　　7. 其坚则虽菌蝼之劲弗能过也。（十过）744

　　8. 誉者不能进，非者弗能退。（有度）736

以上4例"弗动"分别有受事主语"其子"、"李子之奸"、"其坚"、"非者"。

（六）《韩诗外传》共4例（许维遹《韩诗外传集释》，中华书局1980年版）

　　1. 疾乱世而轻死，弗顾弟兄。（卷一，25章）26

　　2. 茧之性为丝，弗得女工燔以沸汤，抽其统理，则不成丝。（卷5，17章）185

以上2例"弗动"的宾语为名词"弟兄"、"女工"。例2的宾语也可视为一个句子：女工燔以沸汤，抽其统理。

　　3. 非其民不使，非其食弗尝。（卷一，25章）26

　　4. 故缓者事之，急者弗知，日反理而欲以为治。（卷7，19章）262

以上2例"弗动"分别有受事主语"非其食"、"急者"。

（七）《礼记》共13例（《礼记逐字索引》附《礼记》原文，商务印书馆（香港）有限公司1992年版）

　　1. 丧三年以为极，亡则弗之忘矣。（檀弓上）11

　　2—5. 无节于内者，观物弗之察矣。欲察物而不由礼，弗之得矣。故作事不以礼，弗之敬矣。出言不以礼，弗之信矣。（礼器）67

以上5例有代词宾语"之"在"弗"与"动"之间。

　　6. 吾弗为之矣。（中庸）143

　　7. 回之为人也，择乎中庸，得一善，则拳拳服膺而弗失之矣。（中庸）143

以上2例有代词宾语"之"在"弗动"之后。

8. 君未有命,弗敢即乘。(玉藻)83

9. 适弗逢世。(儒行)163

以上2例"弗动"宾语为名词。

10. 故君子顷步而弗敢忘孝也。(祭义)128

"弗动"的宾语为动词"孝"。

11. 葬日虞,弗忍一日离也。(檀弓下)23

"弗忍"后的"离"为不及物动词。

12. 内乱不与焉,外乱弗辟也。(杂记下)113

13. 事君不下达,不尚辞,非其人弗自。(表记)150

以上2例"弗动"前有受事主语。另有1例:葬也者,藏也;藏也者,欲人之弗得见也。(檀弓上)其中的"得"为动词或助动词,有不同看法,未计在内。

(八)《尉缭子》共1例(《尉缭子逐字索引》附《尉缭子》原文,商务印书馆(香港)有限公司1992年版)

故兵贵先。胜于此,则胜彼矣;弗胜于此,则弗胜彼矣。(战权第十二)27

此例"弗胜"的宾语为代词"彼"。

(九)《国语》共6例(邬国义等《国语译注》,上海古籍出版社1994年版)

1. 弗予赂地而予之伞。(晋语三)275

2. 天时不作,弗为人客。(越语下)597

以上2例"弗动"的宾语为名词短语"赂地"、"人客"。"弗予赂地",或可认为"予"为双宾动词,"弗予"已含宾语"之",因而不能算例外。但须注意的是,双宾式应为"予b_1b_2",若弗=不+之,则"弗予赂地"=不之予赂地。实在没有见到这样的双宾结构,因而仍作为例外。

3—4. 人事不起,弗为之始。(越语下)597

"弗为"宾语为代词"之"和名词"始"。

5. 威在民上,弗畏有刑。(晋语四)292

"弗畏"宾语为动宾短语"有刑"。

6. 至于武王,事神保民,莫弗欣喜。(周语上)1

此例"弗"用于不及物动词前。

(十)《新书》共7例(《贾谊新书逐字索引》附《贾谊新书》原文,商务印书馆(香港)有限公司1992年版)

1. 上弗蚤图之,民势且尽矣。(铸钱)32

此例"弗动"的宾语为代词"之"。

2. 弗敢谓报,愿长以为好。(礼)41

3. 费弗过适谓之节。(道术)57

4—5. 凡人者,若贱若贵,若幼若老,闻道志而藏之,知道善而行之,上人矣;闻道而弗取藏也,知道而弗取行也,则谓之下人也。(修政语下)70

6. 民乎!寒耕热耘,曾弗得食也。(审微)16

7. 天子使者奉诏而弗得见,……天下孰不知?(淮难)30

以上6例"弗动"的宾语为动词(例6、7的"得",结合上下文义判断,应为动词)。

(十一)《论衡》共2例(程湘清等《论衡索引》附《论衡》原文,中华书局1994年版)

1. 遂去,无他言,弗复见。(纪妖)1450

"见"xiàn在此为不及物动词。

2. 圣人知其若此,祭犹斋戒畏敬,若有鬼神,修兴弗绝,若有祸福。(祭意)1524

"弗绝"前有受事主语。

(十二)《文子》共1例(《文子逐字索引》附《文子》原文,商务印

书馆(香港)有限公司 1992 年版)

江海不为,故功名自化;弗强,故能成其王。(守法)16

此例"弗"后为不及物动词。

[第四类]

第四类古籍"弗"的例外在 10.1%—20% 之间。共 15 种古籍。

(一)《孟子》共 5 例(杨伯峻《论语译注》,中华书局 1962 年版)

1. 虽与之俱学,弗若之矣。(告子上)

此例"弗若"的宾语为代词"之"。

2. 凿斯池也,筑斯城也,与民守之,效死而民弗去,则是可为也。(梁惠王下)49

杨伯峻:弗去,不离开。

3. 民之望之,若大旱之望雨也。归市者弗止,芸者不变。(滕文公下)148

杨伯峻:归市者弗止,做买卖的不曾停止过。

4. 仁之实,事亲是也;义之实,从足是也;智之实,知斯二者弗去是也。(离娄上)183

杨伯峻:弗去,不离开,坚持下去。

以上 3 例"弗"用于不及物动词"去"、"止"前。

5. 将行其言也,则就之。礼貌未衰,言弗行也,则去之。(告子下)297

此例的"言"为"弗行"的受事主语。

(二)《战国策》共 12 例(张清常、王延栋《战国策笺注》,南开大学出版社 1993 年版)

1. 秦王以公孙郝为党于公而弗之听。(韩策一)692

此例的宾语为代词"之",在"弗"与动词"听"之间。

2—3. 能弃之弗能用之，能死之弗能弃之，此人之大过也。（魏策四）661

4. 王又能死而弗能弃之，此重过也。（魏策四）661

以上4例"弗动"的宾语为"之"。

5. 齐之反赵、魏之后，而楚果弗与地。（楚策一）329

6. 苏子怒于燕王之以吾故弗与相又不与卿也，殆无燕矣。（燕策二）800

7—8. 君弗与赵……君弗与赵，赵王必大怒。（中山策）875

9. 甘茂不善于公而弗为公言。（韩策一）692

以上5例"弗动"和"弗介（为）"的宾语分别为名词"地"、"相"、"赵"、"公"。

10. 君弗如急北兵趋赵以秦魏，收周最以为后行。（东周策）19

此例"弗动"的宾语为两个并列的动词谓语句"急北兵趋赵以秦魏，收周最以为后行"。

11. 韩王大说，乃止公仲。公仲曰："不可。……且王以使人报于秦矣，今弗行，是欺秦也。"（韩策一）687

此例"弗"后的"行"为不及物动词。

12. "子与文游久矣，大官未可得，小官公又弗欲。"（齐策三）253

此例的"小官"为"弗欲"的受事主语。

（三）《庄子》共5例（哈佛燕京学社引得编纂处《庄子引得》，页码标志按陈鼓应注译《庄子今注今译》，中华书局1983年版）

1. 故其好之也一，其弗好之也一。（大宗师）170

"弗好"的宾语为代词"之"。

2. "子之先生死矣！弗活矣！"（应帝王）220

"弗"后的"活"为不及物动词。

3. 其得罪于君也，将弗久矣。（应帝王）643

"弗"后的"久"为形容词。

  4. 其心以为不然者,天门弗开矣。(天运)378

魏培泉:"如果'天门'是受事,那么既作主语,其后习惯上不留下代词宾语;假如把'开'当作内动词,自然不需宾语。"(《庄子语法研究》,354页)

  5. 货财弗争,不多辞让。(秋水)418

以上2例"弗动"的宾语分别为"天门"和"货财"。

(四)《淮南子》共36例(陈一平《淮南子校注译》,广东人民出版社1994年版)

  1. 是武侯如弗赢之,必得赢。(缪称)470

  2—3. 无穷曰:"吾弗知之。"……无始曰:"弗知之深而知之浅。"(道应)552

  4. 智伯求地于魏宣子,宣子弗欲与之。(人间)889

  5. 故黄帝亡其玄珠,……而弗能得之也。(人间)904

以上5例"弗动"后的宾语为代词"之"。

  6. 素修正者,弗离道也。(缪称)

此例"弗离"的宾语为名词"道"。

  7. 世多称古之人而高其行,并世有与同者而弗知贵也。(齐俗)521

  8. 兕虎在于后,隋侯之珠在于前,弗及掇者,先避患而后就利。(说林)

以上2例"弗动"的宾语分别为动词"贵"和"掇"。

  9. 非才下也,时弗宜也。(齐俗)521

陈一平:弗宜,不适宜。"宜"为形容词。另有1例:今有六尺之席,卧而越之,下材弗难;植而逾之,上材弗易,势施异也。(说林)"难""易"可以有两解:形容词或形容词的意动用法。故未计入。

10. 狙狢得埵防,弗去而缘。(齐俗)503

陈一平:弗去,不离开。

11. 福之至也,非其求所成,故通而弗矜。(诠言)688

陈一平:矜,自傲。

12. 弗曲行区入,则不足以穷道德之意。(要略)1076 上

以上 3 例"弗"用于不及物动词"去"、"矜"、"行"前。"区入"的"入"在此可有及物和不及物两解,故未计入。

13. 浩浩荡荡乎,机械知巧弗载于心。(精神)323

14. 县法设赏而不能移风易俗者,其诚心弗施也。(主术)389

15—20. 动静得,则患弗遇也;受与适,则罪弗累也;好憎理,则忧弗近也;喜怒节,则怨弗犯也。……其有弗弃,非其有弗索。(泛论)650

21—22. 圣人无思虑,无设储,来者弗迎,去者弗将。(诠言)688

23. 皮将弗睹,毛将何顾?(说林)850

24. 嚼而无味者弗能纳于喉。(说林)858

25. 夫一麑而不忍,又何况于人乎!(人间)888

26. 亡不能存,危弗能安。(人间)895

27—28. 故事成而身弗伐,功立而名弗有。(修务)962

29. 故掠道以被民,而民弗从者,诚心弗施也。(泰族)1006

30. 身弗能治,奈天下何!故自养得其节,则养民得其心矣。(泰族)1026

31. 故至精之像弗招而自来,不麾而自往。(主术)387

32—33. 凡此四者弗求于外,弗假于人,反己而得矣。(诠言)684

34. 身犹弗能保,何天地之有!(诠言)687

35. 毛物、牝牡弗能知,又何马之能知!(道应)567

36. 善且由弗为,况不善乎!(说山)引 156

以上24例的"弗动"均有受事主语。

（五）《穀梁传》共7例（《十三经今注今译》，岳麓书社1994年版）

  1. 段，弟也，而弗谓弟。（隐1）1741

  2. 公子也，而弗谓公子。（隐1）1741

  3. 虽损国，弗损吾异日也。（桓7）1754

  4. 弗克其义也。（文14）1810

  5. 弗以上下道，恶上也。（襄10）1838

以上5例"弗动"的宾语为名词或其短语。

  6. 齐侯弗及盟。（文16）1812

  7. 来者，来朝也；其弗谓朝，何也？（隐1）1742

以上2例"弗动"宾语为动词。

（六）《风俗通义》共1例（吴树平《风俗通义校释》，天津人民出版社1980年版）

  端木结驷以货殖，颜回屡空而弗营。（十反第五）165

此例"弗"用于形容词"营"前。"营"，迷惑。

（七）《晏子春秋》共1例（孙星衍、黄以周校，上海古籍出版社1989年版）

  叔向曰："齐其何如？"晏子对曰："此季世也，吾弗知齐其为田氏乎！"（内篇问下）30

此例"弗知"的宾语为一个句子。（孙星衍校本"吾弗知"后有标点；杨伯峻《春秋左传注》则无标点。见《左传》例7。我同意杨先生的意见。）

（八）《吕氏春秋》共18例（张双棣、张万彬、殷国光、陈涛《吕氏春秋译注》，吉林文史出版社1986年版）

  1. 背叛之人，贤主弗纳之于朝，君子不与交友。（尊师）103

此例"弗动"宾语为代词"之"。

2—3. 有殊弗知慎者？夫弗知慎者，是死生存亡可不可未始有别也。（重己）16

4. 中山之俗，……歌谣好悲，其中弗知恶。（先识）492

5. 漳水在其旁而西门豹弗知用，是其愚也。（乐成）519

6—7. 三月婴儿，轩冕在前，弗知欲也；斧钺在后，弗知恶也。（具备）643

8. 使獶疾走，马弗及至。（挟志）

以上7例"弗动"的宾语为动词。

9—12. 耳之情欲声，心不乐，五音在前弗听；目之情欲色，心弗乐，五色在前弗视；鼻之情欲芬芳，心弗乐，芳香在前弗嗅；口之情欲滋味，心弗乐，五味在前弗食。欲之者，耳目口鼻也；乐之（注：之，连词，相当"与"）弗乐者，心也。（适音）134

此例的三个"心弗乐"和末句的"弗乐"与首句的"心不乐"相对应，其中的"乐"都是不及物动词。

13. 凡举人之本，太上以志，其次以事，其次以功。三者弗能，国必残亡。（遇合）425

14—15. 乃税马于华山，税牛于桃山，马弗复乘，牛弗复服。（慎大）440

16—18. 节物甚高而细利弗赖，……富贵弗就而贫贱弗竭。（士容）905

（九）《鹖冠子》共11例（《鹖冠子逐字索引》附《鹖冠子》原文，商务印书馆（香港）有限公司1992年版）

1. 故父不能得之于子，而君弗能得之于臣。（天则）3

"弗能得"的宾语为代词"之"。

2. 唯民知极，弗之代也。（天则）3

宾语"之"在"弗"与"代"之间。

3. 故君子弗径情而行也。(著希)2

4. 弗能使国利。(度万)9

以上2例"弗动"宾语为名词。

5. 端倚有位,名号弗去。(著希)2

6. 谏者弗受,……故大臣伪而不忠。(道端)6

7—8. 功弗敢败,……拙弗敢废。(王铁)12

9. 半糠入目,四方弗治。(天权)22

以上5例"弗动"有受事主语。

10. 日不逾辰,月宿其列,当名服事,星守弗去。(天则)2

11. 所谓地者,常弗去者也。(博选)1

以上2例"弗"后为不及物动词。

(十)《申鉴》共2例(《申鉴逐字索引》附《申鉴》原文,商务印书馆(香港)有限公司1992年版)

1. 曰:"绝之乎?"……曰:"宜弗之绝也。"(时事)9

此例宾语"之"在"弗"与动词"绝"之间。

2. ……大之至也。……妙之至也。……正之至也。故君子必存乎三至,弗至,斯有守无悖焉。(杂言下)16

"弗"后为形容词。

(十一)《春秋繁露》共17例(赖炎元《春秋繁露今注今译》,台湾商务印书馆1984年版)

1. 弗欲明之,心也。(玉杯)28

2. 故齐桓非直弗受之先君也。(玉英)55

以上2例"弗动"宾语为代词"之"。

3. 子赤杀,弗忍书日,痛其祸也。(楚庄王)8

4. 弗修规矩,不能正方圆。(楚庄王)11

5. 故晋赵盾、楚公子比皆不诛之文,而弗为传。(玉杯)28

从上下文可以判断：为，动词。传，名词。

6—7. 春秋责在而不讨贼者，弗系臣子尔也。……弗系人数而已。（玉杯）28，29

8. 大国往聘，慢而弗敬其使者。（竹林）42

9. 乃率弗宜为君者而立。（玉英）55

10. 虽有天下之至味，弗嚼，弗知其旨也。（仁义法）227

以上 8 例"弗动"的宾语为名词或其短语。

11. 是故齐桓不予专地而封，晋文不予致王而朝，楚庄弗予专杀而讨。（楚庄王）1

注：予，赞同。

12. 虽弗予能礼，尚少善之。（玉杯）18

予，赞同、赞美。能礼，懂得礼节。

13. 书之者，弗予大夫之得立不宜立者也。（玉英）65

14. 我不自正，虽能正人，弗予为义。（仁义法）228

以上 5 例"弗动"宾语为动词结构或一个小句。

15. 今被大辱而弗能死，是无耻也。（竹林）46

此例"弗"后的"死"为不及物动词。

16. 君子以天施之在人者听之，则丑父弗忠也。（竹林）46

此例"弗"后为形容词。

17. 小恶在外弗举。（仁义法）226

"小恶"为受事主语。

（十二）《公羊传》共 2 例（《十三经今注今译》，岳麓书社 1994 年版）

1—2. 齐侯弗及盟。其言弗及盟何？不见与盟也。（文 16）1629

此 2 例"弗及"宾语为动词"盟"。

（十三）《孔子家语》共 14 例（《孔子家语逐字索引》附《孔子家语》

原文,商务印书馆(香港)有限公司1992年版)

  1. 其未之得也,患弗得之。(在厄)40

  2. 士遇之途,弗与之言。(刑政)55

  3. 屏诸四方,惟其所之。……弗欲生之也。(刑政)55

  4. 子谓夫子而弗知之乎?(子夏问)87

以上4例"弗动"有代词宾语"之"。

  5. 吾弗之闻也。(五仪解)9

  6. 我虽尊高,人弗我害。(观周)20

  7. 意者夫子未仁与,人之弗吾信也。(在厄)40

  8. 意者夫子未智与,人之弗吾行也。(在厄)40

以上4例有代词宾语(之、我、吾)在"弗动"之间。

  9. 弗敢复以儒为戏矣。(儒行)7

介词"以"和动词"为"宾语都是名词。

  10. 弗及与政。(刑政)55

  11. 君子之于朋友也,心必有非焉而弗能谓吾不知其仁人也。(颜回)37

以上2例"弗动"的宾语分别为动宾结构和一个句子。

  12. 此其所以事吾而弗贰也。(六本)30

  13. 是以……非其地,树之弗生。(六本)31

以上2例"弗"后为不及物动词。

  14. 故……啜之以食而弗殊。(子贡问)85

"弗"后为形容词。

(十四)《史记》共36例(李晓光、李波主编《史记索引》,中国广播电视出版社1989年版。页码标志按二十四史标点本,中华书局1959年版)

  1. 弗由之,所以捐社稷也。(4.1164)

  2. 弗得与之言。(6.1933)

3. 奉阳君弗说之。(7.2243)

4. 今纵弗忍杀之，又听其邪说，不可。(7.2292)

5. 长安中诸公莫弗称之。(9.2845)

以上5例"弗动(介)"后有代词宾语"之"。

6. 陈馀怨项羽之弗王己也，……(2.368)

7—8. 弗下吏。(2.433)(6.1961)

9. 夫子之弗论次其年月，岂虚哉！(2.488)

10. 弗能纪其世。(5.1690)

11. 粥羔豚者弗饰贾。(6.1917)

注：饰贾，抬高价格。贾，同"价"。

12. 吴起乃自知弗如田文。(7.2167)

13. 弗用鞅，当杀之。(7.2227)

14. 赵王敖弗敢内宫，为筑外宫而舍之。(10.3075)

15. 上素骄淮南王，弗为置严傅相，以故至此。(10.3079)

16. 丞史遇买臣弗为礼。(10.3144)

17. 然纵气盛，弗为礼。(10.3145)

18. 发觉而捕弗满品者，二千石以下至小吏主者皆死。(10.3151)

以上15例"弗动"宾语为名词或其短语。

19. 惟予幼人弗及知。(5.1523)

20. 往年天以晋赐秦，秦弗知取而贷我。(5.1653)

21. 而王弗知恶焉。(7.2367) 7

22—23. 冬，未葬，而群公子畏诛，皆出亡。……莱人歌之曰："景公死乎弗与埋，三军事乎弗与谋，师乎师乎，胡党之乎？"(5.1505)

注：与，动词，参与。

24. 夫子言天道与性命，弗可得闻也已。(6.1941)

"弗"的历史演变 529

以上 6 例"弗动"宾语为动词。

  25. 王……遂饥弗能起。（5.1708）

  26. 争不能得，又弗能死。（9.2890）

以上 2 例"弗能"后为不及物动词。

  27. 丞相申屠嘉心弗便。（8.2746）

"弗"后为形容词。"弗便"，不安，不满。

  28. 吕产……乃入未央宫，欲为乱，殿门弗得入。（2.409）

  29—30. 君高台深池，赋敛如弗得，刑法恐弗胜。（5.1504）

  31. 权弗能去。（6.1883）

  32. 先帝法则弗改。（6.2110）

  33. 此弹丸之地弗与。（7.2372）

  34. 汤药非陛下口所尝弗进。（8.2739）

  35. 辎重人慑褶者弗取。（9.2929）

  36. 非田畜所出弗衣食。（10.3280）

以上 9 例"弗动"前有受事主语。

（十五）《汉书》共 23 例（台北"中研院"历史语言研究所《汉书引得》，页码标志按二十四史标点本，中华书局 1962 年版）

  1. 强大弗之敢倾。（391）

  2. 弗过之矣。（1380）

以上 2 例有代词宾语"之"。

  3. 帝乃震怒，弗畀《洪范》九畴。（5.1315）

  4. 于是绛侯自知其能弗如平远矣。（7.2049）

  5—8. 弗为礼。（7.2101）（8.2317）（9.2794）（11.3653）

  9. 所为弗先言纵，纵必以气陵之。（11.3654）

  10. 发觉而弗捕满品者，二千石以下至小吏主者皆死。（11.3662）

以上 8 例"弗动"宾语为名词或其短语。

11. 野有饿殍而弗知发。（4.1186）

12. 弗蒙厥佑。（12.4165）

以上 2 例"弗动"宾语为动词或其短语。

13. 而吏民弗安。（3.722）

14. 弗能久矣。（5.1380）

15. 鱼弗郁兮柏冬日。（6.1682）

16. 丞相申屠嘉心弗便。（8.2299）

17. 知汤弗平，使人上飞变告文奸事。（9.2643）

以上 5 例"弗"后为形容词。

18. 合己者善待之，不合者弗能忍见。（8.2317）

19. 非素重臣弗能任。（8.2319）

20. 辎重人众摄奢者弗取。（8.2479）

师古注：摄奢，谓振动失志气。

21—22. 非其服弗服，非其食弗食。（10.3056）

23. 莽下书曰："……如令豪吏猾民辜而擢之，小民弗蒙，非予意也。"（12.4176）

以上 6 例"弗动"前有受事主语。

[第五类]

第五类古籍"弗"的例外在 20.1%—40% 之间。共 10 种古籍。

（一）《大戴礼记》共 7 例（〔清〕王聘珍《大戴礼记解诂》，中华书局 1983 年版）

1. 推而内之水火，入也弗之顾矣。（千乘）163

有宾语"之"在"弗动"之间。

2. 不从者，弗行。（夏小正）46

"弗"后为不及物动词。

  3—4. 难者弗辟,易者弗从,唯义所在。(曾子立事)69

  5—6. 君子乱言而弗殖,神言弗致也。(曾子立事)73

注:殖,长也。

  7. 灵言弗与,人言不信。(曾子立事)73

以上5例"弗动"前有受事主语。

(二)《逸周书》共13例(《逸周书逐字索引》附《逸周书》原文,商务印书馆(香港)有限公司1992年版)

  1. 弗忧其图。(宝典)13

  2. 弗显上帝。(商誓)19

  3. 其斯弗用朕命。(商誓)20

  4. 弗见先王之明刑。(皇门)23

  5. 弗恤王国王家。(皇门)23

  6. 尔弗敬恤尔执。(尝麦)30

  7. 商纣弗改夏桀之虐。(芮良夫)39

  8. 手足靡措,弗堪戴上。(芮良夫)39

  9. 弗改厥度。(芮良夫)39

以上9例"弗动"宾语为名词或其短语。

  10. 弗求及。(官人)33

"弗求"宾语为动词"及"。

  11. 弗愁道远。(太子晋)40

"弗愁"宾语为主谓结构"道远"。

  12—13. 时而失礼弗可长,得礼而无备弗可成。(武纪)44

"弗可"后为不及物动词。

(三)《新序》共1例(《新序逐字索引》附《新序》原文,商务印书馆(香港)有限公司1992年版)

靖国君大悦，罢民，弗城薛也。（杂事）11

此例"弗动"后为名词宾语。

（四）《仪礼》共 1 例（杨天宇《仪礼译注》，上海古籍出版社 1994 年版）

兴左手取肺，却左手执本；坐，弗缭。（乡饮酒礼）107

"弗"后为不及物动词。

（五）《说苑》共 6 例（《说苑逐字索引》附《说苑》原文，商务印书馆（香港）有限公司 1992 年版）

1. 谏曰："主弗备难，难必至矣。"（贵德）38

"弗动"宾语为名词。

2. 其主弗知恶，此亡国之风也。（权谋）102

"弗动"宾语为动词。

3—4. 极则反，满则损，故君子弗满弗极也。（杂言）139

此 2 例"弗"后为形容词。

5. 所亡之地弗求而自为来。（敬慎）80

6. 君子虑福弗及，虑祸百之。（谈丛）136

以上 2 例"弗动"前有受事主语。

（六）《周礼》共 4 例（《十三经今注今译》，岳麓书社 1994 年版）

1. 则虽有深泥，亦弗之溓也。（轮人）508

2. 则虽有疾风，亦弗之能惮矣。（矢人）518

以上 2 例"弗动"之间有宾语"之"。

3. 迁乎其地而弗能为良，地气然也。（轮人）508

4. 虽善亦弗可以为良矣。（弓人）524

以上 2 例"弗动"宾语为名词。

（七）《中论》共 3 例（《中论逐字索引》附《中论》原文，商务印书馆（香港）有限公司 1992 年版）

1. 故君子非其人则弗与之言。(贵言)9

有代词宾语"之"在"弗介"之后。

2. 故君子之与人言也,……弗过其任而强牵制也。(贵言)9

"弗动"宾语为"其任"。

3. 以为志诬而弗贵听也。(贵言)9

"弗动"宾语为动词"听"。

(八)《潜夫论》共9例(《潜夫论逐字索引》附《潜夫论》原文,商务印书馆(香港)有限公司1992年版)

1. 岂好贫而弗之忧乎？盖志有所专,昭其重也。(赞学)1
2. 况乎其德义既举,乃可以它故而弗之采乎？(论荣)6
3. 乃其人弗之能食,故遂于死也。(思贤)12
4. 其君弗之能任,故遂于亡也。(思贤)12

以上4例"弗动"之间有代词宾语"之"。

5. 是故虽有四海之主,弗能与之方名。(遏利)5

"弗动"的宾语有"之"。

6. 财为大害尔,由弗若勿梦也。(梦列)53

"弗若"宾语为动词短语"勿梦"。

7. 弗问志行,官爵是纪。(叙录)85
8. 弗修其行,福禄不臻。(同上)88

以上2例"弗动"宾语为名词短语。

9. 德义弗施,聚必有阙。(务本)4

"德义"为"弗施"的受事主语。

(九)《列子》共15例(杨伯峻《列子集释》,中华书局1979年版)

1. 厚薄之去来,弗由我也。(力命)201

"弗由"宾语为代词"我"。

2. 思有以养身治物之道,弗获其术。(黄帝)43

3—4. 弗见其行,……弗闻其声。(汤问)157

以上3例"弗动"宾语为名词短语。

5. 如欲霸王,非夷吾其弗可。君必舍之!(力命)197

"弗"后为助动词"可"。

6. 矫情性以招名,吾以此为弗若死矣。(杨朱)227

"弗若"宾语为动词"死"。

7. 弗知真为圣欤?真不为圣欤?(仲尼)121

"弗知"宾语为一个并列复句。

8. 子之先生死矣,弗活矣。(黄帝)

9. 既去而余音绕梁,三日不绝,左右以其人弗去。(汤问)

10—11. 鱼鳖弗能游,鼋鼍弗能居。(说符)248

12—13. 鱼鳖弗能游,鼋鼍弗能居也。(说符)248

以上6例"弗(能)"后为不及物动词。

14. 其得罪于君也,将弗久矣。(同上)199

15. 欲若道而用视听行智以求之,弗当矣。(仲尼)145

以上2例"弗"后为形容词。

(十)《楚辞》共5例(黄寿祺、梅桐生《楚辞全译》,贵州人民出版社1984年版)

1. 心调度而弗去兮,刻著志之无适。(悲回风)115

"弗"后为不及物动词。

2. 岁忽忽而道尽兮,恐余寿之弗将。(九辩)143

注:将,犹久也。

3. 白日晼晚其将入兮,哀余寿之弗将。(哀时命)231

4. 惟时俗兮疾正,弗可久兮此方。(思忠)247

以上3例"弗"修饰形容词。

5. 往者余弗及兮,来者吾不闻。(远游)121

此例句首有受事主语。

［第六类］

第六类古籍"弗"的例外在 40.1%—100% 之间。共 3 种古籍。

（一）《管子》共 3 例（滕新才、荣挺进译注《管子白话今译》，中国书店 1994 年版）

　　1. 虽心之所憎而无罪者弗罚。（明法解）531

　　2—3. 草茅弗去则害禾谷，盗贼弗诛则伤良民。（明法解）531

以上 3 例"弗动"有受事主语。

另有 1 例：群臣弗为用，百姓弗为使。（明法解）因"为"的宾语"之"可以认为隐含在"弗＝不＋之"公式内，故而未作为例外。

（二）《商君书》共 2 例（章诗同注《商君书注》，上海人民出版社 1974 年版）

　　1—2. 然民虽有圣智，弗敢我谋；勇力，弗敢我杀；虽众，不敢胜其主。（画策）60

此 2 例有代词宾语"我"在"弗敢"与动词之间。

（三）《吴越春秋》共 1 例（《〈吴越春秋〉逐字索引》附《吴越春秋》原文，商务印书馆（香港）有限公司 1992 年版）

　　盖闻仁者杀人以掩谤者犹弗为也。（阖闾内传）12

"弗为"前有受事主语"杀人以掩谤者"。

（1998 年初稿）
（1999 年定稿）
（2003 年略有修改）

附记：这篇文章发表以来又看到几篇讨论"弗"的文章，很受启发，感到我所提供的"弗"的"例外"，有的可能不能视为例外，但即使如此，"例外"仍有不少。我把这篇文章收入本书，希望得到指正，更望通过讨论，把问题引向深入。

我也想到，"弗"为什么总是出现在后续句？是否因为它总是对前面的动作行为表示否定，并对这种否定表示强调。是不是这样？有待再作探索。

（2004年4月）

后记（之一）

虚词是《左传》语法研究中的重要内容，而其中又有一部分常用虚词出现频率高、用法复杂，它们大都兼有两种或两种以上的词类，有一些特殊句式，词组和固定格式也较多，是虚词研究中的重点。本书主要目的就是对《左传》中这部分难度较大的虚词进行专题讨论，全面而详尽地介绍它们的分布特点和用法、统计其次数，如实地描写它们在《左传》中的面貌，并对一些有争议的问题提出自己的看法。有一部分讨论特殊句式的论文，为了探索其普遍性和规律性，以《左传》为基础，还联系到更广的范围。同时还专题介绍了《左传》的被动句、比较句以及特殊词序的类型，探讨了虚词在其中的作用。希望这本小书能为按词类进行的分类研究和共时、历时的比较研究提供一点方便。由于篇幅所限，还有部分关于《左传》虚词的文章没有收入本书：如《〈左传〉的"政以治民"和"以政治民"句式》，见《中国语言学报》第三期；《〈左传〉的语气词"也"》，见北京大学中文系主编的《语言学论丛》第十六辑；《〈左传〉的"而"》《〈左传〉的"则"》见中国社会科学院语言研究所古汉语室与中华书局合编的《古汉语研究》第二期（未出）等。

本书中的部分文章曾在北京大学、南开大学、华南师范学院向中文系研究生、本科生做过学术报告，得到三校师生们的指正，特在此深致谢意。

这些文章有的从60年代开始准备，当时由陆志韦先生耳提面命、步步指引；后来又有丁声树先生、吕叔湘先生、杨伯峻先生热情指导、谆谆教诲,我将永志不忘。还要深深感谢商务印书馆赵克勤、张万起、许振生诸先生的大力支持。感谢书法家黄长荫先生为本书题名。感谢张秦杨同志对我的多方协助。

何乐士

1987年2月

后记(之二)

拙著《〈左传〉虚词研究》自1989年初版至今已经十四年了。在此书即将再版之际,我首先要向读者的盛情厚爱表示衷心的感谢。十四年来,国内外学者给以一定的关注,或发表评介,或时有引用,或著文讨论,或当面指正;书中一些文章我曾在国内外一些大学作为讲学的内容,得到与会者的热情讨论和指正,给我很多启发和帮助;一些年轻的古汉语语法研究者在写论文时常以此书作为参考之一;近年此书脱销,不断有读者来信索购……读者的多方关爱给我极大鼓励。

我还要感谢商务印书馆汉语室的负责人周洪波先生和何宛屏先生,有了他们对发展学术事业的远见和热诚,才有这本小书再版的可能。十几年中,我亲眼看到汉语室领导人的火炬三次传递。但不管接过火炬的是谁,他们对出版事业的忠诚始终不渝,对学人的关爱始终不变。从他们身上,我看到了"商务"的优良传统,感受到"商务"人的可贵精神。

还要感谢为此书的初版、再版付出许多辛劳的责任编辑许振生先生。他勤勉的工作精神以及他对学人的理解和关切都给我留下深刻印象。

我要感谢多年来殷切支持我,直接间接帮助我的师友们和亲人们。

再版此书,仍用杨伯峻先生十几年前写的序言。它不仅介绍了本书内容和特点,更强调了专书语言研究的意义,指出它与汉语史研究是基石与大厦的关系,语重心长,言简意赅,至今仍有指导意义。

十分遗憾的是,此书再版之时,曾经真诚关爱过我、培育过我、指导过我的几位恩师都已仙逝。呜乎哀哉,我心伤悲!我愿献上这本小书,向他们的在天之灵表达我永久的怀念和感激。

何乐士

2003 年 6 月于燕山脚下